藤田宙靖著

行政法学の思考形式〔増補版〕

木鐸社刊

はしがき

本書は、私が東北大学法学部に赴任して以来一〇年余りの間に、様々の機会に発表した論稿の中、多少なりとも方法論的な問題について発言したものを選んで集録した論文集である。原論文は、分量においても、又、文章・表現や体裁においてもまちまちのものであったので、単行書とするに当っては、でき得る限り、相互間に統一が取れるよう意を払った。又、第三篇Ⅱのように、原論文の多くの部分を削り簡略化したものや、内容的に変更を加えたものもある。

本書に集録した各論文において私が一貫して意図しているのは、行政法学の基礎的諸問題について、内容的に新たな提言をすることではなく、その依って立つ理論的基盤を明確化しようということである。このような目的の下、私は、とりわけ、従来唱えられて来た行政法学上の諸理論が、一体精確には何について、又、如何なる見地から論じようとされているのか、を、徹底的に分析・検討しようと試みて来た。このような私の問題意識の由って来る処、そしてその展開過程を、順序を逐って理解して頂けるように、本書での諸論文の排列には特に意を払ったつもりである。従って、本書は論文集ではあるが、この意味においては、一つの定まった目的を以て書かれた書物である、と言うこともできよう。

本書は、公にされる私の書物としては初めてのものであるが、原論文の発表の順序においても、内容の上でも、別著『公権力の行使と私的権利主張――オットー・ベール「法治国」の立場とドイツ行政法学』（有斐閣より近刊）に続くものである。従って本書に展開された思考の背景・基盤に更に関心を持たれる読者にあっては、同書をも併せお読み頂きたい。

本書に集録された原論文について、発表後、学界の先輩・同僚諸氏から頂いた様々の批判や反論に対しては、私の眼につく限り本書においてお答えしたつもりである。ただ、脱稿後公にされた森田寛二「行政行為の公定力と無効（一）」（自治研究五三巻一一号）による批判に対してのみは、校正技術上可能な限りにおいてお答えしたものの、未だ十分な回答とはなっていない。

本書を公にするに当っては、東北大学の同僚諸氏より受けた学恩と友情とに対し、心から感謝を捧げずにはいられない。公法学専攻の、柳瀬良幹・小嶋和司・菅野喜八郎・樋口陽一・森田寛二の諸教授には常に好意に満ちた教示と批判、そして激励とを頂いた。又、世良晃志郎教授を中心とする「社会科学の方法についての研究会」の諸メムバーからは、公法学更には法律学一般の分野を越えて、大きな刺激と深い示唆とを受けた。又、専門領域を様々にする法学部の同僚諸氏との日々の語らいは、いずれも本書の血となり肉となっている。真摯な学問の雰囲気と温かい友情とに充ちた東北大学法学部のスタッフとして研究を続けることのできる幸せを心からかみしめつつ、これらの方々に改めて、深い謝意を表したい。又、本書の出版を早くから企画し、最大の厚意を以てその実現に甚力して下さった、木鐸社の能島豊・坂口節子の両氏には申し上げるべき充分な言葉もない。

最後に本書を構成する諸論文の、原発表時期及び発表誌を、左記に著しておくこととする。

昭和五三年六月五日

仙台市川内三十人町の自宅にて

藤　田　宙　靖

記

序章に代えて　――公法研究三一号（原題「学界展望行政法」）（昭和四四年）

第一篇Ⅰ　――社会科学の方法一〇号（昭和四四年）

付論一――法学三四巻三号六三頁以下（昭和四五年）

柳瀬博士東北大学退職記念『行政行為と憲法』〔有斐閣〕七三四頁以下（昭和四七年）

付論二――同右七四一頁以下（昭和四七年）

Ⅱ　――石井紫郎編『日本近代法史講義』〔青林書院新社〕（昭和四七年）

Ⅲ　――田中二郎先生古稀記念『公法の理論』(上)〔有斐閣〕（昭和五一年）

Ⅳ　――自治研究五三巻九号（昭和五二年）

第二篇Ⅰ——ジュリスト増刊『法の解釈』（昭和四七年）
Ⅱ——法学三三巻一号、四号、三四巻三号（原題「柳瀬教授の行政法学」）（昭和四四～四五年）
柳瀬博士東北大学退職記念『行政行為と憲法』〔有斐閣〕（原題「柳瀬良幹博士の行政法学」（昭和四七年）
Ⅲ——ケルゼン生誕百年記念論集『新ケルゼン研究』〔木鐸社〕（昭和五六年）
第三篇Ⅰ——社会科学の方法三四号（昭和四七年）
Ⅱ——柳瀬博士東北大学退職記念『行政行為と憲法』〔有斐閣〕（昭和四七年）
Ⅲ——社会科学の方法七一号、七三号（昭和五〇年）
Ⅳ——『社会科学と諸思想の展開』世良教授還暦記念下〔創文社〕（昭和五二年）
附　篇——自治研究五三巻三号（昭和六一年）
あとがきに代えて——社会科学の方法一一三号（原題「臆病」）（昭和四五年）

目次

目次

第二篇　行政法学と方法論

第三篇　行政法学と〝動態的考察方法〟

行政法学の思考形式

序章に代えて

――昭和四四年度学会展望より――

一

公法研究第三〇号は、第三二回公法学会の記録として、諸報告及びシムポジウムの模様を採録している。行政法関係では、①今村成和「現代の行政と行政法の理論」、②室井力「現代行政と行政法の理論」の他、次の論稿が収録されており、そこには、戦後わが国行政法学界の動向が凝縮された形で示されているということができる。③園部逸夫「リアリズム行政法の思想」、④兼子仁「フランス行政法学の現代的課題」、⑤相原良一「『法の支配』の原理と行政の現実」、⑥河合義和「現代都市行政と公法理論」、⑦金沢良雄「経済法における計画」、⑧田中二郎「行政法理論における『通説』の反省」。

これらの論稿の中で、特に注目されるのは、⑧である。田中博士のこの論稿は、直接には、〝わが国行政法学の従来の通説が多くの点において反省を迫られていること〟そしてその一例として、〝抗告訴訟の本質についての従来の通説を改めるべきこと〟を、博士の別稿に則して主張されるものであるが、しかし同論稿について注目されるのはむしろ、それが同時に、わが国においてこれまでに行なわれて来た各種の通説批判（前掲①②は、まさにこのような批判の総括としての性質を有する）に対しての、反批判的指摘をも内蔵するものであることである。博士はこの論稿において、《美濃部理論の伝統をひく従来の通説ともいうべきものに対する、突っ込んだ批判や、さらに進んで建設的な理論》につき次のような評価を下し、これらの諸批判の限界を指摘しておられる。すなわち博士によれば、これらの諸批判のうち《(1)あるものは、立法政策論を展開し、イデオロギー論に終っている嫌いがあり、(2)あるものは外国の制度や理論の紹介に重点が置かれ、わが国の実定行政法の理論構成としては、未だ不十分の誇りを免れないものであり、(3)またあるものは、新しい理論や考え方を導入し、それ自体としては承認できるとしても、行政法全体の理論構成の中に融合し統一的な理論構成がなされるまでには至っていない、など、多くは未だ十分の説得力をもって一般から支持されるほどの理論にまで発展するに至っていないように思われる》のである。博士の行政法理論体系が、まさしく〃美濃部理論の伝統をひく従来の通説ともいうべきもの〃としての地位を占めていることに鑑みる時、右の指摘は、重大な意味を持っているというべきであろう。

前掲①②に代表されるような、従来の通説批判は、通説の体系を批判することによって、新たな体系の構築への、いわば理論的基盤を整備しようとするものであり、その意味において未だ直接には、多く、〃行政法全体の理論構成の中に融合し統一的な理論構成がなされるまでには至っていない〃こと、恐らく右に指摘されている通りである。又、《今日では、単に行政法の部分的な解釈理論の修正又は転換にとどまらず、これらを総合して、行政法全体を理論的に再編成すべき時期に到達している》との指摘も、原則的には首肯され得るところであろう。右の指摘はしかし、決して、このような〃理論的再編成〃の為の基礎作業として、伝統的な行政法学における各種の理論的素材を徹底的に再検討するような時期が、もはや終了した旨を意味するものであってはならない。例えば右の論稿で〝統一的な理論構成〟と謂われる際の〝理論〟とは何か、〝解釈理論〟なるものの論理的性格は何か、例えば右の論稿は、通説に対するこれまでの批判の中のあるものが〝立法政策論を展開し、イデオロギー論に終っている〟ことを戒めるが、いわゆる〝解釈理論〟と〝立法政策論〟の限界付けは、そこではどのようにして行なわれているのか、等々。これらの方法論的基盤を明確に再検討することなく、やみくもに〝統一的理論の再編成〟を意図したとしても、そのような作業は、いわば砂上に楼閣を築く結果ともなり兼ねない。行政法理論の再編成については、このような理論的基盤の明確化が何よりも不可欠であると思われるのであって、このような作業は、従来の行政法学において、決して充分に行なわれているとは思えない。

⑨藤田宙靖「柳瀬教授の行政法学(一)[1]」及び⑩同「裁判規範と行為規範[2]」は、いずれも、基本的に右のような問題意識の下に書かれた小論である。

(1) 法学三三巻一号(本書一五九頁以下参照)。
(2) 社会科学の方法一〇号(本書一九頁以下参照)。

二

法治国家論及び行政国家論という基本的問題につき、永年の蓄積を体系的に展開する、意欲的な著作が発表されている。⑪高田敏「法治国家概念と警察国家概念の形成(一)[1]」及び、⑫手島孝『現代行政国家論[2]』がそれである。

――高田教授の⑪は、〝一九世紀後半に確立したドイツ的法治国家理論の本質〟を明らかにする為の準備作業として、ドイツにおいて一九世紀後半までに登場した〝法治国概念〟につき、その意味内容を整理するものである。ドイツ公法学の法治国家論に関する教授の従来よりの広汎な研究に加えて、更に多くの論者の法治国概念が、分析の素材として新たにとり上げられている。

教授の従来の同種の論文に比し、この論稿において特に注目されるのは、しかし、このような素材の拡張という事実よりもむしろ、いわゆる〝形式的法治国〟、〝実質的法治国〟なる概念自体についての、論理的明確化への志向が見られることである。同論稿においては、一九世紀後半までにおけるドイツの法治国概念は、〝法治国〟を国家目的として捉えるタイプと、国家目的実現の為の手段として捉えるタイプとに分類され、一九世紀後半に普遍化した、いわゆる〝形式的法治国〟概念とは、このような手段（就中、法律によるという形式・手続）が《自己目的化》し、《法律によって行政が行なわれることの目的ないし意味・その果す機能が、法治国家論上不問に付され、さらには行政権および司法権発動の根拠となる法律の実質も不問に付された》もののこと、と定義付けられるのであるが、教授はその際、例えば次のように述べておられる。《少なくとも、国家目的論を実質的法治国、国家目的実現手段論を形式的法治国と称することは妥当でない。蓋し、目的と手段という異なった次元におけるものを、実質と形式という同次元のものの比較・分類法でもって分類することは誤りをおかすことになるからである。実質と形式という分類は、目的論についてなされるか、手段論についてなされるか、あるいは目的および手段論についてなされるか、とも角同次元のしかも異質の説の分類法として妥当させられるべきものであって、そのことがまさに論理的要請であるといえよう。》このような教授の自覚は、更に、〝形式的法治国概念〟と〝形式的法治国理論〟とを論理的に区別せねばならぬ、との自覚に到り、例えばしばしばいわゆる〃形式的法治国論〃の始祖であるかの如く語られる、シュタールの法治国論について、《彼の合法性は人倫王国という目的によって規定されており自己目的化されていないから、彼の法治国概念は別として彼の理論は形式的法治国理論ではない》との指摘がなされることになる。

およそ、ある〃概念〃や〃理論〃の意味内容を理解し、それを評価するに当っては、それが、どのような視角から、どのような論理的次元・方法的次元において述べられているのかについての明確な検討が先行せねばならぬことは自明であり、まして、このような概念や理論を、自らのものとして運用・発展せしめようとする際には、このような前提は不可欠である。戦後、とりわけ西独公法学の影響の下に、わが国においてことの外愛用されるに到った〃形式的法治国〃・〃実質的法治国〃なる概念乃至理論につき、このような作業が充分に行なわれたとは思えないのであって、これらはしばしば、いわば感覚的・ムード的な色彩を帯びて用いられることが少なくなかったと思われる。右の論稿については、とりわけこのような意味において、続稿が期待される。

二　手島教授の⑫は、現代行政国家論に関する教授の従来の諸論文を整理統合し体系的なモノグラフィーとして発刊されたものである。

同書の基盤を成す諸論文中、四三年度中に発表されたものとして、⑬手島「行政概念の新構成」(3)がある。この論稿は、その副題に見られるように、行政学と行政法学に共通する統一概念としての〃行政〃概念を、新たに積極的に構成しようと試みるものであって、その意図するところは結局、〃行政〃なる社会現象を、行政学・行政法学がどのように捉え、考察の対象として行くべきか、という、いわば〃行政科学〃の考察方法に関する提言であるように思われる。

教授によれば、行政とは《本来的及び擬制的公共事務の管理および実施》である。そこでいう〝本来的公共事務〟とは、〝事物の本性上自然的に公共事務（社会成員の全体ないし大多数の利害にかかわるものとしてその負担において行なわるべきことを社会的に正当化された事務）であるもの〟を意味し、〝擬制的公共事務〟とは〝政治過程による一次的政策決定を経て公共事務たることを擬制されたもの〟のことである。このような新行政概念は《行政法の規範的特殊性を法規範の自己法則性からのみならず、より本質的な即対象性の面から可能ならしめる》という利点を持ち、このような観点から、例えば右の〝公共事務〟概念の二分は、法律の留保の範囲・行政契約の自由の範囲・行政聴聞の必要とされる範囲等につき、これを〝行政の本質構造〟から明らかにし得るという有用性を持つ、とされる。

教授によれば、右の定義中、ある社会において何が〝本来的公共事務〟であり、何が〝擬制的公共事務〟であるかは、時空を超越して絶対的に定まるものではなく、歴史的・相対的に定まるものである。その意味において、これらの概念自体は、いわば函数的・形式的な概念なのであって、それ故にこそ亦、この定義は、理論的行政概念と制度的行政概念とを架橋・連続せしめる、という機能をも持つ、とされる。

〝行政法学が一つの実践科学である以上、これを導く行政概念は、法的規律の対象の客観的特性に照応して定められねばならぬ〟という教授の指摘は、要するに、行政法学が、実定法の解釈・適用という実践的作業を行なうものである以上、それは法規範の認識のみならず、行政の現実乃至必要に眼を向けるものでなければならず、解釈論を先導するのはむしろ後者である、との指摘に帰するものと思われる。このこと及び教授の立てられるような〝函数的〟な行政概念が、その形式性の故にこそ、論理的に、時空を超えた妥当性を持つ、ということ自体には、差当り異を唱える必要はないと考える。しかし右の定義における〝本来的公共事務〟なる概念には、疑念が残る。これは教授の補足的説明によれば、《公共事務たることとの社会的合意が先験的に存在し、公共事務たることが何びとにも明瞭に認識されるもの》であるが、教授自身も認められるように、現実にその擬制的公共事務との区別を行なうことが困難である、との難点もさることながら、むしろそれ以前に、このようなものが、教授のいわれるように程度の差こそあれ《いかなる政治社会》にも見出される、といえるかどうかが問題であると思われる。人間の有するイデオロギー乃至価値観は無限に多様であって、相容れぬイデオロギー支配の下ではむしろ死を選ぶこともあり得るとすれば、常識的には最も〝本来的〟と思われる、人間の生命維持に関わる公共事務とても、〝事物の本性上自然〟であるとは言い難いこととなる。ある価値について〝自然〟乃至〝本来的〟であるかそうでないかは、一定のイデオロギー乃至価値を前提とし、それとの相対的関係においてのみ言い得ることであって、このような前提抜きで〝自然的〟・〝本来的〟価値は定め得ない。〝いかなる政治社会〟にも何程かの〝本来的公共事務〟がある、ということは、いかなる社会にも、全社会構成員の間に必ず、何程かの共通の価値理念が存することを意味するが、その現実性は恐らく実証し得ぬであろう。この意味において、この定義が、〝従来行政と称されているものの中には必ず、先験的な社会的合意に基く公共事務が存在する〟という認識論として働くときは、この認識は、経験による厳密な実証を未だ経ぬものであり、又、このような楽天主義的認識の下、〝先験的な社会的合意に基く公共事務と認められるものには「行政の固有性」を認めるべきである〟という実践的提言として働く場合には、常に危険なドグマと化する怖れを内に含むことになるのではないかと思われる。(4)

(1)　阪大法学七〇号。
(2)　勁草書房昭和四四年。

（3）　九州大学法政研究三五巻一号——前掲書第一章参照。

（4）　本文で述べたような私の疑念が、公法研究三一号に掲載されて後、手島教授は既に再度にわたり、これに対する反駁を行なわれた（参照、手島「行政法理論の動向と行政学——関連して再び〈行政概念の新構成〉について」法政研究三六巻二—六合併号三八四頁以下、同「行政・行政国家・対行政国家的法理——「現代行政国家論」のための反批判と再省察」法政研究四一巻三号六八頁以下）。

教授の反駁を整理すると、その要旨は次のようになるものと思われる。まず第一に、〃本来的公共事務〃なるものの存在可能性の問題について言えば、本来的公共事務は、《イデオロギーや価値理念の問題ではなく、人間の社会生活を支える底辺たる共通利害というザインの問題》であって、《単なるイデオロギーや価値観は、たしかに千差万別であり、その自然的統一はありえまいが、それらを咲かせつつ底に厳然と実存する一つの社会を可能ならしめる最小限の共通利益→本来的公共事務の存在は、断じて虚妄ではなく現実である》。そして、《日常の防犯、交通整理、消防、防疫、社会保険、上下水道の設置管理、し尿塵芥の収集処理等々、今日のわが国における本来的公共事務の数々を思い浮かべれば、「その現実性は恐らく実証し得ぬ」とは到底いうことができない》（以上、手島・法政研究三六巻二—六合併号三八五頁）。又、仮にこれを「価値理念」として考えてみても、《一つの社会を成立させ存続せしめる最根底のそれは、本来的公共事務と一体を成す客観的・普遍的なものとして社会全員に共有されている》。《そもそも共通利害およびそれと不可分の共通的価値理念なくしては一つの社会は生まれぬであろうし、またそのようなものが消滅すれば一つの社会は早晩崩壊し分裂するほかない》。そして、《「相容れぬイデオロギー支配の下ではむしろ死を選ぶ」という価値体系の根本的亀裂（すなわち、共通利害の決定的齟齬）が、もし単なる一過性……でなく恒常化したとすれば、それは右のような一つの社会の終焉に連らなる極限状況の発生以外の何ものでもなかろう》。従って、《そのような——定義上もはや共通利害も共通的価値理念も存在しなくなり社会の崩壊に導くほかないケースの——引例をもって本来的公共事務の非自明性ないし不存在を立証することは無意味である》（以上、手島・法政研究四一巻三号六九〜七〇頁）。

次に、〃本来的公共事務〃なる概念に考え得る危険なイデオロギー的機能、という問題に関しては、《すべて社会科学的概念に免れがたくまつわる危険を警告する意味では理由なしとしない》が、《しかし、その故に、曇りなき事実の認識を曖昧にし枉げるのは、本末顚倒も甚だしい》。むしろ、《ここでの問題は、真実を見究めた上で、〃疑わしきは政治的行政に〃など、濫用防除の万全の対策を講ずるにあるのではないか》とされる（以上、手島・法政研究三六巻二―六合併号三八五～三八六頁）。

いずれも示唆多き指摘であるとは考えるが、なお私には承服しかねる点も存在するので、以下、右の反駁に対する私の考えを述べておくこととする。

まず、第一の問題について、本文に述べたような私の疑念は、何よりも、ある事務が〃本来的公共事務〃とされる場合に、その〃本来性〃は、何を基準として認識し得るのか、という問題に関わるものであった。そして、このような観点から私が言おうとしているのは、一つには〃事物の本性上自然的であり本来的である〃ような公共事務なるものは存在し得ない、ということであり、今一つは、〃いかなる社会にも、全社会構成員の間に必ず、共通の価値理念が存する〃ということは、恐らく実証し得ない、ということである。ところでこの点、手島教授の主張自体について言えば、教授が〃事物の本性上自然的に公共事務であるもの〃という表現をされる場合にも、それは必ずしも、文字通りにある事務がその性質上当然に〃本来的公共事務〃となる、ということを意味するわけではなく、むしろ教授の場合には、何が〃本来的公共事務〃であるかは、歴史により社会により異なる、という主張の方に真意があるようである。そうであるとすればいうまでもなく、私の右の指摘の中の前半部分は、教授の主張に対する批判とはなり得ない。

ところで、教授の右の説明を要約するならば、〃本来的公共事務〃は、結局〃それ無くしては一つの社会が成り立ち得ぬ、社会構成員全員の共通利害、乃至共通の価値理念〃ということになるのであるから、その〃本来性〃とはすなわち、〃それ無くしては一つの社会が成り立ち得ぬ〃という性質を表現したものだ、ということになるであろう。そして又、既に本文で見たように〃本来的公共事務〃のこのような〃本来性〃は、その公共性について社会構成員全員の〃先験的合意〃がある、ということにも見出されているのである。してみると結局、教授の場合には、ある社会が存立する以上、その社会の成立及びその存立目的について、必ず社会の全構成員の間に最小限の肯定的な合意が存在するものとされ、このような合意に支えられた、当該社会の最小限の存立目的こそが、〃本来的公共事務〃という語で表現されているのだ、ということになる、と考えることができよう。ところで私が、先の指摘の後半部分で問題としていることは、まさに、社会の全構成員の間には、必ず、その社会の成立及び存立目的ということについての肯定的な合意がある、と言うことが言えるのか、又、更に付け加えるならば、そのような〃合意〃とは一体どのようなものとして存在し得るのであろうか、ということなのである。教授によれば、このような社会的合意とは《人為手続（〃経験〃）を経ることなく〃自然〃的に成立する》とされるのであるが（参照、手島・法政研究四一巻三号七五頁）、しかし、既に古くより指摘されているように、例えば、精神障害者・生まれたばかりの幼児等々、そもそも主体的な合意なるものを与える能力のない者も数多く存在するし、又、例えば、現存の社会には弱者の抑圧機構としての意義しかないものと信じつつ、そのような社会を肯定しつつ生きることに、自己の、加害者としての立場を見、それ故に自己否定をすることとこそを基本的に価値あることと考えるような人間のグループも、存在する。手島教授とてももとより、これらの人々を、そもそも当該社会の構成員ではない、として〃社会〃の定義中から排除されるものではあるまい。又、およそ人間社会一般について考えるとき、これらの人々の存在は、〃単に一過性のもの〃として軽視し去るには余りにも恒常的な現象なのではなかろうか。そして、そうであるとすれば、これらの人々をも含めて社会の全構成員の間に必ず共通の合意がある、という認識をすることは不可能であるか、或いはせいぜい、〃行動に表われた積極的な反対が無い〃ことを以て〃合意あり〃と考える他ないことになろう。しかし私には、このような擬制に基づく〃合意〃の有無を基準として〃本来的公共事務〃と〃擬制的公共事務〃とを区別することよりも、むしろ、社会の成立とは、必ずしも全構成員の共通の価値理念乃至合意無くとも考え得ること、従って又、〃擬制的公共事務〃と区別された、右のようなものとしての〃本来的公共事務〃の現実の存在を認識することは不可能であること、の卒直な認識から出発する方が、より一層、《曇り無き事実の認識》に近づく途ではなかろうか、と思われる。

次に、第二の、〃本来的公共事務〃なる概念の実践的危険性、という問題については、確かに教授の指摘される通り、概念一般の有するそのような性質を前提とした上で、その濫用防止を考えて行く、ということは可能であり、又、正論である、と考える。しかし、私が問題としているのは、そのこと自体であるのではなく、むしろ、このような実践的な主張が、まさに右に見たような意味において、未だその存在が検証されているとは到底思えない、〃本来的公共事務〃なるものの客観的存在、という認識の上に行なわれていることの危険性なのである。例えば、公共事務を、いわばその公共性の量的違いに応じて、〃本来的公共事務〃と〃擬制的公共事務〃との二つに分け、前者にのみ固有の法原理を考えて行く、というような実践的作業は勿論可能であろうし、又、そのような作業に、行政法解釈論上の様々の成果を期待することも、或いは考え得るかも知れない。しかし、その際には、そこでいう〝本来的公共事務〟の〝本来性〟が、実は擬制的なものであることを、明確に自覚することが必要である、と思われる。

三

行政行為論における論議は、その諸効力についての再検討の時期を経て、行政行為なる概念そのものについての意識的検討へと進んで来たように見受けられる。⑭山内一夫「行政行為の概念」(1)、⑮原田尚彦「行政行為の『権力性』について」(2)、⑯山村恒年「抗告訴訟の対象となる行政処分(一)―(九)」(3)は、いずれも、直接間接にこのような方向において位置付けられる。

一　⑭は、先に山内「行政法論考」中に収録された同テーマのものにつき修正を加えたものであるが、《行政行為とは、取消訴訟の排他的管轄に服する行政庁の行為をいう。》との定義の下に、何がこれに属するかは、従って、行政庁の行為中何を取消訴訟の排他的管轄に服させることが合理的であるか、という、取消訴訟の特性に照らした目的論的考察によって解決するほかない、と主張する。この論稿において注目されるのは、このような目的論的考察の規準として、取消訴訟の排他的管轄の存在理由（存在目的）を、（Ⅰ）行政庁の具体的公益判断の尊重、（Ⅱ）当該行為の効果の迅速な実現、（Ⅲ）当該行為の対世的効力の維持、の三つに整理していることである。すなわち教授によれば、行政庁のある行為が行政行為であるかどうかは、その行為が右のいずれかを必要とするかどうかによって定まることになる。

原田教授の⑮は、行政法学において一般に行政行為の本質的要素とされる、行政庁の意思の〝優越性〟ないし〝権力性〟なる観念について、現行法の下におけるその意味を明らかにしようとするものである。教授によれば《国民主権を基本とし国会中心主義に徹した現代の法治国》においては、《行政庁の行為が行政行為に該当しうるかどうか、の判定はもっぱら具体的な実定法の解釈により個別的に決定さるべきで、生活基盤の本質によって先験的に断定さるべきではない》。そして、このような観点から見て、現行法上現われている行政行為の権力的要素を検討すると、それは単に、(Ⅰ)行政庁は相手方となる国民の同意がなくても、法律の定める要件に従い、一方的に相手方の権利義務その他法的地位を決定することができること(一方性)、(Ⅱ)行政庁の決定は、その適法違法に拘らず、正式に取消されるまでは、原則として民事の法律関係において有効なものとして通用すること(公定性)、の二点にとどまる。このようにして、今日行政行為概念の技術性が確認されるならば、《それはもはや嫌悪さるべき権力の手段ではなく、民主行政・責任行政の実施に適した手段》であることになり、例えば《実定法上、行政行為の形式が選択されているにもかかわらずこれを契約類似に扱って行こうとする行き方は、いたずらに行政行為の権力性の亡霊をおそれて、行政の高権的責任と相手方国民の信頼を全うすることをかえって妨げることにもなりかねない》ということになる。

山村氏の⑯は、わが国現行法上、抗告訴訟の対象となる行政処分(行政行為概念より広義)とは何か、につき、判例の傾向を分析・検討し、又自らの主張を行なうものである。この論稿の基盤には、ある行為が行政処分であるかどうかは、専ら、当該行政の適法性を判断することが出来るかどうかという観点からのみ定まるとの考え、すなわち《抗告訴訟の対象となる行政処分の意義》とは《抗告訴訟における処分の違法性に関する紛争解決の適格性の問題》

である、との考えがある。氏によれば、抗告訴訟の審判の対象は、専ら行政処分の適法性なのであるから、そこでいう行政処分とは《行政庁が第一次判断権の行使として一方的に行なう行為について、それを規制する行為規範があればよい》。従って例えば、通常いわれるような、〝国民の法律上の利益を侵害する〟というような要件は、〝訴の利益もしくは原告適格の問題として処理されるべき問題〟ではあっても、行政処分たる為の要件ではない。このような思考の結果、例えば、従来、国民の法的利益に直接の影響を及ぼさないことを理由に行政処分とはされなかった勧告・戒告その他のものの中にも、行政処分性を認めて良いものが多く存在することになる。

二　これらの論稿において共通であるのは、行政行為なる概念は法論理的にどのような意味乃至性格を持つか、ということについての意識的・無意識的反省に基づく、行政行為（又は行政処分）概念についてのいわゆる機能的考察方法である、ということが出来よう。伝統的な行政行為論の論理構造に従えば、行政行為は一つの〝意思表示〟なのであって、このような意思表示の効果として、それは当然に相手方たる国民の法律上の利益に何らかの直接の変動を及ぼし、又、各種の〝効力〟を有する。そしてとりわけ公定力なる効力の効果を否定する為に、抗告訴訟という特殊な訴訟の対象となる、ということになる。しかし経験的に考えるならば、行政庁の意思表示という行為自体はあくまでも物理的事実なのであって、それ自体は法的に如何なる意味をも持つものでなく、このような物理的事実が〝行政行為〟という法的性質を有するに到るのは、いわば法が、このような物理的行為に、特定の法的効果を結びつけるからであるに他ならない。従って〝行政行為であるが故に各種の法的効力・効果を有する〟のではなく、論理的には実は、〝各種の法的効力・効果が存在するが故に行政行為である〟のであり、いわば、行政行為が存在するとは、実は各種の法的効力・効果が存在することを補助的に表現しただけのことに過ぎない。

⑭は、取消訴訟という法的制度の存在（すなわち、その対象となる、という法的効果の存在）がすなわち行政行為の存在であるとの認識に立ち、⑮は、そのいう一方性及び公定性という法効果の存在がとりもなおさず行政行為の存在であると考え、⑯の前提には、抗告訴訟の対象となるという効果がすなわち行政処分なるものの存在を意味するとの法論理的認識がある。今ここで、行政行為が存在するかどうかという〝解釈論〟は、実は行政行為が存在すべきかどうか、という実践論としての性格を有するものであるとすれば、この問題はすなわち、これらの法的諸効果を存在せしむべきかどうか、という問題を意味することになる。⑭はこのような問題に対し、行政運営の必要上取消訴訟の有すべき機能を考察することによって答えようとし、⑮は、憲法によって保障された国民主権の価値よりこのような法的効果を与える法規範は、国民の代表者の意思たる〝法律〟に限らるべきことの主張を前提としている。⑯で主張されていることは、抗告訴訟の有すべき機能を、もっぱら〝行政活動の適法性審査〟に期待すべきである、との価値判断に基づく、一連の帰結である。

〝機能的考察方法〟なるものについては、近時、とりわけ行政行為論を中心として、明示黙示に、その必要が主張されているが、このような方法の理論的基盤は、右に見たような経験主義・実証主義にあることが明確に認識さるべきである。

（1）　学習院大学法学部研究年報4。
（2）　立教法学一一号――現在、原田『訴えの利益』八九頁以下に所収。
（3）　民商法雑誌五八巻五号～六〇巻三号。

第一篇　公法と私法

I 裁判規範と行為規範

——高柳教授の行政法学の理論構造に関する疑問——

一

昭和三八年の「公法と私法」[1]以来、伝統的行政法学の理論体系の徹底的批判の下に行なわれて来た、高柳信一教授の行政法学上の諸作業は、一言にして言えば《「公法」の観念、「行政行為の公定力」の理論及び「抗告訴訟」の制度等》の法理・法制度を《近代国家ないし、近代公法の基本原理に遡りそこから……理解しなおすこと》(傍点原文)であったと思われる。そしてそのような作業が必要であるのは、何よりも《それによって、法理・法制度の擬制的道具的側面を徹底的に見抜くことが、それを新課題の解決のために自由に駆使するための基本的前提だと信ぜられるから》(傍点原文)である。[2]

教授のこのような作業は最近、〝(専ら)裁判規範としての私法〟と〝(裁判規範たると同時に)行為規範としての公法〟との性質的相違、という根本的認識に到達し[3]、これを基盤とした、抗告訴訟制度の性質論[4]、行政行為の瑕疵論[5]等々、極めて斬新な理論体系の提唱となって結晶しつつある。

〃法理・法制度の擬制的道具的側面を徹底的に見抜くことが、それを新課題の解決のために自由に駆使するための基本的前提である〃こと、又、このような問題意識からするとき、〃行政行為の公定力〃に代表される、行政法に特徴的な諸法理・諸制度が、差当って、抗告訴訟なる排他的訴訟制度の存在、それに伴う出訴期間制度の存在、等の事実に還元して、経験的・実証的に認識され直されねばならぬということ、更に又、かかる実証的認識に基づき、これらの制度の解釈論的運用に当っては、固定的なドグマに捉われることなく、例えば《行政の法律による枠づけを、どの段階で、誰に、いかなる訴訟形態で監視せしめることが合目的かを法創造的見地より柔軟に構想してゆくことが必要》であること等々については、(6) 私も亦、差当り教授の指摘にほぼ全面的に賛同するものである。しかし、これら行政法学的レヴェルでの諸提言の前提として、教授が精力的に展開される〃近代公法の基本原理に基づく理論体系〃なるものには、私の見るところ、いくつかの決定的な理論的難点が存在し、教授の意図される〃法理・法制度の擬制的道具的側面を徹底的に見抜く〃作業自体、いわば自己偽瞞的なものに止まっていると評さざるを得ぬもののように思われる。

（1）高橋・高柳編『政治と公法の諸問題』所収。
（2）以上《　》は、高柳「行政の裁判所による統制」岩波現代法講座Ⅳ『現代の行政』（以下『現代法』と略記）二六一頁。
（3）参照、『現代法』二六五頁以下。
（4）『現代法』二七九頁以下。
（5）『現代法』三〇〇頁以下。
（6）『現代法』三〇九頁。

二

教授の理論体系の集約点は、右にも見た通り、伝統的意味での素朴な公法私法二元論に代わる、〃裁判規範〃と〃行為規範〃の観念、そしてこのような《規範構造上の相違》(1)によって区別される、新たなる〃公法〃・〃私法〃概念である。行政法の特殊性なるものは、最終的にはこのような〃行為規範〃の特殊性に還元される。しかし、教授の全理論体系の出発点たる、この〃裁判規範〃と〃行為規範〃の観念には、致命的な理論的欠陥があるように思われる。

教授によれば《私法は、直接的には市民になんらの実体法上の義務を課し、これから権利を奪うものではない》(2)。それは《権利義務関係の形成をすべて原則として市民の自由意思（つまり市民相互の間の合意）に委ね、市民相互の間に権利義務に関し紛争が生じた時に、紛争当事者の一方よりの申立てにもとづいて、国家が例外的に紛争解決のために介入するに当って、サンクションを伴う保護を与えるか否かの基準を明定することを内容とするものであり》、それ故に又《私法規範の名宛人は裁判官》である(3)。これに対して公法規範は、直接国民又は行政機関に向けられた規範であって、《そこに定めるところの要件に該当することを条件として、国民に実体法上の義務を課し、免除し、また権利を賦与し、これを剥奪し制限することを内容とする》か(4)、あるいは《権利義務関係が、行政機関の行為（行政行為）によって具体化される場合には、公法規範は行政機関に行為権限を賦与する》ものである(5)。この意味において、両者は〃裁判規範〃・〃行為規範〃という規範構造上の違いを有するのであり、《国家法としての私法と、市民の権利義務との間には、後者が前者の具体化の結果であるという法規執行関係は存在しない》のに対し、公法においては、

《国民のもつ権利や義務は、国家法の執行、具体化の直接の結果である[6]》。

《私法上の関係（例えば売買）においては、当事者の権利義務（売主の売買代金請求権、買主の同支払義務）は、当事者の意思＝合意（売買契約）より生まれ、別に同関係を支配する法規（民法の売買に関する規定）より流出するものではないが、公法上の関係においては、行政行為による具体化をまつ必要がある場合もない場合も、国民の権利義務の内容は必ず議会制定法にその根拠をもつのである。民法はなくても、契約はできる。〔今かりに日本民法を廃止ないし一時施行停止した場合、日本国民はおよそなんらの契約を締結できなくなるかというと、そんなことはない。われわれは、現在と変らず、たばこを買い（売買契約）、タクシーに乗り（運送契約）、金を借りる（消費貸借契約）ことができる。ただ紛争が生じた場合にその解決に若干の困難が生ずるであろうが、しかし、権利や義務は、民法がなくとも、契約それ自身にもとづいて、完全に有効に成立するのである。〕これに反して、公法規範がなければ、公法上の権利義務は存在しえない。税法がなければ税金（国民の租税債務）はない。土地収用法がなければ起業者の土地収用権はない。義務や権利そのものがそもそも発生しないのである。私法関係におけるように、法がなくとも、権利・義務は完全に有効に成立し、ただ法がないために、紛争が生じた場合に、権利の内容の実現、義務の履行の確保に困難が生ずるというのと決定的にことなるのである[7]。》

（1）　高柳「市民国家の行政法の問題㈠」思想四九三号（以下「思想」と略記）一一三頁。
（2）　『現代法』二六五頁。
（3）　『現代法』二六五～二六六頁。
（4）　『現代法』二六六頁。
（5）　『現代法』二六七頁。
（6）　「思想」八七八頁。

（7）『現代法』二六六頁。

三

教授の右の説明中、何よりもまず奇怪に思えるのは、国家法としての民法が廃止された後も、我々は有効に契約を締結し得る、というくだりである。教授によれば《市民の権利や義務の根拠は、かれが他の市民と自らとりむすぶ合意にあり、国家法（私法）にあるのではない》[1]のであるが、しかし、合意というもの自体は、あくまでも二人以上の人間の意欲が合致した、という因果的な〝事実〟に過ぎないのであり、このような〝事実〟に〝契約〟という法的効果が生ずるのは、あくまでも〝法〟がこのような要件事実に法的効果を結びつけるからであるに他ならない。すなわち、国家法としての民法があればこそ初めて、我々は合意によって日本国内において法的に通用する〝契約〟を締結し得るのであって、市民の権利や義務の根拠は、この場合にもやはり国家法にしかないのである（国家法としての民法がない場合に、当事者の合意に基づき財の交換がなされたとしても、それはいわば、全くの事実的経過に過ぎないのであって、同じく国家法としての税法がない場合に、税務署長と自称する人間が、金銭の納付を行なうべく一方的宣言を行ない、実力を行使して強奪した場合と、法的性質において何ら違いがあるわけではない）。

このようにして、教授のいわゆる私法規範も、それがあって初めて、国民は法的に有効に行動し得るという意味において、教授のいわゆる公法規範と同様、やはり行為規範としての性質を論理必然的に有するものなのである。教授の主張される〝規範構造上の違い〟は、実は、いわば、国民に権利義務を発生させるための、要件の定め方の違いに他ならないのであって、決して、異質の法規範相互間に存するカテゴリッシュな違いであるのではない（民法上のいわゆる任意規範なるものは、理論的には実は、両当事者間に合意が無い場合に生ずべき権利義務の内容を定めると同時に、他面で、合意が存在する限りその合意内容に応じて権利義務が発生すべく、両当事者に広汎な白紙委任を行なっているものに他ならない。この意味において、市民相互間の契約も、実は民法の具体的執行なのであって、その限りで、決して行政行為と本質的に異なるものではない）。従って、教授のいわゆる〝公法規範と私法規範の規範構造上の差違〟なるものは、全く相対的なものでしかなくなるのであって、このような相対的な違いを、〝裁判規範〟と〝行為規範〟なるカテゴリーの違いで表現しようとする限り、中間的な段階にある規範はこの二つのカテゴリーのどちらに含まれるのか、という仮象問題をめぐって、絶望的な泥沼に陥込んでしまうことになるのである。(2)

（1）「思想」八七八頁。
（2）例えば、強行規範・統制規範をどう説明するのか等々。参照「公法研究」三一号一六〇頁以下。

四

しかし、正確に言えば、実は、右に引用した文章にも拘らず、教授自身も亦、必ずしも〝合意〟という〝事実〟自体から直ちに市民の権利義務が生ずるものと考えておられるわけではない。すなわち、教授の右の所論の根底には、すぐれて自然法的な〝近代市民社会の成立とともに全社会関係を貫徹する《商品交換の法》(1)〟なる観念があるのであって、教授によれば、この《きわめて自然的・自律的かつ前国家的性質のもの》としての《商品交換の法》なるものこそが、市民の〝合意〟という〝事実〟に法的効果を与えるのであり、それ故にこそ国家法としての私法は、これを《外側から第二次的に保障する裁判規範の体系としての性格をもつもの》でしかなく《直接には、市民に対しなんら実体上の義務を課し、権利を奪い又は与えるものではないものとなる》のである。(2)

一国内における実在の法現象の法的認識において、その最終的根拠を実定法体系外の自然法に見出すことが、果して客観的科学的認識の名に値する作業であるかどうかは、それ自体重大問題であるが、教授の右の自然法論において特徴的であるのは、それが明らかに歴史的・因果的な事実経過の問題と、一国内における法秩序の論理構造の問題とを混同したものであることである。歴史的事実として〝商品交換の法〟なる社会規範が前国家的に発生して来たという事実自体は、この規範が《全社会関係を貫徹し、国家がこれを承認する》ことによって国家法としての《近代私法が確立》(3)した後において、法論理的になお〝前国家的〟なものであることを、決して意味するものではない。(4) 歴史的経過としての成立順序の如何とかかわりなく、〝国家によって承認〟された後においては、〝商品交換の法〟なる規範の法的根拠は、まさしく国家法としての私法にあるに他ならない。

(1) 『現代法』二六二頁。

(2) 『現代法』二六三頁。なお、教授の《商品交換の法》なる観念自体には、そこでいう〝法〟概念に、因果的な意味での経済〝法則〟と、規範的な意味での〝法〟との若干の混同があるのではないか、との疑念もないではないが、ここでは一応問題とせぬこととする。

(3) 『現代法』二六二頁。

(4) 例えば、明治憲法下に発せられた勅令が、新憲法の下で、法律によりその効力を維持された場合を考えると、この場合、歴史的事実としては、この勅令は〃前憲法的〃に存在し、新憲法がそれを後から取り込んだわけであるが、しかし、この勅令の効力の根拠は、やはり新憲法にこそ存在するのでしかなく、決して〃前憲法的〃に有効であるわけではない。

五

更に丹念に検討するならば、しかし、教授の右の自然法論は、実在する法現象の客観的認識論としてよりは、寧ろ、同時に、あるべき法状態を導くための実践論的根拠論として機能することをこそ、期待されているもののようである。例えば、教授によれば、〃商品交換の法〃が国家法に先立つ〃自然的〃な法であることから、必然的に、権利救済制度においても〃自然的〃であるのはこれに対応する民事訴訟制度であるということになり、これに対して抗告訴訟制度なるものは、《技術的合目的性の見地より導入された人為的訴訟形態》であるということになる。(1) そこで例えば、抗告訴訟制度の技術的限界から、国民の権利救済に、民事訴訟の場合より不利益な結果が生ずる場合には、《自然に任せてほっておけば出ない問題が、人為的制度の採用によって発生したのであるから》かかる不利益を生ぜしめぬよう《立法上の手当によって解決すべき》であり、又、《それがなされる以前にいきなり訴訟事件として出て来た場合には、司法的法創造によって手当をすべき》であるということになる。(2) しかし、経験的に考えるならば、教授が〃自然的〃とされる民事訴訟とても、決して神によって与えられたものでも何でもなく、人間が、生活上の必要に応じて〃技術的・合目的的見地〃から〃人為的に創造した〃ものであるに他ならず、その点において抗告訴訟との間に何らの違いがあるわけではない。両者の存在意義を区別するのは、〃自然的存在〃か〃人為的創造物〃か、ということではなく、単に、それらが創造された〝生活の必要〟の具体的な違いであり、〝技術的・合目的的見地〟の具体的違いであるに他ならない。

このように実は経験的な利益状況の相対的な相違に過ぎないものを、敢えて〝自然的〟か〝人為的〟かという不自然な図式に置換えて論ずることは、まさしく実践的意図のために真実を隠蔽する、一種のドグマであるに他ならない。かてて加えて、教授において、かかる〝自然性〟と〝人為性〟の刻印が、これら二種の救済制度の、歴史上の発生順序をもとに行なわれているものとするならば、(3)それはいわば、歴史の初源にあるものが本来あるべき姿であるとの信仰に基づく、ナイーヴな復古主義のドグマと、その論理構造を等しくするものに帰してしまう結果となる。

〝合意〟を他の何よりも尊重する、いわばすぐれて自由主義的な価値体系を基に、行政法の解釈論その他の実践的作業を行なっていくこと自体は、疑いもなく可能である。しかし、もし教授の真の意図が、民法や民事訴訟法を〝自然的〟な存在であると擬制した方が好都合であるような価値体系を採用すべきことの主張にあるのであるとするならば、何よりもまず、まさしく現在のわが国においてそのような価値体系が採られねばならぬのは何故か、ということこそが明らかにされねばならない。と同時に、そのような実践的作業自体は、決して〝法理・法制度の擬制的道具的側面を徹底的に見抜く〟ような作業と同意義ではないことを、明確に自覚することが必要である。

(1)　『現代法』二九七頁。
(2)　『現代法』二九四頁。
(3)　参照『現代法』二六九〜二八三頁。

六

教授の展開される現代行政法学の〃理論体系〃は、かくて、卒直かつ客観的にその論理構造を見る限り、一面で現存の法現象の客観的認識論としては、方法の混乱に基づく著しい理論的欠陥を内蔵するものであり、他面、あるべき法状態を根拠付ける実践論的根拠論として見るときも、そこには、ある種のドグマの少なくも投影にも似たものが、潜在しているように思われる。しかも教授の理論体系は前者として機能すると同時に後者としても機能すべきことが、全く無批判的に前提されているもののようであり、これらの結果、そこに展開されているのは、論理構造としてはいわば、教授が徹底的に批判される伝統的な〃行政国家のドグマ〃を単に内容的に裏返したに過ぎぬ〃司法国家のドグマ〃の体系でしかないように思われる。

教授の作業の意図自体がこのようなドグマの構築にあるものとは、私も亦想像するものではない。教授の行なわれる行政法学的レヴェルでの指摘に、結果的に多大の共感を覚え、かつ、真に理論的に揺ぎのない、学問としての行政法学の確立を希えばこそ、敢えて右に、教授の理論体系に対するポレミークを試みた。教授の、更に忌憚なき反論を得ることを、心より期待するものである。

付論　一

その公法私法論の帰結として高柳教授が展開される〝行為規範〟と〝裁判規範〟なる思考について旧稿で述べた私の右の疑問に対しては、幸いにもその極く一部についてながら、教授の反論を得ることが出来た。(1) 教授のこの反論によって、私に不明であった点が一部明らかになったと同時に、なお私には、教授の真意を計りかねる処も存したので、私も亦教授と同様、論争の前提問題の整理に努めるべく、当時その疑問を重ねて表明した。ここにそれを再録しておこう。

教授はその反論でまず、私が、裁判規範と行為規範の区別を批判している正確な意味が明確でない、とされている。(2) 私が先に指摘したのは、教授が行為規範、裁判規範としてそれぞれ性格付けられるところの実定法上の諸規範には、これを実定法として捉える限りその法的性質には何ら本質的な差異はなく、両者間に存する違いは単に、人間のある物理的行動に実定法的効果を結びつける場合の〝要件の定め方の違い〟に過ぎず、その意味において、全く相対的な、いわば量的な差違でしかない、ということであった。私が教授の両概念について抱いた疑問は、教授が実定法上の一定の法現象を、その法的効力の根拠が国家法そのものに存するものと、国家法以前に存する一定の物理的事実（乃至自然法）に存するものとに分け、このような法的根拠を与える国家法であるかどうかによって、実定法規を、法的性質の異なった二つのものに、カテゴリッシュに分類しようとされているように思われたことであって、私の指摘はこのような、人間の行動に法的根拠を与えるものであるかどうか、という見地から実定法規を二分することは論理的に不可能である、ということであった。すなわち、私の考えでは、教授のように人間の行動に法的根拠を与える法規範を行為規範と称し、紛争の裁断基準として機能する法規を裁判規範と称するならば、教授が、公法と称し私法と称される全ての規範は、行為規範であると同時に裁判規範である、ということになるのであって、その意味においては、現実の実定法規がどちらに属するかという問題を設定する限り、およそ一般的に、行為規範と裁判規範の区別は否定されることになる。

しかし、行為規範と裁判規範の区別が可能かという問題は、これとは又異なった論理的レヴェルで可能となる。この点につき私は、教授の右の論稿(3)において、教授の行為規範と裁判規範の区別は、実は右のような〝法的効果の根拠〟に関する区別では無く、同じく人間の行動の法的根拠たる諸規範について、その〝要件の定め方〟の相対的・量的相違を体系的に認識する為の、一つの〝イデアルティプス〟として設定されたものである、との回答を受けたように理解している。若しそうであるとするならば、教授の、行為規範と裁判規範の違いについての説明（とりわけ法規の成立過程如何が、国家法の定めと無関係に、直接に当該法規の法的性質を決定するかの如き感を与える説明）が、少なくとも甚だ粗雑であり、ミスリーディングである、ということは別として、私自身も亦、本質的には要件の定め方の具体的な違いに帰する様々の法規範相互間の違いにつき、その相対的・量的違いを体系的に認識する為のイデアルティプス（M・ウェーバー的意味における「理念型」）として、このような両概念を設定すること自体は充分可能であり、又、相当程度において有効であるかも知れない、と考えている。

しかし、その場合、明確に自覚せねばならぬことは、このような意味での理念型であるならば、それは、あくまでも、現存する諸法規の間の相対的な差を、客観的に認識する為の一つの尺度・基準としての性質しか持ち得ないことであって、そこから直接に〝あるべきもの〟についての何らかの実践的指示が出て来るような〝理想型〟とは区別されねばならぬということである。即ち、ある概念が〝理念型〟として設定され得、或いは客観的認識の為に有効な機能を果し得る、ということは、決して直ちに、それがあるべき〝理想型〟であることを意味するものではない。然るに教授が〝行為規範〟〝裁判規範〟等の概念は《社会科学的基礎をもったイデアルテュプス》である、と謂われるとき、そこでいう《イデアルテュプス》の論理的性格は何であるか、ということは、極めて不明確である。教授によれば、これらの《イデアルテュプス》は、現行法上の《法律行為と行政行為のそれぞれの違法・瑕疵の意義・性質の相違、行政事件訴訟における給付訴訟の可能・不可能及び抗告訴訟における訴の利益等の諸問題[4]》を、《統一的に、且つ社会科学的基礎づけを伴って説明しうる[5]》点に、その意義が認められる、とされるのであるが、しかしこれらは教授において、決してこれらの法現象を客観的に〝認識〟する為の尺度としてのみ用いられているわけではなく、そのような機能と同時に、明らかに又、例えば、法律行為と行政行為の瑕疵、抗告訴訟における訴の利益・給付訴訟の可能性、等についての立法論的考察の価値基準ともなっているのである。[6]すなわち、これらの概念は、教授にあって、この意味において、現存の実定法を認識する為の〝理念型〟であると同時に、あるべき法制度の〝理想型〟としても機能せしめられている。

私が先に指摘しようとしたことの一つ[7]は、このように〝理念型〟としても〝理想型〟としても機能するような概念を無批判的に用いることは、実定法の客観的認識の為にも、あるべき法制度の提言の為にも有害である、ということであって、真に理論的に揺ぎなき、学問としての行政法学の確立を意図するならば、この点の批判的検討がまず要請されるのではないか、ということであった。私自身の構想について言えば、右のような論理的混沌を整理して用いる限り右に述べたような意味での〝理念型〟としてであるならば、〝行為規範・裁判規範〟等の概念は、かなり有効な機能を果すことが可能であろうと考えている。又、これを〝理想型〟として扱う場合にも、かなりの魅力を含んだ思想である、と評価している。しかし今一つ明確にしておかなければならないことは、伝統的行政法学における諸概念、例えば、公法と私法、特別権力関係、行政行為の公定力、等の概念もやはり、高柳教授における〝行為規範〟〝裁判規範〟と同様に、一方では実定法を客観的に認識する為の〝理念型〟として、又、他方では〝理想型〟として機能せしめられて来た、という側面を有することである。然るに従来、とりわけ戦後の行政法学において、これらの諸概念に厳しい批判が浴びせられて来たのは、主として後者の機能に対する批判であったと思われるのであって、純粋の〝理念型〟としてそれがどの程度、認識の為の有効性を有するか、という検討は、未だ充分には行なわれていないのではないか、と思われる。伝統的行政法学の強みは、何よりも、理念型としての有効性を、巧みに理想型としての妥当性とすり替えて来たところにこそあったのではないか、と思われるのである。従って、真に伝統的行政法学の克服を意図するならば、まず何よりも、この両機能の相互関係を明確にし、これらの概念が、一方で実定法を客観的に認識する為の〝理念型〟として、他方で〝理想型〟として果して来た機能を、それぞれ明確に分析し、評価すべきは正当な評価を与えることこそが、何よりも、果しのない水掛論に終止符を打ち、行政法学の新たな展望を切拓く為に、最も有効な方法ではないか、と考えている。

(1)　高柳「公法・行政行為・抗告訴訟」公法研究三一号一二三〜一二五頁。
(2)　同右一二四頁。　(3)　同右一二五頁。　(4)　同右。　(5)　同右。

（6） 『現代法』三〇〇頁、三〇四頁、三〇八頁等参照。
（7） とりわけ本書前述二六頁以下参照。

付論 二

高柳理論に対する私の以上の批判に対して高柳教授は、更に、「法の理論の擬制性と現実性」なる論稿[1]によって、より包括的な反論を行なわれた。かかる力作を以て、弁明と反駁の労を執られた教授の御厚意に対し、多大なる尊敬の念を抱くと共に、心より感謝の意を表したい。

教授と私との間の見解の相違は、益々行政法学のレヴェルを離れて、社会科学一般の方法論から、延いては学問論にまで発展するもののようであり、論争を行政法学のレヴェルにおいて実りあるものたらしめる為には、私も亦、今後の議論は、能う限り、特殊行政法的な素材をめぐって行なうことが必要である、と考えている。

ただ、私の主張の中で、とりわけ社会科学における〝認識〟と〝実践〟の問題に関しては、教授において、その趣旨の若干の誤解が存するように思われるので、ここではこの点に関し若干の再反論を行ないたいと思う。

私の高柳批判の主たる意図は、教授も右論稿で適確に把握されたように、高柳理論における、認識と実践の無批判的混同の指摘にあった。これに対して教授の答えられるところは結局、「法理論は〝説明の技術の体系〟であり、その意味において本来必然的に、論者の一定の〝志向〟すなわち一種の〝価値判断〟と結びついたものなのであって、従ってそれは、もともとかかる価値判断の違いにより複数存在し得る〝有効なフィクションの体系〟であるに過ぎない。」従って又、「法理論においてはその正否ではなく、専らフィクションとしての〃有効性〃のみが問わるべきなのであって、〃経験的、実証的思考〃によって検証される〃唯一の正しい理論〃を求めんとする藤田説は、そもそもその方法論的基本前提が誤っている。」というに帰すると思われる。(2)

教授の再反論に接して、何よりも先ず疑問に思うのは、教授にあっては、〃法学〃乃至〃法理論〃なるものは、社会科学乃至一般科学と、如何なる側面で共通し、如何なる側面でその理論的性格を異にすると考えられているのであるか、ということである。私の行なう、教授の基礎概念における〃理念型〃的機能と〃理想型〃的機能の無批判的混同、という指摘に対し、教授が一方で、《法学の概念の特殊性》を強調され、《法学にあっては、他の社会科学とことなり、対象である法現象・法秩序を特定の諸概念を使って、その関係づけとして認識するということは、同時に、それらを使ってこれを操作するためである。》と述べられるとき、(3)私には、教授が、その謂われる〃法理論〃の、他の社会科学諸理論と異なった実践的性格を強調しておられるのであるように思われる。右の限りにおいては、教授はその〃行政法理論〃の、私のいう実践論的性格を明確に語っておられるのであって、教授がこの立場を徹底されるならば、私の提起した、実践論と認識論の混同、という疑惑は、たちどころに氷解してしまうであろう。ただ、その場合には、先に指摘したように、(4)教授の〃理論〃が現在のわが国における実践論として妥当であることの適確な根拠付けが要請されるのみである。(5)

ところが教授は他面、このような意味での実践性・フィクション性は、法学のみならず、経済学その他の社会科学一般に、更には自然科学・社会科学一般を問わず科学理論一般に存在する〃フィクション性〃と同性質のものであることを主張され、この点に、先のように理解された〃法理論〃の、社会科学理論・科学理論としての性格をなお救おうとしておられるようにうかがえる。(6) 若しそうであるとするならば、結局、私の先の疑問は、何ら明確な解答を得ないままに終ったと考えざるを得ぬように思われる。

一般に、《見る者の視座を離れて、自然や社会がそのものとしてそこに——論理的に整序されて——存在しているわけではなく、見る者が一定の視座から対象をとらえよう——体系的に認識しよう——としたから、自然や社会は、混屯としてではなくて、整序されて、そこに——観念の世界において——存在しているわけである。その意味において、一般に科学（自然科学・社会科学を問わず）において、理論は対象を見る者の見る立場（視座）と無縁ではありえない》ということ、そして又、《社会科学の場合には、その視座は志向ときりはなしえない》ということについては、(7) 私も亦全面的に教授の指摘に賛同するものであって、私の高柳批判は、このような自明の事実の否定に由来するものでは毛頭ない。私はかねてより、一般に科学的認識作業において、対象の選択と仮説の設定に関する限り、認識者の視座・志向が重大な影響を及ぼすのは当然であって、この二点における、認識者の価値判断の影響は、その理論の科学性を何ら否定するものではない、という立場を正当と考えている。私はただ、仮説の検証過程に関する限り、経験と厳密な形式論理とによる裏付け操作が絶対に不可欠なのであって、この段階において、論者の実践的意図から、経験と論理に合致せぬ主張を行なうならば、それはもはや科学理論としての資格を失うことになる、ということのみを、経験と論理を前提として議論をしているのである。そして、教授の〝裁判規範と行為規範〟論に内在する論理的困難に対して私の行なう批判は、その一面で、まさしく、教授が、この点において、科学的認識のルールを逸脱した思考を、しかも科学的認識の名の下において行なわれているのではないか、との、基本的疑問に基づくものであるのである。

右のような、経験と形式論理による裏付けはしかし、いうまでもなく、当該の〝理論〟が実践的な主張としての性格を有する場合には、決して論理必然的に要請されるものではない。実践的主張に科学的裏付けが要求されるということは、合理的精神に支配された社会においては一般に、その方が非科学的な主張よりも説得力を持つ、ということではあり得ても、科学的な根拠付けがない限り、理論的に、実践的主張としての資格を持ち得ない、ということを意味するものではない。例えば宗教上の教説は、科学理論ではないが、いうまでもなく、人間生活にとって重要な実践的提言であり、且つ、一面で、〝科学的な〟理論よりも強い説得力を有する場合がある。しかもそのような教説を考案することは、多大の努力を要する作業であることは、いうまでもない。しかしいうまでもなく、《思いつきや便宜主義でできることではなく、非常に困難な大事業である》こと自体は、決して当該作業が科学的認識作業であることの保障とはならないのである。[8]

教授は、法理論乃至法概念の適否については、その〝正否〟ではなく、専ら〝有効性〟の程度のみが問わるべきものであることを強調され、[9]且つ、このことは《法学に限らず、他の社会科学についてもいいうること》と主張される。[10]しかし、〝有効性〟の程度は、いうまでもなく、一定の〝目的〟に照らしてのみ判定され得るのであって、何よりも先ず、論者の〝目的〟そのものが明確にされねばならない。教授の場合、その〝目的〟は〝社会現象を「説明」することと〟であるのであるが、[11]しかし私の問題とするところはまさしく、そもそもその謂われる「説明」とは如何なる理論的性質の作業であるか、ということなのである。科学的認識を行なう際には、〝自己の視座よりして関心のある〟真実を明らかにする為に有効な概念及び理論が要請される。実践論を展開する場合には、〝自己の視座よりして望ましい〟結果を説得する為に有効な概念及び理論が要請される。同じ〝説明の為の有効性〟という表現が用いられても、私の立場よりすれば両者の意味は本質的に異なるのである。

教授の謂われる〝法理論〟における〝認識〟と〝実践〟の関係は、そしてそれを集約して象徴するところの「説明」なる概念は、如何なる意味において、社会科学更には科学一般におけるそれと共通であるのか、の、明確な説明こそが、私の問に対する解答として、真に期待されるところなのである。

（1）高柳「法の理論の擬制性と現実性——藤田宙靖氏の疑問に答える——」社会科学の方法一九号一七頁以下。
（2）参照、同右一九頁以下。　（3）同右二三頁。
（4）参照、本書前述二七頁。
（5）この点については、教授は右の論稿で、そのいわゆる〝有効性〟の根拠付けを、〝歴史の検証〟に求めておられることを明らかにされている（参照、高柳・同右二六～二七頁）。しかし、教授のこの論拠には、なお基本的な問題点が存することについて、本書後述六四頁、一五六～一五七頁を参照されたい。
（6）高柳・同右二〇頁、二五頁、二七頁等。
（7）同右二五頁。　（8）同右一九頁。　（9）同右一九～二〇頁、二七頁。　（10）同右。　（11）参照、同右一九頁。

Ⅱ　行政法理論体系の成立とその論理構造

――穂積八束博士の公法概念を中心として――

一　序

一　〝行政法〟なる法典は、欧米諸国と同様、わが国の歴史においても存在した例がない。行政法は、民事法・刑事法に対する、行政に特殊固有の法（公法）として、行政に関する雑多な制定法規の背後に存在すると考えられてきた、統一的な法理論体系であり[(1)(2)]、その存在は、人々の意識の中にのみある。

行政に関する若干の制定法、たとえば行政裁判制度に関する諸法律の制定[(3)]も、わが国近代行政法制の整備という意味において、差当り民事法・刑事法における法典編纂にも対応する意義を持つものとしても、それ自体は決して、わが国における〝行政法〟の成立と同意義であるのではない。統一的な〝行政法理論体系〟の成立は、あくまでも統一的な〝行政法理論体系〟の成立をもって語られねばならないのである。

統一的な行政法理論体系の成立は、すなわち〝行政に固有な法〟としての〝公法＝行政法〟なる観念の成立に他ならない。全ての制定法規の背後に想定されている〝公法〟の観念こそ、個別的制定法規を統合して〝行政法〟を成すものである。[4]

二

本稿はしかし、このような〝公法＝行政法〟なる観念の、わが国における成立過程そのものを追跡する意図を持つものではない。[5]本稿の関心は寧ろ、行政法制度の整備期において成立せしめられた〝公法＝行政法〟なる観念が、爾後において維持せしめられた要因を考察することにこそ存在する。それは基本的には、第二次大戦後のわが国において今や自明の前提ともなろうとする〝憲法が滅びれば、行政法も変遷する〟という思考が、精確にどのような意義と妥当性を有するかについて、再検討ないし再確認の必要を感ずる、私の問題意識より発するものである。

本稿は右の見地から、差当り、近代行政法諸制度の確立期における最大の法イデオローグの一人にして、かつ爾後のわが国の〝公法＝行政法〟理論の原型を呈示した、穂積八束博士の公法概念[6]につき、その思考形式を明確にしようとする。蓋し、わが国において〝公法＝行政法〟なる観念が受容され、維持確立されて行くに当っては、その政治・経済的基盤もさることながら、かかる背景を越え、更には憲法構造の如何を越えてすら維持され続けた、特定の思考形式の存在が、一面において看過し得ぬ意義を有しており、かつかかる思考形式の分析自体、政治・経済的背景の分析に比して未だ十分にはなされていない、と考えるが故である。[7]

（1）　参照、田中二郎『行政法総論』六三～四頁。

（2）　民商法・刑法・民訴法・刑訴法などの原則と異なる法的規律が存在する、ということのみであるならば、このような規律は例えばコモン・ロウ原則の支配する英米などにおいても存在する。しかしわが国の行政法学は、英米には〝行政法〟は存在せぬ、と考え〝公法＝行政法〟の存在はこのような諸規律の存在自体とは、必ずしも同意義ではない、と考えてきた。参照、雄川一郎『行政争訟法』二八頁、四六頁、高柳信一「公法と私法」東大社研創立十五周年記念論文集『政治と公法の諸問題』四頁以下。

(3)　大日本帝国憲法（明治二二年）六一条《行政庁ノ違法処分ニ由リ権利ヲ傷害セラレタリトスルノ訴訟ニシテ別ニ法律ヲ以テ定メタル行政裁判所ノ裁判ニ属スヘキモノハ司法裁判所ニ於テ受理スルノ限ニ在ラス》　裁判所構成法（明治二三年法六）二条本文《通常裁判所ニ於テハ民事刑事ヲ裁判スルモノトス》　行政裁判法（明治二三年法四八）　行政庁ノ違法処分ニ関スル行政裁判ノ件（明治二三年法一〇六）。

(4)　例えば、行政裁判制度の存在は、しばしば、わが国における〝公法＝行政法〟の存在にとって決定的な意義を有するものとされるが（参照、美濃部達吉『公法と私法』五頁以下、佐々木惣一『日本行政法論』三六頁など）、この場合にも、前者が後者を産むのではなく、寧ろ行政裁判制度は〝公法〟の存在を〝前提〟するものと考えられている。この点については、本文で後述する。

(5)　このような観念の成立過程の問題としては、とりわけ、わが国近代行政法諸制度の整備過程そのものと、かかる過程における、ドイツ公法学の〝公法〟概念の影響のしかたが問題となる。これらの問題については、差当り参照、行政裁判所「行政裁判法制定の由来」『行政裁判所五十年史』、綿貫芳源「行政法の歴史」『行政法講座』第一巻、雄川一郎『行政争訟法』三三頁以下、和田英夫「行政裁判」『講座日本近代法発達史(3)』、柳瀬良幹『行政法に於ける公法と私法』七六頁以下、塩野宏「公法と私法」国家学会雑誌八三巻五・六号一六八頁以下、等々。

(6)　わが国における〝公法＝行政法〟観念を行政法学的に確立したのは、恐らく美濃部達吉博士、佐々木惣一博士等であるが、しかし例えば美濃部博士の公法概念につき、それはしばしば穂積博士のそれと対立的に評価されるにも拘らず、〝公法＝行政法〟観念そのものの存在に関して本質的に違いのないことについて、参照藤田宙靖『公権力の行使と私的権利主張』〔有斐閣〕一二頁以下、塩野・前掲一六二頁など。

(7)　わが国行政法学における公法概念の、明治期より現在に到るその脈絡と、いわゆる〝憲法構造の変化〟にも拘らずそれを可能ならしめている政治・経済的基盤の分析としては、例えば渡辺洋三「現代福祉国家の法学的検討」法律時報三六巻四号〜九号などが、代表的なこの種の《理論仮説》（同右三六巻四号九頁）といえるであろう。同稿は示唆するところ多く、またその問題意識も私と共通する側面を有するが、現代法を専ら〝国家独占資本主義社会の法〟という理念型によって捉える視角は、私の問題意識よりはより限定された視角である。それはさておき、同稿が正当にも指摘する《法概念や法原理のもつ論理技術性は、それだけとりだしていえば超歴史的形式的なものである》(同三六巻五号五三頁) という事実につき、更にその超歴史性・形式性の具体的態様を明確にすることが、わが国の伝統的な行政法理論の性格を分析するに当って必要かつ有意義である、と考えるのが、差当り本稿の立つ問題意識である。

二 穂積博士の公法概念（その一）
――法の形式的論理の側面――

一 その憲法学における、法実証主義的な傾向を反映して、穂積博士の想定する"公法"の概念も亦、端的に"実定法上の存在"である。(1)

(1) 博士はしばしば、全ての法は、同じく国家法として、本来理論的に一元であることを主張して曰く、

《法ハ国家的ノ現象ナリ一ニシテ二アルニアラス若シモ法トハ人生共同生存ノ規則ニシテ国家ニ依リテ直接間接ニ設定維持セラルヽモノナルトキハ凡テ国家的ノモノニシテ公私ノ別アルヘカラス吾人ハ公法及私法ノ二権力ニ支配サルヽニアラス唯一独立ノ国法ノ下ニ立ツ者ナリ若シモ強テ「公」又ハ「私」等ノ冠辞ヲ用ヰル必要アラハ予ハ法ハ公法ナリ私法ナルモノナシト云フモ不可ナカルヘシト信ス》(2)

《世上ノ教課書ニ法ト云ヘハ当然其ノ本来ノ性格ニ公私ノ二類アルカ如ク説明スルモノ多キハ学者ノ誤解ヲ招クノ恐レナシトセス》(3)(4)

この意味において、博士にあっては、公法・私法の別なるものは、決して超実定法的な形式的な効力の差であるの

ではなく、各時代各国における実定法上の、単に法内容的な違いであるに他ならない。

《竊ニ惟フニ法ヲ公私ニ分ツハ法ノ形式ノ別ニアラス法ノ実積ノ別ナラン法規ヲ其形式ノ上ヨリ通覧スルトキハ凡テ公法タリ》(5)

(2)　《法ノ実積ノ別》による法の公私の違いを、博士は、〃公法は権力関係の規定、私法は平等関係の規定〃という図式によって説明する。(6)然るに博士のこの説明は、美濃部博士によって、〃公法は権力関係の規定なり、私法は権利関係の規定なり〃との主張であると誤解され、(7)あたかも穂積博士が、公法の法的性格を否定し、これを事実上の腕力の世界として主張するかの如き感を与えるに到った。(8)

しかし、本来公法と私法の形式的一元を認める穂積博士にあって、公法と私法が美濃部博士の指摘するような相違を以て性格付けられる筈はない。穂積博士は繰返し、自己の〃権力関係説〃に加えられる誤解を指摘し、そのいう〃権力関係〃も亦、法によって認められた法内容的な権力関係であることを弁明して曰く、

《予ノ公法ノ解説ヲ非議スル者ニ二様ノ誤解アルカ如シ権力関係ハ事実上ノ関係ニシテ法律上ノ関係ニ非スト為シ権力ノ法的存在ヲ否認スル是レ一ナリ……然レトモ法カ権力ヲ権力トシテ認知シ其ノ法律上ノ行動ヲ保護スルトキハ之ヲ法的ノ存在ナリト言ハスシテ何ソヤ》(9)

《権力ト法トハ反対ノ性質ニシテ相容レサルモノノ如ク説キ権力関係ハ法律関係ニアラス権力ト云フ観念ハ法律以外ノ思想ナリト云フニ至リテハ正ニ予カ見解ト相反ス凡テ権力関係ハ事実ナリ法律ハ権利関係ヲ認ムルノミト云フ説ト予ノ所見トハ相容レサル所ナリ乞フ相似テ非ナルノ説ヲ混同スル勿レ》(10)

(3)　わが国における〃公法＝行政法〃概念は、いずれもこの、穂積博士以来の〃公法私法の別は我国実定法上の法内容的な区別に過ぎぬ〃との前提を、明確にその出発点となしている。(11)そしてこのことにこそ、例えば純粋法学を始

めとする、公法私法二元論批判が、わが国行政法学に対し殆ど無力であった一つの原因が存するのである。(12)
問題は、そこでいう〃実定法上の存在〃が何を意味するか、に存在する。

二 穂積博士には一方で、右の〃法の公私の別は実定法上の存在〃とする思考とは一見矛盾するかの如き、《法ニ公私ノ別存在スルヤト問ハンヨリハ寧ロ法ヲ公私ニ分ツヘキヤト問フヘキナリ》(13)との主張がある。

(1) 博士によれば、法に公私の別がある、ということは、右にみたように、全ての法が法としてそもそも一元であるということの否定を意味するものでないのみならず、又、立法者が実際に、法を始めから公法なり私法なりと標榜して規定していることを意味するものでもない。(14) 博士において法が公私に分たれるのは、《錯雑ナル法規ヲ分類スルノ便宜ニ出テタルニ過キサル》(15)（傍点藤田）ことであって、その限りにおいてはすなわち、博士にとって現実に存在するのは、差当り《錯雑ナル法規》であり、公法・私法概念は、これを《分類》する為の単なる〃手段〃であるに他ならない。

公法私法の二元論と一元論の選択は、もっぱらこの意味での有効性の見地より決せらるべきことを説いて、博士は曰く、

《吾人ノ問題ハ法ト云フ社会的現象ヲ学問的ニ総合シ分析シ之ヲ理解スルニ於テ公私ノ別ヲ為スコトカ論理上及実用上適当ナリヤ否ヤニ在リ反対スル者ハ法ヲ公私ニ分ツコトハ論理上実用上其必要ナキコトヲ弁明スルヲ要ス》(16)

公権と私権の別、公法人と私法人の別などについても、博士は全て、それらが、この意味での〃必要性〃・〃便宜性〃・〃適当性〃の産物であることを強調する。(17)

(2)　穂積博士のいう〝論理上ノ必要〟とは、《法ト云フ社会現象ヲ学問的ニ総合シ分析》する必要であり、《錯雑ナル法規ヲ分類スルノ便宜》であるが、前述のように博士は、かかる総合・分析・分類は〝権力関係〟なるメルクマールをもって行なうことが有意味である、と強調する。この〝有意味〟性には次の二通りの意味がある。

第一に、〝権力関係〟概念を用いることの有意味性は、〝論理上ノ必要〟であると同時に〝実用上ノ必要〟でもある。穂積理論の〝実用性〟の側面については後に改めて触れる。

第二に、〝論理上ノ必要〟に限ってみるならば、〝権力関係＝公法〟概念は、右に見たように、現実に存在する《錯雑ナル法規》を分類する為の《手段》としての有用性を持つ。

博士は〝法理の原則は法規の規律対象が公益か私益か（利益説的見解）、或いはその当事者如何（主体説的見解）によって異同あるものでなく、当事者間の行為形式によってのみ異なる〟との認識を前提とし、このような行為形式の別をするに〝権力関係〟〝平等関係〟なるメルクマールが最も有用である、とする。[18] 法の定めた行動形式の異同にのみ〝法理ノ原則〟の異同を見る博士の立場は、親族法における親権・戸主権などの発動をも公法関係と見、[19] 国際法を公法より排除することによって徹底され、[20] かかる思考は又、英国においては行政法無し、という主張への反駁ともなってあらわれる。[21]

〝権力関係＝公法〟概念が、専らこのような、認識の〝手段〟としての有用性の見地より設定されるものである限り、博士の公法概念は、その思考形式において、寧ろ現代的意味における公法私法一元論と共通したものを有することとなる。[22] 博士の公法概念にこのような側面を与えているものが、博士の、一面における経験主義的・法実証主義的傾向であることは自明である。

(3) 穂積博士にあってはしかし、本来認識の〃手段〃として便宜的に仮設された筈の〃権力関係＝公法〃概念は、何時しか、法の定めた具体的行動形式の背後に存する〃実在〃と考えられ、認識の〃対象〃へと転化せしめられている。この転換を支えているのが、〃権力関係たることが実定法によって前提されている〃という、それ自体は又、あくまでも〃実定法〃に根拠を置いた論理である。

博士によれば、《権力トハ強キ意志ナリ相手方ノ意志ヨリモ法律上ノ価値ノ強キ意志ナリ他人ノ意志ヲ強制拘束スルコトヲ得ルノ義ナリ》[23]とされ、又、《権力関係トハ優劣ナル意志ノ交渉ナリ平等関係トハ優劣ナキ意志ノ交渉ナリ》[24]とされる。ところで、現実に法律上に存在するのは、租税の徴収であり、国家による道路の開設であるにしても、法律上、その行為者の意志が相手方の意志より強い旨が明言してあるわけではないから、そのいう意志の強弱は、これらの現実の法規の背後に前提されているものでなければならない。

《優劣ナル意志ノ交錯（権力関係）ニ付其限界ヲ明画スル者ハ公法ナリ優劣ナキ意志ノ交錯（平等関係）ニ付其限界ヲ明画スルハ私法ナリ意志ノ優劣強弱アルコトヲ前提トシテ其交錯ニツキ限界ヲ明カニシタル法則ト意志ノ平等自由ナルコトヲ前提トシテ其交錯ニ付限界ヲ明カニシタル法則トヲ分類セント欲スル是レ予ノ主持スル意見ナリ》[25]（傍点藤田）

《公債務法（オツトフエントリヘシユルドレヒト）私債務法ト併行存在スルノ理由ハ一ハ意志ノ不平等（権力）ヲ前提トシテノ法理原則ヲ以テ支配セラレ一ハ意志ノ平等ヲ前提トシテノ法理原則ヲ以テ一貫セラルヽノ根本ノ区別ニ出ルモノト見ルヘキハ蓋疑ヲ容レサル所ナリ》[26][27]（傍点藤田）

(4) 認識〃手段〃として設定された筈の公法概念を、認識〃対象〃としての〃公法〃へ転化せしめる、この〃実定法による前提〃という論理が、公法概念の〃論理上ノ必要〃が又同時に〃実用上ノ必要〃と同意義であるところの、博士の〝構成学派〟的方法への信奉[28]に基づくものであることは明白である。それはともあれ、この〝実定法による前提〟論理が、穂積博士以後の行政法学において広くその公法概念を支配し、〝公法＝行政法〟・〝公法体系〟を維持する最大の論拠を成していることは、注目に値する。

(a)　例えば美濃部博士にあって、公法私法の別は、それが、〝現代の用法を明らかにするうえにおいて欠くべからざる必要である〟から要請されるのであり[29]、差当りその認識〝手段〟としての性格は、極めて明確に主張される。

《法律学上の観念構成が各種の法律現象に付き其の系統を正し其の相互聯絡を明にする為めの補助手段たるに止まるもので、それが絶対に正しいや否やが問題となるよりは寧ろそれが法を証明する手段としての目的に適するや否やが問題となるものであることに於いては、ワイアの説[30]は惜に真理を包含するものである。[31]》

しかしそれにも拘らず、美濃部博士において、私法体系と区別された〝公法〟は、結局、実定法自体が採用している経験的〝実在〟であり、認識の〝対象〟なのである。

《現代の国法は其の全部に通じて公法と私法との区別を当然の前提として居るもので、国の総ての制定法規に付き、其の定めが公法又は私法の何れに属するかを明らかにするのでなければ、其の定めから生ずる効果と内容とを明にすることは不可能である。[32]》（傍点藤田）

(b)　公法私法論議をめぐり宮沢俊義博士の行なわれた、有名な方法論的批判に対する、行政法学者の反応についても亦、右の視点に立ってこそ、正確な理解が可能である。

昭和一〇年宮沢博士は、わが国の公法私法論議に方法的混淆の甚だしい旨を指摘して、公法私法の〝理論的（本質的）な区別の問題〟と〝技術的（制度的）な区別の問題〟とを峻別すべきことを主張されたが[33]、この指摘は恐らくは、少なくともその一面において、右の、認識の〝手段〟としての公法概念（博士のいう〝理論的な公法概念〟の一種）と、認識の〝対象〟としての公法概念（博士のいう〝制度的な公法概念〟の一種）の混同への批判をも意味している。しかしこの、本来すぐれて経験的・実証主義的な見地よりなされた批判は、結果的に、行政法学者をして、その主張する〝公法＝行政法〟概念を、〝実定法による前提〟論理のもと、認識の〝対象〟としての〝実在〟へ引き寄せしめることとなり、その一見経験主義的・実証主義的な帰結にも拘らず、実質的にはかえって、穂積博士の〝公法〟概念以来内在していた非経験的・非実証的側面をより濃厚ならしめる結果となったのである。

例えば田中二郎博士は、宮沢博士の批判に答えて、《特定の国・特定の時に於ける実定法に於て何を公法又は私法として居るかの問題》と区別して、《ある種の法律関係に対して与へられる類型的概念としての公法私法の区別あること》は《之を認めねばならぬ》と明言されるが、[34] しかし、田中博士のこの〝類型的概念〟なるものは、宮沢博士自身による、〝理論的な区別〟としての理解とは異なり、[35] もともと、《実定法上の区別と論理必然的な関連こそないにしても、此の公法私法の区別が本来的な区別として、実定法上の区別の根本的基準として採り入れられて居り、従って、此の区別を明らかにすることが、実定法の区別を明らかにする上にも役立ち得べきもの》[36] として、すなわち、認識の対象たる一種の経験的〝実在〟として、性格付けられていたのであり、明らかに、宮沢博士の想定する《経験的実在の認識の手段として役立つ意味において構成せられる》「理念型」[37] とは、究極的にその論理的性格を異にするものであった。田中博士が一方で、宮沢博士の方法論的指摘を高く評価し、類型としての公法・私法の別が《一般に法律概念の整理上に、又法律的諸現象の認識の上に重要な役割を持つもの》とまで述べられつつも、[38] 他方でなお伝統的な公法・私法の二元論を実質的に維持し得たのは、[39] まさにかかる事情によるものである。[40]

三　穂積博士以来、わが国の〝公法＝行政法〟概念は、基本的に右の如き思考によって支えられている。しかしてかかる思考形式それ自体は、必ずしもその時々の社会構造および憲法構造に関わりなく存続し得るものであることは自明である。〝公法〟の存在が現行わが国法上の法内容的問題であることは、現在でも操返し強調され、又、わが実定法が〝公法〟の存在を〝前提〟していることも論者は絶えず主張する。(41)かかる主張は、そもそも〝実定法が前提している〟とは如何なることを意味するか、〝前提している〟か、〝いない〟かは如何にして検証され得るか、すなわちそこでいう〝実定法〟とは何であるかが明確にされぬ限り、決してその論拠を失うことはない。わが国の〝公法＝行政法〟の観念は、このような理論的基盤の上に成立せしめられている。

（1）　穂積憲法学における法実証主義については、差当り参照、長尾龍一「穂積憲法学雑記」『法思想の諸相』（法哲学年報一九六九年）七七〜七九頁。
（2）　穂積八束「公法ハ権力関係ノ規定タルヲ説明ス」『穂積八束博士論文集』——以下『論文集』と略称——二八一頁。
（3）　穂積・前掲二八二頁。
（4）　この意味において、穂積博士の公法私法論が《公法と私法の区別を絶対的なものと考へ、公法の特殊性・独立性を強調し》たもの、という後代の評価（参照、田中二郎『公法と私法』六頁、鵜飼信成『行政法の歴史的展開』一八一頁）は、少なくとも不正確である。私も亦、かつて穂積博士の公法私法論と美濃部・田中（二）博士のそれの違いを、〝峻別論〟と〝相対化理論・混合関係理論〟として表わしたが（藤田宙靖「公権力の行使と私的権利主張(一)」国家学会雑誌八〇巻三・四号三頁）これは、従来の通説が理解して来た限りでの違いに過ぎぬ、というべきものである。ここに訂正する。
（5）　穂積・前掲二八四頁。
（6）　穂積「公法ハ権力関係ノ規定タルヲ論ス」『論文集』一七七頁以下、及び前掲『論文集』二八一頁以下。
（7）　参照、美濃達吉「穂積先生ノ公法ノ特質ヲ読ム」法政新誌八巻二号一四頁。

（8） 前述田中・鵜飼博士の穂積八束観には、美濃部博士のこのような穂積理解が影響しているように思われる。

（9） 穂積「公法ノ特質」『論文集』六〇八〜六〇九頁。なお、穂積『公法ノ特質』ニ付美濃部博士ノ駁論ニ答フ」（『論文集』六二三頁以下）は全編主として、この点についての美濃部博士の誤解の指摘にあてられている。

（10） 穂積「公法ハ権力関係ノ規定タルヲ説明ス」『論文集』二八六頁。

（11） 例えば左の叙述を参照、

《法を公法と私法とに区別することの必要は、必ずしも如何なる時代に於いても意識せられて居たものでないことは疑を容れない所である。……唯少くとも現代の国家の法に付いて観察すると、其の中に、公法と私法とを観念上に区別することは、国法を明にする上に於いて欠くべからざる必要である。》美濃部達吉『公法と私法』一〜二頁。

《公法、私法ノ区別ニ就テハ諸説紛々トシテ未タ一ニ帰セス。卑見ニ依レハ之ヲ明ニスルカ為メニ先ツ注意スヘキコトアリ。此ノ区別ハ現今ノ法律観念上存スルモノニシテ、絶対ニ永久ニ存スルヤ否ヤヲ問ハサルモノナルコト即チ是ナリ。現今ノ人類ハ法律観念ニ於テ法ノ性質ニ依テ公法・私法ノ区別ナルモノヲ思考シ、此ノ前提ノ下ニ法則ヲ立テ法律生活ヲ営ム。将来ノ法律観念ニ於テモ果シテ此ノ区別ヲ思考スルヤ否ヤ、或ハ全然之ヲ撤廃シ、従テ此ノ如キ区別ノ基礎ノ上ニ法制ヲ立テテ生活ヲ営ムコトヲ止ムルコトナキカ、未タ知ルヘカラス。此ノ如キコトアラハ公法、私法ノ区別ハ存セサルナリ》佐々木惣一『日本行政法論（総論）』三四〜三五頁。

《公法と私法との区別は、時所を超越した法そのものの本質的な区別ではなく、特殊の政治的・経済的・社会的地盤の上に実際上の必要に基づいて生成し発展して来た区別にすぎない。いいかえれば、法現象の中に、それぞれ実際上の必要に基づいて生じた、異なる法的規律の類型が見出されるのに注意し、法の類型として公法と私法との区別が認められるのである》田中二郎『新版行政法上』（全訂第二版）七二頁。

（12） 《法を其の内容から抽象して其の形式のみに付て見れば、公法私法の区別の考へられないことはケルゼンの主張する通りであり法の一の見方ではあるが、それは類型的概念としての公法私法の区別を否定する理由とならぬことは勿論である。我々が此の区別を論ずるのは法内容の問題としてであるからである》田中二郎「最近の文献に現はれた行政法上の諸問題（二）」国家学会雑誌四九巻一二号九二頁。なお、美濃部・前掲『公法と私法』一三頁におけるケルゼン批判を参照。

(13)　穂積・前掲「公法ノ特質」六〇二頁。　(14)　同右六〇二頁。
(15)　穂積・前掲「公法ハ権力関係ノ規定タルヲ論ス」一七八頁。
(16)　穂積・前掲「公法ノ特質」六〇二頁。
(17)　公権と私権の別については、穂積「公権利ノ観念」『論文集』七一〇〜七一一頁。公法人と私法人の別については、同「公法人」『論文集』五九六〜五九七頁を参照。
(18)　参照、穂積・前掲「公法ハ権力関係ノ規定タルヲ論ス」一八〇〜一八一頁。および同・前掲「公法ノ特質」六一二〜六一四頁。
(19)　穂積・前掲「公法ノ特質」六一五頁以下。
(20)　穂積・同右六一八頁以下。
(21)　穂積「富井山田両学士ノ行政裁判論ニ付質議」『論文集』一四四頁。
(22)　例えば伝統的な〝公法私法〟二元論を否定しつつも、個別具体的な法規範の〝義務づけ方〟の違い・〝規範構造〟の違いに、他の意味での公法と私法の区別を見出す、高柳信一「公法と私法」『政治と公法の諸問題』四頁以下、を、右の如く理解された限りでの穂積博士の公法概念と比較せよ。塩野宏「公法と私法」国家学会雑誌八三巻五・六号一九五頁は、穂積博士の公法概念のこのような側面を、《一見機能的な、そしてまたその故にある意味では現段階においても注目すべき仮面》として、美濃部＝佐々木の《一見体系的、概念構成的、しかしてまたその故に現代行政法学からは批判の対象ともなるべき仮面》と対比する。
(23)　穂積・前掲「公法ノ特質」六〇四頁。
(24)　穂積・同右六〇五頁。　(25)　同右六〇五頁。
(26)　穂積「公法ノ特質（其二）」『論文集』六九一頁。
(27)　穂積博士は、この、法によって前提せらるる権力関係と平等関係は、社会に既に存在するものであって、法がこれを採用するのは〝自然ノ勢〟である、という。《法ニ公私ノ別アルハ人生ノ通交ニ於キテ二様ノ別アルヲ以テナリ、平等相互ノ関係ハ私法ノ規程スルトコロニシテ上下権力相臨ムノ関係ハ公法ニ属ス》穂積「行政訴訟」『論文集』一五七頁。《斯ノ社会ハ権利関係ト権力関係トノ要素ヲ以テ組織セラレタルモノナリ法ハ社会ノ秩序ヲ維持ス故ニ法ノ規定スル権力ノ関係ト権利ノ関係トノ二様ニ分カル、自然ノ勢ニシテ予ハ其分界ハ実ニ玆ニ存スルコトヲ信スル者ナリ》穂積・前掲「公法ハ権力関係ノ規定タルヲ説明ス」二八五頁。

鵜飼信成『行政法の歴史的展開』一一二～一一三頁は、穂積博士の公法概念のこのような側面を、同じ〝権力説〟であっても、〝形式説〟ではなく〝実質説〟的傾向を明確に示すもの、として、そこに穂積説の〝官僚学派〟としての本質を見る。かかる認識の必要もさることながら、しかし同時に、その〝社会的実態〟が、穂積博士の論理にあってはやはり〝実定法上の存在〟であることを看過してはならない。

(28) 穂積博士とラーバントの〝構成学派〟公法学との関係については、長尾・前掲七八頁の他、穂積「学生諸君ニ答フ」『論文集』一八七～一八八頁。

(29) 美濃部・前掲二頁。

(30) Franz Weyr, "Zum Problem eines einheitlichen Rechtssystems" Arch. f. öff. R. Bd. 23 (1908) による、公法私法二元論批判を指す。ヴァイルの批判そのものについては、差当り参照、藤田・前掲『公権力の行使と私的権利主張』二二九～二三〇頁。

(31) 美濃部・前掲一五～一六頁。　(32) 同右四頁。

(33) 宮沢俊義「公法・私法の区別に関する論議について」国家学会雑誌四九巻九号（『公法の原理』所収三頁以下）、同「公法と私法」法学協会雑誌五四巻五号（『公法の原理』一九頁以下）。

(34) 田中・前掲国家学会雑誌九二頁。

(35) 宮沢・前掲「公法と私法」二二～二三頁。

(36) 田中・前掲国家学会雑誌九三頁。

(37) 宮沢・前掲「公法と私法」二二頁。

(38) 田中「公法と私法」『公法と私法』一三頁。

(39)　《各国は、その国の特殊の事情に応ずるやう便宜に従つてその区別を立てている。併し便宜に従ふとはいへ、そこには自ら一定の見地があり、論理的法則が存せねばならぬ。実定制度はこの根本見地によりながら現実具体的な便宜と必要とに応じて更に技術的に修補して居るのである。であるから特定の国法がその歴史的・社会的背景の下に如何なる見地に立つて公法と私法との区別を立てて居るか、その論理的法則をつきとめ、その性質なり型なり（所謂ドイツ型フランス型の如き）を明らかにすることは、その国法の解釈運用上に重要な意義をもつものといはねばならぬ。而してこの意味に於ては、我が実定制度上の根本見地は、国家権力関係の法を公法、平等関係の法を私法、となすに在ると見るのが正当であらうと思ふ。》田中・前掲『公法と私法』一四頁。

(40)　この意味において、わが国行政法学に一般的に存する、〃公法と私法の別は法本質的なものでなく、単に実定法上の技術的な区別に過ぎぬという、美濃部博士以来生じた認識が、宮沢博士の方法論的批判によってより深まった〃という学説史理解（田中『行政法総論』二〇三頁以下における宮沢理解とか、又、簡潔ではあるが、兼子仁「行政上の法律関係」杉村＝山内編『精解行政法』一一一頁に示されている理解などを参照）は、表面的であり、少なくも一面的に過ぎると思われる。

(41)　《……公法と私法の分化は諸国の実定国法の上で歴史的に生れたものであるから、何を以て公法とするかは、国により時代により軌を一にしない。しかしながら、制度上行政事件と民事事件とが分離されている場合には、実定国法上公法と私法の分化が存することを前提としているのであって、そのような具体的実定法の上における公法の概念によって、行政事件の概念もまず導かれなければならないことになる》（傍点は藤田）雄川一郎『行政争訟法』四四頁。なお参照、田中・前掲『行政法総論』二〇七頁。

三　穂積博士の公法概念（その二）
――実践的価値判断の側面――

一　《我民法ノ条項ハ行政ノ事物ニ向テ何レノ点ニマテ侵入セント欲スルカ……試ニ余ハ公用物ノ上ニ「此ノ所民法入ルヘカラス」ト云フ標札ヲ掲ケ新法典ノ実施ヲ迎ヘントス》[1]

明治三〇年民法制定に際して述べられた穂積博士の右の言は、博士のいわゆる公法私法峻別論を象徴するものとして、余りにも有名である。[2] 穂積博士の公法概念の〝実用上〟の機能が、《公法人や公物に関する法律関係はことごとく公法関係であるとして、私法の適用を排除する》如き意味での、公法適用領域と私法適用領域との峻別にある、とする伝統的な理解は、[3] 必ずしも正当ではないように思われるが、[4] 博士の公法理論には、《公法ノ本位ハ個人ニ執ラスシテ国家的生存ニ執ラサルベカラ（ス）》、《現世ハ国家主義カ社会ノ内外ニ対シ其生存ノ競争ニ最モ適スル利器タルカ故ニ公法ノ理論ト実際トハ此ノ本位ニ依ラサル可カラサルコトヲ信ス》[5] という、極めて国家主義的・反個人主義的な思想的背景が存することは、疑いを容れぬところである。

穂積博士のこの国家主義を特徴づけるのは、それが、いわば一種の唯物論的な進化論を背景にもつ、極めて功利的な思考をその論拠とすることである。

(1)　博士はそもそも、《権力ト権利トヲ分離シ公法ト私法トノ分界ヲ明ラカニシ》権力を中央に集積すること自体、社会進化のために不可欠な、国民の自由競争の為の基盤を均一ならしめる、という一種の社会政策的な目的より要請されるとし、[6] 又、右のように、〝公法ノ理論ト実際〟が個人を本位としてでなく、国家を本位として行なわれなければならないのも、それが《現今ノ社会進化ノ程度ニ於テ人類生存ノ要件》であり、《現世ハ国家主義カ社会ノ内外ニ対シ其生存ノ競争ニ最モ適スル利器タルカ故》[7] である、という。

(2)　穂積博士の右の国家主義を支え、家族法と公法、家制論と国体論の結合を可能ならしめている、悪名高きその〝祖先教論〟[8] も亦、博士にあっては究極的に功利的な性格を持たされている。博士はもともと祖先教の根源について、それは本来〝権力ノ崇拝〟であって、幼時における子の、父の絶大な智力・腕力への崇拝に基づくものである、という、極めて即物的な説明を行なわれており、[9] 又、博士によれば、現在の親は観念においてこの〝父の父の父……〟たる祖先の力を代表するが、親の命令を親族が団結して奉ずるのは、《然ラサルトキハ団体ノ規律ヲ保ツコト能ハサルカ故ナルヘシ》とされる。[10][11]

そもそも穂積博士においては、道徳は法律とともに《社会生存の要件》である、とされるのであって、《道徳法律ノ為ニ社会存スルニ非ス社会生存ノ用具トシテ倫理ト法規トカ維持セラルルナリ》というのが博士の思考である。[12] 従って穂積博士には、時空を超越した人倫の根本義という如きものは存在し得ないのみならず、[13] そこでは宗教すらも、《良心ノ制裁ヲ以テ社会ノ秩序ヲ維持スル、有益ナル道具テアル》[14] とされているのである。

二　〝現今ノ社会進化ノ程度〟において〝国家主義〟が〝生存ノ競争ニ最モ適スル利器〟である、という穂積博士の判断は、その裏面で、現世において個人主義・自由主義の徹底は、結局一部の社会的優者の利益において多数の社会的劣者の困窮をもたらす、という認識に支えられている。

(1)　夙に明治二四年、《未来ノ民法ヲシテ少シク国家的ナラシメヨ》[15]と主張しつつ《社会ハ社会ノ社会ナルトキハ社会ノ富ハ社会ノ有ニ帰スヘキ天地ナルニ似タリ、財産ト云ヒ権利ト云フ人定ノ製作物ニシテ何ソ優者カ劣者ノ食ヲ奪フノ口実タルニ過キサルヲ知ランヤ》[16]と、極めて唯物論的な見地より個人主義的民法への危惧を述べられた穂積博士[17]は、新法典の公布を迎え、自己の主張の容れられざるを痛憤して曰く、

《個人本位ノ羅馬法系ヲ継受スルノ果実ハ社会貧富隔絶ノ勢ヲ助成シ此ノ貧富ノ大争闘ノ戦場ニ於テ法律ト権利トハ富者カ貧者ヲ殲滅スルノ武器タルコト定論ナリ幼稚ナル人民ハ権利ノ何物タルヲ知ラサルカ故ニ漫然我ニ権利ヲ与ヘヨト呼フモ法ノ真相ヲ解スル者ノ耳ニハ我ニ衣食ヲ与ヘヨト聞ユルナリ今其虚声ニ応シテ権利ノ空名ヲ与フルモ其希望ヲ満タス能ハサルナリ萬條ノ法典、精細ヲ極ムト雖モ只此ノ一片ノ真理ヲ悟ラサレハ何ソ社会ノ福理ヲ全フスルヲ得ン所有権何物ソ必スシモ先天ノ理法ニハ非ラサルナリ自己ノ衣食ニ供給スルニ要用ナル程度ニ於テ之ヲ享有セシムヘキモ之ヲ拡張シテ同胞ヲ饑餓セシムルモ亦国家ハ之ヲ神聖ナル権利トシ保護セサルヘカラサルカ立法者ハ貧民ノ為ニ一点ノ涙ナキカ嗚呼我将来ノ民法ニ向テ社会的ノ要素ヲ注入セント試タル我輩ノ熱望ヲ排斥シタル者ハ必ス後ニ悔ユルコトアラン

試ニ念ヘ社会ノ富利ハ個人ノ富利ナリ天下ヨリモ自明ナル道理ナシ社会全体カ其生活ヲ害セラレサル限度ニ於テ之ヲ個人ノ権利トシテ競争占取ノ自由アラシムヘシ然ルニ其ノ限度ヲ超ヘテ尚神聖ナル権利トシテ国家ハ之ヲ保護セサルヘカラサルカ極端ナル個人本位ノ民法ノ権利ハ過失ナキ不幸ナル貧民ヲ餓死セシムルノ権利ナリ其義務ハ勤労者カ坐食者ヲ養フノ義務ナリ》[18]

かかる〝個人主義的民法典〟への警戒心・敵対心が、更に、本来公的であるべき行政の領域について、民法規定の〝侵入〟を妨げねばならぬとする、先に掲げた、後に悪名高き言を産むこととなるとともに、その基盤にある〝社会主義的[20]〟法思想は、《社会ノ貧苦ヲ負担スルノ劣族モ亦神聖ナル君主ノ全権能ニ倚頼シテ社会優族ノ圧制ヲ免レ悲

哀ナル境涯ヲ離レテ社会福利ノ分配ニ当ルコトヲ得ヘキナリ》[21]との主張となり、《権力ハ保護ノ力ナリ、保護トハ強者ノ弱者ヲ救助スル意味ニシテ単ニ保護トイヘハ即ハチ権力ヲ意味スルナリ》[22]（傍丸原文）との認識をもたらすこととなる。

(2)　穂積博士の〝国家主義〟は従って、少なくとも博士の主張にあっては、近代的個人主義・自由主義を前提とし、そのもたらす〝歪み〟を修正するものである。穂積博士が排撃するのは〝標端ナル自由主義[23]〟〝極端ナル個人主義[24]〟であって、必ずしも〝自由〟・〝個人〟そのものではない。博士においては例えば、《自由競争ハ進歩ノ母》とされ[25]《所有権ノ制度ノ如キハ実ニ社会的自由競争ヲ活発ナラシムル誘因トシテ特ニ社会組織ノ基礎ヲ成スナリ》[26]とされる。博士の国家主義の主張の背後には常に、欧州における一八世紀以来の自由主義・個人主義の、現今における行詰り、という事実認識があるのであって[27]、この〝歪み〟を修正する為の社会立法の成果を、わが国においても参考とすべきことが、繰返し強調され[28]、時に〝社会党〟に対する理解すら示される[29][30]。

(3)　穂積博士の右の思考の背後には明らかに、衣食住を実質とし、権利・自由などを虚名とする、すこぶる経済主義的な人生哲学がある[31]。

《吾々ハ肉体ヲ具ヘタ動物テアル自由権利ハ大切テアリマスケレトモ虚心平気ニ考ヘテ見マスルト幾ラ自由ヲ貫ツテモ、幾ラ権利ヲ貫ツテモ腹カ空イテハ働ケナイ銭カナケレハ暮セナイ身体カ虚弱テハ何事モ出来ナイ詰ル所一個人トシテモ社会全体トシテモ帰スル所ハ人間社会ノ幸福ト云フハ実質的利益ヲ得ナケレハ成立タヌモノテアル権利自由ハ大層大切ノコトノヤウテアリマスケレトモ、ソレハカリテハ何ノ益ニモ立タヌ[32]》

《私ノ考ヘル所テハ久シキヲ出テスシテ立憲政体カ良イトカ悪イトカ云フコトハ人カ飽キテ来ル……立憲政体テアラウカ君主専

制テアラウカ其様ナ名義ニハ少シモ構ハス自由テアラウカ圧制テアラウカ権利テモ束縛テモソンナ名義ニハ拘ラナイ十分ニ寛カニ衣食住カ出来、徳義モ発達シ身体モ強壮ニナリ然シテ平和ニ済ムコトヲ得レハ如何ニ圧制ナ政体テモ如何ニ束縛ナ法律テモ少シモ厭ハヌト云フ考ニ向ハサルヲ得ヌト思フノテス[33]》

そして、この理を知らず、徒らに権利・自由の虚名を逐い求めるのは、社会・人民が幼稚であって〝自己真正ノ需要〟を悟らざる故である、とされる。[34] これは又、《智者ハ少数ニシテ衆多ハ愚ナルコト社会ノ通患タリ[35]》、《所謂与論多数ヲ多数ナルカ故ニ神聖ナリト為スハ一ノ迷信タルコト明カナリ四千万ノ民其多数ハ暗愚ナリ何カ故ニ吾人ハ愚論ニ屈従セサルヘカラサルカ[36]》、《古ノ世ヲ乱ル者ハ個人的ノ豪傑ナリ今ノ世ヲ乱ル者ハ衆愚ノ連合ナリ[37]》とする、博士の基本的な民衆蔑視とも連なるものであろう。

三 穂積博士の公法概念は、疑いもなく〝官僚主義的〟であり〝家父長制的〟な思想に支えられている。[38] 博士の官僚主義はしかし、決してそれ自体が固有の価値を有するものであるのではなく、結局、国民の〝福利〟にこそ、明確にその根拠が求められていることが、看過されてはならない。穂積博士の主張した公法概念の確立は、基本的に西欧一八～一九世紀的自由主義・個人主義の克服の試みであり、そこで提起された真の問題は、いわば〝自由〟か〝経済的福祉〟かの選択であったということは、殊に注目に値する。蓋し、〝自由〟か〝福祉〟かの選択の問題は、現在なお行政法学者にとって、〝公法＝行政法〟の観念を自ら維持するか否かはともかく、少なくとも、かかる観念への様々な批判に対する自己の態度を決定するに当り、基本的な問題を成しているが故である。

(1) 明治憲法よりの、憲法構造上における根本的変動あり、とされる現行憲法の下において、〝公法＝行政法〟の観念はしばしば、《行政作用に関する法律関係が私人相互間の法律関係とは実質を異にするという、いわば技術的な理由》[39]によって根拠付けられようとする。そこでは、かつての〝官権学派〟的な《行政権の地位を保障しようとする政治的要請》[40]に非ずして、〝技術的・機能的な根拠〟に基づく〝公法＝行政法〟の承認であることに、〝官権学派〟と〝同罪〟であることからの〝免罪符〟が与えられるかの如くである。[41]

〝官憲擁護の思想〟そのものはしかし、本来思想的には無色であるのであって、問題は、〝行政権の地位を保障〟することを必要ならしめる価値判断の如何にこそ存在する。《現代社会において行政作用ないし国家作用の担うべき積極的な役割を無視することはできない》が故に《行政作用に対して、私人の活動とは異なった法的地位を必要な限りで承認》[42]するこの思考と、穂積博士のそれとの間には、その思考形式について見る限り、質的な差異は存しない。

(2)　わが国行政法学上の〝公法〟概念を支える〝福祉国家論〟について、その現実的機能を問題視する見解は、[43]行政法学者がそのいう〝公益〟・〝福祉〟の具体的内容につき無自覚なることを批判するが、[44]かかる見解に対する反批判は、右の見解が〝現実の所与としての行政および行政法を全て「行政は悪である」との論理で切り捨ててしまうことにならざるを得ない〟のであって〝「自由放任主義に立ちかえれ」ということに理のおもむくところ〟にならざるを得ず、〝現代文明の傾向をまったく無視するもの〟ではないか、との疑念を抱く。[45]そこでは、公法・私法の観念そのものは《単なる措辞の問題》とされ、行政法の基本的理念は古典的市民法の修正であることが明確に自認されつつも、[46]しかもなお、〝現代文明の傾向〟と〝自由〟との間の選択が、人のいう〝市民社会の法原理〟[47]と、その修正原理としての〝行政国家の法原理〟との間の選択を意味するもの、という基本的な思考パターンが示されているのである。

〝自由〟を体系の基礎に求める行政法思想[48]にあって、八〇年の以前に穂積博士の問うた問題に対し、論者は果して如何なる意味での〝自由〟の至高性を説くものであろうか。[49]

（1） 穂積八束「公用物及民法」『論文集』三八三頁。
（2） 例えば参照、田中二郎『公法と私法』一五頁、鵜飼信成『行政法の歴史的展開』一一三〜一一四頁。
（3） 鵜飼・前掲一一三頁参照。
（4） 例えば公法人概念の実用的機能について穂積博士は曰く、
《公法人ト私法人トヲ分ツノ論理上ノ必要（ここでは寧ろ実質的に〝実用上ノ必要〟の意――藤田註）ハ公法私法ノ適用ノ範囲ヲ明白ニスルニ在リ然レトモ公法人ニハ公法ノミ適用セラレ私法人ニハ私法ノミ適用セラルルト云フニハ非ス唯内外ニ対スル法律関係ニ付（法人ト其従属者又ハ第三者）公法人ニ在リテハ公法ノ法理ヲ適用スルコトヲ本則トシ私法ノ法規ヲ適用スルハ例外タルヘシ私法人ニ在リテハ其原則反対ナルヘシ》（傍点藤田）穂積「公法人」『論文集』五九九頁。

又、公用物と民法との関係についても、博士の主張は次の如く、本質的には〝機能的〟なものである。

《個人ノ私有ニ属スル土地カ公用行政ノ目的ニ供セラルルコトハ理論上固ヨリ之ヲ妨ケス但シ実用上私有権ニ属シ私法普通ノ規定ニ依リテ処分セラルル物ハ公用ノ目的ニ供スルニ不便ナルカ故ニ已ヲ得サル場合ニハ私所有権ヲ剝奪シテ之ヲ公有権ニ移スコトアリ故ニ公用物ハ通則トシテ公有ニ属ス公有ニ属スル公用物ハ民法ノ条規ノ適用ノ外ニ在リト謂フハ此ノ義ナリ》（傍点藤田）穂積・前掲「公用物及民法」三八四頁。
（5） 穂積「公法及国家主義」『論文集』三三二頁。
（6） 参照、穂積「法ノ社会的作用」『論文集』五八五頁。
（7） 穂積・前掲「公法及国家主義」三三二頁。《家ト云ヒ国ト云フノ社会ノ構成ハ終天極地ノ通則ニアラサルヘシ然レトモ現今ノ世界ハ之ヲ社会進化ノ要件トナセリ》同三一九頁。
（8） 参照、穂積「耶蘇教以前ノ欧州家制」『論文集』二一七頁以下、同「家制及国体」『論文集』二四九頁以下、同「『家』ノ法理的観念」『論文集』四〇一頁以下、等。
（9） 参照、穂積「祖先教ハ公法ノ源ナリ」『論文集』二三八頁。

(10)　穂積・同右二四一頁。

(11)　《抑々血統相通スルノ信念ハ団結ノ最鞏固ナル者ナリ》と主張する穂積博士は、〃我国体ノ尊厳〃〃祖先崇拝ノ大義〃を説いて曰く、

《此ノ如キノ信念ノ帰一ハ実ニ社会進化ノ最強ノ武器タリ社会ノ分裂衰亡ハ其ノ内ニ争闘スル諸勢力ノ帰一ヲ得サルニ出ツ而シテ其ノ帰一ノ明確ニシテ鞏固永遠ナルハ社会進化ノ最適ノ条件タルハ理ノ太タ明白ナル者ナリ我カ民族ハ幸ニシテ此ノ社会進化ノ最適ノ条件ヲ数千年ノ久シキニ維持シ得タルハ中外ノ瞻望シテ歎称スル所ナル希クハ之ヲ万世ニ伝ヘ国運永ク天地ト共ニ窮リナカラン》(傍点藤田) 穂積「憲法ノ政治的作用」『論文集』七七八頁。

尤も博士には、《忠孝ノ観念ハ理論ノ結果ニモアラス便宜ノ政策ニ依ツテ定メタル教訓ニモアラス》(穂積「国民道徳ノ教育」『論文集』八四九頁)、《親カ尊イ家長カ尊イト云フ、是ハ親カ偉イ人タカラ、智恵カアルカラ、腕力カアルカラ尊イト思フノテハナク、親ハ親テアルカラ尊イ》(穂積「国民道徳ノ要旨」『論文集』九〇一頁) などの言があるが、これらはいずれも道徳教育そのものの実践として行なわれているところであり、又、このような考え自体、〃民族固有ノ一般ノ確信〃であり、〃観念〃であり、そのような〃考テ民族カ発達シ来ツタ〃とされていることに注目すべきである。

(12)　穂積「法ノ倫理的効用」『論文集』三三九頁。

(13)　参照、穂積・同右三三〇頁。

(14)　穂積「国家ト宗教トノ関係」『論文集』四六八頁。このような穂積博士の功利主義と道徳・倫理・宗教等の関係については参照、長尾龍一「穂積憲法学雑記」『法思想の諸想』六八頁。

(15)　穂積「国家的民法」『論文集』二一五頁。

(16)　穂積・同右二一五頁。

(17)　穂積博士はなお明治二六年にも「民法ノ本位」(『論文集』二六九頁以下) を著し、《個人私権ヲ本位トスルノ民法ハ契約ノ自由ヲ無限ニスルヲ理想トスルカ故ニ社会ノ生産力ヲ鋭クスルノ具トナルト同時ニ又貧富ノ懸隔ヲ甚フスルノ成果アルヘシ》として、自由競争は社会進化の根本的動因であるが、自然に放置する場合には自らその基盤を失う故、これを公的に均等化せねばならぬ、という、その社会政策論 (参照、穂積「法ノ社会的作用」『論文集』五八三頁以下) の一端を示して

いる。

(18) 穂積「新法典及社会ノ権利」『論文集』三二三～三二四頁。

(19) 本書前出五三頁参照。

(20) 《古来仁君明主ト称スル者ハ多クハ社会主義ノ臭気アリ》(傍点藤田) 穂積「国家全能主義」『論文集』一九〇頁。穂積博士の〝社会主義〟と例えばマルクシズム社会主義との違いについては、例えば本文で後述する、博士の〝自由競争〟論を参照。

(21) 穂積「国家全能主義」『論文集』一九二頁。

(22) 穂積「我憲法ノ特質」『論文集』五四八頁。

(23) 《極端ナル自由主義ノ結果ハ社会ノ富源ヲ加ヘタルト同時ニ多数ノ貧民族ヲ増シ平等主義ノ名ノ下ニ貴賤ノ階級ハ社会ヲ分裂セリ》穂積「法ノ社会的効用」『論文集』三一二頁。

(24) 《法ノ本位ハ絶対的ニ個人ニ非ス又絶対的ニ社会ニ非ス個人ノ生存ト社会ノ生存トノ抵触軋轢ヲ排除スルコトヲ法ノ社会的効用ナリト認ムル者ナリ……極端ニ個人若クハ社会ヲ絶対ノ生存目的ト為スハ各々自己ノ生命ヲ絶ツモノナリ》穂積・同右三一二頁。

(25) 穂積「法ノ社会的作用」『論文集』五八三頁以下。《競争ノ制限ハ社会ノ退歩ナリ其停止ハ社会ノ衰亡ナリ》穂積・同右五八九頁。

(26) 穂積・同右五八九頁。穂積博士の主張は、この自由競争の基盤を実質的に均等ならしむることの必要のみにある。従っていうまでもなく、博士の民法典に対する敵意も亦、民法の制定そのものに対する敵対を意味するわけではない。《民法ノ制定ハ欣フヘシ民法ノ濫用ハ戒メサルヘカラス》穂積・前掲「公用物及民法」三八三頁。

(27) 例えば参照、穂積「国家全能主義」『論文集』一九一頁以下、同・前掲「法ノ社会的効用」三一二頁以下等。

(28) 《明治聖代ノ民法諸家少シクラッサル輩ノ所説ヲ聴キテ可ナリ》穂積「国家的民法」『論文集』二一五頁。《近時欧州ニ於ケル所謂社会的立法ナルモノハ従来ノ個人的民法ニ公共的精神ヲ注射スルノ民法改正策ナリ今我国立法ノ職守アル者玆ニ顧ル所ナクシテ可ナランヤ》穂積「民法ノ本位」『論文集』二七一頁。

(29) 参照、穂積「社会代表」『論文集』五七〇頁、同「立憲政体ノ将来」『論文集』四四一〜四四二頁。ただ博士は、〃所謂社会主義〃自体については、自由競争を〃社会的発達伸張〃の基本的条件とみる自説とはまさに相反するものである、とする。穂積・前掲「法ノ社会的作用」五八八〜五八九頁。

(30) 博士のこのような主張・認識の背後には、《社会ノ変遷ノ通則ハ進歩ナリト云フノ説ハ容易ニ信ヲ措キ難シ……社会ノ変遷ヲ自然ニ委スルトキハ恐ラクハ衰退ニ帰セン》という、極めてペシミスティックな歴史観・世界観がある。博士は、欧州の現況はまさにこれを証するものだ、というのである（参照、穂積・前掲「法ノ社会的効用」三一三頁）。長尾龍一「美濃部達吉の法哲学」国家学会雑誌八二巻一・二号一五一頁は、穂積博士のこの世界観とまさに対照的にオプティミスティックな美濃部博士のそれとを対比させて、この違いが両者の法思想の違いを規定する旨指摘する。

(31) 長尾・前掲「穂積憲法学雑記」八六頁は、博士のこの側面を、《「人民のための政治」を「人民による政治」に優先させる主張》として説明する。

(32) 穂積「立憲政体ノ将来」『論文集』四三九頁。

(33) 穂積・同右四四二〜四四三頁。

(34) 《幼稚ナル社会ハ自己真正ノ需要ヲ悟ラサルカ故ニ漫ニ「国家ヨ我ニ自由ヲ与ヘヨ」ト呼ヘリ玆ヲ以テ立憲派ノ政理論ハ政権ヲ分配シテ其希望ニ副ハント欲スト雖社会真正ノ需要ハ衣食ニ在ルヲ以テ民衆ハ早晩「君主ヨ国会ヨ我ニ一椀ノ飯ヲ与ヘヨ」ト云フノ声ヲ発スルナルヘシ》穂積・前掲「国家全能主義」一八九頁。《幼稚ナル人民ハ権利ノ何物タルヲ知ラサルカ故ニ漫然我ニ権利ヲ与ヘヨト呼フモ法ノ真相ヲ解スル者ノ耳ニハ我ニ衣食ヲ与ヘヨト聞ユルナリ今其虚声ニ応シテ権利ノ空名ヲ与フルモ其希望ヲ満タス能ハサルナリ》穂積「新法典及社会ノ権利」『論文集』三二三頁。

(35) 穂積「多数決」『論文集』四三二頁。

(36) 穂積・同右四三五頁。

(37) 穂積「憲法ノ政治的作用」『論文集』七八四頁。

(38) 穂積理論の分析・紹介作業は、既に憲法学・行政法学更には一般法学的見地からも数多くのものが存在するが、前掲の塩野「公法と私法」、長尾「穂積憲法学雑記」を除いては、いずれも専ら、穂積理論のこのような性格を強調する。例えば、憲法学では、長谷川正安「憲法学史（中）」『講座日本近代法発達史(7)』一六七頁以下、家永三郎『日本近代憲法思想史研究』一五七頁以下、行政法学では、前掲の田中二郎「公法と私法」、鵜飼信成『行政法の歴史的展開』、一般法学としては、平野義太郎「官僚法学」『講座日本近代法発達史(3)』二二五頁、磯村哲「市民法学（上）」『講座日本近代法発達史(7)』九九頁以下等。なお、塩野・前掲は、行政法学者が伝統的に、穂積博士の公法私法論を〝官権学派〟とし、美濃部・佐々木博士の〝民権学派〟と対置せしめてきたことを批判し、寧ろ両者間にはその逆の要素すらあることを指摘するが、この指摘は、形式的法論理の側面に限られており、その背後にある《イデオロギー》については、従来の説明がほぼそのままに受容されている如くである。参照、塩野・前掲五一九頁以下。

(39)　雄川一郎「現代における行政と法」岩波現代法講座4『現代の行政』一二頁。

(40)　雄川・同右一二頁。

(41)　《行政上の法律関係を公法関係と観念し、行政作用についてなんらかの意味での特殊の法律的地位を認めることについては、近時批判が少なくない。すなわちそのような考え方は、沿革的にはドイツ行政法学の系統を引くものであり、行政権ないし官僚の地位を擁護するものであるというのであって、行政の民主性を確保し、さらに徹底させるためには、行政作用に対して、できるだけそのような特殊の法律的地位を認めないことが――別言すれば私法的に構成することが――必要であるというのである。……行政権に特殊の法律的地位を認め、その作用に、「行政行為」として私人の行為より強い効力を承認することは、沿革的には、そういう官僚的行政の支配をささえる意味をもっていたであろう。しかし、今日においては、行政そのものが変化し、また変わるべきものである。行政は、もはや権威的な国家秩序の保護者ではあってはならないものであるとともに、現代社会において行政作用ないし国家作用のにならべき積極的な役割を無視することはできないと思われる。そうであれば、そのような行政活動を保障するために、行政作用に対して、私人の活動とは異なった法的地位を必要なかぎりで承認することは、けっして不合理な官憲擁護の思想ではない》雄川・同右一六〜一七頁。

(42)　雄川・同右一七頁。

(43)　参照、渡辺洋三「現代福祉国家の法学的検討」とりわけ同・(四) 法律時報三六巻七号五五頁以下。

(44) 参照、渡辺・前掲（三）法律時報三六巻五号五五頁。

(45) 参照、山田幸男「給付行政法の理論」岩波現代法講座4『現代の行政』三六頁。

(46) 参照、山田幸男「行政法の市民法に対する異質性と補完性」法律時報三六巻一二号二八頁。

(47) 〝市民社会の法原理〟対〝行政国家の法原理〟というイデアルティプスの提出については、参照、高柳信一「市民国家の行政法の問題(一)」思想四九三号八七三頁以下、同「行政の裁判所による統制」岩波現代法講座4『現代の行政』二五八頁以下等。

(48) 参照、本書前述二七頁。

(49) 先に私が、高柳信一教授の〝市民国家の行政法〟なる法思想につき疑義を質したのは、究極的にはこの問題についての関心からであったが、これについては高柳「法の理論の擬制性と現実性」（社会科学の方法一九号一七頁以下）による、包括的な反論がなされた。この反論は、全体として示唆多い優れたものであるが、しかしなお、本書で先にも見た通り（三三頁以下）法解釈論と社会科学一般の方法上の異同などにつき私見の趣旨の誤解もあり、その主張する所にも根本的な疑問が幾つか存する。ここでの問題に限っていえば、同論稿二六〜二七頁において、基本的価値判断としての〝自由〟の選択の正しさ(同論稿の表現を用いれば〝説明原理の体系としての「市民社会の法原理」の有効性〟となろうか）は〝歴史の基本的法則にどれ程適合しているか〟によって定まる、との主張があるが、仮に歴史にそのような基本的法則が存することを前提したとしても、歴史の進み行くそのような方向を〝正しい方向〟と認めぬ価値判断に対しては、右主張はどのように自己の立場の〝正しさ〟を論証するのであろうか。私が社会科学の方法一〇号一一頁（参照本書二七頁）以来指摘している如く、真の問題は〝歴史〟に適合するか否かでなく、〝歴史〟を何故に積極的に評価するか、にこそ存するのである。

Ⅲ　行政主体の概念について

――その理論的前提をめぐる若干の考察――

一　序

一　行政主体の概念は、わが国行政法学上一般に、〃行政上の権利・義務の主体〃言い換えれば、〃行政を行う権能を与えられた法主体〃の意において用いられている。(1) このような法主体とは、国及び地方公共団体に限られず、各種の公共組合・営造物法人（或いは政府関係企業）等、国・地方公共団体そのものではないが、しかし何らかの〃国家的事務〃を行なう法人をも含むもの、とされるのが通例である。(2)

現実の機能から見るならば、寧ろ、現在わが国行政法学上、このような行政主体概念は、主として、これら公共組合・政府関係企業等、いわば国・地方公共団体等のいわゆる統治団体と純然たる私的法主体との間に位置する、中間的な法主体について、その法的地位を決定する為に用いられている、ともいうことが出来よう。

例えば、ある法主体が公共団体（ここでいう行政主体の一種）であるか否かによって、当該法主体が国家賠償法等でいう〃公共団体〃に該当するか否かが決定される、と主張されることがある。(3) 又、行政主体の概念は、当該の法主体に、国の行政的措置に対する抗告訴訟の提起を許さぬ論拠として用いられることもある。[4] 更に例えば、より一般的に《行政事務を所掌する行政主体たる地位を有する法人以外のものに関しては、論理的には、行政の内部統制的見地にたった組織原理が及ばないと同時に、行政組織的原理からの内部組織の民主化の要請も当然には及ばない[5]》という論述がなされるように、行政主体概念が、当該の法主体に、国家行政組織に関する一般的な法原理の適用がどの程度なされるか、という問題を決定する為に機能せしめられる場合もある。

二　ところで一般に、わが国法上認められる無数の法主体の中に、果して、右のようなものとしての〃行政主体〃とそれ以外のもの、すなわち〃私的法主体〃とを明確に区別することが可能であるのか、又、可能であるとすれば、それは如何なる意味において、又、如何なるメルクマールを以て行なわれ得るのか、というような問題については、これまで必ずしも意識的な根本的検討は行なわれて来なかった。[6] このことは、例えば〃公法人と私法人の別〃、更に一般に〃公法と私法の別〃に対して、夙に第二次大戦前より繰返し行なわれて来た、わが国行政法学上の仮借無き批判に比するとき、著しい対照を成すもの、ということが出来る。[7]

しかし果して、〃行政主体〃の概念、そして又、〃行政主体〃と〃私的法主体〃との区別なるものは、そもそもそれ自体、その存在のそのように自明なものなのであろうか。そこには、公法と私法の別について見られたような根本的な問題は存在しないのであろうか。

本稿は基本的にこのような問題意識に立ち、通常用いられているような〃行政主体〃の概念が、果して、又、どのような理論的前提の下に、行政法学上承認せられ、有効に機能し得るか、についての考察を行なおうとするものである。その際しかし、本稿では、様々の事情から、右の問題に関し、次の三つの論点についてのみ理論的な分析を試みるに止まる。(1)行政主体概念と公法人概念の関係、(2)いわゆる〝実定法上の行政主体概念〟、(3)行政主体概念と〝「国家」と「社会」の二元論〟との関係、がそれである。

（1）もとより詳細には、論者によって、その用法には、若干のニュアンスの差がある。例えば、《行政上の権利・義務の主体》（今村成和『行政法入門』新版二六頁）、《行政法上の権利能力者》の中《行政を行なうもの》（杉村敏正『全訂行政法講義』総論（上巻）五三頁）、《行政法関係》における《国家的公権の主体》（成田・南・園部編『行政法講義』上巻五二頁）等々。

（2）前註掲載の文献の他、例えば参照、田中二郎『新版行政法下Ⅰ』（全訂第二版）六〇頁、柳瀬良幹『行政法教科書』（再訂版）二九頁以下等。

このようなものとしての行政主体概念自体は、わが国行政法学上、格別に新しいものではない。夙に大正一〇年、佐々木惣一博士の『日本行政法論』総論には、《行政権ヲ有スル者》としての《国家及ヒ其ノ他ノ政治団体》を表わす概念として、《行政上ノ主体》なる表現が登場しているし（同書七二頁）、昭和八年の美濃部達吉博士『行政法撮要』上巻（第四版）では、《国家ノ下ニ於テ自ラ行政権ノ主体タル》〝公共団体〟なる法人の存在が認められ（同書三八六頁）、〝組織に基き〟地方団体・公共組合・営造物法人の三種に分類されている（同三九七頁以下）。又、田中二郎博士も、既に昭和一七年において、〝行政の客体的な地位〟との対比において《独立の行政主体的地位》なる表現を用いておられる（田中〝公法人論の吟味〟『公法と私法』所収一四七頁）。

なお、大正六年織田萬著『行政法講義』には、〝行政ノ主体〟の語は見られぬが、国の他に《公共事務ヲ処理スルカ為メニ存立スル法人ニシテ国家ノ行政組織ノ一部分ヲ成スモノ》としての《公共団体》の存在が認められ（同書三〇頁）、地方団体・公共組合・公共営造物の三種に分類されている（同三四頁以下）。

（3）参照、田中二郎『新版行政法中』（全訂第二版）二一四頁。

（4）例えば参照、最判昭和四九・五・三〇、民集二八巻四号五九四頁以下。本件で最高裁は、〝国民健康保険事業の保険者は行政主体であり、国民健康保険審査会と保険者とは一般的な上級行政庁とその指揮監督権に服する下級行政庁の場合と同様の関係に立つ〃との理由により、国民健康保険の保険者たる市町村・国民健康保険組合に、健康保険審議会の裁決に対する取消訴訟の出訴資格を認めなかった。なお参照、田中二郎・前掲二一七〜二一八頁。

(5)　塩野宏「特殊法人に関する一考察」鈴木竹雄先生古稀記念『現代商法学の課題（上）』四〇三頁。

(6)　かつて第二次大戦前において、公共団体と私法人の違い・公法人と私法人の違いが何処に存するか、が意識的に検討されたことはあるが（参照、美濃部達吉『日本行政法』上巻四六五頁以下）、その際いうまでもなく、わが国法上の全法人が全てこのいずれかのカテゴリーに二分される、ということ自体は、自明の前提とされていた。

この点、最近の塩野・前掲は、従来用いられて来た行政主体概念の中に、《行政法関係上の行政主体》と、《行政組織法上の行政主体》の別の存することを指摘しており（同三八三頁以下参照）、注目される。ただ、同論稿の主たる意図は、行政主体概念の吟味そのものにではなく、様々の特殊法人の性格付けの基本的方向を示すところに置かれており、行政主体概念（同稿でいう行政組織法上の行政主体概念）は、その際の一つの道具として、それ自体の可能性・有用性等は、理論的に既に前提されている。

(7)　例えば、後に本文でも見るように、今後の行政法理論の出発点として、伝統的な公法私法二元論は、もはや後にすべきことを主張される今村教授の場合にあっても、《行政上の権利・義務の主体》としての〃行政主体〃なる概念の可能性は、疑われることなく前提され、国・地方公共団体の他、公共組合及び政府関係企業がこれに該当する、という伝統的な思考が維持されている。参照、今村成和『行政法入門』新版二六頁。

二　行政主体の概念と公法人概念

一　(1)　行政主体の概念は、伝統的には通常、公法人なる概念と同義のものとして理解されて来た。例えば美濃部博士は、〃行政権ノ主体〃たる公共団体概念につき、次のように説明される。

《其ノ法人タルコトニ於テハ私法人ト共通ノ性質ヲ有スト雖モ、私法人ノ如ク単ニ私ノ目的ノ為ニ存スルモノニ非ズシテ公ノ行政権ノ主体タルモノナルガ故ニ、或ハ之ヲ公法人ト謂フ》[1]（傍点藤田）

この説明は又、いうまでもなく、現在における田中博士の左の説明とも、その基盤を一にするものであろう。

《公共団体とは、国のもとに、国からその存立の目的を与えられた法人をいう。公法人というと同じ。》[2]

(2) ところが、最近のわが国行政法学においては、これに対し、行政主体概念を、寧ろ意識的に、公法人概念（乃至一般に公法と私法の二元的理解）との切断の下に用いようとする試みの存在することが注目される。

(a) 例えば今村教授は、周知の如く、伝統的な公法私法二元論について、《裁判制度が一元化された現行憲法の下では、過去の二元論はいちおう御破算にし、全法律秩序のなかで、行政に関する法的規制の特殊性がどのように構成されているかを新たにみなおすことの方が、遥かに効果的である。》と述べられる。[3] 他方教授は、《行政上の権利・義務の主体》としての《行政主体》の概念を認められ、[4] 国・地方公共団体の他、政府関係企業及び公共組合をそこに含めておられるのである。[5]

一般に今村教授において、伝統的な公法私法二元論を後にする必要が唱えられるのは、《そうすることによって、過去の行政法理論に往々にして伴いがちであった権力の過剰な承認を排除することができるし、また、公法の体系ということでみずから立てた垣根を打ち破って、いわゆる私法形式による新たな行政活動の分野に対しても十分な考察を加えることができるであろう》[6] からである。又、教授の場合、そもそも行政法の目的は、《行政府の活動に対する法を通じての民主的統制の役割を果たすこと》にあるのであって、従って、この意味での行政法とは、《行政府の活動に適用される法の全体を指すものと解するのが適当》である、とされる。[7]

公法と私法の別に関する、教授のこのような思考に照らして見るならば、教授の場合、右のような行政主体概念は、決して実定法上の公法私法の二元を前提とした〝公法人〟概念と同一のものであるのではなく、寧ろ意識的に〝公法人〟概念を排した上で設定せられた概念である、ということになるであろう。行政主体の概念は、そこでは本来、〝全法律秩序のなかで行政に関する法的規制の特殊性がどのように構成されているか〟を新たに見直し、〝行政府の活動に対して法を通じての民主的な統制〟を行なう為に適切であるところの、諸概念装置の一つなのである。

(b)　今村教授の場合に推測されるような、行政主体概念の右のような方法論的意義を、より明確に意識し、まさに公法人概念の使用を回避する意味において、この概念を利用されているのは、塩野教授である。教授は、最近の論文で、各種特殊法人についての組織法的分析を試みておられるが、その際、《公法と私法の峻別(又はその区別の存在)を前提とする公法人の観念に固執していたのでは、現代における国家の市民社会に対する介入の質的量的増大現象の一局面としての組織形態の多様化の組織法的吟味を試みるのには適切ではない》[8]と述べられる。そして、このような見地から、分析の為の規準として〝行政主体〟の概念を活用しておられるのである。[9]

(3)　行政主体概念はしかし、果して、又、如何なる前提条件の下に、伝統的な公法人概念に代る、右のような方法的意味を持ち得るであろうか。とりわけ、先に見たように、かつて行政主体概念は、公法人概念と同義とされていたことに鑑みれば、伝統的な〝行政主体＝公法人〟論の精確な意味を分析することなしには、右のような新しい意味での行政主体概念を、直ちに《行政法学における基礎概念の一つ》[10]として前提することは、許されぬであろう。以下、このような見地から、伝統的な公法人概念の意味につき、今一度検討してみることとしよう。

二

〃公法人〃の観念は《すでに克服されたとするのが、行政法解釈学上の一般的見解[11]》である、といわれる。しかし、公法人なる概念は従来、一体どのような意味において〃克服〃されて来たのであろうか。

(1) 《此頃のやうに、政府の行政事務が数量的にも種類的にも繁多になって、一方に於ては在来私的企業に放任されてゐた事業の経営に政府が関与するやうになり、他方に於ては又従来政府の事務に属してゐた事項が——従来は私的と考へられてゐた形態の——各種民間団体に委託されるやうな傾向が顕著になって来ると、万事に付いて公私の区別は愈々困難となり、公法人と私法人とを画然区別し一切の事項に関して之に異別の取扱を与へやうとする通説の考方は段々と現実の要求に適応しないものになる虞がある。》

これは、昭和一六年、末弘博士が、公法人概念に対して行なわれた批判である。[12] ここにも示唆されているように、昭和一六〜一七年頃、民法学者を中心としてその有害無益性が指摘され、[13] 他方で田中二郎博士による弁護の陣を張らしめるきっかけとなった公法人概念とは、川島博士の表現を借りるならば、すなわち《国家の Ebenbild》であり、《国家と同様に国家権力の担い手である》ことによって、《近代市民の Ebenbild》たる私法人から区別されるものであった。[15] すなわちそこでは、論者は、〃国家〃と〃市民社会（経済社会）〃という《二つの法的団体の複合的な存在[16]》を認め、あらゆる社会事象・あらゆる社会作用は、〃本来国家が行うべき作用〃であるのか、〃本来市民社会が行うべき作用〃であるかの、いずれかに必ず分たれるものである、との前提に立ち、〃本来国家が行うべき任務を有している〃と考えられる法人格のことを、まさに〃公法人〃の語を以て表現していたのである。

そして、公法人概念をめぐる当時の法学上の議論はすなわち、主としては、このように公的な任務（国家的任務）を帯びた法人（いわば「公」法人）は、その関与する全ての法関係において〃公法〃の規律を受けるもの（いわば

「公法」人）でなければならぬか、という問題をめぐるものであったのである。[17]

(2)　ところで、現在の行政法学においても亦、論者の用いる〝行政主体〟概念が、〝行政を行うもの〟という意味において〝私的法主体〟と区別されるものであるとするならば、[18] それはすなわち、〝国家的任務を帯びた法主体〟という意味において、右の〝「公」法人〟概念とその本質的内容を等しくするものであることとなるであろう。かつて〝公法人〟概念の擁護に立たれ、現在でも行政主体＝公法人との思考に立たれる田中博士が、ここ十数年来、一貫して次のような主張をされているのは、まさにこのことを明白に物語るものである。

《かつては、ともすれば、法主体について公法人と私法人の、法の目的たる利益について公益と私益の、法の客体について公物と私物の、法の規律を受ける企業について公企業と私企業の区別を認め、公法人の法、公益の法、公物の法、公企業の法は、常に公法であり……通常裁判所の管轄に属するものではない、とする傾向があったけれども、それは正しい解釈ではない。これらの公私の区別は、ここでいう公法と私法の区別と一致するものではなく、公法人、公益、公物、公企業等は、いずれも公法に服するとともに、私法にも服することがあり、具体的にどういう法の規律に服するかについては、さらに個々具体的な論点について検討しなくてはならぬ。[19]》（傍点原文・傍丸は藤田）

ここにも表現されているように、わが国の従来の行政法学は、まさに「公」法人イークォール「公法」人ではないことを明らかにするという意味において、（そして又、その意味においてのみ）〝公法人〟概念を〝克服〟して来たのである。

三　(1)　現在の行政法学における行政主体概念と、かつて批判の対象とされた公法人概念との間に、右のような構造上の対応関係があるとするならば、かつて公法人概念に向けられた諸批判は、行政主体概念に対しても亦、当然に、何らかの意味を持つものではあるまいか。このことを、公法人概念に対する、当時の次の二つの重要な批判について、検討してみることとしよう。

(i) 《国家と経済の融合の基礎の上における国家即ち経済による一つの規整が支配的となって来る》と、このことは必然的に、《公法人と私法人との限界をも不明瞭ならしめ》、かくして《すべての法人を強ひて公法人、私法人に分類することは、ただに理論的のみならず、法運用の実際的側面においても無意義のものとなる。》従って問題となるのは《公法人か私法人かではなくて、人の、そして企業の、全法体系における新たな地位づけについてなのである。》[20]

(ii) 《大審院は一定の法人が公法人に属するや否やを規準として民事刑事を通じ各種の問題を解決せんとしてゐる。而して一の問題に関して或る法人を公法人とする以上、他の一切の問題に関しても同じく公法人なりとせねばならぬ、としてゐるのである。しかし私の考へでは、同じく公法人に属すと言はれてゐる法人の中にも、国家の如き公的色彩の濃度なるものから比較的稀薄なものに至るまで多くの段階をなして存在してゐるのであつて、国家に——其公的性格の故を以て——与へられる各種の特殊なる法的取扱をすべての他の公法人にも同様に与へようとすることそれ自身が抑も初めから間違ひではないかと思ふ。例へば国家に与へられる特殊の法的取扱が十種類あると仮定した場合に、他の公的色彩の比較的稀薄なものにまでその十種類をすべて与へようとするのが間違ひであつて其中比較的国家に近いものには九種類を与へるとか、更に一層国家から遠いものには五種類のみを与へると言ふような具合に、同じ公法人の中でも公的色彩の濃淡如何に応じて取扱に差等を設けて然るべきだと思ふ。[21]》

右の批判は、そこでいう〝公法人〟概念が、先に見たように「公」法人（=行政主体）を含意するものとして読むならば、すなわち左の如き批判を意味することとなるであろう。

(i) 〝行政主体〟と〝私的法主体〟の別は、〝国家〟と〝社会〟の相互の融合により、その存在の基盤を失い、必然的に限界の明瞭性を失って来る。従って、問題となるのは行政主体か私人かではなく、ある法主体の全法体系中における新たな位置付けである。

(ii)　同じく〃行政主体〃とされる法主体の中にも、国家と同様比較的公的色彩の濃いものから比較的薄いものまであるのであって、これら全てに一律に同様の法的性質を認めようとするのは間違いである。この意味において、〃行政主体〃と〃私的法主体〃の別は、法律理論にとって有害無益である。

(2)　このような批判（とりわけ(ii)）は、そこに、〃「公」法人（行政主体）なるが故にその関係する全ての法関係を公法関係とせねばならぬ理由はない〃という批判が含まれている限り、その限りでは、現在の行政法学にとって、もはや何物をも意味せぬことは、既に先に見た通りである。しかし、右の両批判には、少なくとも結果的に、更に次の二つの論点が内在しているように思われる。第一に、いわゆる「国家」と「社会」の二元的対立の消滅と共に、「公」法人（行政主体）概念の存立する基盤は喪われた、という論点、第二に、ある法問題について「公」法人(行政主体)である法主体が、当然に他の全ての法問題についても「公」法人（行政主体）でなければならぬ論理的必然性は無いという論点がそれである。

現在の行政法学における行政主体概念は、これらの問題の所在に対し、どのように対処し得るのであろうか。この点につき、以下、便宜、第二の論点、第一の論点の順で、検討して行くこととしよう。

（1）　美濃部『行政法撮要』（第四版）上巻三八六頁。なお参照、織田・前掲三三一頁、園部敏「公法人と私法人」『行政法講座』第二巻二二五頁。

（2）　田中『新版行政法下Ⅰ』（全訂第二版）五八頁。なお参照、同『新版行政法中』（全訂第二版）一八九頁。

(3) 今村・前掲二四頁。 (4) 同右二六頁。 (5) 同右三〇〜三一頁。 (6) 同右二四頁。 (7) 同右二一頁。

(8) 塩野・前掲四〇四頁。

(9) 同右三八四頁以下、四〇四頁等参照。教授の場合、行政主体の概念が、既存の学説等の客観的分析の為の手段としてのみならず、教授自身の解釈論的〝道具概念〟としての機能も持たされていることについては、例えば本書前出六六頁を参照。

(10) 塩野・同右三八三頁。

(11) 塩野・前掲四〇四頁。

(12) 末弘厳太郎「民法雑記帳（五七）」法律時報一三巻八号七五頁。

(13) 例えば参照、川島武宜「営団の性格について」法律時報一三巻九号二頁以下、末弘・前掲法律時報一三巻八号七五頁以下、九号五二頁以下、一〇号五六頁以下。なお参照、我妻栄『民法総則』一二五〜一二六頁。

(14) 田中「公法人論の吟味」国家学会雑誌五六巻一二号、五七巻五号（田中『公法と私法』一〇七頁以下に所収）。

(15) 参照、川島・前掲八頁。 (16) 同右七頁。

(17) 一般に公法人概念採用の是非をめぐる当時の理論的対立には、〝公法人〟の語が、このような意味での〝「公」法人〟をも〝「公法」人〟をも意味し得る、という用語上の二義性に基づく論理的混乱が、一つの原因を成していたように思われる。同様のことは一般に〝公法関係〟概念についても言えるのであって、通常用いられる〝法関係〟という語の中に《関係》と《法関係》の二義を区別すべし、という、当時の柳瀬博士の指摘は、まさにこの点に関するものであった。この点につき差当り参照、後述第二篇Ⅱ「柳瀬博士の行政法学」（本書二一一〜二一四頁）。

(18) 参照、今村『行政法入門』新版二六頁以下。なお塩野教授は、何が〝行政主体〟たる特殊法人か、の問題について、《社会的に有用な業務の存在を前提とし、それが行政事務とされた上で国とは別の法人格（特別に設立された）にその遂行がゆだねられたときに、行政主体としての法人格の存在が認められることになるのである。》（傍点藤田）と述べられる。塩野・前掲三九一頁。

(19) 田中『新版行政法上』（全訂第二版）七六頁。

(20)　川島・前掲八頁。

(21)　末弘・前掲法律時報一三巻一〇号五六～五七頁。

三　いわゆる〝実定法上の行政主体概念〟

一　(1)　わが国行政法学において、何故に、行政主体と私的法主体との二元的区別が不可欠か、という問題につき、明確な論拠を以て語る論者は、殆ど無い。しかし、例えば田中二郎博士は、国と共に行政主体の一環を成す、公共組合概念の必要性、有用性につき、実定法上の公共団体概念の存在を論拠として、次のように述べられる。[1]

《実定法上、公共団体（公共組合もその一種である。）かどうかによって、適用法規を異にしている例もないではない（国家賠償法参照）ことを考えると、このような概念を立て、これと異なるものとの区別を論ずることも、決して無意味とはいえないであろう。[2]》

又、例えば、塩野教授の論述には、《伝統的な行政組織法が前提とする行政主体》なる表現が登場することがある。[3]いずれにしても行政主体概念について生ずる先の如き疑念に対して、この概念の弁護の基礎となるのは、まず、かかる概念の〝実定法による採用〟という論拠であることは、容易に想定されるところであろう。[4]

(2)　わが国の制定法上、〝行政主体〟の概念が用いられている例は（私の知る限りでは）無い。しかし、伝統的にこの概念と殆ど同義語とされて来た〝公共団体〟・〝公法人〟乃至〝公法上の法人〟等の概念は、しばしば個別法上に見出すことが出来る。[5]又、このような概念の採否とは別に、国以外の法主体及びその機関につき、一定の法令の適用

に際しては、国又は国の行政機関とみなされるもの、とされている例も存在する。(6)

これらの例によって知られることは、確かに、制定法上、国及び地方公共団体からは独立した法人格を有する法主体が、多くの点において、国や地方公共団体と同等の法的扱いを受けている例が少なくない、という事実である。しかし、反面、右の事実は、それだけでは、必ずしもそれ以上のことを語るものではない。これらの事例の存在については、〝それぞれの法令は、それぞれの法令の規律目的に関する限りで、それぞれ独自の意味でこれらの語を用いている〟という仮説も充分立て得るのであって、(7)それを反証する論拠は、制定法上存在しないからである。

そこで、若し、このように、制定法上の〝公共団体〟〝公法人〟等の概念の相対性、という仮説が前提されるとするならば、仮に制定法上のこれらの概念がすなわち〝行政主体〟概念を意味するものとしても、なお、ある法主体が、ある法問題の側面においては、行政主体として、通常の私的法主体とは異なった法的規律に服するが、他の法問題の側面においては、行政主体としての法的地位には立たない、という事例も想定され得ることとなるであろう。例えばある法主体が、一般的には行政組織に関する法原理の適用を受け、又、その活動等から生じた損害については、国家賠償法の適用を受けるが、しかし例えば国の行政機関によってなされた監督措置等に対しては、抗告訴訟を以て、その法的効果を争い得る、というような例がこれである。(8)

実際従来までの行政法学説にあっても、行政主体概念の、このような理論的な相対性は、少くとも結果的には広く承認されて来た、ということが出来るであろう。例えば、一般的に是認されている、(先にも見た)〝公法人(公共団体)であるが故に当然に、その関係する法律関係は全て公法関係である、という考え方はなさるべきではなく、具体的な法関係の性質が何であるかは、その法関係毎に具体的に定めなければならない〟という考え方は、(9)観方を変えて言えばすなわち、〝ある法主体が私人と同じ法的地位に立つか、そうでないか（すなわち行政主体たる地位に立つか）は、具体的な法関係毎に異なる〟ということともなろうからである。

しかし、通常は、この前者のような考え方が、直ちに後者をも意味するものとは考えられていない。従来の一般的な考え方においては、やはり、ある法主体は、それ自体がそれ自体の属性として、まず〝行政主体〟であるか〝私的法主体〟であるかの、いずれかに性格付けられるのであって、かくて行政主体とされた法主体が、具体的な法関係において、私人と同等の法的扱いをされる場合があっても、それはあくまでも〝行政主体（「公」法人）が、一般私法の適用を受ける〟場合であるに過ぎないのである。[10]

(3)　では、ある一定の法主体が、それ自体の属性として、私的法主体とは区別された行政主体である、とされる、その論拠は一体何であろうか。

通常、行政主体（公共団体）は、《国からその存立の目的を与えられた》法人であることによって、一般の私的法主体とは区別されるもの、とされる。[11]この場合、〝国からその存立の目的を与えられた〟とは、正確にどのようなことを意味するのか、については、必ずしも常に明確な説明がなされているわけではない。しかし、この点について、従来恐らく最も詳細な説明を与えておられる美濃部博士の説かれるところに従うならば、結局それは、〝当該法人の設立自体が、究極的に私人の意思に基づくものでなく、国家の意思に基づくものであること〟を意味するものであるように思われる。[12]

ところで一般に、法論理的に考察するならば、その存在が、究極的に国家の意思に基づかぬような法人なるものは存在し得ぬ筈である。ある特定の人間集団に法人格が認められるのは、論理的には、国家法がこれをまさに、法人として承認するからである筈であって、国家法による授権と無関係な法人格・法主体なるものは存在しない。従って、通常行なわれる行政主体についての右の説明は、正確にはいわば、〝その成立の一要件として、特定の形式における私人による意思決定というプロセスが採用されていない場合〟という程の意味となるであろう。

このような特定の設立プロセスのとられない法人のみを、特に他と区別して〝行政主体〟と称すること自体は、いうまでもなく可能である。しかし、問題はまさに、何故に、全ての法人が、このような特定の形式的要件の有無によって、それ自体の属性としての、〝行政主体〟と〝私的法主体〟とに二分されねばならぬか、に存在する。そして、この問題に対する解答は、結局、とりわけ田中博士によって主張された、〝法現象に関する類型的考察の必要〟という思考に求められることとならざるを得ぬであろう。

二　(1)　田中博士はかつて第二次大戦前、民事法学者を中心とする公法人概念への攻撃に対して、この概念の有用性を弁護されるに当り、実定法自体による公法人（公共団体）概念の採用、という論拠と並び、《公法・私法の融合化の過程に在る現段階に於て、類型として公法・私法の、従って又公法人と私法人との夫々の特色なり色彩なりを明らかにすることは、法人の実体を理解するに当り、且つ又これを説明するに当り、多大の便宜を供することもこれ亦否定し得ない》[13]という論拠を挙げておられた。このような、類型的考察の必要、という要請は、今日でも、例えば公共団体概念・公共組合概念等をめぐり、これらの概念を維持する論拠として、明瞭に述べられている。[14]

(2)　ところで、田中博士のこの〝類型的考察〟乃至〝類型的概念〟なるものについて注目されるのは、既にこれまで各方面より指摘のなされて来たように、それが、理論的に、かなり多義的な性質を有していることである。

第一にそれは、宮沢俊義博士が指摘された意味での〝理論的な〟概念[15]の一種として、錯雑なる制定法上の諸法規という《経験的実在》の《認識の手段として役立つ意味において構成せられる》、〝理念型[16]〟としての機能を、一面で果している。[17]

第二にしかし、それは、同時に、例えば《実定法上の区別と論理必然的な関連こそないにしても、此の公法と私法の区別が、本来的な区別として実定法上の区別の根本的基準として採り入れられて居り従って此の区別を明らかにすることが実定法上の区別を明らかにする上にも役立ち得べきもの[18]》（傍点藤田）という言にも表われている如く、認識の対象たる、実定法上の〝実在〟ともされるのである。[19]

第三に、田中博士におけるこの〝類型的概念〟は、かつて宮沢博士が指摘されたように、究極的には、《実定法が不明瞭であったり、またはそこに欠缺があったりする場合、どうしてこれを匡正・補塡するか[20]》という観点から設定されたもの、すなわち《実定法における不明瞭を補足する「根本的基準」となるべき「類型的な概念[21]」》なのである。[22]

このように、実定法認識の為の〝手段〟であり、しかし又同時に実定法上の〝存在〟であり、そして究極的には、実定法規の欠缺を補塡する実践的な根本基準である、という理論的性格は、博士の〝類型的概念〟なるものが、基本的には、ドイツ公法学の、いわゆる構成学派的法実証主義の系譜に由来するものであることを示している。[23] そして、いずれにせよこのような理論的性格を持った〝類型的概念〟につき特徴的なことは、〝何故にそのような類型の別が認められるか〟という問が、ここでは、右の三つの理論的側面において、それぞれ意味を持ち得、しかも、これらそれぞれの問に対する解答が、互いに代替し合って行なわれることによって、究極的に責任ある解答を、絶えず先に引延ばすことが可能となるということである。例えば、〝何故実定法上全ての法人は、行政主体と私的法主体とに二分されるのか〃と問えば、〃これは実定法自体が採用した区別である〃と答え、〃何処に実定法上、そのような区別が認められるか〃と問えば、〃実定法上の諸規定は、そのように類型的に分類することが可能である〃と答え、〃では、如何なる視点からそのような分類をするのか〃と更に問えば、〃そのような類型的処理をすることが、実際の事案の解決に当り、最も妥当な帰結をもたらす〃と述べ、〃そのような類型的な事案の解決は、実践的に硬直し過ぎた効果をもたらすのではないか〃との批判がなされると、〃好むと好まざるとに拘らず、これは実定法の承認した区別である〃という逃道が見付かる、というように。[24]

ただ、田中博士の場合には、恐らくは、法理論・法概念についての、いわゆる目的論的思考への強い傾斜から、[25] 右の如き論理の循環は、少なくとも完全な弧を描いては、行なわれていない。博士の場合、〃類型的概念〃としての公法人（＝公共団体＝行政主体）概念の、右の第三の側面における機能は、（先にも見たように、「公」法人＝「公法」人ではないこと、の強調を通じて、）当初から意識的に、極めて限定されて来たのであって、この意味において、《公法人と私法人とを分つことの実定法上の意義の大半は喪はれることとなることも敢て否定しない》[26] とすら自認されて来たからである。

右の、第三の側面における機能の後退、という現象は、近時、行政法学の伝統的諸概念に多かれ少なかれ一般的に認められるところであって、[27] このような現象は時に、〃行政法学上の諸概念の道具概念から説明概念への転化〃という表現で説明されることもある。[28] いずれにせよしかし、このような理論状況を前提として考える時、〃類型的概念〃としての行政主体（＝「公」法人＝公共団体）概念の意味、従って又その成立の論拠は、（右の、第二、第三の側面を全く無視することは、もとより許されぬにしても）主としては、右の第一の側面に求めざるを得ぬこととなるであろう。[29]

(3)　このようなものとしての〝類型的概念〟、すなわち、錯雑なる法規範を体系的に認識する為の〝手段〟として構成される、いわば〝理念型〟としての行政主体概念は、では、どのような理論的前提の下に成立し得るであろうか。

まず一般に、多様なる法主体を、特定のメルクマールに基づき、理論的に、二つのグループへと類型化すること自体は、疑いもなく可能である。しかし、そのような類型概念を設定する際に、何よりも不可欠である前提は、いうまでもなく、如何なる観点からこれらの法主体・法規範を類型化しようとするのかということ、すなわち、経験的実在としてのこれらの錯雑な法規・法主体の、どのような側面に着目し、何を明らかにしようとするのかということである。

この点について、結局従来の行政法学は、ある法関係において、宮沢博士の謂われる意味での《他律的要素》[30]が、どの程度存在するか、という観点を、最も中心的な視角として来た、ということが出来るであろう。例えば先に見た如く、伝統的に、行政主体とはその設立が究極的に私人の意思決定にかかっていない法人、とされて来たのは、まさに、当該の法人が、そもそも私人の自律による存在か否か、を基本的な問題とする見地であったと言い得ようし、又、田中博士が、例えば、協同組合は公共組合であるか否かの問題を、《強制的要素》の有無によって決めようとされるのも[31]、このような観点に基づくものと言えよう。

そして、このように〝他律的要素〟〝強制的要素〟の存否を考察の中心に据える観点とは、すなわち言い換えれば〝私的自由〟を関心の中心においた観点であることは、明らかである。すなわちそこでは、私人・私的法人の自律・その自由な展開、ということに少なくも重要な関心があり、それ故にこそ、かかる自由を制約する法的規律の実態を明らかにすることが、公法人・行政主体なる類型的概念使用の、基本的な目的とされている、ということになるであろう。

しかし、このような〝強制的要素〟の有無自体は、理論的には必ずしも、全ての法主体を、二つのグループに峻別せねばならぬことと、当然に結びつくものではない。ある法主体にどの程度〝強制的要素〟が存在するか、ということは、まさに濃淡様々のグレイドを成し得る問題であって、いわゆる〝強制的要素〟の中のいずれに着目するかによって、理論的には、様々の分類の仕方があり得ようからである。従って、伝統的な〝行政主体〟概念における類型化の観点は、このような〝私的自由の保障のされ方〟という観点に加えて、更に、およそ全ての法主体は、それ自体の属性としてともかく〝行政側〟と〝私人側〟とに二分されねばならぬ、という要請自体に存在する、ということを認めざるを得なくなるであろう。そして、一般に今日においても、《公法人と私法人、行政主体と私人の区別は、国家と社会が相互にモデル的に対立して存在していることを前提としている(32)》という指摘がなされるように、右のような要請の基盤を成すのが、結局は、いわゆる「国家」と「社会」の二元的対立、という思考であることは、容易に推測されるところである。

すなわちここでは、夙に戦前昭和一六〜七年頃より、民事法学者を中心として指摘されていた、「国家」と「社会」の二元的対立の消滅、という現象の存在にも拘らず、なおかかる対立を前提とした観点に立って、法現象を類型的に考察することの必要性・有用性が、依然として思考の前提とされているのである(33)。そして又、先に見たように、〝類型的概念〟としての行政主体概念は、その主たる機能においては、現存の法主体についてのいわゆる〝説明概念〟・〝理念型〟としての役割を果すに止まっているにしても、なお一面で、〝法規の欠缺・不明瞭の際に、その補充の基準となる〟、いわゆる〝道具概念〟・〝理想型〟としての機能への期待も、完全には放棄されていないものとするならば、そこでは、いわば、〝私的自由の保障〟を確保する為に、「国家」と「社会」の二元的対立を維持することが、実践的にも必要である、とする思考が、結果的に維持されている、ということともなるであろう。

(4)　一体しかし、右でいう「国家」と「社会」の二元的対立、とは、何を意味するのであろうか。又、かかる思考の前提は既に失われた、という、三十数年の以前における批判に対し、行政法学、そして行政主体概念は、果して、これまで、適確な解答を行なって来たのであろうか。

以下、このような問題について、節を改めて、若干の考察を行なうこととしよう。

（1）　田中博士の場合、公共団体が、国と共に《公の行政主体たる地位》を有する、とされるが（田中『新版行政法下I』全訂第二版五八～五九頁）、その場合、公共団体とは、地方公共団体・公共組合・営造物法人の三種の法主体を意味する。参照、同六〇～六一頁。なお、最近では博士は、〝独立行政法人〟なる概念を用いられるが（田中『新版行政法中』全訂第二版）この概念の意義については後出註（10）を参照。

（2）　田中・同右一六五頁。

（3）　参照、塩野・前掲三八九頁。

（4）　かつて、田中博士が、公法人概念弁護の論陣を張られた際にも、まずその第一の論拠とされたのは、実定法による公法人概念の採用、ということであった。参照、田中「公法人論の吟味」『公法と私法』一二四～一二五頁。

（5）　〝公共団体〟概念については、差当り眼につくものを拾ってみても、例えば、憲法一七条、国家賠償法一条以下、行政事件訴訟法五条、六条、二一条等、行政不服審査法五七条、国有財産法二二条以下、会計検査院法二八条、地方自治法二三八条の五等々。又、〝公法人〟乃至〝公法上の法人〟概念については、例えば、日本国有鉄道法二条、日本専売公社法二条、国民金融公庫法二条、住宅金融公庫法三条、日本開発銀行法二条、日本輸出入銀行法二条、帝都高速度交通営団法一条、港湾法五条、等々。

（6）　例えば、日本国有鉄道法六三条、日本電信電話公社法八五条、日本専売公社法四九条、日本住宅公団法五八条、日本鉄

道建設公団法四〇条、日本道路公団法三九条の二、公害防止事業団法三五条等々。なお、この点につき参照、杉村・山内編『精解行政法』下一一〇頁。

(7) 制定法上、〃公共団体〃の語は、《国又は公共団体》という用い方の他、例えば、《地方公共団体その他の公共団体》というような用い方をされる場合もある(例えば、行政不服審査法五七条④項、地方自治法二三八条の五②項等参照)が、法律によっては、〃公共団体〃の語を、明文で、地方公共団体の他、特定のものに限定している例もある(例えば、国有財産法二二条①項では、地方公共団体・水害予防組合及び土地改良区の三つを、《以下公共団体という》としている。)。また、制定法上の公法人概念の場当り性・恣意性については田中博士自身も指摘されるところである(田中『新版行政法中』一九七頁、二一三頁)。

(8) 例えば、前出六七頁註(4)に挙げた最高裁判決に対し、その第一審判決(大阪地判昭四〇・一〇・三〇)及び第二審判決(大阪高判昭四二・八・二)は、次のような理由により、市町村・国民健康保険組合等の、抗告訴訟の出訴資格を肯認していた。《保険者がなす国民健康保険事業のうち保険給付等に関して行う処分……の如きは被保険者等地域住民に対し一方的優越的に義務を課し、法律関係を設定する等一般行政庁の行う行政処分に類する性格を有する一面のあるところから、この面のみからみれば保険者は行政庁(行政庁に類する)である……。しかし、他面、国民健康保険の保険者たる市町村等は、国民健康保険事業を経営する権利義務の主体たる地位を元来法により当然有しているのであって、……従って保険者は……本来(法により)有するこの権利義務の主体たる地位と、処分者たる行政庁としての面(性格)を有するものとみられる。この権利義務の主体たる地位の面からみて、その有する権利義務に利害関係を持つならば、権利又は利益の救済のためにその地位に基いて保険者は訴訟当事者として出訴するについて何らの制限を受けないものと解するのが相当である。》参照、民集二八巻四号、六二三頁、及び六四〇頁(傍点は藤田)。

なお、先にも見た如く(前述六八頁註(6)参照)、塩野教授は、行政主体概念を、〃行政法関係上の行政主体〃と〃行政組織法上の行政主体〃とに区別されるが、これは、すなわち、ある法主体が、そこでいう〃行政法関係上〃においては行政主体であっても、〃行政組織法上〃は行政主体ではない場合が存する(例えば、所得税の源泉徴収義務を負った私人の例)ことを認める結果になる意味において、ここでいう行政主体概念の相対性を一部認めたものであることになると思われる。ただ、本書本文で示したような考え方は、更に進んで、〝行政法関係上〟においても〝行政組織法上〟においても、それぞれ、具体的な問題毎に、行政主体概念は更に相対化され得る、という思考に立つものである。実際塩野教授自身も、その取り上げられる〝行政組織法上の行政主体〟につき、結果的には、このような相対化思考と同様の結果に到達しておられるように思われるのであって、例えば、塩野・前掲四〇一頁では、行政組織法上、行政主体の性格を与えられた法人についても、国との関係において、権利主体たる地位を持つ場合があり得ることを示唆されている。ただ、その場合にも、教授の場合にはなお、本書本文で以下すぐ述べるような、〝それ自体の属性としての行政主体〟という思考枠組が維持されているように思われる。

(9)　参照、田中二郎『新版行政法下Ⅰ』（全訂第二版）六〇頁。同『新版行政法中』（全訂第二版）二一四頁。

(10)　最近田中博士は、〝独立行政法人〟なる概念を新たに導入され、又、かかる独立行政法人の組織を総称するものとして、〝国家行政組織〟及び〝地方自治行政組織〟と並ぶ、〝特殊行政組織〟なる概念の確立を提唱された（参照、田中『新版行政法中』全訂第二版一八七頁以下）。しかし、博士によれば、この〝独立行政法人〟なるものは、《特別の法律の根拠に基づき、行政主体としての国又は地方公共団体から独立し、国から特殊の存立目的を与えられた特殊の行政主体として、国の特別の監督の下に、その存立目的たる特定の公共事務を行う公法人》（田中・同右一八七頁。傍点原文）を意味するのであって、結局この構想の下にあっても、行政主体と私的法主体の二元、「公」法人と「私」法人の二元、という前提は放棄されているわけではない。すなわちそのいわゆる〝独立性〟及び〝特殊性〟は、専ら、国及び地方公共団体に対する行政主体相互間での〝特殊性〟・〝独立性〟に止まるのであって〝行政主体〟と〝私的法主体〟という二元的カテゴリーに対する関係での独立性・特殊性を意味するものではない。

(11)　参照、田中『新版行政法下Ⅰ』（全訂第二版）五八頁。柳瀬良幹『行政法教科書』（再訂版）四三頁。

(12)　美濃部博士にあっては、《公法人（公共団体――藤田註）が公法人である所以は、其の存立目的が国家的であることに在る》とされるのであるが（美濃部達吉『日本行政法』上巻四六七頁）、そこでいう〝存立目的が国家的である〟ということは、究極的には、必ずしも目的の内容自体に関わる問題とはされていない。例えば、《同じ種類の事業でも、私人が任意にこれを目的と定めて設立した法人は私法人であり、国家がこれを目的として遂行せしむる為めに設立した法人は公法人である》とされるのであって（同四六八～四六九頁。）、従って例えば、いわゆる特許企業・特殊銀行等の類も、《其の目的とする事業は国家的事業であるとしても、斯かる事業を目的として会社を設立することは、株主の意思に依るもので直接に国家の意思に依るのではなく、随つて其の目的自身は私人の定めた目的であり、其の法人は此の私の目的の為めに存立するものであるから、尚ほ私法人であることを失はない》とされるのである。参照、同四七〇頁。なお、参照、柳瀬・前掲四四〜四五頁。

(13) 田中「公法人論の吟味」『公法と私法』一二五頁。

(14) 参照、田中『新版行政法下Ⅰ』（全訂第二版）一六五頁。

(15) 参照、宮沢「公法と私法」『公法の原理』所収二三頁。

(16) 同右二二頁。

(17) 例えば、田中博士が、〝公共組合の特色〟として、(1)国家的目的のために存在し、国家的任務を担当すること、(2)強制設立又は強制加入が認められること、(3)経費の強制徴収等の国家的権力が与えられること、(4)国の特別の監督が加えられること、の諸点を挙げ、しかし、その註において、《公共組合が本文に述べるような特色をもつということは、類型的にものをみる場合に役立つ特色をあげただけのことであって、公共組合だからといってこれに関する法律関係がすべて公法関係だということを意味するものではない。》と述べられる時（田中・前掲一六五頁）、ここでの〝類型的考察〟とは、少なくも、その本質的部分は、本文で述べたような意味のものであることは、明白であろう。

(18) 田中二郎「最近の文献に現はれた行政法上の諸問題（二）」国家学会雑誌四九巻一二号九三頁。

(19) この点については、参照、藤田「行政法理論体系の成立とその論理構造」本書四七頁、同「行政法学における法解釈方法論」本書一四七頁等。

(20) 宮沢俊義「公法と私法」『公法の原理』二七頁。

(21) 同右二八頁。

(22) 例えば田中博士は、〝公共組合〟なる概念を立てることについて、〝実定法上、公共団体かどうかによって適用法規を異にしている例もないではない〟として、国家賠償法の例を挙げ、それ故にこのような概念を立て、それと異なるものとの区別を論ずることも無意味ではない、という主張をされる。而して、先に本文で見た如く、国家賠償法等の個別規定における〝公共団体〟概念が、全て同じ意味かどうかということは、正確に言えば、これらの規定自体から明らかであるとは言えない。ここでは、博士の場合の類型的概念とは、まさに、このような不明瞭さに対面して、これらを統一的に解釈する為の実践的根本基準として機能していることは明らかであろう。

(23)　この点及び、ドイツ公法学のいわゆる構成学派的法実証主義の思考方法については、差当り参照、藤田「行政法解釈論に対する二元的『手続法的考察方法』論の意義」本書三四六頁。及び、藤田『公権力の行使と私的権利主張』一二九頁以下、二二二頁以下（国家学会雑誌八〇巻九・一〇号三六頁以下、同八〇巻一一・一二号三一頁以下）等。

(24)　私が先に、伝統的行政法学の諸概念の機能について、〃理念型〃としての機能と〃理想型〃としての機能の混在、ということを指摘し、《伝統的行政法学の強みは、何よりも、理念型としての有効性を、巧みに理想型としての妥当性とすり替えて来たところにこそあったのではないか》と述べた（本書前述三一頁）のは、いわゆる〃類型的概念〃の、先に見た第一と第三の側面の間での、本文で示したような論理的循環を意味している。

(25)　この点については、差当り参照、本書一三八頁以下。

(26)　田中「公法人論の吟味」『公法と私法』一一四頁。なお参照、田中『新版行政法下I』（全訂第二版）一六五頁註（1）。

(27)　その若干の例として、例えば参照、藤田「柳瀬博士の行政法学」本書一六一頁以下。

(28)　参照、塩野宏「行政作用法論」公法研究三四号一九七頁、二〇一頁等。

(29)　例えば、〃類型的概念〃の第二の側面については、なお検討する余地が無いではない。先に示したように、制定法上の文言をとって見る限り、それらの文言から直ちに、統一的な〃行政主体〃概念の、実定法上の〃存在〃を語ることは出来ぬが、しかし、〃実定法の客観的な認識〃という作業については、より様々の理論的可能性があり（参照、藤田「柳瀬博士の行政法学」本書二三五頁以下。）、それらの中、例えば、現実の制定者の意図、〃国民の規範意識〃等々については、本稿では未だ検討をしていないからである。しかしここでは、これらの諸論点の全てに亘っての検討を行なう余裕は無いので、問題の所在についての指摘のみに止める。

(30)　宮沢「公法人と私法人の異同」『公法の原理』三九頁。

(31)　田中『新版行政法下I』（全訂第二版）一六五頁。

(32)　塩野「特殊法人に関する一考察」鈴木竹雄先生古稀記念『現代商法学の課題（上）』三九一頁。

(33)　例えば田中博士はかつて、川島博士よりの批判に答えて、《公法人と私法人の区別は、近代国家に於ける国家と経済との関係に由来する歴史的概念である》ことを肯認されていた。そしてこのように、〃歴史的発展過程〃として両者の関係を考察せんとする限り、《最近の新な法人に付て問題となるのは公法人か私法人かではなくして、それの全法秩序の中における地位如何に付てでなければならぬ》とも述べられる（以上、田中「公法人論の吟味」『公法と私法』一二三頁）。そしてその上で、それにも拘らず、現存する様々の法人の《実体を理解》する為に、又、それを《説明》する為に、類型的概念として、このような公法人・私法人概念を維持することは、有意義である、という主張が行なわれているのである。参照、同右一二五頁。

四　「国家」と「社会」の二元論と行政主体概念

一　(1)　「国家」と「社会(経済社会)」の二元的対立の消失と共に、一般に、公法と私法の二元を基軸とする伝統的な行政法諸理論・諸概念は、その成立の基盤を失った、という思考は、ある意味では、わが国行政法学で、広く承認された思考である、ということが出来る。

例えば、しばしば、伝統的な行政法諸理論の再検討を促す要因として、(1)現代における行政の量的・質的拡大、及び(2)大日本帝国憲法より日本国憲法への移行に伴う、憲法構造の変化、という事実が指摘されている。(1)この中(1)は、いわゆる生存配慮行政、補助金行政、融資行政、等の増大に代表されるように、国家行政が、私的生活・私的経済社会の保護・調整・育成に積極的に介入し、私的経済社会の発展を私的経済社会の自律に委ねるのでなく、自らの課題として積極的に引受けるようになっていることを意味している。これはすなわち、通常、「国家」と「社会」の二元的対立の消失と表現されている現象の一側面であるに他ならない。又、(2)は、主として、いわゆる立憲君主制より、国民主権・国民民主制への改変を意味するものであって、要するに、国民の意思にその根拠を持たぬ、独立固有の行政権なるものの存立根拠の否定を意味している。そしてそれは、言い換えれば、君主及びその官僚群によって形成される、独立固有の「国家」と、議会勢力を中心とする「社会」との対立、という二元的構造が消失し、いわば「国家」が「社会」へ一元的に吸収された状態を意味することとなるであろう。

若し、このような状況が、現代行政法諸制度の実態であるとするならば、そこでは〝「国家」と「社会」のモデル的対立を前提としている〟とされるところの「公」法人（＝行政主体）と「私」法人（＝私的法主体）との区別も亦、かつて三十数年前に既に指摘されているように、もはやその基盤を喪失しているのではあるまいか。それにも拘らずなお、行政法学において、かかる二元的思考が維持され得るとするならば、それは、どのような理論的前提を必要とするのであろうか。[2]

(2)　この問題はしかし、それ自体極めて包括的な問題であって、本稿で、最終的な解答を与えるには、私の準備は未だ余りにも不充分である。ここでは以下、いわゆる〝「国家」と「社会」の対立〟なる思考が、現代の公法学にとって何を意味するかについて、現在西ドイツで興味深い論争が展開されていることに注目し、かかる論争を概観して行く過程の中で、[3] 今後の考察の為の若干のヒントを、摘出する作業を行なうに止めたい。

二　民主制の確立による、「国家」と「社会」の二元的対立の消失、という問題意識は、第二次大戦後、西ドイツの公法学においても夙に明確に提出されていたところであった。例えば、これらの多くの論者の中で、最近の論争の口火を切ることとなった一九六二年のH・エームケの論稿(4)においては、立憲君主制下における政治的妥協の表現である、monarchischer Prinzip、そしてそれに基づく、ドイツ流の、「国家（Staat）」と「社会（Gesellschaft）」の対立、という観念を捨て、ボン基本法の下では寧ろ、英米流の „government“ と „civil society“ というカテゴリーが用いらるべきである、という、注目すべき提言(5)が為されている。

(1) エームケによれば、かつてのドイツ立憲主義国家理論の全て(6)に共通する基本構造は、いずれにせよ、「国家（Staat）」が、《客観的、精神―倫理的、法的な秩序》として前提され、何らかの人間の意思（君主の意思であるか国民の意思であるかを問わず）に根拠付けられるのでなく、それを超えて存在する、„Idee“ „Reich“ „Organismus“ とされていたことにある。(7) そこでは、君主はもはや絶対的主権者とされるのではなく、その〝担い手〟であって、国家権力は、支配者及び臣民の上に立つ客観的法秩序・〝法治国〟に拘束されるのであるが、臣民（Untertan）は、市民的自由を享受するものの、国家権力の行使には参与しない。(8) そこでの「国家」は、一種の観念的共同体であり、マルクスも指摘するように、Volk より成る国家なのではなく、Volk を所持する国家なのである。(9) このようなものとしての、いわゆる „monarchischer Prinzip“(10) の国家理論は、立憲君主制下における政治的妥協の表現であったのであるが、(11) その概念世界（Begriffswelt）は、〝法実証主義〟の〝国家法人〟概念を通じて、今日までも生き延びている。(12)

(2) ドイツ国家学・国法学に伝統的な、「国家」と「社会」の分離・対立という観念、そしてその前提たるドイツ的「国家」概念、の理論的性格に関し、以上のような基本的認識を行なうエームケは、右のようなものとしての「国家」と「社会」というカテゴリーを、現代の基本法秩序の下で用いることについて、例えば次の如き難点を見出す。

まず、この「国家」・「社会」という両概念においては、何らかの人間の結合体（menschliche Verbände）が意味されているのであろうが、実際的に見るならば、「国家」と「社会」とは、今日、すなわち同一の Verband なのではなかろうか、ということが、問題である。[13] 例えば、経済法とか憲法とかの領域で、「国家」が「経済」に〃介入する〃と、しばしばいわれるが、それは、我々自らが自らに介入している、ということになるのではないか、という疑問が生ずる。[14] かかる困難は、「国家」を定義して、〃狭義の国家〃すなわち〃国家機構〃を意味するもの、とすれば、容易に解決されようが、しかし、そうすれば今度は、例えば〃国籍〃とか〃国家体制（Staatsverfassung）〃という場合の〃国家〃は宙に浮いてしまうことになる。[15]

(3)　これに対し、エームケによれば、若し我々が、一度、「国家」と「社会」なる対置を止めて見るならば、我々が広義で〃国家〃と称するところの人間集団の固有性は、それが〃政治的共同体（politische Gemeinwesen）〃である、ということになる。すなわちそこに存するのは一つの、同一の、人間の結合体（menschlicher Verband）なのであって、それを「国家」と「社会」というように二重化したり、分割したりする理由はない。

そしてこの Verband は、伝統的な「国家」概念のように、もっぱら、支配（Herrschaft）、上位下位秩序（Über-Unter-Ordnung）、命令（Befehl）等によって特徴付けられると理解されてはならない。何故ならば、第一に、政治的なるもの（das Politische）の本質は、命令には存せぬし、第二に、この意味での共同体（Gemeinwesen）は、このように一面的にではなく、当該結合体における、全経済的・文化的生活を包含するからである。[16]

(4)　こうしてエームケは、このような〃政治的共同体〃の実態を適確に表わすのに、伝統的な、ドイツ的 „Staat“ と „Gesellschaft“ なるカテゴリーに代えて、英米流の „government“ と „civil society“ なるカテゴリーを用いることを提唱するのである。

イギリス及びアメリカの憲法理論における基本的概念は、„Staat“ 及び „Gesellschaft“ ではなく、„civil society“ と „government“ である。その際、„government“ なる概念においては、制度的要素と人間的要素とが合致しているのであるが、いずれにせよ、その „civil society“ との関係を規定する基本概念は〃信託 (trust)〃である。[17] このような意味での government は、先に見た意味での〃政治的共同体〃における、意思形成・指導・調整・レンクングの為の制度なのであるが、government は、この〃政治的共同体〃自体と同一物であるのではなく、又、その上に立つものでもない。そうではなく、前者は後者の《統合的構成要素 (integrierende Bestandteile)》なのである。[18]

(5) 「国家」と「社会」の二元論の否定に関する、右のエームケの思考は、様々の興味深き論点を含み、戦後西ドイツの公法学の動向を探るについて、極めて示唆深いものを、多く持っている。[19] しかしここでは、「国家」と「社会」の二元論は一般に何故批判されるか、を検討する見地から、差当り、そこに含まれている次の論点のみを注目しておこう。

第一に、それは、とりわけ民主制の確立した現代国家において、経験的に考察すれば、本来、「国家」も「社会」も、同じ〃国民〃から成立している筈なのに、人が、これを「国家」と「社会」という観念を以て二元的に解釈するのは何故か、という問を含んでいる。そしてエームケによれば、それは、結局基本的に、「社会（すなわちいわば生身の人間より成る政治的共同体）」に超越し、独自の実体を持った、観念的・非経験的な「国家」の存在が想定されているからである。[20]

第二に、このようなものとして、超越的な Herrschaft としてのみ理解された「国家」概念に基づく「国家」と「社会」の区別なるものは、結局、治者と被治者の不一致をその基本構造とするものであって、ボン基本法の民主主義的憲法構造に合致せぬのみならず、又、指導・調整・レンクングという課題が、かくも重要な役割を果すようになっている時代においては、かかる課題を委任された制度及び人間が、政治的共同体に対してどのような関係に立つか、を明らかにする為には、不適格である、という指摘である。[21]

では、このような批判に対して、基本法の憲法構造の下でもなお、「国家」と「社会」の二元なる観念を維持する根拠と必要がある、という主張がなされるとするならば、それは一体、どのような論拠に基づくものであろうか。

二　E・W・ベッケンフェルデは、最近、右のエームケ流の批判に対し、「国家」と「社会」の区別の必要は、今日でもなお失われていないのみならず、寧ろ、より一層切実なものとなっていることを主張して、概ね、次のような思考を展開している。[22]

(1)　ベッケンフェルデによれば、まず、いわゆる〝国家と社会の対立〟ということの意味について、これを、「国家」と「社会」という二つの、その構成メムバーを異にする、人的結合体 (menschlicher Verband) の対立、と考えるような誤った前提は、捨てられねばならない。

歴史上の事実としては確かに、王・官吏・軍隊によって担われる、支配組織 (Herrschaftsorganisation) としての国家は、社会に対して、分け隔てられており、本来市民社会に帰属するものとは見做されなかった。そこで、このような形での〝分離〟を前提とする以上、例えば、〝国家と社会の分離は、後期絶対主義と初期立憲主義の歴史的過渡段階を表現し得るのみであって、民主的国家構造への移行によってその意味を失った〟という如き批判とか、〝国家も社会も同一の人間による集団である以上は、国家と社会の分離・対立ということはそもそも不可能ではないか〟という、エームケの如き批判も生ずることとなる。しかし、例えば仮に、ある国の全国民が、一つの教会（Kirche）に所属したとしても、そのことによって、いわゆる〝国家と教会の分離〟の可能性・現実性が否定されることはないことにも表われているように、〝国家〟も〝教会〟も、そして又、〝社会〟も、右のような意味での Verband であるのではなく、組織化された機能統一体（Wirkeinheit）であるに過ぎないのである。すなわち、これらの統一体は、個々の人間の唯特定の限界付けられた行動領域のみを統一化し、組織化するのであって、それ故に、同一の人間の上には、複数の組織が並存し得るのである。(23)

(2) このように、〝国家〟と〝社会〟という機能統一体においては、それぞれ個人の特定の行動領域のみが問題とされ、対象とされるのであるから、これらの諸領域相互間においては、競合と、Rivalität の関係が存することとなる。そこで、その相互間における、領域の限界付けが必要になると同時に、ある一つの領域（すなわち〝国家〟又は〝社会〟）によって個人の行動の全てが支配され占拠される、ということのないように配慮せねばならぬ、という問題が出て来るのである。(24) このような意味における〝相互の限界付け〟という要請、すなわち、個人の自由を保障する為の《法治国的配分原理 rechtsstaatlicher Verteilungsprinzip》(25) という観点こそが、ベッケンフェルデによれば、国家と社会の二元的理解、ということの優れた意義なのである。

(3) このような意味において、ベッケンフェルデによれば、〝国家と社会の区別〟なるものは、結局、個人の自由を、偶然な力関係の変動を超えて、体系的に保障するところの制度なのであって、それは、西欧合理主義の一つの典型的な産物である、ということになる。そして、ベッケンフェルデは、このことは、全体主義的体制（totalitäre Regime）が、左右を問わず常に、この、国家と社会の区別、という組織形式を廃止し、個人そのものを、全体として国家的組織権力の中に引込もうという意図を見せることに、証される、という。[26]

民主主義体制についていうならば、民主制それ自体は、決して、全体性(Totalität)に対する防護壁とはなり得ない。何故ならば、民主主義的なるが故に、民主主義的に組織された国家権力に全能を与えることは、個人の、この組織化された決定権力への引込みが、total であることを意味するからであって、全体的民主主義 (die totale Demokratie) の帰結をもたらすことになるからである。[27] このような見地からすれば、例えば、〝国家〟と〝社会〟の区別に代えるに political society と government のカテゴリーを以てするような思考も、結局その核心においては、一種の全体性(Totalität)の選択であるに他ならない。何故ならば、この political society とは、共同体すなわち社会全体(das soziale Ganze) なのであって、それが government によって機能する、ということになるのだからである。[28]

(4) 以上のような、ベッケンフェルデの思考それ自体は、先のエームケの思考と並び、多くの重要な論点を含み、両者相俟って、西ドイツ公法学の現状分析にとって、多くの示唆を与えてくれる。[29] しかし、ここでは、先のエームケの問に対し、何が答えられているか、を明らかにする、という意味で、左の二点のみを明確にして置くに止めよう。

第一に、そこではもはや、〝社会〟と区別される〝国家〟なるものは、決してエームケやヘッセが批判するような、現実を超越した観念的・非経験的 „sittliche Autorität“[30] であるのではない。このような超経験的国家概念に対する批判的態度は右に見たように、H・ヘラーの所説に依り、国家が教会その他の諸団体と同じく一つの Wirkeinheit であるとされているところに既に明瞭に示されている。[31]

又、そこでは、このような経験的な実在としての〝国家〟なるものは、独立固有の構成メムバーを持った人間の一グループとしての「社会」との間に、グループ間での対立抗争を演ずるような、一つの人間集団として想定されているのではない。寧ろそこでは、〝国家〟は〝社会〟と同様、結果的にはいわば、同一の人間についての法的評価の一側面、すなわち、同一の人間を、法的に性格付ける際の、一つの観点、として機能しているのである。

第二に、治者と被治者の不合致、という批判に対しては、〝国家〟なるものの、右のような意味を前提とした上で、寧ろ、安易な合致・安易な等質視こそ避けらるべきもの、との思考がとられている、ということが出来よう。すなわち、仮に民主制を採用したとしても、現実に治者と被治者の役割の生ずることは否定し得ぬとすれば、寧ろこれを、治者と被治者の合致として等質的に擬制することこそ、個人の自由にとっての危険をもたらすもの、という考え方である。

(5) 〝国家と社会の二元的対立〟に対する、このような思考が、ここでの、行政主体と私的法主体の対立、という問題につき、どのような理論的意味を有し得るか、については、後に改めて概観することとする。ここでは、その前に今一つ、いわゆる〝行政の量的・質的拡大〟と〝国家と社会の二元論〟との関係について、西ドイツにおける理論状況を概観して置くのが便宜である。

三 (1) フォルストホフのいわゆる〝給付の担い手としての行政（Verwaltung als Leistungsträger）〟論が、伝統的な行政法理論がその前提としていた一九世紀的な「国家」と「社会」の二元的構造、の現代における変化、という、現実の分析（そして、かかる現実の認識の必要、という明確な意識）の上に成立っているものであることは疑い無い。[32] しかし、最近フォルストホフは、明確に、〝国家と社会の二元（Dualismus）が基づいているところの論理的諸関係は、今日でも決して過去のものとはなっていない〟との主張を行なうに到っている。[33]

フォルストホフをして、このような主張をなさしめている論拠は、そこでは大要、次の二つである。

第一に、〝国家と社会の二元〟とは、実質的な、二つの事物領域の分割（Abschichtung）の問題であるのではなく、人間の共同的存在の二つの態様（Modi）の、相互関係の問題である、という思考である。[34] これはすなわち、ほぼ、右に見たベッケンフェルデの思考と、軌を一にするもの、と見て良いであろう。

第二にフォルストホフは、公害の例を引くことにより、産業の拡大が、個々人の利益を駆逐する事実を指摘して、このような宿命は、産業の拡大に対し必要な制約を課することができるような、充分強力にして組織化された公的機関（Instanz）が無くては、避けることは出来ない、との論結をする。[35] フォルストホフによれば、産業社会（Industrie-gesellschaft）自体が、このような制約を自らに課するということは、産業社会の機能法則に合致せず、それ故に夢想的であるのであって、従って、しばしば語られるような、〝国家は死んだ〟という如き言は、このような状況に鑑み、全く不毛の言である。[36] こうしてフォルストホフによれば、〝国家と社会の二元は、一九世紀の状況の下での市民的社会と不可分であり、従って、もはや過去のものに属する〟という指摘は、ただ次の意味において、そしてその限りにおいてのみ、正しいことになる。すなわち、現在ではもはや、市民的な社会でなく、技術によって特徴付けられる産業社会なるものが問題になっているのだ、という意味においてのみである。ここではもはや、単に自由のみでなく人間の環境が、そして何よりも人間の生存自体が問題となっているのである。[37]

(2)　フォルストホフが、現代行政における、給付行政・生存配慮の比重の増大を指摘する時、そこには常に、人間の生存そのものが、自らの力にでなく、決定的に国家行政に依存せざるを得なくなっている、という認識があった。[38]
それ故、とりわけ第二次大戦後において、フォルストホフの給付行政論は常に、このような生存配慮手段が、支配の手段へと転ずることを如何にして避けるか、という問題意識と結びついている。[39]

フォルストホフの思考によれば、こうして、現代国家がこのように、国民の生存に対して絶大な力を持っていればこそ、かかる機構が特定の利益・特定のイデオロギーによって担われることのないようにせねばならぬ、ということになる。すなわち、真の国家性とはやはり、社会の諸利益に対し中立であるところにあるのであって[40]、国家のかかる中立性を確保する法原理が、すなわち法治国的配分原理[41] (rechtsstaatlicher Verteilungsprinzip) である。

(3) 右のような、フォルストホフの思考は結局、国家の生存配慮という手段を通して、個人が total に、すなわち、その生活の全側面において、特定のイデオロギー・特定の利益によって支配されてしまうことへの抵抗、ということになるであろう。そしてそれは、民主主義的憲法構造の下における〃民主的全体主義〃に対する、ベッケンフェルデの、先に見た警戒と、共通の基盤を持つこととなるのは明らかである。[42]

四 (1) 以上、西ドイツ公法学における諸論議の概観を通して、我々は、少なくも次の如き示唆を得るであろう。第一に、等しく〃国家と社会の二元的対立〃と称しても、その内容には、論者により、かなり様々のものがある、ということである。その際特に注目されるのは、フォルストホフにおける、その生存配慮論・給付行政論と法治国論・国家と社会の二元論との結び付きに、明らかに示されているように、〃不可避の現実として、私的生活が国家に広汎に依存せざるを得なくなっている、という事実（いわば、その意味における「国家」と「社会」の二元的対立の消滅）は、決して国家への全面的依存体制の必要、という主張を正当化するものではなく、寧ろ逆に、出来得る限りの私的領域の独立性の保障（その意味における、〃国家と社会の二元的対立〃の維持）をこそ必要とする〃という思考[43]の存在することである。寧ろ現代の二元論を有意味なものとして支えている方法的基盤は、いわばこのような〝不可避の事実〟と、それにも拘らず、これに抗して存すべき、〝法制度の姿〟とについての、これ又〝二元的な〟思考方法である、ということができる。[44]

第二に、このようなものとしての、現代の〝国家と社会の二元論〟は、何よりも、現代社会において個人の自由(更に進んでは個人の生存)を確保する為には、かかる意味での二元論を維持することが不可欠である、との確信に基づいている。

しかし、その際、その二元論には、いわゆる一九世紀的な「国家」と「社会」の対立とはかなり様相の違う、二つの理論的前提が存在している。すなわち第一に、〝国家〟と〝社会〟の対立とは、異なった人間集団間の対立抗争を意味するものではなく、いわば、結果的には、同一の人間の諸側面の性格付けに関する観点の相違である、という思考、第二に、民主的正当性・生存配慮等、如何なる理由付けによろうとも、個人の生活の全領域が、唯一つの観点のみによって支配されてはならない、という思考がそれである。

(2)　西独公法学における、このような現代型の〝国家と社会の二元論〟自体を、どう評価するか、は、いうまでもなく、なお多くの検討を経ねばならぬ問題である。[45] しかしそれは、少なくも、従来、いわゆる〝「国家」と「社会」の二元的対立〟との関係を、或いは極めて直線的に肯定され、或いは必ずしも明確な考察無きままに無視されて来た、わが国の〝行政主体〟論に対し、〝国家と社会の対立〟と行政主体の概念との関係について、例えば次のような問題の存在すること、を示唆するもの、ということが出来るであろう。

(a)　まず第一に、行政主体と私的法主体の区別、という思考が、仮に、〝国家と社会の二元的対立〟を理論的に前提しているとしても、例えば〝行政の量的質的拡大〟〝憲法構造の変化〟等の理由から、直ちにかかる前提の消失を主張することは許されない。現在もはや、相異なる二つの人間集団の対立抗争という意味での「国家」と「社会」の対立なる法制度的事実の存せぬことは、自明の事柄であって、現代において有意味なものとして呈示されている二元論は、いわばより実践的・機能的な要請としての二元論であるからである。

(b) 第二にしかし、このような現代的な意味での二元論が前提とされる限り、無数に存在する全法主体が、〝行政主体〟のグループと〝私人・私的法主体〟のグループとに二分されて、両グループが相互に対立し合う、というような bildlich な思考は、必ずしもその必然的帰結ではないことは明らかである。ここでいう〝国家〟も〝社会〟も〝集団〟を意味するのではなく、結局のところ〝観点〟を意味するものと考えることが可能であり、そうであるとすれば、ある法主体は、その行動の側面・法的評価の側面に応じ、ある場合には〝行政主体〟となり、ある場合には〝私的法主体〟となることも、本来可能となるであろうからである。

(c) と同時にしかし、かかる現代型の二元論の下では、当該の法主体が、ある具体的な問題について、どのような法的立場において登場しているのか、については、〝行政主体〟か〝私的法主体〟か、の二元的カテゴリーを以て、明確に性格付けられねばならぬのであって、例えば、civil society の government である等の理由、すなわち民主的正当性の理由を以て、両者の地位を曖昧にすることは許されぬ、ということになる。蓋し、かかる二元論によれば、このような形での法的地位の明確化こそが、私人、そして私的法主体の自由の確保にとって不可欠であるからである。

(d) このような見地からすれば又、無数の法主体について、そこに、どのような強制的要素が存在するか、すなわち、私人の自律・自由はどの程度制約されているか、を明らかにする見地から、〝行政主体〟と〝私的法主体〟との区別をすること自体は可能であり、且つ有意義・不可欠である、ということになろう。ただその際、このような類型化は、これらの法主体を、属性として右の二つのカテゴリーに分類し尽すような作業を意味するものではなく、無数の法主体を、ただ、強制的要素の存否、という観点からのみ見た場合の、相対的な分類基準の一でのみある、ということとなるであろう。別の観点（例えば、政府の資本参与の有無・程度）よりすれば、また右とは別の意味での〝行政主体〟と〝私的法主体〟との別が、〝類型的〟に立てられ得ることとなる。

(e)　このような意味での〝国家と社会の二元的対立〟が、いわゆる民主制をも制約する、自由保障の為の憲法上の一要請ということになるならば又、ある法主体の諸側面についての右のような意味での、行政主体性・私的法主体性の決定については、立法者の形式的な決定に、少なくも全面的に依拠することは出来ず、〝国家的関心の法技術的表現〟[46]についても、実質的観点からする、憲法上の何らかの制約が、当然に課せられることになるのではないか、等の問題も、別に生じて来ることとなるであろう。[47]

（1）　例えば参照、今村成和「現代の行政と行政法の理論」公法研究三〇号一一六頁以下、室井力「現代行政と行政法の理論」同一四五頁以下等。

（2）　これらの事実は決して、いわゆる〝単なる歴史的・経済＝社会過程〟に過ぎぬものであるのではなく、それ自体、行政に関する様々の法制度の変革であることは、改めて説明をするまでもないことであろう。ここで問題となっているのはいうまでもなく、〝社会＝経済的事実の変化〟に対する、法的規制の対応の仕方如何ではなく、法制度の変革という実態に、行政法学・行政法理論が、どう対応すべきか、ということなのである。

（3）　最近の西ドイツにおいて、H・エームケ、K・ヘッセ等に代表される、〝国家と社会の二元論〟への批判的立場と、E・フォルストホフ、E・W・ベッケンフェルデ等に代表される、二元的思考の擁護者との間に展開されている論争についてその詳細は、参照、藤田「E・W・ベッケンフェルデの国家と社会の二元的対立論(一)」法学四〇巻三号三一頁以下、「同(二)」法学四一巻一号二五頁以下。

（4） Horst Ehmke, „Staat“ und „Gesellschaft“ als verfassungstheoretisches Problem, in; *„Staatsverfassung und Kirchenordnung“*, *Festgabe für Rudolf Smend* (1962) S. 23 ff.

（5） Vgl., H. Ehmke, a. a. O., S. 26.

（6） エームケがここに想定しているのは、例えば〝狭義の monarchischer Prinzip〟に立つ、Stahl, Zöpfl, Held, Mejer 及び、〝狭義の自由法治国 (liberaler Rechtsstaat) 理論〟に立つ、Mohl, Schmitthenner, Rönne, Bähr, そして、〝主権的有機体 (souveräner Organismus) 説〟に立つ、H. A. Zacharie, Bluntschli, H. Schulz 等である。Vgl., Ehmke, a. a. O., S. 36.

（7） 例えば、ヘーゲルの „objektiver Geist“, „Wirklichkeit der sittlichen Idee“, シュタールの „sittliches Reich“, ブルンチュリの „sittlich-geistiger Organismus“ 等。Ebenda.

（8） Ebenda.

（9） A. a. O., S. 37.

（10） これは、E. Kaufmann, „Studien zur Staatslehre des monarchischen Prinzips“ (1906) (現在、Kaufmanns *„Autorität und Freiheit“* 及び *„Rechtstheorie und Recht“* に分離して収録) による指摘に基づく概念である。Vgl., Ehmke, a. a. O., S. 36. F・J・シュタールの国家理論を中心とする、カウフマンの „monarchischer Prinzip“ 分析については、差当り参照、藤田宙靖『公権力の行使と私的権利主張』九二頁以下（国家学会雑誌八〇巻七・八号三四頁以下）。

（11） Ehmke, a. a. O., S. 37.

（12） Vgl., a. a. O., S. 42.

（13） A. a. O., S. 24–25.

（14） A. a. O., S. 25.

（15） Ebenda.

(16) 以上, a. a. O., S. 44.

(17) A. a. O., S. 25.

(18) A. a. O., S. 45.

エームケによれば、この government 概念に適した言葉は、ドイツには無い。その決定的理由は、何よりもまず、いわゆる〃実証主義国法学〃にあるのであって、国家を端的に、„Herrschaft“ として理解するならば、そこには指導・調整・レンクング機能なるものは消失してしまうことになるのは明らかである。今一つの理由は、ドイツでは形式的に誤解されてしまった権力分立の為であって、例えば、ドイツでいう Regierung は、本質的に執行権にのみ向けられた概念である。しかし、英米では、government とは、議会をも含むのは自明のこととされている。A. a. O., S. 48—49.

(19) この点については、参照、藤田・前掲法学四〇巻三号三二頁以下、四一巻二号二五頁以下。なお参照、藤田「法現象の動態的考察の要請と現代公法学」本書三六〇頁以下。

(20) エームケと同様、R・スメントの統合理論の系譜を引き、〃国家とか国家権力とかは、何か、所与のもの (etwas Vorfindliches) として前提されてしまうことはできず、それは、絶えざる形成の過程 (Prozeß) である〃とするK・ヘッセが、自分のこのような思考に対立するのは、《現実の歴史的諸力の彼方に立ち、先在し、実在的―状態的な (wesenhaft-zuständliche) 統一体としての国家の観念》である、と述べ、このような見地から、伝統的な意味での「国家」と「社会」の対立、という思考を批判するのも、本文に示したエームケの思考と、この点において共通するものである。Vgl., Konrad Hesse, “*Grundzüge des Verfassungsrechts der Bundesrepublik Deutschland*“, 7 Aufl., S. 5-9.

(21) H. Ehmke, a. a. O., S. 49.

(22) E.W. Böckenförde, „Die verfassungstheoretische Unterscheidung von Staat und Gesellschaft als Bedingung der individuellen Freiheit“, in; *Rheinisch-Westfälische Akademie der Wissenschaften, Vorträge G138* (1973).

なお、ベッケンフェルデには、他に、同一のテーマについて „Die Bedeutung der Unterscheidung von Staat und Gesellschaft im demokratischen Sozialstaat der Gegenwart“, in; *Festgabe für W. Hefermehl zum 65. Geburtstag* (1971) S. 11 ff. があるが、両者の叙述内容は広汎に合致している等、いくつかの理由から、ここでは便宜、より新しい前者

によりつつ、彼の思考を概観することとする。詳細については、前掲・藤田「E・W・ベッケンフェルデの国家と社会の二元的対立論」を参照されたい。

(23) 以上参照、Böckenförde, „Die Verfassungstheoretische Unterscheidung......“ S. 18–23.

(24) A. a. O., S. 24–25.

(25) A. a. O., S. 32.

(26) Ebenda.

(27) A. a. O., S. 36.

(28) A. a. O., S. 33.

(29) 例えば、両者の対立には、西独公法学における、いわゆるR・スメント・シューレと、C・シュミット・シューレの対立なるものにアプローチして行く際の、一つの明確な手掛りが与えられているが、この点についても詳細は、前掲・藤田「E・W・ベッケンフェルデの国家と社会の二元的対立論」法学四〇巻三号、四一巻一号に譲る。

(30) ドイツ公法学における、伝統的な „sittliche Autorität“ 思考については、参照、藤田『公権力の行使と私的権利主張』八四頁以下、一八二頁以下(国家学会雑誌八〇巻七・八号二六頁以下、九・一〇号九五頁以下)等。

(31) organisierte Wirkeinheit の概念がH・ヘラーのそれに依るものであることについては、vgl., Böckenförde, a. a. O., S. 23 Anm. 50. ヘラーの場合、この概念の有する理論的意義は多様であるが、その一つの重要なポイントがユームケ等の批判するドイツ近代国法学上の超経験的な国家概念へのポレーミッシュな機能にあることは疑いがない。詳細については、藤田・前掲法学四一巻一号三四頁。

(32) Vgl., Ernst Forsthoff, „*Die Verwaltung als Leistungsträger*“ (1938) S. 52 ff.; Derselbe, „*Lehrbuch des Verwaltungsrechts*“, 8 Aufl., S. 3 ff., 31 ff., 320 ff.

(33) E. Forsthoff, „*Der Staat der Industrie Gesellschaft*“ (1971) S. 28.

(34) A. a. O., S. 21.

(35) A. a. O., S. 25–27.

(36)　A. a. O., S. 27.

(37)　A. a. O., S. 28.

(38)　フォルストホフによる、人間の beherrschter Raum と effektiver Raum の区別は、この問題を明らかにする為の、基本的カテゴリーである。Vgl., E. Forsthoff, „*Die Verwaltung als Leistungsträger*“, S. 4 ff.; Derselbe, „Verfassungsprobleme des Sozialstaates“, in Forsthoffs (Hrsg.) „*Rechtsstaatlichkeit und Sozialstaatlichkeit*“ (1968), S. 146 ff.

(39)　例えば参照、Forsthoff, „Die Daseinsvorsorge und die Kommunen“, in Forsthoffs „*Rechtsstaat im Wandel*“, 1. Aufl., S. 115.; Derselbe, „Verfassungsprobleme des Sozialstaates“, in „*Rechtsstaatlichkeit und Sozialstaatlichkeit*“, S. 150.

(40)　Vgl., Forsthoffs „*Rechtsstaatlichkeit usw.*“, S. 159.

(41)　フォルストホフの法治国論は全て、このようなテーゼをめぐるもの、ということが出来る。例えば、その論文集 „*Rechtsstaat im Wandel*“ は、一貫して、このような思考によって貫かれた書である。

(42)　なお、ベッケンフェルデは、社会的調整・社会的給付等の増大は、国家と社会の別の廃止ではなく、寧ろ、その確認である、との指摘を行なう。Böckenförde, a. a. O., S. 38.

(43)　ボン基本法のいわゆる社会的法治国家条項に関する、フォルストホフの有名な、〝社会国家は、行政法・経済法・労働法等の諸法の上で現実化された、法的所与 (eine rechtliche Gegebenheit) なのであって、基本法自体の基本的決定は法治国である〟というテーゼ (Vgl., Forsthoff, „Begriff und Wesen des sozialen Rechtsstaates“, in; Forsthoffs „*Rechtsstaat im Wandel*“, 1 Aufl., S. 27 ff.) は、まさに、本文で述べたような思考に基づくものであるが、ここでは詳細を論ずる余地は無い。

(44)　例えばベッケンフェルデは、自己の唱える二元論に対して考えられる批判としての、〝自由な個人も、社会、そして政治的共同体に、必然的に取り込まれているのであり、それに先在することは出来ないのだから、結局二元論はフィクションに止まる〟という思考に対し、〝そのこと自体は確かに正しいが、しかし何ら反論になっていない〟と指摘し、大要、〝何故ならば、国家と社会の区別の意味は、存在する社会的な諸拘束にも拘らず、自由を実現することを法的政治的に可能にするような、政治－社会的現実の組織形態を見出すことにあるのだから〟という趣旨の反論を述べている。Vgl., Böckenförde,

a. a. O., S. 31-32.
(45) 詳細は、前掲・藤田「E・W・ベッケンフェルデの国家と社会の二元的対立論」を参照。
(46) 塩野・前掲三九一頁。又、同三九九〜四〇〇頁を参照。
(47) Vgl., Böckenförde, *Festgabe für Hefermehl zum 65. Geburtstag*, S. 20 ff.

五 結び

わが国行政法学において、公法人と私法人、そして公法と私法の区別については、夙に第二次大戦前に始まり現在に到るまで、多くの理論的批判が行なわれ、このような区別が成立し得る為の理論的前提につき、様々の分析・検討が行なわれてきた。これに対し、行政主体と私的法主体との区別については、かつてそれは公法人と私法人の別と本質的に同義であったにも拘らず、現在に到るまで、その成立の可能性・その理論的前提については、殆ど無検討のままに放置されている。しかし、この点の分析を経ること無しには、伝統的な行政法理論の基軸を成す公法と私法の二元論の中に含まれていた大きな部分が、新たな理論的再吟味からドロップする結果をもたらすことになるように思われる。

本稿では、このような問題意識から、わが国行政法学で広く用いられている行政主体概念が、そのようなものとして成立し得る理論的前提について、実定法上の行政主体概念、いわゆる〝類型的概念〟の問題、「国家」と「社会」の二元論との関係、等の諸論点をめぐり、若干の分析を行なってみた。

このような作業を通じての、本稿のライトモチーフは、いわば、行政主体概念の使用に際しての理論的な諸目的・諸観点の明確化ということにあったと言えよう。そして実は、この、〝法概念使用の観点の明確化の必要〟ということこそは、本稿でも既に見た如く、既に三十数年の以前において、公法人概念の有意義性をめぐり、田中二郎博士の明確に指摘されていたところであった。博士のこのような指摘を、本稿において、いささかなりとも理論的に深めることが出来たとするならば、私の喜びこれに勝るものはない。

もとより本稿で行なわれた分析は、それぞれの論点についてすら、必ずしも充分且つ包括的なものではない。とりわけ本稿でその可能性の示唆された、いわば〝行政主体〟概念の相対化という理論的方向が、現実の様々のいわゆる〝中間的法主体〟について、具体的にどのような形で現われるか、は、今後逐次検討されて行かねばならぬ問題である。機会を見てかかる検討を積重ねて行くことを今後の課題としつつ、ここでは取敢えず稿を閉じることとする。

Ⅳ　行政行為の分類学

一　序

一　行政行為は、その法的性質を様々な観点から見ることにより、種々の類型に理論的に分類することが可能である。例えば、法律の羈束の程度如何という見地から羈束行為と裁量行為とを区別したり、行政行為の相手方に対して不利益に働くかそうでないか、という見地から不利益的（負担的）行為と授益的行為とに区別すること等は、(1)行政法学上極く普通に行なわれている分類の例である。しかし更に行政法学では、伝統的に、民法の法律行為論の影響の下、次のような系統的分類をするのを常として来た。すなわち例えば田中二郎博士によれば、(2)全行政行為はまず、「法律行為的行政行為」と「準法律行為的行政行為」とに二分され、前者は更に「命令的行為」と「形成的行為」とに分けられる。そして更に、「命令的行為」は「下命（及び禁止）」と「許可（及び免除）(3)」とに、又、「形成的行為」は「特許（及び剝権行為）」・「認可」・「代理」とに細区分される。一方「準法律行為的行政行為」の方は、「確認」・「公証」・「通知」・「受理」の四種の行為に分類され、かくて九種類の行政行為が、《行政行為の性質及び内容》による分類とし

て、系統図の最下段に並列させられることになるのである。(4)

このような分類方法を以下本稿では〝系統的分類〟と称することとしよう。この分類方法は、帝政末期からワイマール期にかけてのドイツ行政法学以来伝統的行政法学によって、現在のわが国にまで引継がれているものであるが、注目されるのは、公法と私法の二元論その他様々の論点において伝統的行政法理論の痛烈な批判を行なっている論者の多くにあっても、このような〝系統的分類〟は、殆どそのままに肯認され、維持されている、ということである。(5)

二　行政行為のこのような〝系統的分類〟に関しては、もとより従来全く何らの再検討もなされて来なかったわけではない。例えばいわゆる〝公企業の特許〟と〝営業許可〟との異同の問題を中心として、「特許」概念及び「許可」概念の違い、このような概念を立てることの可否及び意義、両者の中間的類型を設定することの可否等々が、様々に論じられて来たのは、(6)部分的にではあるにせよ、従来の〝系統的分類〟に対する重大な問題提起をするもの、ということができるであろう。又、「準法律行為的行政行為」を右に見た四種の行為に分類するについて、かかる分類を可能ならしめる観点が何であるか、を論理的に追求された柳瀬良幹博士の緻密な作業は、(7)後にも見るように、伝統的体系についての再検討作業の中でも、恐らくは最も根本的な論点に関わるものであった、ということができる。

しかし、これらの批判的作業は、いずれもなお、その再検討の範囲及び程度において、部分的なものに止まっており、伝統的な〝系統的分類〟が本来内蔵している基本的な問題点を総合的に掘り起すものではなかったように思われる。本稿は、このような状況に鑑み、〝系統的分類〟に対して従来個別的に提出されて来た様々の疑問を、より包括的な見地から体系的に位置付け、〝系統的分類〟そのものに対する根本的な再検討を行なうことを目的とするものである。

（1）　この点に関しては近時更に、同一の行政行為で両面を持つ場合があることから、二重効果的行政処分というカテゴリーが付加されることがある。参照、兼子仁「現代行政法における行政行為の三区分」田中二郎先生古稀記念『公法の理論』上二九九頁以下。

（2）　田中二郎『新版行政法上』（全訂第二版）一二〇頁以下。

（3）　田中・同右一二二頁では、「免除」は、「下命」・「許可」と並列せしめられている。しかし「許可」が不作為下命たる「禁止」の解除行為であり、「免除」はそれ以外の「下命」の解除行為であるとするならば（同右一二二頁参照）、「下命（及び禁止）」という分類がなされる以上、論理的には、「免除」についても、「許可（及び免除）」又は「免除（及び許可）」という分類がなされて然るべきであろう。

（4）　念の為にこれを図示すれば次のようになる（田中・同右一二二頁による）。

- 行政行為
  - 法律行為的行政行為
    - 命令的行為
      - 下命（及び禁止）
      - 許可（及び免除）
    - 形成的行為
      - 特許（及び剝権）
      - 認可
      - 代理
  - 準法律行為的行政行為
    - 確認
    - 公証
    - 通知
    - 受理

（5）　例えば参照、柳瀬良幹『行政法教科書』（再訂版）八九頁以下、今村成和『行政法入門』新版七〇頁以下、杉村敏正『全訂行政法講義』（総論）一七六頁以下、原田尚彦『行政法要論』一一五頁以下、等々。

（6）　例えば参照、座談会「事業の免許制・許可制」ジュリスト二九三号六頁以下、今村成和『現代の行政と行政法の理論』六五頁以下。

なお参照、東京地判昭三八・一二・二五例集一四―一二―二二五五。

（7）参照、柳瀬良幹「準法律行為的行政行為の種別について」柳瀬『元首と機関』二六七頁以下。

二　〝系統的分類〟の問題点――その一――

〝系統的分類〟の基本的な特徴は、全行政行為をまず「法律行為的行政行為」と「準法律行為的行政行為」とに二分し、それぞれについて更に下位分類を行なうところにある。しかし一体、この出発点としての「法律行為的行政行為」と「準法律行為的行政行為」の二分は、どのような分類学上の意味を持つものなのであろうか。

一　伝統的な説明によれば、「法律行為的行政行為」は、《意思表示をその要素とし、行為者が一定の効果を欲するが故にその効果を生ずる行為》であり、この点において、「準法律行為的行政行為」が《判断・認識・観念など、意思表示以外の精神作用の発現を要素とし、行為者がその効果を欲するが故にではなく、一定の精神作用の発現についてもっぱら法規の定めるところにより法的効果の付せられる行為》であるのと区別される、とされる。(1) このような説明によれば従って、両者の区別に際し置かれている前提は、次の二つである、ということができよう。

i)　両者の違いは、行政行為の法的効果の〝由来〟乃至〝源〟についての違いであること。

ii)　行政行為の中に、〝行為者がその効果を欲するが故に〟その法的効果が生ずるもの、と、〝もっぱら法規の定めるところにより〟法的効果が生ずるもの、との区別が存在し得ること。

しかし、このような思考が論理的でないことは、多少とも詳細な考察をするならば、直ちに明らかになるところである。〝意思表示に基づき法的効果が生ずる〟と言っても、〝意思表示〟という行為それ自体は、行為者の単なる心理的・事実的行動であるに過ぎず、論理的に見る限り、〝意思表示〟が法的効果を生ずるのは、あくまでも、このような事実上の行動に法規範が一定の法的効果を結びつけるからであるに他ならない。(2) 従ってその限りにおいては、いわゆる〝法律行為〟と〝行為者の単なる判断・認識・観念等の表示に法規範が一定の法的効果を結びつける、準法律行為〟との間に区別をすることは、論理的に本来不可能であるからである。

二 そこで、より正確にいうならば、「法律行為的行政行為」と「準法律行為的行政行為」の区別とは、法的効果の〝由来〟、〝源〟に着眼した区別であるのではなく、ある意味で、法的効果の〝内容〟に注目した区別である、ということができる。すなわち、〝法規範が、行為者の意思に適合した内容の法的効果を与える場合〟が、「法律行為的行政行為」であり、〝行為者の意思内容とは無関係に法規範が法的効果を与える場合〟、が「準法律行為的行政行為」である、というわけである。(3)

ところで「法律行為的行政行為」と「準法律行為的行政行為」との区別についての、このような考え方については、その特徴として、次のことを確認しておかねばならない。すなわち、このような考えによれば、両者の別は、一応法的効果の〝内容〟に着目した区別であると言っても、それは、法的効果自体がどのようなものであるか、すなわち、行政行為の相手方に対してどのような法的効果を以て働きかけるか、という見地よりする行政行為の分類であるのではなく、行為者すなわち行政庁の主体的意思の内容が、どの程度行政行為の法的効果に反映しているか、という観点からする分類である、ということである。そして、この後者の観点は、前者の観点とは、全く論理的に別次元の問題であって、両者はいわば縦軸と縦軸のような関係において、違った角度から、全行政行為の分類基準となり得る性質のものであることはいうまでもない。然るに、伝統的な〝系統的分類〟において、果してこのような理論的関係が正確に把握されて来たか否かは、後に見るように、極めて問題なのである。

三　ところで右のように、〝行為者の主体的意思の内容が、どの程度行為の法的効果に反映されているか〟という見地から、人間の行動を「法律行為」と「準法律行為」とに二分しようという思考は、先にも見たように、もともと民法学において生じたものであった。そして、本来私的自治・契約自由の原則をその基本原理とし、行為者の主体的意思の内容を最大限に尊重することを前提とする、民法の法律行為論においては、分類の基本的な観点として、右のような観点を設定することには、それなりの充分な理由があった、と考えることが出来よう。(4)しかし、行政行為論においては、例えば、行政行為の瑕疵論において錯誤に基づく行政行為の法的効果をめぐって通常いわれるように、(5)行政庁の主体的意思そのものよりも寧ろ、結果において法律の定めと合致するか否かが、行政行為の法的効果を左右する最も基本的な原理であるとするならば、行政行為を、行政庁の意思・意欲との適合関係を基準として分類することにどれ程の意味があるかは、少なくとも相当に問題であると言えよう。すなわち一言で表わすならば、契約自由の原則を基本原理とし、行為者の主体的意思の保護ということをその関心の中心とする民法の法律行為論と、法律による行政の原理を基本原理とし、行政行為の相手方たる国民の権利・利益の保護に関心の重点が置かれる行政行為論の場合とでは、自ら、行為の分類についても、観点の相違が出て来て然るべきではなかろうか、ということである。そして行政行為論の主たる関心を右のように見るならば、そこでは、当然に、寧ろ、当該行政行為によって行政庁が国民の権利・利益にどのような働きかけをするか、すなわち当該行為が如何なる法的効果を持つか、ということこそが、最も基本的な分類の観点となって然るべきである、ということになるであろう。(6)

四　このような問題が存するからでもあろうか、最近では「法律行為的行政行為」と「準法律行為的行政行為」との区別を、(或いは無意識裡にか) 法律による行政の原理との関連において意味付けようとする試みが見られるように思われる。「準法律行為的行政行為」の特殊性、すなわち〝行為者の意思と無関係に効果を生ずる〟という性質を、〝行政庁に裁量の余地が認められているか否か〟という観点と結びつけて論じる傾向がそれであって、例えば原田教授が、《準法律行為的行政行為は行政庁の意思によって法律効果が発生するのではないから、行政庁に裁量の判断の余地がなく、これに附款を付することはできない。(7)》とされたり、今村教授が、建築基準法上の建築確認について、「準法律行為的行政行為」としての「確認行為」である、とされつつ、《法律がこれを確認行為として構成したのは、建築自由の制限について、行政庁による裁量の余地を全くなくそうとした趣旨の現れであろう。(8)》と述べられるのは、その典型例である。(9)

しかしこのような、〝法律がもともと定めているところ以上のものを、行政庁の主体的意思によって付け加えることが出来るか否か〟という問題は、要するに当該行為を法律がどの程度に羈束しているか、という問題として捉えれば済むことなのであって、必ずしも「準法律行為的行政行為」という概念を不可欠とする性質の問題ではない。寧ろこのように、「法律行為的行政行為」の場合であっても〝羈束行為〟かそうでないか、という問題として登場し得るような観点を、「準法律行為的行政行為」の特質の説明に持ち込むことは、問題を一層混乱させる結果になるように思われる。

五　以上要約するならば、まず、〝系統的分類〟がその出発点として来た「法律行為的行政行為」と「準法律行為的行政行為」なる分類は、〝法規範が与える法効果が、行政庁の意思内容に即した内容を持つものか否か〟という見地から行なわれる分類として、一応理論的には可能な分類であると認めることが出来る。しかし、そのような分類の観点が、行政行為の分類学においてどれ程重要な意味を持つかは疑問であって、〝系統的分類〟の出発点は、むしろ行為の法的効果自体に着目した分類でこそあるべきである。(10)

(1)　参照、田中・前掲一一六頁。傍点は藤田。
(2)　この点についてはなお参照、藤田「裁判規範と行為規範」社会科学の方法一〇号九頁（本書二三頁）、同「学界展望行政法」公法研究三一号二一八頁（本書一五頁）。
(3)　例えば柳瀬博士は、行政行為の中に《(イ)その表示される意識内容が意思（欲望）で、且つその表示せられたところに従って法律上の効果を生ずるものと、(ロ)意思ではあるが、その表示せられたところとは関係なく、法が一定の効果を附着せしめたものと、(ハ)観念（認識・判断）で、従ってその効果は法の規定によって定まるものとの三種》があり、このうち(イ)を法律行為的行政行為と称び、(ロ)及び(ハ)を準法律行為的行政行為と称ぶ、と説明される。参照、柳瀬良幹『行政法教科書』（再訂版）八七頁。
なお、今村教授は《法律効果の内容が行為者の意思に基づいてきめられるものを法律行為といい行為者の意思とは無関係に行為者がその判断や認識やその他のことを表示すると、その行為に、法律の規定によってきめられた効果を生ずることとなるものを、準法律行為という。》（傍点は藤田）とされるが（今村成和『行政法入門』新版七〇頁）、他方で、法律行為的行政行為と準法律行為的行政行為との区別は、《行政行為の法律効果が何によって生ずるか》（傍点藤田）による分類、ともされるので（同所）少なくともその表現は一貫性を欠く。

（4） 参照、幾代通『民法総則』一七九頁以下。但し最近では、民法学においても、法律行為と準法律行為との理論的区別がどのように可能かについては、疑問が提出されているようである。参照、幾代・同右一八〇～一八一頁。

（5） 通説によれば、行政庁に錯誤があったということ自体は、行政行為の無効原因とならぬのみならず、取消原因ともならず、錯誤の結果行なわれた行為が結果的に法規に違反することになる場合にはじめて、法規違背を理由として、無効とか取消し得べき行為になるに止まる、とされる（参照、田中・前掲一四四～一四五頁）。

（6） 成田・荒・南・近藤・外間『現代行政法』一二八頁は、本稿でいう伝統的な〝系統的分類〟について、《この区別は、民法の法律行為の概念を借用して立てられたものであるが、行政庁の意思は公務員の心理的意思ではなく、法のなかに化体された客観的な国家目的の具現であるから、私法上の法律行為における意思の要素を行政行為に導入することには疑問がある。》と主張する。しかし、行政庁の行動を法的に評価するに当り、およそ公務員の心理的意思を問題とする余地がないか、と言えば、必ずしもそのようには言い切れず（参照、成田・南・園部編『行政法講義上巻』一三五頁）、従って私法上の法律行為における意思の要素を行政行為に導入すること自体を失当とするのも亦、言い過ぎではないか、と思われる。本稿の立場は、寧ろ、行政行為の場合には、私法上の法律行為の場合と異なり、行為者の心理的要素が持つ重要性は、決して第一義的なものではない、という考えに基づくものであって、右に引いた主張とは若干意味合いを異にする。

（7） 原田尚彦『行政法要論』一一六頁。

（8） 今村成和『行政法入門』新版八一頁。

（9） 又、田中博士が、例えば所得税額の更正決定を「確認」の具体例として挙げられるのも（田中・前掲一二四頁）、同様の思考に基づくものであろう。

（10） 通常、「法律行為的行政行為」と「準法律行為的行政行為」の区別の〝実益〟として、この区別が、附款を附し得る行為か否かを決める為の極め手となる点が強調される（参照、今村・前掲七一頁。又、成田・南・園部編『行政法講義下巻』一三五頁は、〝この点以外に両者を区別する実益はあまりない〟という）。例えば田中博士によれば、《行政行為の附款は行政行為の効果を制限するために主たる意思表示に附加される従たる意思表示であるから、附款を附し得る行為は、法律行為的行政行為（命令的行為・形成的行為）に限られる》とされる（田中・前掲一二九頁）。附款の概念を〝主たる意思表示に附加される従たる意思表示〟と定義するのであれば、定義上〝意思表示〟ではない「準法律行為的行政行為」に附款を附することができないこととなるのは、文字通り概念必然的な帰結である。しかし例えば、ある申請書を「受理」したものと認めるか否か、すなわち、受理に伴う法的効果を発生せしめるか否かを、〝手数料を納付せよ〟という意思表示に従い納付がなされたか否かにかからしめる、というシステムを法律上設けることは、理論的に充分可能である。この場合、〝納付せよ〟という意思表示は、〝従たる意思表示〟ではなく、〝独立の意思表示〟であるから、独立の行政行為ではあり得ても、もはや附款ではない、ということは、勿論できようが、しかしそれはもはや単なる用語の定義の問題であって、実質上は殆ど無意味な議論であろう。

附款を附し得るか否かという問題は、このように、用語の定義の問題を除くならば、〝主たる行為が意思表示行為であるか否か〟ということよりもむしろ、〝法規範によって既に定められているところのものを、行政庁の主体的意思によって変更する余地が認められているか否か〟という問題に尽きるように思われるのであって、そうであるとすればしかし、問題は当該の行為についての法律の羈束の程度の問題に帰することになると思われることは、先に見た通りである。

三　〝系統的分類〟の問題点――その二――

「法律行為的行政行為」と「準法律行為的行政行為」とに大別された行政行為について、〝系統的分類〟は通常、更に、前者を「命令的行為」と「形成的行為」に、後者を「確認」・「公証」・「通知」・「受理」の四種類に分類する。このような分類方法には果して問題は無いか否かを、以下検討してみることとしよう。

一 まず、「命令的行為」と「形成的行為」という区別は、前者が《人民の自然の自由の制限又はその解除に関する行為》であって、《権利の発生・変更・消滅を目的とする》後者と区別される、といわれることに表われているように、明らかに〃行政行為がどのような法的効果を有するか〃という点に着目した分類である、ということができる。(1)すなわちそれは、例えばしばしば、「許可」と「認可」の違いについて説明されるように、(2)行政行為が国民の行動の自由のみの規制にかかわる場合であるか、それとも行動の法的効果の規制ともかかわるものであるか、を基準として、すなわち換言すれば、行政行為が、国民の行動のどのような側面にかかわるか、を分類の為の観点として行なわれる区別なのである。(3)そして、そのようなものであるとするならば（各類型をこのような名称で称ぶのが果して適切であるか否かの問題は別として）、およそ行政行為をこのような観点から分類し、又、更にそれを、私人の権利・義務へのかかわり方の具体的態様に応じて「下命」・「許可」・「特許」・「認可」等の諸類型に細分類すること自体は、理論的に充分可能であるし、又、行政機関と国民との間の法関係がどのような形で存在するかを明らかにするところにこそ主たる関心を持つ行政法学にとって、寧ろ「法律行為的行政行為」か「準法律行為的行政行為」か、という分類以上に、第一義的な意味を持つ、ということになると思われる。(4)

二 ところでしかし、「命令的行為」と「形成的行為」の区別が、このようなものであるとするならば、この区別は何故「法律行為的行政行為」についてのみ行なわれるのであるか、が問題となる。先に見たように、「法律行為的行政行為」と「準法律行為的行政行為」の区別は、行為の内容が行政庁の主体的意思をどの程度反映しているか、という観点からする区別なのであって、行為の法的効果それ自体に着目した分類ではない。とするならば、先に触れたように、この二つの分類の観点は、いわば縦軸と横軸のような関係に立つ筈のものなのであって、従って例えば「準法律行為的行政行為」の中にも、当然その法的効果の如何に応じて「命令的行為」と「形成的行為」とが区別され得ることになる筈である。

例えば田中博士は、「形成的行為」たる「特許」と「準法律行為的行政行為」たる「確認」との違いについて、次のように述べられる。

《特許は形成的行為で、相手方のために権利を設定しようとする効果意思の表示であるのに対し、確認は、特定の事実又は法律関係に関し、その存否又は真否を公の権威をもって判断する行為で、かような判断の表示に対し、法律が一定の効果を付与するにすぎない。例えば特許法による特許は、ここでいう学問上の特許ではなく、最先の発明であることの確認行為であり、この確認に対し、法律が財産上の利益を付与しているために、あたかも学問上の特許の性質を持つ行為のように見えるに止まる。その財産上の利益は、効果意思に対して与えられたものではなく、最先の発明であるとの客観的な判断に対し、法律が付与した効果にほかならない。[5]》（傍点原文）

しかし、仮に特許法による特許が右のような性質を持つものであるにしても、このような《判断の表示》が「行政行為」の一種として扱われるのは、まさに、《法律が一定の効果を付与》しているが故に他ならないのであるから、その効果が、右に述べられているような形成的効果であるとしたならば、〝行政行為の法的効果〟に着目してこれを分類しようとする限り、当然に「特許」と同様「形成的行為」として分類され得ることになるのではなかろうか。[6]

三　それでは、伝統的な〝系統的分類〟における「確認」・「公証」・「通知」・「受理」という分類は、一体どのような理論的意味を持つものであったのであろうか。又、「準法律行為的行政行為」も「命令的行為」と「形成的行為」に分類され得る、という右のような思考と、「準法律行為的行政行為」についてのこの伝統的な分類とは、どのような関係に立ち得るであろうか。

(1)　先にも見たように、伝統的な思考にあっては、「準法律行為的行政行為」とは、《判断・認識・観念など意思表示以外の精神作用の発現》に《もっぱら法規の定めるところにより法的効果の付せられる行為》である、とされる。(7) ところで、これ又先に既に見たように、このような〝判断の表示〟・〝認識の表示〟等の、いわば事実上の行為が、〝行政行為〟すなわち《行政庁が、法に基づき、優越的な意思の発動又は公権力の行使として、人民に対し具体的事実に関し法的規制をする行為》(8)の一種として（少なくとも、法的にそれと同等の意味を持った行為として）性格付けられるのは何故か、と言えば、それはまさに、これらの行為に〝法規が一定の法的効果を付している〟が故に他ならない。つまり、ここでは、右のような〝精神作用の発現行為〟と〝法規が結びつけた一定の法効果〟とが合体してはじめて〝行政行為〟を構成するのである。そうであるとすれば、まず、このような法的効果如何の問題と切り離して、専ら、そのような精神作用が〝判断の表示〟であるか〝認識の表示〟であるか、といった見地から分類される(9)「確認」とか「公証」とかいう行為類型は、実はいわば行政行為の構成部分についての分類ではあり得ても、行政行為自体の分類ではないのではないか、との疑念が生ずる。

「準法律行為的行政行為」をめぐる伝統的な思考には、先に検討した事項の他にも、このようになお、様々の問題が存在する。これらの問題に関し、とりわけ〝準法律行為的行政行為の種別の観点の明確化〟という見地から、夙に透徹した分析を加えられたのが、柳瀬博士であった。

(2)　昭和三八年の〝準法律行為的行政行為の種別について〟と題する論文において、[10]柳瀬博士は夙に、「準法律行為的行政行為」について従来行なわれて来た、「確認」・「公証」・「通知」・「受理」（更に、時として「賞罰」）という四種乃至五種の種別につき、次の二点を指摘されている。

i)　第一に、それらは、《準法律行為的行政行為の何の点を標準とした、如何なる原理に依る種別であるか更に明かでない》こと。

ii)　第二に、その結果、《それらは又、果して準法律行為的行政行為の種別のすべてであるか否かもまた明かでない》こと。[11]

そしてこのような問題意識に基づく検討の結果、博士は次のような三点の主張を行なわれていたのである。

第一に、「受理」とそれ以外の行為すなわち「確認」・「公証」・「通知」・「賞罰」との間を区別するのは、〝受動的行為であるか能動的行為であるかの相違〟であるのに対し、後四者間を区別するのは、〝生ずる効果の相違〟であって、従ってそこには区別の原理を異にするものがある。従って、普通にこれらを対等に並列せしめているのは、厳格に言えば、精確を欠く。[12]

第二に、準法律行為的行政行為の効果は法律の規定によって定まるものであり、そして、右の如く「確認」・「公証」・「通知」・「賞罰」が、生ずる効果の違いに依る種別である、とすれば、これらの行為については更に、法律に依って定められた様々の効果に従って細分類がなし得る筈である。何故ならば、普通にこれらの行為の効果として挙げられる効果（「確定力」・「証拠力」etc）は、それぞれの種別に属する行為の全てに共通な、いわばその最大公約数としての効果にすぎず、それ以外の効果に着目した分類もあり得る筈であるからである。

第三に、「確認」・「公証」・「通知」・「賞罰」は、右のように、生ずる効果の相違による種別であるから、若し、生ずる効果の相違を種別の標準とすることを止めるときは、これらの種別は当然消滅する筈であり、それにも拘らずなお種別しようとするときは、その種別はこれとは全く違ったものとなる筈である。(13)

右の第一及び第三の主張は、主として、伝統的見解が、「準法律行為的行政行為」の種別を、〝行為者の精神作用の発現の態様〟の違いによって行なおうとして来たことに対する批判にかかわるものである。すなわち博士は、このような観点からしたのでは、右の四種乃至五種の行為類型の種別を行なうことは論理的に不可能であり、かかる種別(「確認」・「公証」・「通知」・「賞罰」の区別)を可能ならしめるのは、それぞれの行為に付せられた法的効果の違い(〝確定力を持つか否か〟、〝証拠力を持つか否か〟・〝後続の行為を適法ならしめるか否か〟等)でしかあり得ないことを強調されたのであった。(14)

博士の分析の全てに賛同出来るか否かは別として、「準法律行為的行政行為」の種別について、このように〝法的効果如何〟という観点を確立することは、私も亦極めて重要であり、又、伝統的な〝系統的分類〟をめぐる様々の理論的困難を除去する為に、大きな意義を持つ、と考える。例えば、このような考え方に立てば、先に見た「確認」という行為の性質も、〝法律の定めたところに何物かを付け加えるか否か〟、或いは〝行政庁の自由な判断の余地があるか否か〟という、法律の羈束との関係を問うような観点からではなく、専ら、〝確定力(不可変更力)〟を具える行為であるか否か、という見地からのみ限定すれば良いことになる。又、このように、行政行為という概念をその法的効果如何を中心として考えようという態度が確立されるならば「法律行為的行政行為」と「準法律行為的行政行為」との違いについても、先に見たように、〝行為者の意思〟より効果が発するかそれとも〝法律の定め〟から発するか、というような非論理的な思考を明確に払拭して、専ら、〝法的効果の内容と行為者の意思との適合関係〟という観点を

純化し確立する結果をも生むことになるであろう。(15)

博士の右の第二の主張も亦、本稿との関係において極めて重要な主張である。すなわちそれは、等しく〝法的効果の違い〟といっても、そこには〝法的効果のどのような違いを取り上げるか〟によって様々の観点の違いが存在し得る、ということを示唆するものであるからである。しかしこの点に関しては、博士の分類学に対し、〝分類の観点の明確化〟という見地よりして、更に若干の補足がなされねばならぬと思われる。

右にも見たように博士は、「確認」・「公証」・「通知」等の行為類型の種別を、専ら法的効果の相違による種別とされ、しかし、そうであるとすれば、法律がこれらの行為に更に与える法的効果の如何によって、これらの行為は更に細分され得ることとなる、と指摘される。しかし、それは単に〝細分〟に止まる問題なのであろうか？　寧ろ、〝法的効果〟の分類という観点を明確に確立するならば、「確認」・「公証」・「通知」等の分類は、行為に付せられた諸々の法的効果を、ある特定の方向から眺めた分類に過ぎないことになるのであって、等しく法的効果如何、という見地に立つ場合にも、別の方向から見るならば、これらとは全く異なった平面での分類が可能になる、というべきものではなかろうか。(16)先に「法律行為的行政行為」・「準法律行為的行政行為」という分類と、「命令的行為」・「形成的行為」という分類との関係で用いた、縦軸・横軸関係という比喩は、ここにも亦当てはまるように思われる。

(3)　右に検討したところよりすれば、「確認」・「公証」・「通知」等の分類は、同じく行為の法的効果の違いに着目した分類であるといっても、「命令的行為」・「形成的行為」の区別（更にその細分類としての、「下命」・「許可」・「特許」・「認可」等の区別）とは異なった観点より、行政行為の法的効果を眺めたものであることは明らかである。例えば、行政行為の効力として、一般に、〝公定力〟、〝不可争力〟、〝執行力〟等の効力が挙げられるが、これらの効果が、〝系統的分類〃における諸分類とは全く無関係に考えられていることはいうまでもない。例えば、〃公定力〃、〃不可争力〃を具える行為であるか否か（つまり〃取消し得べき行政行為〃か〃無効の行政行為〃か）の区別が、「法律行為的行政行為」と「準法律行為的行政行為」の別、「命令的行為」と「形成的行為」の別等々とは全く観点の異なる、論理的次元の異なった問題であることは改めて指摘するまでもない。同様のことは、〃執行力〃のある行為と無い行為[17]とを区別したとしても、当然に又妥当する。柳瀬博士の指摘される、「確認」か否かを分つ〃確定力〃の有無、「公証」か否かを分つ〃証拠力〃の有無、等も亦、本来「法律行為的行政行為」・「準法律行為的行政行為」、又、「命令的行為」・「形成的行為」なる分類との関係については、これら〃公定力〃・〃不可争力〃・〃執行力〃等々の場合と同様の理論的関係に立つ問題であると思われる。[18]

四 以上要約するならば、少なくとも、「準法律行為的行政行為」に関する伝統的な細分類は分類の観点を、〃法的効果如何〃という観点に純化して、再構成し直される必要がある。然してこれを、〃確定力〃・〃証拠力〃等々の法的効果の違い、として整理するとするならば、それは「法律行為的行政行為」における「命令的行為」・「形成的行為」の別とは又全く別の観点よりする分類であり、従って「法律行為的行政行為」、「準法律行為的行政行為」の別を問わず、おしなべて行政行為は、この両方の観点に基づき、二様に分類されることが充分可能であることになる。

（1） 田中二郎『新版行政法上』（全訂第二版）一二二頁。
（2） 参照、田中・同右一二五頁。
（3） この点についての具体的説明は、藤田「行政行為の分類学」（塩野・室井編『行政法を学ぶ(1)』所収）を参照されたい。

（4）　但し、このような観方に立つ場合、伝統的な〝系統的分類〟において、「形成的行為」の中の一類型として、「特許」・「認可」と並び設定されている「代理」というカテゴリーが、果して他の諸類型と同一の観点に立った、有意味な分類に基づくものと言えるか否かは疑問である。「代理」とは通常〝第三者のすべき行為を国が代ってした場合に第三者自らがしたのと同じ効果を生ずる場合〟であって、例えば日本国有鉄道の総裁の任命が内閣によって行なわれたり（日本国有鉄道法一九条①項）、日本銀行の総裁及び副総裁の任命が内閣によって行われる（日本銀行法一六条①項）のが、その例である、とされる（参照、田中・前掲一二三～一二四頁、今村『行政法入門』新版七九頁、原田『行政法要論』一一七頁等）。しかし、この観点は、あくまでも、当該の行為を行なう主体が誰か、という観点に過ぎないのであって、行為自体の法的効果の問題とは無関係であるように思われる。すなわち理論的にいうならば、法的効果の見地からして「特許（設権）」とか「剝権」とかの性質を持つ、とされるものの中に、〝本来第三者がすべきもの〟と考えられるものとそうでないものが区別され得るか否か、が、（全く別の観点に立つ分類として）問題となり得る、というだけのことなのであって、「代理」なる類型を、他の「特許」・「認可」等と同次元において並列することは、そもそも不可能なのではないか、と思われる。〝法的効果の違い〟という観点に立って一貫して考えるならば、通常「代理」とされている国鉄総裁や日銀総裁の任命行為は、通常の公務員の任命行為と同様「特許（設権行為）」とすれば充分であるし、又、収用裁決（参照、今村・前掲七九頁）は、「設権」と「剝権」の合体行為と考えれば、それで充分であろう。

（5）　田中・前掲一二六頁。

（6）　同様のことは、例えば、今村教授の次のような説明についても妥当する。

《……確認行為において行政庁のなすことは判断の表示にすぎないから、それによってどういう法律効果を生ずるかは、法律の定めるところによる。これが、準法律行為的行政行為と呼ばれるゆえんである。

たとえば、市長選挙における当選人の決定は、その者が市長の地位に就くという効果を生じ、公務員の任命行為と異なるところはないが、当選人の決定そのものは、効果意思の表示ではない。

また、建築基準法によれば、建物を建てようとする建築主は、その計画が法令に適合することについて、建築主事の確認を受けなければならぬ（六条）。これも確認行為の一種であるが、この行為があってはじめて適法に建築することができることになっているから、実質は建築許可と異ならない。》（今村・前掲八〇〜八一頁。）

本文で述べたような思考に立てば、右の場合、市長選挙における当選人の決定は、仮に「準法律行為的行政行為」として性格付けられるにしても、同時に又、「形成的行為」としての「設権行為」であり、建築確認は仮に「準法律行為的行政行為」であるとしても、一面で又、「命令的行為」としての「許可」である、と考えれば済む、ということになる（但しその際、「命令的行為」といったような用語が適切か否かは別問題である。）。そして、このような理論的整理を行なうことによって、諸々の行政行為をめぐる性質の説明は、より単純明快となるように思われる。

(7) 田中・前掲一一六頁。　(8) 同右一〇四頁。　(9) 同右一二四頁。

(10) 清宮四郎博士退職記念『憲法の諸問題』所収（柳瀬良幹『元首と機関』二六七頁以下）。

(11) 参照、柳瀬『元首と機関』二六九頁。　(12) 同右二九九頁。　(13) 以上、同右二九九〜三〇〇頁。

(14) 参照、同右二七一頁以下、二七八頁以下、二八三頁以下。及び参照、柳瀬『行政法教科書』（再訂版）九一頁。

(15) 実際柳瀬博士は、先にも触れたように（前出一一五頁）「法律行為的行政行為」と「準法律行為的行政行為」の区別について、既に明確に、これを〝効果の源〟の問題としてではなく、〝効果の内容〟の問題として説明しておられるのである。

(16) 例えば、通常「確認」とされる当選人の決定は、法規の定めるところにより、一定の者に公職につく資格を与える効果を持ち、「公証」とされる弁護士の登録も亦、結局弁護士として活動する資格を与える効果を持つことになる。この場合、〝一定の資格を与えるという効果〟に着目するならば、両者はむしろ、「確認」・「公証」の中の下位分類としてのみでなく、これとは全く無関係の見地よりの分類として、同一カテゴリーに含めることが可能になる筈である。

(17) 現在、全ての行政行為が当然に執行力を具えるとされるのではなく、通説によれば、行政行為の強制執行には、行政行為自体に対する授権とは別に、執行行為についての法律の授権が必要とされるのであることは、いうまでもないことである。

(18) 現に、「確認」なる行為の有する〝確定力〟なる効力は、しばしば、〝公定力〟、〝不可争力〟、〝執行力〟等と並び、〝行政行為の効力〟の一例として、〝系統的分類〟とは別に、一般的に取り上げられることがあることに注目さるべきである。（参照、田中・前掲一三四頁、今村・前掲六九頁等）。

四　結　び

以上検討して来たように、〃系統的分類〃に内在する何よりの欠陥は、分類の対象及び基準ということについての、一切の明確な理論的整理が欠けていることであるように思われる。およそ何物かを分類しようとする際に、何よりもまず重要であることが、一、何について分類をしようとするのか（分類の対象）及び、二、どのような観点から分類しようとするのか（分類の観点乃至基準）、という二点が明確にされているということであることは、いうまでもない。〃系統的分類〃が行政行為の分類学であるとするならば、まず何よりも、第一に、分類の対象たる〃行政行為〃とは何であるか、すなわち、行政機関のある行動が、〃行政行為〃として他の行為と区別されるのは何故か、ということと、第二に、そのような行政行為を、何故に、又如何なる観点から分類しようとするのか、ということが、明確に自覚されねばならないであろう。

本稿では、右の第一の点につき、「行政行為は行政庁の何らかの行動に法規範が特定の法的効果を結びつけるからこそ〃行政行為〃たり得るのであって、〃意思の表示〃とか〃判断の表示〃それ自体は〃行政行為〃ではない。」という思考を、そして第二の点に関しては、「法律による行政の原理によって、国民の権利・利益を保護することに主たる関心を持つ行政法学にとっては、行政庁と国民との間の法的関係が、行政行為によってどのように規律されるか、こそが、関心の中心となり、従って、行政行為の法的効果の如何に着目した分類こそが、基本的に重要な意味を持つ」という思考を、一貫して呈示して来た。

このような前提の下、〃系統的分類〃の再構成に当っては、まず、「法律行為的行政行為」と「準法律行為的行政行為」とを二分して、そこから全ての下位分類が始まるようなシステムは捨てらるべきである。又、「法律行為的行政行為」と「準法律行為的行政行為」の別、「命令的行為」と「形成的行為」の別、「確認」・「公証」ｅｔｃの別は、いずれも、それぞれ理論的次元の全く異なる座標軸に基づく区別なのであって、このことを明確に認識し、伝統的な〃系統的分類〃において、いわば全く一次元的な座標軸の下に投影されていたこれらの諸観点を、複数次元の座標軸へと移し直し、〃系統的分類〃のいわば立体化をはかることが必要であるように思われる。(1)

（1）　本稿の以上の分析の結果について、若干の限定を付け加えておきたい。

本稿は、第一に、差当り〃法律による行政の原理〃を基本原理とした、従来の行政行為論の枠内での、分類学の合理的再構成を試みたに止まるものであって、従って、行政法理論からこの前提が失われた場合には、その限りでの再検討を要するのは当然である。

第二に、このような分類学に対しては、当然のことながら、その〃解釈論上の実益〃が問題となり得ようが、本稿ではこの問題は正面から取り上げていない。ただ、極く簡単にここで要点だけ指摘しておくならば、実定法についての実践的な解釈作業の他に、実定法についての客観的な認識作業の理論的可能性を認める立場（参照、藤田「行政法解釈論における『二元的手続法的考察方法論』の意義」(上)社会科学の方法七一号三頁――本書三四二頁以下）にとっては、解釈論上の〃実益〃とは無関係に、自己の主体的関心に基づき実定法制度を認識する際の手段としての諸概念の体系的整理をしておくことは、それ自体極めて重要な意味を持つ。又、解釈論上の〃実益〃の問題について見ても、行政行為の諸性質、その有する法的な諸側面、そして、それらの理論的な相互関係、を明確にすることは、無用な議論の混乱を避け、問題の真の所在を明らかにする為に、重要な意味を持つ、と考える。

第三に、以上のような問題点を別にしても、本稿には本来取り上げるべくして、直接に取り上げなかった論点が、なお多々存在する。例えば、先にも見たように、民法学でも問題とされている、〃意思表示〃と〃判断の表示〃・〃観念の表示〃等の区別が、どのように可能か、という問題もその一例であるが、これらの問題は、今後の課題とし、ここでは一応稿を閉じることとしたい。

第二篇　行政法学と方法論

I　行政法学における法解釈方法論

——その学説史覚え書き——

一　序

一　本稿は、わが国行政法学における法解釈方法論の展開を、行政法学者が採用してきた、法解釈の方法一般についての理解の分析を通じ、概観しようとするものである。従ってその内容には、次の如き限界が存する。

(1)　第一に、本稿は、行政法学における法解釈方法論史についての概括的な覚え書きであって、行政法学においてこれまで提示されたあらゆる方法的問題を網羅的に検討の対象とするものではない。

わが国行政法学における法解釈方法論は、方法論を方法論として抽象的に取り上げる形においてではなく、寧ろ、主として個別具体的解釈問題への対応に際し、その解決に有用である限りにおいて論じられ、展開せしめられてきた。(1) 従って、精確な方法論史を展開する為には、これらの個別的問題と、それについての各論者の方法的対応とを、個別的に総点検することが必要である。本稿ではしかし、未だ、これらの個別的作業は必ずしも充分には行なわれていない。

(2)　第二に、他の実定法諸分野（例えば民法・刑法等）における法解釈の方法と対比された意味における特殊行政法学的な法解釈方法論については、本稿の直接の分析対象とはされていない。このことは次の二つの理由による。

第一に、このような意味での特殊行政法学的な法解釈方法論なるものが論じられている例自体、租税法の分野を除けば極めて少なく[2]、また、体系的な主張は殆ど見られない[3]。

第二に、第二次大戦後、とりわけ民法学・憲法学等を中心としてわが国法学界において展開された方法論争について、行政法学者も亦その積極的意義を少なくとも否定しないとするならば、行政法学における従来の方法論的展開が、このような問題提起との関係において、どのような状況にあったのか、あるいはこのような問題は、行政法学においてどのように対応され処理されてきたのかを、客観的に明らかにする必要が存在するであろう。本稿では行政法学における法解釈方法論史について、少なくも、法領域一般を通じての、このような比較が可能となるような形での整理を、意図している。

二　右のような意図の下、本稿では以下、学説史上注目される四つの方法論的動向乃至傾向を抽出し、その特質と学説史上の意義とを、主としてそれらの動向を代表する若干の論者の思考を素材として、明らかにするべく努めることとする[4]。

（1）　例えば、行政行為瑕疵論における、いわゆる目的論的乃至機能的方法の主張、あるいは、自由裁量の判別基準に関する〝文言説〟と〝性質説〟の対立等が、その典型例として挙げられよう。
なお、行政法の解釈方法について、正面から取り上げられた数少ない例としては、田中二郎『行政法総論』一七五頁以下、橋本公亘「行政法の解釈と運用」公法研究二一号六三頁以下、山田幸男「行政法の解釈と運用」同九八頁以下、等がある。

（2）　租税法の分野におけるこのような例及び参考文献等については、差当り参照、田中二郎『租税法』一〇七頁以下。

（3） そのような例としては、例えば参照、田中二郎『行政法総論』一八一〜一八二頁、公法研究二一号シムポジウム一一四〜一一五頁等。

（4） これらの代表的論者は、しばしば行政法学のみならず、憲法学上にも多くの業績を残しており、それ故に、若干の論者については既に、憲法学方法論史の見地から、法律時報四〇巻一一号誌上において、詳細にして優れた分析が行なわれている。本稿は、出来る限り、同誌上の諸報告との重複を避け、主として、同誌に取り上げられていない論者あるいは論点の紹介と分析とにその重点を置くべく意図するものである。

二 成文法絶対主義からの脱却の強調（第一の動向）

この動向は、明治末期より大正期・昭和初期にかけて顕著であった動向で、その由来は、自由法運動にほぼ対応するものと思われる。美濃部達吉博士をその代表とするが、田中二郎博士の法解釈方法論も、基本的にこの延長線上に位置付けられると言えよう。

一 美濃部博士のこのような方法論的主張は、当時の裁判実務・行政実務を支配していたとされる、制定法の文言に極度に囚われた解釈方法に対して向けられたものであったが、とりわけ、このような解釈方法を通じて、当時の制定法の文言のみからは導かれ得ぬ臣民の自由の保障を進めようとする、実践的な意図に由来するものであったことについては、既に多くの指摘が為されている。(1) そしてこの実践的意図に、法理論的な衣を与えるのが博士の法源論である。

(1) 博士によれば、わが国法律学において成文法規を過度に重視する傾向が強いのは、《法の本質に関する根本的見解》が誤っているからであり、すなわち《法を以て主権者の命令なりとするの思想》が強いからである。[2] しかし、法の実定性はこのように国権による命令・強制というところにあるのではなく、究極的には、その社会における《社会心理》としての〃法意識〃によって支えられるものである。[3] そしてかかる社会心理によって支えられた実定法には、人間の天性たる服従性・習慣性・及び理性に基づき、制定法・慣習法・及び理法（条理）が存するのであって、この三者間には一応制定法・慣習法・理法という、効力の優劣の序列があるが、それも必ずしも絶対的なものであるのではなく、場合によっては理法が制定法に優先することすらもある。[4]

こうした論理の下に、博士にあっては、実定法源としての非制定法、とりわけ理法（条理）の役割が強調される。

(2)　博士の場合、かくて法解釈学の任務は《社会的の実在》[5]としての右の〃社会心理〃を認識することにあるのであって、その意味において法解釈学は、《社会科学（Sozialwissenschaft）》の一部を成すものであることになる。[6] この論理に基づけば、従って、博士にあって、ある法解釈の正しさは、それがこのような〃社会的実在〃としての〃社会心理〃を正しく認識しているか否かにかかることになるが、しかし、博士においてかかる認識が、現実にどのように行なわれたかについては、実は多くの問題が存在するのである。

博士によれば〃社会心理〃とは、《社会の一般人を支配する共通の心理》をいうのであるが、そこでいう《社会の一般人》とは、《社会を構成する総ての各個人を意味するものではなく、謂はば社会の標準的権威として見らるべき人々を意味するもの》である。[7] この社会心理説が、G・イェリネックの影響によるものであることは明らかであるが、[8] 法解釈の正否が右の意味での〃社会心理〃なる〃社会的実在〃の認識によって定まる、という主張を前提したとして、その際残る問題は、かかる《社会の標準的権威として見らるべき人々》乃至《社会の平均人・正常人》なるものが如何なるメルクマールによって他の人々から現実に判別されるのか、ということであろう。

ところが博士において、社会心理の認識の為のかかる精確な思考操作は行なわれておらず、そこに例えば、《博士の問題とするのは、現に日本国民のあいだにある「社会的心理力」というよりは、世界史的な趨勢に規定され、早晩民衆的に支持されるであろう「社会的心理力」であ》り、博士は《比較憲法学をつうじてわが国にあるべき「社会的心理力」を明らかにしようとしたのである》という評価[9]が生ずることとなる。しかしより正確には、博士の思考を導いたのは寧ろ、自己の信ずるところは又当然、他の〝社会の平均人・正常人〟の心理をも支配するであろう、という、《社会的オプティミズム[10]》であったというべきであろう。

(3)　博士の法学の前提が、裁判実務乃至行政実務に対して、依るべき法を示すところにあり、その意味で本来実践的なものであったことは疑いないが、博士の方法論的特徴は、右の如く、この作業を、少なくともその建前として、〝実在する法意識〟の認識によって行なおうとされたところにある。問題はその際、そこでいう〝社会科学的認識〟の意味についても[11]、又、〝実在する法意識〟の認識が、如何にして法解釈作業と結合され得るかに関しても、後に例えば宮沢博士によって提示されたような意味における、「認識」と「実践」との自覚的な整理が、未だ行なわれていないことに存在する。実践的な法解釈の〝社会科学的〟根拠付けが意図されつつ、しかもなおその結合の仕方についての明確な処理がなされていない、という、このような方法的状況はしかし、後にもその例を見るように、その後の行政法学に広く見られる現象であって、その意味において美濃部理論は、方法論的にもわが国行政法学のいわば原型を成しているということができる。

二　その処女論文の冒頭において、それまでの行政法学が《徒らに法文の文字に捉はれた形式論的な概念的解釈論に停滞せるの誹を免れ》ず、また、行政裁判の実際も《法治主義の理念より来る当然の条理を無視し、封建時代の思想に類する官権偏重の傾向を暴露してゐる》ことに対する抗議を述べ[12]、《具体的価値関係（konkrete Wertlage）の顧慮を強調する Ernst v. Hippel, 及び諸法益の比較考量を主張する Gaston Jèze の見解》を《多くの暗示を蔵するもの》と賞揚される[13]田中二郎博士の法解釈方法論が、基本的に美濃部博士のそれを継承するものであることは、疑いを容れない。しかし、やや詳細に検討するならば、とりわけ第二次大戦後において、博士の方法論は、美濃部博士のそれを一面において修正し、少なくも美濃部説に内在していた一面を、より明確化した、という側面を有している。

(1)　田中博士にあっても一面で、《法は、客観的な社会的規範意識によって支えられた存在》である、とされるが、しかし他面で、明確に、《法の解釈は、客観的な法の単なる客観的な認識作用ではなく、法の形で示された価値の体系を具体的に形成し、発展させる実践的意欲作用である》として、その実践性が確認され、その結果《法について、いくつかの価値観が対立する以上、法の解釈が、解釈者の主観的価値判断によって影響され、そこにいくつかの異なった解釈が現われて来ることは避けがたい》との認識が登場する[14]。そして博士の場合には、法の解釈がこのような〝実践的意欲の作用〟であるが故にこそ、法解釈は目的論的に行なわれねばならない、という論理が出てくることが注目される[15]。

(2)　いうまでもなくしかし、法解釈作業のこのような実践的性格が明確に前提される場合には、法解釈論の客観性の問題が、美濃部博士の場合以上に、正面から取り上げられねばならぬこととなる。この点、博士は、法解釈の右の如き実践性は《法の解釈が解釈者の恣意によることを意味するものでないことはもちろん》であって[16]、《実用的な技術学としての行政法学としては……裁判所に対して、行政法の解釈に当ってよるべき客観的な価値法則を明らかにするとともに、具体的な行政法の解釈について裁判所のよるべき基準を示すことに重大な使命がある》と述べられる。[17]博士の場合、かかる客観的な価値法則乃至基準とは、すなわち先に触れた《客観的な社会的規範意識》のことであることは、恐らく疑いを容れないであろう。

(3) ところで法解釈の実践性と客観性（科学性）との二律背反に関する、田中博士の右の解決は、恐らくは次のような方法的諸問題を内蔵している。

第一に、そこでいう〝客観的社会意識〟とは精確にどのようなものであり、如何にしてそれを認識し得るのか、については、明確な説明がなされておらず、差当り美濃部博士の場合と同様の問題が生ずることとなる。ただ、この点に関しては、博士が一方で、《行政法が社会的規範意識によって支えられた法として、正しく運用されるためには、法のゲルテンする国家社会の現実の正しい考察が必要であり、法社会学的な研究方法がここにも重要な意味をもつことを注意しなければならぬ。[18]》と述べておられるのが注目される。この限りにおいてはすなわち、そこでいう〝客観的な社会的規範意識〟とは、要するに〝社会の実態に適合した法原則〟とでもいうべきものを意味することとなるように思われる。

第二に、〝法の解釈は、客観的な法の単なる客観的な認識作用ではなく、実践的意欲の作用である〟との命題と、〝法は、客観的な社会的規範意識によって支えられた存在である〟との命題の論理的な関係自体、必ずしも一義的に明確であるとは言い難い。

まず、そこでは、法解釈の現実に関する経験的な認識が語られているのか、あるいは専ら、本来あるべき法解釈についての主張が行なわれているのかが、明示されていない。前者とすれば博士の論述は、〝客観的な社会的規範意識に合致するか否かによって、価値判断の中に正しいものと然らざるものを、科学的に判定することができる〟旨の認識論上の提言となり、後者とすれば、〝法解釈に際しては、客観的な社会的規範意識に合致した価値判断が行なわるべきである〟旨の実践論上の主張となるであろう。[19]

〝実用的な技術学としての行政法学〟を明確に志向される博士にとってはしかし、恐らくは右の論点そのものは、さして重要な論点とは感ぜられなかったのであり、その意とされるところは、とにもかくにも〝裁判所は社会的規範意識に支えられた法を適用すべきであり、行政法学者も何が社会的規範意識に支えられた法であるかを裁判所に教示すべきである〟旨の主張にのみあるものと思われる。

(4)　博士の法解釈論の方法的前提が右の如きものであり、且つそこでいう〝客観的社会的規範意識〟なるものの実体が、先に見た如く〝社会の実態に即した法原則〟とでもいうべきものであるとすると、その法解釈論はすなわち、一面では、〝法の解釈〟と〝社会科学〟との結びつき方についての、一つの類型を、少なくとも可能性として提示するものであると同時に、他面では必然的に、〝現状〟追随的な解釈論的帰結をもたらし易い、という性格的要因を、方法的に内蔵していることとなる。すなわちそこでは、実践的な作業であるところの法解釈を行なう論者において、〝社会の実態〟という経験的事実を、如何なる価値基準に依り、主体的に如何に評価するのか、という思考手続が、必ずしも明確に行なわれていないのであって、[20]その限りにおいてはなお、戦後の法解釈論争のもたらした、法解釈作業の実践性の指摘、実践者としての解釈者の主体的責任の指摘の意味が、充分に処理され得ぬままにあるのではないか、との疑いが残ると言わねばならない。

（1）例えば参照、鵜飼信成「美濃部博士の思想と学説」法律時報二〇巻八号四八頁以下、磯村哲「市民法学(上)」『日本近代法発達史』七巻一一九頁、家永三郎『美濃部達吉の思想史的研究』一六九頁以下等。
但し、そのような意図にも一面の限界が存したことについては、例えば参照、奥平康弘・前掲法律時報四〇巻一一号四〇頁。
（2）美濃部『法の本質』一七七頁。　（3）同右一〇〇頁以下。
（4）同右一一〇頁以下、美濃部『ケルゼン学説の批判』二八頁以下。
（5）美濃部『法の本質』七頁、一〇八頁。
（6）美濃部『ケルゼン学説の批判』二六頁。
（7）同右四四頁。なお、美濃部『法の本質』一〇七頁では、これを《社会の平均人、正常人の心理》と称する。
（8）参照、美濃部『ケルゼン学説の批判』七五〜七六頁。
（9）奥平康弘・前掲法律時報四〇巻一一号六頁。
（10）長尾龍一「美濃部達吉の法哲学」国家学会雑誌八二巻一・二号一三五頁。
（11）博士は、法律学が《実在の社会現象として社会心理上の存在》であるところの法を認識対象とするものであり、《歴史的所与を前提としてこれを観察し闡明することを目的とすることに於いて、法律学も他の社会科学と同様に一の実験科学》であることを認めながらも、一方で、法は《心理的の存在であるから、自然科学に於けるやうに純客観的の実験や観察に依つて把握し得るものではなく、其の研究には必ず心理的社会的の考察を要し価値判断を要することは当然である》とされる。
美濃部『公法と私法』一九頁。
（12）田中二郎「行政行為の瑕疵」『行政行為論』四頁。
（13）同右五頁。
（14）田中二郎『行政法総論』一七八頁。
（15）参照、同右一八一頁。　（16）同右一七六頁。　（17）同右一七七頁。　（18）同右一八三頁。
（19）例えば、博士の方法論的問題意識が、《法の解釈は、解釈者の主観的価値判断――その世界観や政治上の態度等――によって影響され、その主観によってどうにでもなり得るものであるか、それとも、解釈者の主観的価値判断によって影響されながらも、一つの立場――一つの価値体系――に立つ以上、法の概念や論理は、一定の客観的法則に従って操作されるべきもので、そこに法解釈の科学性が認められるべきものであるか》(『行政法総論』一七六頁）という形で提起されているのを見れば、博士の先の提言は、少なくもその一面に、「客観的社会的規範意識」の認識によって、基本的な価値体系の枠組みが科学的に定まる、との主張を含むもののようにも思われる。而して、法解釈の〝枠〟なるものは、科学的に定まり得るものか、あるいは単に実践的に、〝定めるべきである〟と主張され得るのみなのか、ということは、法哲学的には大問題であり、又、博士も注目されている戦後わが国の法解釈方法論争は、このような問題にも一面で関わるものであったと思われるが、しかし、博士の主張よりこの点についての明確な解答を得るのは困難である。

(20)　田中博士に代表されるわが国の行政法学につき、その《現実の推移に敏感に反応する》という特徴を批判的に指摘するものとして、渡辺洋三「現代福祉国家の法学的検討(三)」法律時報三六巻六号三七頁、があるが、行政法学者の中からも例えば、法律の留保の問題に関して、博士の《国家機能の円滑的な遂行》という《行政の実際的必要》を根拠とする侵害留保理論の主張に対し、《憲法構造の変革との関係においてその伝統的性格を十分に吟味した上で再構成されているとはいえない》ものがあり、また、《その実質論についても、必ずしも納得のいく説明をきくことはできず、むしろ、抽象的な行政機能の拡大乃至法律の根拠にもとづかぬ行政の存在に安住している観がないでもない。》との批判がなされている(塩野宏「資金交付行政の法律問題」国家学会雑誌七八巻三・四号三七頁。なお、同七八巻五・六号五七頁を参照)。これらの批判は、田中博士に代表される第一の動向への対抗関係において、後述の第三・第四の動向の有する学説史的意義を見るとき、一層注目に値するものがある。

三　成文法規の条文と論理とに重きを置く傾向（第二の動向）

ここではとりわけ、右の第一の動向への対抗関係において、主として第二次大戦前において展開された方法論的傾向が考えられており、基本的には、ドイツ公法学における、ラーバント乃至ケルゼンの流れにおける法実証主義的思考(1)に対応する方法論が意味されている。佐々木惣一博士・柳瀬良幹博士等によって代表されるが、又、例えば、純粋法学の影響の下、宮沢俊義博士が行政法学の分野において行なわれた方法論的指摘等も、これらの動向と関連して注目される。

一　佐々木博士の行政法学の方法的特色を、論理主義乃至客観主義的傾向に見出し、あるいは差当り、目的論的傾向よりも法実証主義的傾向のはるかに強いことに見出すのは、わが国行政法学における伝統的な理解であり、(2)又事実、このような傾向は、例えば自由裁量論における文言説の主張等に、典型的に見ることが出来る。(3)ところで美濃部博士の先の主張と対比するとき、博士のこのような方法論の背後には、次の如き〝法の淵源論〟が存在することが注目される。

(1)　博士にあっても、美濃部博士の場合と同様、法は《共同社会ノ法律意識》であって、かかる法律意識如何を認識するのが法解釈学の任務である。ところでこの共同社会の法律意識には《一定ノ形式ヲ以テ明示セラルル》ものと《明示セラレサルル》ものが存在し、博士の用語法に従えば前者が《実定法》であり、後者が《潜在法》であることとなる。(4)

然して博士によれば、前者は《社会自身カ自己ノ法律意識ナリト明示スル所ノモノハ之ヲ其ノ儘ニ認識スルノ外ナ》いので、各人の《観想》には依り得ず、これを客観的なものとして認めねばならないが、これに対して後者は、《潜在法ノ存スルコト明カナリト雖而モ其ノ如何ナルモノナルカハ全ク示サルルコトナ》いのであるから、《故ニ其ノ社会ノ人類各自ノ観想ニ依テ之ヲ認識スルノ外ナ》いこととなる。そしてこのように、〝実定法〟は社会自身が自己の法律意識として明示するものであるが故にこそ、これはそのままに認識せざるを得ず、〃潜在法〃の認識といえどもこれに抵触することは出来ないのに対して、〃潜在法〃はただ、《実定法ノ存セサル範囲ニ於テ存スルコトヲ得》ということになるのである。(5)

(2)　右の法源論は、美濃部博士のそれと対比した場合、次の二点において、注目に値する。

第一に、佐々木博士の場合、美濃部博士の場合よりは、成文法規の文言如何が重視される傾向にあるが、しかし博士にあっても《行政法ノ設ケタル定トハ行政法ノ文句其ノモノヲ謂フニ非ス、行政法ノ意味又ハ内容ナリ》とされるのであって、〃文言〃は法そのものではなく、法を認識する為の手段に他ならない。

第二に、それにも拘らず〃文言〃や、〃論理〃に重点が置かれることについては、右の《実定法》と《潜在法》との関係についての叙述に見られる如く、博士の法理論において、法解釈の客観性の担保、という問題関心が重きを占めていることが注目される。すなわち美濃部博士の法源論にあっては、法が成文法規のみに限られず社会の法律意識に存するという事実の存することとの主張にその重点が存するのに対し、佐々木博士の場合には、法が社会の法律意識に存するという主張よりも寧ろ、あるいは少なくもそれと同時に、かかる法律意識は如何にして認識し得るか、という問題関心が、法の淵源論において重きを占めている。(6)このような問題関心が自覚的に存する場合には、法解釈の客観性の担保の為、〃文言〃及び〃論理〃が、少なくも最も確かな手段、と考えられ易いことは明らかであろう。

二　実定法の真の意味は如何にして客観的に認識し得るか、という明確な問題から、専ら法解釈の客観性の担保の為に、法実証主義的・論理主義的な方法を展開されるのは、柳瀬良幹博士である。

(1)　博士の場合、少なくもその根本的発想において、右のような方法論は、〝法的安定性・法治主義の確保〟というが如き実践的要請とは全く無縁であって、法解釈の方法論が学問論より発していることが特に注目される。これらの点についてはしかし、本書で後に詳細に論ずることとする。(7)

(2)　佐々木博士・柳瀬博士等における右の如き方法論的傾向について、なお問題となるのは、そこで前提とされている〝《共同社会ノ法律意識》の認識〟あるいは、〝《実定法の真の意味》の認識〟が、正確にどのような意味での〝認識〟として考えられているか、ということである。すなわち、そこでは、次に述べる宮沢博士の明確な指摘にある如き、〝実定法の科学〟としての〝実定法の認識〟と、これと異なり優れて実践的な性格を有する〝実定法の解釈〟との性質上の区別、が、どの程度自覚的に方法論上の前提とされていたか、という問題であり、また、いわゆる〝認識論上の実証主義・経験主義〟と〝実践論上の実証主義・経験主義〟との性質上の区別が、どの程度自覚されていたか、という問題でもある。この点、これらのグループの論者の中で、恐らくは最も明確な方法論的問題意識の下に、その法解釈論を展開された柳瀬博士の場合にあっても、必ずしもこの点の明確な区別はなされていないように思われることは、後に述べるとおりである。(8)佐々木博士の場合については、とりわけその主張される《理論的解釈》と《有権的解釈》の区別(9)をめぐり、なお詳細な検討を要するものがある。

三　さて宮沢俊義博士の方法論的指摘には、ケルゼンの純粋法学の影響が明確に見られるが、(10)博士の場合に特に注目されるのは、純粋法学的見地に立つ、わが国の他の若干の行政法学者のそれに比し、わが国行政法学に与えた影響において、少なくとも表面的には、少なからざるものが存することである。(11)

(1)　行政法学の分野に関して博士の行なわれた方法論的指摘は、恐らくは次の二点に集約されると言って良いであろう。

i)　〃理論上の法概念〃と〃制度上の法概念〃の峻別の必要。

ii)　〃実定法の解釈〃と〃実定法の科学〃の峻別の必要。

これらはとりわけ公法・私法論を素材として展開され、田中二郎博士との間に若干の方法論争が持たれることにより、[12]行政法学においても特に注目されている。就中i)について見れば、その指摘の価値自体、行政法学において高く評価され、爾後の行政法学の、一つの方法的前提を成すかの如くである。又、ii)の指摘は、本来前述の第一の方法論的動向と第二の方法論的動向との間の対立を、相当程度において解決し得る可能性を持つものであったと思われ、[13]その意味において重大な意味を有するものである。

(2)　宮沢博士のかかる方法論的指摘が、現実に行政法学にもたらした効果についてはしかし、一見した右の如き理論状況にも拘らず、かなりの問題が存するように思われる。

第一に、i)の指摘がわが国の行政法学において受容されたとき、行政法学の実態においてはこのことは、少なくもその一面で、博士にあって本来想定されていたのとはまさに反対に、寧ろ、伝統的な行政法学における非経験的な側面を増強する結果となって作用したのではないか、との疑念がある。

わが国の行政法学において、公法・私法の区別の問題が実定法の法内容の問題、すなわちその意味で博士のいわれる〃制度上の区別〃の問題であることは、穂積八束博士以来、実は既に、明確に、建前として自覚されていたところであり、真に存する方法的問題は、寧ろその場合、〃公法〃は如何なる意味において〃制度上の概念〃〃実定法上の概念〃であるかにこそ存した、というべきである。このような観点から見た場合、わが国行政法学における〃公法〃概念は、もともと、一方で〃実定法上の現実の存在であるところの錯雑なる諸法規を、整理・分類・統合する〃という、優れて〃理論的な〃機能を持った、実定法認識の為の〃手段〃としての概念であると同時に、しかし他面では、これと矛盾して、実定法によってこれらの諸法規の背後に〃前提されている〃という意味において〃制度上の存在〃であることを想定された概念なのであった。宮沢博士の右の指摘は、結果において、行政法学者をして、このような〃公法〃概念に内在する二律背反を、明確に後者の性格の強調において解決せしめることとなり、その結果、〃公法〃概念を、〃現実に眼に見え手に触れ得る錯雑なる法規〃を認識する為の、単なる〃手段〃としてでなく、これらの諸法規の背後に存する〃実定法上の存在〃、〃実定法上の実体〃として主張せしめることになったのである。[14] そしてこのような事情こそ、博士の指摘を逸早く受容して、専ら〃制度上の区別〃としての公法と私法の別を語られる筈の田中博士に対し、[15] なおその非経験性・非実証性を指摘する立場が登場する、[16] その一つの因を成すものであるのである。

第二に、ii)の指摘に対しては、行政法学者は遂に、明確な反応を示してはいないように思われる。そしてそれは、行政法学者の問題関心が、先にも触れた如く、いずれも究極的に〃裁判実務・行政実務に対し、依るべき基準を示す〃という、その限りでは明白に実践的な作業にこそあり、その全ての理論的作業は、明示黙示にかかる大前提の下に行なわれていた故であると考えられる。すなわち行政法学者の問題関心にとって、そもそも、〃法の解釈〃と区別された〃法の科学〃なるものは、その固有の必要が感じられなかったのである。

(1)　いうまでもなく、ドイツ法実証主義的公法学の中において、ラーバントのそれとケルゼンのそれとの間には系譜上の流れは認め得るにしても、その法実証主義の意味と内容とにおいて、本質的な相違が存する。すなわち後者においては、一応、実践論上の法実証主義と論理的に区別された意味での認識論上の法実証主義の確立が意図されているものと考えられるが、前者にあってはこの点が未分離であることとである（この点の詳細については差当り参照、宮沢俊義「法と法学及び政治」『公法の原理』一二〇頁、藤田『公権力の行使と私的権利主張』二三三頁等）。ただ、実践論上の法実証主義も論理的に認識論上の法実証主義を前提とする限りにおいては、多くの場合、〃自然法的法理論〃に対しイデオロギー批判的な機能を果たす側面を有しており、このようにそのポレーミッシュな機能を捉える限りにおいて、学説史上両者に共通の意義が存することは否定し得ないし、又、わが国行政法学の場合にも、寧ろ多くの場合は、両者間のこのような共通性こそが重視され、本文に述べたような一連の傾向の成立に際し、何らかの意味でその動因となったのではないか、と考えられる。いずれにせよ、右のような意味において、わが国行政法学における方法論史を正確に理解する為には、差当り両者の相違点を強調せぬ方が、かえって便宜であると考える。

両者の違いを考慮した上での問題点については、本書後述一四五頁を参照。

(2) 例えば参照、鵜飼信成「学説百年史―行政法」ジュリスト四〇〇号三九頁。
(3) 参照、佐々木惣一『日本行政法論』（総論）五九二頁以下、田中二郎『行政法総論』一八五頁以下。
(4) 佐々木・同右四四頁。　(5) 同右五四頁、及び六四頁参照。
(6) 佐々木博士においてこのような問題関心が出て来る理論的背景その他、その方法論の詳細については、なお参照、阿部照哉・前掲法律時報四〇巻一一号四〇頁以下。
(7) 本書後出一五九頁以下参照。
(8) 本書二三六頁以下参照。
(9) 参照、阿部・前掲四一頁。
(10) ケルゼンの純粋法学がわが国の行政法学に与えた影響、及び、そのような影響の下に立つわが国の行政法学等については、差当り参照。鵜飼信成『行政法の歴史的展開』一七九頁以下。
(11) 例えば参照、柳瀬良幹『行政法における公法と私法』二六頁、田中二郎『行政法総論』二〇二頁等。なお参照、鵜飼・同右一八六頁以下。

(12) 参照、田中「公法に於ける私法規定適用の限界」(『公法と私法』所収)、宮沢「公法・私法の区別に関する論議について」(『公法の原理』所収)、田中「最近の文献に現はれた行政法上の諸問題」国家学会雑誌四九巻一一号、宮沢「公法と私法」(『公法の原理』所収)。

(13) 田中博士への反駁において宮沢博士の行なわれた次の指摘は、このような見地から特に注目さるべきものと思われる。《一体に法律学では「概念法学」とか「概念の遊戯」とかいう言葉があまりに無批判的に濫用せられる傾向がある。私の見るところではここでも「方法的反省」としたがって「方法的整理」の必要があるようである。元来「概念法学」とは概念を構成する法の科学という意味ではもちろんない。それはもっぱら法の解釈論に関する概念である。法の解釈論における概念はその本質上すべて実践的性格を身につけている。それを忘れてそれが純然たる理論的性格をもつかのように考えるところに「概念法学」の誤謬がある。元来ある実践的な「目的」のために構成せられた概念にその「目的」から遊離した存在を与え、その概念からその本来の「目的」に反するような帰結を引き出すところにいわゆる「概念のピンポン」が生ずる。そしてそうした固定した・本来の「目的」から遊離した「概念の天国」に遊んでいた法学者たちの偸安の夢をさましたことが自由法論の功績である。「概念法学」といい、自由法論といい、いずれも法の解釈論に関することである。法の科学に関することではない。経験科学である法の科学がその認識の対象である法現象について理論的な概念を構成することは当然すぎるほど当然なことで、それは「概念法学」でもなく――むろん自由法論でもない――また「概念の遊戯」でもない。自由法論が「概念法学」の妄を指摘して法学者をして法の解釈論の本来の立場を再認識せしめたことは非常な功績であるが、それが同時に法学者をして単なる法の解釈技師に堕せしめ、法の真の科学的討究をもって無批判的に「概念法学」として漫然批難するような風潮を学界の一部に招来したことは――むろんそれは必ずしも自由法論そのものの責任ではないが――私のかねがね大いに遺憾とするところである。》宮沢「公法と私法」(『公法の原理』二二五～二二六頁)。

(14) この点に関しては、更に本書前出四三頁以下、とりわけ同四六頁以下を参照されたい。

(15) 参照、田中『行政法総論』二〇二頁。

(16) 例えば参照、高柳信一「公法と私法」高橋・高柳編『政治と公法の諸問題』一〇頁以下。なお参照、今村成和「現代の行政と行政法の理論」公法研究三〇号一二三～一二四頁。

三　旧来のドイツ行政法学に由来する法概念・法理論体系の解体の試み（第三の動向）

ここではとりわけ、第二次大戦後、昭和三〇年前後より著しく進展した、伝統的な法概念・法理論体系、例えば公法私法二元論・特別権力関係論・行政行為の公定力論等の再検討の動き、が想定されている。これらの動向には以下に検討する如く、様々の方法的要素が内蔵され、また相互に関係し合っているように思われるが、いずれにしても結果的に、伝統的な法概念・法理論体系の、いわゆる〝道具概念〟的機能、すなわち、法解釈論上の具体的な諸問題についてそこから何らかの帰結を演繹的に導き得るようなものとしての解釈基準的・解釈手段的機能、を否定する点において共通するということができる。

このような動向については、具体的な論者の所説の分析によるのでなく、そこに含まれる諸々の方法的要素乃至側面毎に、その特色と学説史的意義を検討することによって、より明確な理解を得ることができるように思われる。

一　このような側面の一として、まず、伝統的概念・理論体系等の〝包括性〟乃至〝一般性〟そのものに対する方法的批判が注目される。

(1)　このような批判は例えば、伝統的な〝公法関係〟、〝公法上の管理関係〟、〝特別権力関係〟、〝行政行為の公定力〟等の概念が個別事案の特殊性を無視して、抽象的・一般的原則により、行政法上の個別的な法問題を解決するという機能を有することに対して向けられている。例えば、特別権力関係理論に対して、《われわれによれば、むしろかかるさまざまの特殊法関係を、個別的かつ具体的に、それぞれの法領域について、それぞれの社会的法機能との関係で考察されるべきなのである。[1]》という主張等がそれである。

これらの批判については、その由来より見れば、なお様々の分類が可能である。例えば、伝統的概念乃至理論体系が、具体的諸問題の特殊性を無視して、〝公法的色彩〟を一般的に与えてきたことに対する、価値判断上の反撥に基づくものもあれば、より形式的に、具体的な利益状況及び制度の機能の充分な検討無しに、〝一般的・抽象的な〟解決が行なわれてきたことに対する、専ら思考過程そのものに関する手続的な批判も存在する。[2]

(2)　これらの批判一般と、他方このような批判の対象とされている伝統的な理論との間において、方法論的に存する真の相違点は何か、ということについてはしかし、左の理由からしてなお精確な検討を要するように思われる。

第一に、伝統的な理論の中で前述の第一の方法論的動向に属するものは、少なくもその建前において、まさしく〝目的論的・利益考量論的考察方法〟に基づく、行政法解釈論からの〝概念法学〟の追放にこそ、その一面での固有の意義を有していたのであって、その限りにおいて、これらの批判も亦、実は第一の方法論的動向とその軌を一にする側面を有することを否めない。[3]

第二に、前述第二の方法論的動向に属するものについて見ても、そこに経験主義的・実証主義的要素が存する限りにおいては、そこでは実定法上の実体的存在としての様々の〝概念〟を排斥する作業が行なわれていたのであって、〝概念法学〟の追放に関しては、一面で寧ろ第一の方法論的動向以上のものが存したことを看過することは出来ない。[4]

従って、第三の動向によるこれらの批判が展開されるに当っては、第一の動向・第二の動向の論者にあって、〝概念〟なり〝理論体系〟なりが、どのような意味を持つものとして設定され、現実にどのような機能を果さしめられていたのかを、なお精確に検討する必要があると思われる。とりわけ、〝概念法学〟追放という意図において共通のものを有していたわが国の伝統的行政法学において、上の第一の動向と第二の動向の対立が生じたのは何故か、また、〝概念法学〟の追放作業が、これらの論者において、なお完遂されぬままに止まったとしたならば、それは何故か、について、充分な理解を持つ必要があると思われる。(5)

二　戦後における伝統的な〝概念〟・〝理論体系〟の解体の動向の中には、更に、必ずしも包括的な概念の存在そのものに対してではなく、ドグマティークの基礎を成す価値基準、とりわけ、〝行政権に内在する優越性〟なる法思想に対する批判として展開されるものが存する。例えば、行政行為の公定力の本質論についての、〝公定力の本質は裁判判決の既判力と同質ではなく、私的法律行為に政策的に付せられた予先的執行性である〟、という主張等(6)がその典型例であると言えよう。

(1)　ところでこのような方法的傾向の性格についてはとりわけ次の二点が注目される。

第一にこの傾向は、包括的〝概念〟の利用の当否をめぐって、先の**一**に見た主張と対立する形において登場することもある(7)が、しかし、しばしば**一**に見た傾向と結合して、行政法解釈論よりの、特殊公法的概念乃至理論体系の追放＝一般私法乃至市民法ベースへの還元・あるいは少なくも共通法理（例えば〝現代法〟としての）による統合、という基本的動向となって展開されることが多い。

第二に、その際このような基本的価値基準の変更は、大日本帝国憲法より日本国憲法への憲法構造の変化に、その主たる論拠を求められるのが通常である。すなわちここでは、行政法解釈論に対する、憲法の基本的価値原理の意義が、とりわけ強く意識に上せられ、このような憲法原理との適合関係において、特定の解釈の是非が論ぜられる傾向の強いことが、特に注目される。[8]このことは、先に見た如く、第一の方法論的動向において、一面で現状追随的な傾向の存することと対比するときには、学説史上に一層重要な意味を有するものということができよう。

(2)　伝統的解釈理論に対する、このような傾向の方法的批判については、しかし、なお次の点が問題となる。

第一に、伝統的な概念乃至理論体系なるものが、わが国の場合、どの程度、旧憲法の憲法構造と不可分のものとして主張され、展開されていたかはなお問題であって、例えば右の第一の動向の論者に見た如く、わが国の伝統的理論体系にも、少なくとも機能主義的な要素が相当程度において重きを占めていたことは、否定し得ない。又、少なくも現在のわが国の行政法解釈学にあって、伝統的概念乃至理論体系が支持される場合には、それは専ら、〝技術的〟乃至〝利益考量的〟あるいは〝機能主義的〟な論拠の下に行なわれているのであって、[9]このような論拠に対しては、憲法構造変化論は、直接の説得力を持ち得ない。

第二に、右の如き、差当っては〝技術的〟、〝機能主義的〟な解釈理論も、必ずしも手放しの現状追随的解釈理論としてのみ性格付け得るわけではなく、日本国憲法の下でそれを受容せしめ得る（少なくともその可能性を含んだ）憲法構造論を、背景に有していることも、看過することが出来ない。すなわち例えば、〝現行行政法の基本原理〟として、〝一九世紀的市民的法治国の原理〟に対する制約原理としての〝福祉国家の原理〟が日本国憲法に求められる場合がそれであって、[10]その限りにおいては上の諸批判との間の対立は、憲法解釈上の対立に帰する可能性を内在せしめているのである。

（1）　室井力『特別権力関係論』四二四頁。その他、例えば、〝公法関係〟概念について、高柳信一・前掲一〇頁以下、今村成和・前掲同所、〃公法上の管理関係〃概念について、杉村敏正『全訂行政法講義』（総論上巻）五九頁、〃行政行為の公定力〃概念について、遠藤博也『行政行為の無効と取消』一頁以下、二一三頁以下、等を参照。

（2）例えば、高柳・同右は前者の代表例であるし、遠藤・同右は後者の典型例であると言えよう。

（3）現実にも亦、第一の方法論的動向の論者にあっては、例えば、《公権は、一身専属的な性質のものが多く、従ってその移転を禁止されている場合が多い。……ただ、公権なるが故に、当然に移転・差押が禁止されているとはいい得ず、個々具体的の権利について、その目的に照らして判断するほかはない。》（田中二郎『新版行政法上』全訂第二版八九頁）といった類の思考方法が、現実にもしばしば行なわれていることを、看過すべきでない。

（4）例えば柳瀬博士の場合について、参照、本書二〇三頁以下。また、本書前述一四九頁註（13）に引いた宮沢博士の主張は、このような側面からも注目さるべきであろう。

（5）本書後述一五九頁以下は、このような問題関心より行なわれた一つの試みである。

（6）参照、兼子仁『行政行為の公定力の理論』（改訂版）五一頁以下、広岡隆『行政上の強制執行の研究』四一六頁以下、等。

（7）例えば〃公定力〃なる概念の包括性をめぐって、参照、兼子・同上三二〇頁以下、遠藤・前掲二一四頁。

（8）大日本帝国憲法より日本国憲法への憲法構造の変化が、わが国の行政法解釈論に与えた諸問題については、差当り、公法研究三〇号に掲載されている次の論稿を参照。今村成和「現代の行政と行政法の理論」、室井力「現代行政と行政法の理論」。

（9）例えば〃公法関係〃について、雄川一郎「現代における行政と法」（岩波現代法講座4『現代の行政』一六〜一七頁）、〃特別権力関係〃について、田中二郎『新版行政法上』（全訂第二版）九一頁等を参照。

（10）参照、田中二郎『行政法総論』一九一頁。

四　行政法解釈論の、社会科学的な根拠付けの試み（第四の動向）

行政法の解釈が、法社会学、あるいは行政学等の、何らかの社会科学と結びつかねばならぬということ自体は、既に先の第一の方法論的動向の主張にもその片鱗が窺える如く、わが国行政法解釈学の、かなり初期の頃より行なわれている主張であるが、このような〝社会科学〟に根拠付けられた法解釈を、体系的な形で現実に展開している例は、学説史上殆ど存在しない。このような状況に対し、第二次大戦後において、この種の作業を何らかの形で積極的に進めようとしている試みが、ここで第四の動向として取り上げるもので、とりわけ高柳信一教授の〝歴史の発展法則〟による根拠付けの試みによって代表されるが、その他例えば渡辺洋三教授による行政法学の分野での主張なども、このような動向の一として位置付け得る。これらの主張はいずれも、伝統的な行政法解釈論上の概念・理論体系に対するポレーミッシュな側面においては、右の第三の動向と軌を一にし、ただ、それに代わる新たな価値原理・解釈原理を、〝社会科学〟の成果の上に積極的に提言しようと試みている点において、その固有の特色を有すると言うことができる。

一　高柳教授の行政法理論体系は、様々の理論的側面を有しているが、これを専ら法解釈論としての機能について見るならば、それは、〝近代法の一般原理〟たる〝市民社会の法原理〟なる基本的価値原理に依って行政法の解釈論(更には立法論)を体系的に展開しようとするものである。そして、かかる解釈方法が妥当であることは、〝歴史の発展法則〟によって社会科学的に証明される、という思考がとられているところに、その特徴が存する。(1)

(1)　実践的な作業であるところの法解釈作業と、客観的な認識作業であるところの社会科学とが如何に結合し得るか、という先に田中博士についても問題となった論点については、教授は寧ろ、社会科学更には科学一般の有する実践性という側面から、実践性の契機において両者を架橋しようとされる。すなわち教授によれば、法の解釈においては、一定の〃理論体系〃の選択に論者の価値判断が前提とならざるを得ないが、しかし、論者の価値判断が不可避であるということは、社会科学一般、更に自然科学を含めて科学一般の属性なのであって、《一般に科学（自然科学・社会科学を問わず）において、理論は対象を見る者の見る立場（視座）と無縁ではありえないのであるが、社会科学の場合には、その視座は志向ときりはなしえない》[2]ということになる。かくて、社会科学一般におけると同様、法（解釈）学においても、論理的に可能な理論体系は複数個存在し、そのいずれが妥当な理論体系であるかは、《社会科学の理論は、結局、歴史によって検証されるほかない》故に、《それがどれだけ、当該歴史社会の基本的法則を正しく認識し、これに適合的にフィクションの体系をつくりあげているかにかかっている》[3]ということになるのである。

(2)　右の方法論には、注目に価する側面が多々存するが、差当り次の二点がなお問題となると言わねばならない。

第一に、このような方法論の下で、法解釈学と一般社会科学との性質上の異同は、正確にどのように捉えられているのか、ということは、結局甚だ不明である。何故ならば、教授の指摘にあるように、自然科学・社会科学を問わず、科学理論一般の生成に当って、認識対象の選択等に、認識者の視座従って又価値判断の介在が不可避であることは、疑いもなき事実であるが、しかしその意味での価値判断の不可避性は、法解釈論にあって〃理論〃の当否が論者の価値判断にかかることとは、論理的に全く別個の問題であるからである。[4]

第二に、法解釈論を指導する基本的価値原理について、その当否は〃歴史によって検証される〃という思考は、かなりの問題を含む。すなわちこの点については、まず、〃歴史の発展法則〃なるものがどのようなものとして存在するか、ということも問題となるが、この問題を別としても、例えば〃歴史の進行方向〃に対し否定的な評価（価値判断）を持つ人間に対しては、〃歴史法則との適合性〃それ自体は、何ら当該法解釈の妥当性を証するものではない、ということが、教授にあってはどう処理されているのか、という問題がある。すなわち、歴史の進展という経験的事実に対して肯定的な評価を下す、論者の主体的な判断そのものについての明確な論拠は、やはりそこでは示されていないのであって、この点に関する限り、何故に現在のわが国において、〝近代法の一般原理〟乃至〝市民社会の法原理〟が、法解釈の基本的価値原理として採用されねばならぬのか、という根本問題について[5]、そこから得られるものは少ないと言わざるを得ないのである。

二　渡辺洋三教授の場合、基本的には高柳教授の思考方法と共通したものが存するが、ただ、一般社会科学と異なる法解釈学の実践性は、より明確に強調されているように思われる。教授のこの如き方法論、更にそこに残された問題点等については、先に法律時報誌上で詳細な分析・検討がなされており[6]、同シンポジウムでの討議内容をも含めて、本稿においては差当り補足する必要を感じない。

(1) 教授の理論体系は、「公法と私法」（高橋・高柳編『政治と公法の諸問題』所収）、「市民社会の行政法の問題」（思想四九三号）、「行政の裁判所による統制」（岩波現代法講座4『現代の行政』所収）、「公法・行政行為・抗告訴訟」（公法研究三一号）等によって精力的に展開されてきたが、方法論的見地より、私の提出した疑問（参照、藤田「裁判規範と行為規範」社会科学の方法一〇号、同「柳瀬教授の行政法学(三・完)」法学三四巻三号――本書前出一九頁以下、同二九頁以下を参照）に答えて、「法の理論の擬制性と現実性」（社会科学の方法一九号）において、その方法論的基礎がより詳細に説明された。なお、これらの諸論稿に関しては、別に、室井力「行政法学方法論について」（社会科学の方法二九号）が著されている。
(2) 高柳・同右社会科学の方法一九号二五頁。
(3) 同右二六～二七頁。
(4) この点についての詳細は、本書前出三三頁以下を参照されたい。

（5）　これは、夙に藤田「裁判規範と行為規範」社会科学の方法一〇号一一頁（本書前出二七頁参照）において、述べていたところである。そして、同稿の問題意識の根源は、実はこの点にこそあったのであるが、私の筆力不足により、更に又、あるいは同稿の標題も原因してか、高柳・前掲、室井・前掲等においても、この点についての充分な理解を得ることは出来なかったもののようである。

しかし、この問題は、わが国行政法学のあり方を考えるとき、思いのほか深刻な意味を持つもののように思われる。この点については、別に本書前出五七頁以下においても、なお不充分ながら触れたので、同所をも参照されたい。

（6）　杉原泰雄・前掲法律時報四〇巻一一号四三頁以下。

Ⅱ　柳瀬博士の行政法学

――主として方法論的見地より見たその総合的解釈――

一　柳瀬博士の行政法学とわが国行政法学界

一　柳瀬博士の行政法学が我々にとって興味深いのは、差当り現象的には次の二点においてであると言えよう。第一に、その〝学風〟における異色性、すなわち方法的次元におけるその特徴。第二に、その内容において、博士の諸理論には、わが国行政法学界における近時の新しい諸理論との間に、数多くの奇妙な類似点が存在していること。

以下先ずこの二点につき、明確な認識を持つことが必要である。

二　(1)　柳瀬博士の行政法学の最も著しい特徴が、その方法的な異色性にあるということ、そしてその特徴とは、徹底した〝法実証主義〟と〝論理主義〟である、ということは、左に見るようにわが国行政法学界において繰返し行なわれて来た指摘である。

(i)　《柳瀬教授が上述のように、一般意思を永久に到達すべからざる目標として断念されたことは、実定法に対する価値判断を超法学的問題とする法実証主義を採られることを示すものである。けれどもかかる方法は新憲法の下における法秩序の理解に適当であるか否かを考えなければならぬ。……法の解釈は、聖書の神学的解釈におけるように、条文の字句は法の客観的意味を認識する出発点に過ぎず、文理解釈或は法秩序の内部における論理的関係による解釈のほか、特定の法秩序に内在する法理念による目的論的解釈を必要とするように考える。[1]》

(ii)　《……これらの著書論文に現われた教授の見解は三権分立論に立脚しながらも行政に対する法律の優位、換言すれば、行政に対して法治主義或は法治国家の原則を厳格に守ろうとする点に主たるねらいがあるように思われる。そしてこれに対する裏付として国会の制定する実定法の極めて正確な読み方は教授の解釈の大きな特色となっている。教授が法律の解釈に当って政治的、経済的条件を加味することに強く反対されるのも又論理的な一貫性を強調されるのもこのような学風の表現と見得るであろう。[2]》

(iii)　《柳瀬は「行政法における公法と私法」（公法叢書2　昭和一八年）の結論で、ある法規が公法に属することを理由に甚だしく実定法の内容と異なった自然法的原理としての公法原理をそこに適用しようとする方法を排斥している。公法と私法とが異なった原理をもっているという主張は、行政法学を法の一部門として構想しようとしたオットー・マイヤー以来の伝統であるが、この公法原理の独自性を自然法的原理として実定法秩序の中にもち込むことに強く反対したことは、柳瀬の実証法主義を明確に基礎づけたものである。この立場は、実証法体系が市民法原理に基づいて詳細に規定され終わっている諸国では妥当である。……けれども明治大正、そして昭和のはじめの日本でそういう考え方が通用するとみるのは、日本の実定法秩序に対する分析の不十分さを示している。[3]》

(2)　博士のような〝法実証主義的〟〝論理主義的〟思考は、とりわけ右の(i)(iii)に明瞭に示されるように、しばしば、実定法の正しい認識の為には〃行過ぎ〃の、或いは〃場違い〃のものとされ、実定法の解釈方法としての適格性を疑われて来た。[4] その結果として、柳瀬行政法学は、戦前戦後を通じ、多くの論点において概ねいわゆる少数説としての立場にあり、《異説としての扱い[5]》を受け続けて来たと言うことが出来る。[6]

三 伝統的〃異説〃たる柳瀬行政法学において夙に戦前より(或いは少なくも、戦後日本国憲法の施行後直ちに)主張され続けて来た論点の多くにつき、とりわけ昭和三〇年来伝統的行政法諸理論に対峙して登場して来た新しい諸理論[7]との間に、少なくとも結果的な類似性が看取される、という事実は、充分注目に値する現象である。

行政法総論に関する最も基礎的な論点七つにつき両者を対比させつつ、左にこの事実を明らかにしておこう。

(1) 行政法理論における昭和三〇年来の新しい息吹きの中で、最も基本的なものの一つは、伝統的な公法私法二元論に対する徹底的な批判であるということができよう。

様々な形で現われているこれらの諸批判[8]において、いずれにあっても共通する重要なポイントは、美濃部博士・田中二郎博士等の所説によって代表される伝統的思考が、実定法規の具体的定めに先立つ統一的法原理としての公法原理なるものを、実定法上の原理として是認することへの批判である。例えば、伝統的公法私法二元論[9]を批判して、高柳信一教授は曰く、

《これらの学説において、行政主体対私人の法関係における、前者の優越性が、公法関係の最も重要な特質とされていることを窺うことができる。……しかし、多くの行政主体対私人の法関係が前記のような行政主体の意思の優越性を特色とするとしても、それは実定法規の具体的定めときりはなしては考えられないのではなかろうか。行政主体は実定法規の定めをまたないでかかる

意思の優越性をもちえないのであって、行政主体が対私人関係において意思の優越性をもつとすれば、それは実定法規がそれを認めたから、その限度においてであるにすぎない。即ち、そのいわゆる公法関係の特殊性乃至公法原理は、具体的な諸実定法規の定めの合理的解釈の最大公約数として出て来るものであって、実定法規の欠缺の場合に適用して具体的法規範を導き出せるような性質のものではないのではなかろうか。[10]》

然してこのように、《論理的には公法私法の観念は……法規の意味及び性格が明らかになった後に生ずるところであり、決して公法私法の観念から各個の法規の意味……が生じ又は決定さるるものでない[11]》こと、《特定の関係に適用すべき法規の決定なる問題は……各個の法規に就てそれぞれに起り且解決すべき問題であって、公法・私法なる法規の分類とは本来無関係である[12]》ことは、夙に昭和一五年において、柳瀬博士の明確に指摘されていたところであった。

《第二に……論者が此の場合問題の中心をなす各個の法規の意味が、公法・私法の観念から来るものの如く考へることである。……併しながら之が論理の逆転であることは明らかである。何故ならば、公法といひ私法といふのは元来法規をその性質に従つて分類した名称であり、従つて此の観念は各個の法規の意味及び性格が明白になつた後に始めて生ずるところであつて、論理的に先行すべきものは各個の法規の意味で、公法・私法の観念ではなく、従つて又、公法・私法の観念からそれに所属の法規の意味内容を論定することが此の論理の順序を転倒するものであることは明瞭であるからである。……換言すれば、各個の法規の意味は各個の法規自身に於てそれぞれに定まつてゐるので、法規の公私の問題は之が明らかになつた上での第二段の問題であり、普通に謂はるる公法原理又は私法原理なるものは実は之に属する各個の法規の意味から生ずるその最大公約数として理解すべきもので、決して公法原理又は私法原理からそれに属する法規の意味が生じ又は決定さるるものではないのであるから、法規の意味の決定の一場合たる特定の関係に適用すべき法規の決定の問題に就ても亦、公法・私法の観念を之に援用することが問題の解

決に何等寄与することなき不必要のことであることは明瞭でなければならぬ。[13]》

(2)　このようにして、〝ある法律関係が公法関係であるかどうかは、具体的な法規の定めと切離しては考えられない〟という思考に立つと又、伝統的行政法学において用いられて来た〝公法上の管理関係〟なる概念、すなわち《財産を管理し会計を経理し、その他事業を経営する等、その法律関係の性質においては私法関係との間に本質的な差異のない関係で、ただその管理の如何が公益（公共の福祉）と密接な関係を有するために法律上に特別の取扱を認められる場合[14]》である、《公法関係の一種としての管理関係[15]》なるものの実体が何であるかは疑わしくなる。

杉村敏正教授は、通説のいう〝公法上の管理関係〟なる〝包括的概念〟の不要を主張されて曰く、

《通説のように、「国又は公共団体が私人との間において売買・賃貸借・請負等の契約を締結するような場合」においては、私法規定と異る特別な規定を私法の特別法と解して、これを私法関係とし、これに対して、「公物の管理とか公企業の経営とかに関する関係」については、原則として、私法規定の適用をみとめながらも、公法上の管理関係とするのは、非権力関係における公法法規の規律する領域の量的差異を質的差異に転化するものということができよう。それにも拘らず、通説がこのようにして、包括的概念として、公法関係の一種としての管理関係という概念を構成するのは、主として、行政事件訴訟法第四条にいう「公法上の法律関係に関する訴訟」についての訴訟手続規定の適用の対象を明らかにするためである。しかし、「公法上の法律関係に関する訴訟」は、私経済的行政に関する個別・具体的な法関係に関する争訟であるから、その個別・具体的な関係を規律する法が公法法規であれば、この関係に関する訴訟を「公法上の法律関係に関する訴訟」と解すれば足り、とくに、包括的概念として、公法上の管理関係という概念を構成する必要はないように思われる。[16]》（傍点原文）

ところでこのように、行政作用に関する法律関係について、いわば《本来的公法関係[17]》たる法律関係と純粋な私法

関係との中間領域に、《伝来的公法関係》[18]とも称さるべき法律関係を想定することがナンセンスな思考であることは、又、柳瀬博士がその教科書において、当初より絶えず指摘されて来たところであった。

《以上の中間にあつてその性質の一見明瞭を欠くものは、関係の内容が必ずしも単純な金銭的価値の授受に止まらないと同時に、また一方的支配の関係でもないものである。就中、その典型的なのは公企業又は公物の経営管理の関係であつて、或は公法私法の中間区域と呼ばれることがある。併しながら、これを中間区域と称するのは公企業又は公物の関係を全体として見た場合の名称であつて、これをその個々の関係に分解して考へるときは、何れも右に述べた標準に依つて適用すべき法を決定することができる。即ち例へば、同じく公企業の利用関係においても、学校と学生との間の教育上の関係は私人間に同内容のものがなく、従つて私法を適用すべきでないに反し、教育のための有体物の設備は私人の工作物の設置と同じく、従つてそれに関する関係は私法の適用を認むべきが如く、又同じく公物の利用関係においても、道路に瓦斯管・水道管の埋設を許すのは私法上の賃貸借ではなくて公法上の使用権の特許と考へられるに反し、道路の瑕疵に基く通行人の損害は私法上の関係で、私法に従つてこれを賠償せねばならぬと解せられる如きである。[19]》

(3)　〃包括的〃な公法関係概念に対する批判は又、伝統的行政法学において、ある特殊の公法関係を表現する為に用いられて来た〃特別権力関係〃概念に対する批判とも結びつく。

例えば室井力教授は、特別権力関係概念に対し、そのいわゆる〃個別的否定説〃・〃実質的否定説〃の立場[20]を総括し、次の如く主張される。

《従来特別権力関係と称せられてきた諸法関係には、一部の例外を除いて（例、特許企業に対する国の特別監督関係）、共通するものが全くないというのではない。そこには、いわゆる一般権力関係または一般市民＝社会関係における法律関係と異なった、多かれ少かれ、部分的法秩序または内部的自律的法関係、換言すれば、一種の包括的な支配権の発動が認められる内部規律的法関係が存在する。その意味において、それらの法律関係は、いわゆる一般権力関係または一般市民＝社会関係に対して特殊な法律関係＝権利義務関係ではある。そしてかかる特殊な法律関係は、現代社会の複雑な展開の中で、さまざまの法領域において、さまざまの形において認められるにいたっていることも否定できない。……それにも拘らず、それらを一括して、その内部規律的特殊法関係の故に、一般に特別権力関係とすることは、特別権力関係理論の果した歴史的社会的性格を無視ないし軽視するものとして、われわれの立場からは排除されるのである。われわれによれば、むしろかかるさまざまの特殊法関係を、個別的かつ具体的に、それぞれの法領域について、それぞれの社会的法的機能との関係で考察されるべきなのである。[21]》（傍点原文）

ところで特別権力関係論に関しては、柳瀬博士は一見沈黙を守っておられるように思われる。しかし、博士の著書を概観してみるとき、我々は直ちに、博士がかつて一度なりとも〝特別権力関係〟乃至それに類似した〝包括的〟概念を、そこから何らかの法解釈論的帰結が導かれるような概念として用いられたことの無い[22]ことに気がつく。博士にとって、通説が〝特別権力関係〟の名の下に説明する法的諸効果の特殊性は、〝公務員の権利・義務及び責任[23]〟、〝公企業の利用[24]〟等につき、それぞれの性質に応じて個別的に説明されればそれで充分であり、包括的な特別権力関係概念なるものは本来無用であったのである。

(4) いわゆる〝法律の留保〟論において、伝統的な〝侵害留保〟理論、すなわち〝行政作用が法律の授権を特に必要とするのは、それが国民の財産又は自由を侵害・制限する場合のみである〟との理論、の妥当性が疑われ、〝およそ国民の権利義務に関わる公行政作用については、必ず法律の授権を要する〟という、いわゆる〝全部留保〟理論に左袒する論者が増えつつあることは、昭和三〇年代以後のわが国行政法学界に見られた、注目すべき事実である。[25]

杉村教授の教科書に曰く、

《国民の権利義務の変動を効果として生じさせる一切の公権的行政は、必ず、法律の根拠を必要とする。国民の身体や財産に対する物理的な力の行使に法律の根拠を必要とすることは、いうまでもない。したがって、行政機関は、自己の判断による公益上の必要を根拠として、これらの公権的行政を行う権限を当然に有するものではなく、ただ、法律による授権に基き、その執行としてのみ、これを行いうるに過ぎない。これを法律の留保という。

これに対して、現在においても、法律の留保の妥当範囲を、国民の権利または自由を侵害または制限する公権的行政に限定する学説がある。これはドイツにおいて行われたところの、法律の留保の妥当範囲を「自由と財産権」の侵害・制限に限定する学説の影響であろうが、国民に権利を設定しまたはその義務を免除する行政については、行政機関は、法律の根拠がなくても、自由にこれを行うことができるとする説は、君主の行政権に議会に対する独自の地位を承認した立憲君主制的思考の残滓を現在に引き継ぐものであって、地方公共団体の制定する条例を除いては、国会の制定する法律に行政法規の創造力をみとめる現行憲法の下においては、これを採ることはできない。(26)》（傍点原文）

さて、明治憲法の下において既に、全部留保説の妥当性を、少なくとも推定しておられた柳瀬博士(27)は、戦後、日本国憲法の下においても、逸早く、全部留保説の立場を明確にされたのであった。

《第三は行政は必ず法律の根拠を要することである。即ち単に消極的に、行政は法律に牴触してはならぬのみならず、積極的に行政が行為するには必ずこれを認めた法律の明示の根拠あることを要し、法律の明示に認めない場合には行政は何らの行為もなしてはならぬことであって、通常これを法律の留保といふ。蓋し、国民の権利義務に関係ある行為をなすことは法律即ち立法機関の権能に留保せられ、行政がこれをなし得るのはただ法律がこれを認めた場合に限ることを示す名称であつて、従つてこの原則は上の第一の原則（法律の法規創造力——藤田註）から生ずる結果を法律に未だ規定のない事項についていつたものといふことができる。故に又、この原則については我が憲法には直接規定するところはないが、固より当然に認められるところであるとともに、その及ぶ範囲もまた、独り国民の権利自由を制限侵害する行為に限らず、権利を与へ義務を免ずる行為にも及び、即ち凡そ国民の権利義務に関係あるすべての行為に及ぶものと解しなければならぬ。[28]》

(5)　〃行政行為の公定力なる効力は、伝統的行政法学が漠然と考えていたような、実体法上の効力であるのではなく、手続法上の効力である〃との指摘は、第二次大戦後の行政法学界における最も注目すべき指摘の一つであった。取消し得べき行政行為と無効の行政行為の別を、行政行為の実体法上の法律要件の軽重の差に求め、専らそこに公定力の存在意義を認める伝統的公定力理論に対して、そこに存在する問題点を、兼子仁教授は次の如く指摘される。

《そもそも行政行為の公定力は、果して、違反された法律要件の価値の軽重という実体法的原因に基づくものなのであろうか。「取消しうべき行政行為」の効力は、瑕疵は存在するけれどもその内容が実体法的に軽微であるという点に基づくものなのであろうか。実はそうではなくて、まず瑕疵や取消原因が真に存在するとみとめられるかどうかが問題なのであって、公定力はその点にかかわるものではなかろうか。あるいはいいかえるならば、右の実体法的公定力説において「瑕疵ある」行政行為とか「取消原因たる違法」とかが語られる場合、それは現実の行政過程のいかなる段階における何人の判断に基づくものとしていわれているのであろうか、右の説は実体法的公定力説として当然にもその点を不明確にしているようであるが、果してそれで解釈論上十分なのであるか。[29]》（傍点原文）

然して兼子教授も高く評価されるように、[30]《所謂公定力が単に手続上の関係に関する観念で、実体法上の効力の問題とは関係のないものであること[31]》については、夙に戦前昭和一四年において、柳瀬博士が明確に指摘されていたところであった。

〃取消し得べき行政行為は民事訴訟の先決問題において司法裁判所を拘束するが、無効の行政行為はそうでない〃

との通説を批判して博士は曰く、

《右の通説に対して疑問の存するのは、それが無効の右の本質から直ちに司法裁判所の無効認定権を結論した点に在る。……通説がかく論ずる理由は、行政行為の無効は何等の行為を俟たず、法の規定に依り当然存するものであり、従つて司法裁判所が之を審査するのは唯此の既存の事実を認定するに過ぎず、何等現状に新なる変化を加ふるものではないといふにあるが、之に就ては……疑問がある。……行政行為の無効が法の規定に依り当然に存在するものであることは前記の通り真実であるが、併し今問題は特定の行政行為が此の如く実体法上無効なりや否やに在るのではなく、何人がそれを認定する権限を有するか、此の点に関して何人の判断が権威あるものとして通用する力を有するかに在るのである。》然るに通説が右の如き主張をするのは、《惟ふにその一半の原因は通説が右の如く無効の実体法上の本質とその認定権の所在とは別個の問題であることを考へず、無効が実体法上当然に存在するものであることから何人も亦当然にその認定権を有すると考へる点に在るものと推測せられる。併しそれが正しい考でないことは、通説が司法裁判所に対して認定権を否定する行政行為の違法も亦法の規定に依り当然且先天的に存在するもので、認定に依つて始めて生ずるものでないことを考へれば明瞭であらう。》(32)(33)（傍点藤田）

(6)　行政行為の公定力論に関する論理的反省は、必然的に、行政行為の瑕疵論についても何程かの影響を及ぼすこととなる。伝統的な行政行為の瑕疵論が用いて来た、〝無効〟とは区別された瑕疵類型の一としての〝不存在〟概念に対する疑問の提出も、近時の注目される現象の一である。

《私は、「手続法的観点」よりするとき、右の両者（不存在と無効）は全く同質的なものであると考える。従来わが国における通説は、不存在と無効とを、行政行為の「外形上の存在」の有無によって、「訴願または行政訴訟の目的物たりうるや否や」、訴却下か無効確認判決かという争訟手続面で区別する実益があるとしてきた。しかしながら不存在確認請求が常に全く確認の利益を欠くとはいいきれないのではなかろうか。たとえ行政行為たる外形が存しないことが明白な場合であっても、行政庁・第三者等によって行政行為であると主張され、とくにそれに基づいた処置がつづけられ、紛争が生じている場合には、やはりいわゆる無効確認の場合と同様に、行政行為としての法的効果（実効性）の不存在を確認してもらう利益のあるケースがありうるのである。……そして元来、行政行為の外形上の不存在と外形上存在する行政行為の無効とは、行政行為の法的効果（実効性）の不存在という点では、法理論上同一であるといえる。(34)》（傍点原文）

昭和一七年に、柳瀬博士が、〝行政行為の不存在〟と題して発表された論稿(35)において強調されたのは、まさしくこれと同様、〝無効と区別される不存在概念は、法論理的には不可能であり、又、行政争訟の対象の問題としてみても無意味である〟との指摘であった。

博士の結論に曰く、

《行政行為の瑕疵の効果としての行政行為の不存在は理論上の観念としては不能である。行政行為の不存在の意味を如何に定義するにしても、行政行為に瑕疵のある場合は、すべて皆行政行為の不存在であるか、又は一応行政行為は存在すると言ひ得るとしても、その範囲を確定し、之を存在しない場合から分つことは理論上不可能であつて、従つて結局行政行為の無効及び取消に対するものとしての行政行為の不存在なるものは瑕疵の効果の理論上の種別を指す理論的観念としては成立ち得ないものである。

而して我国の学説の謂ふ行政行為の不存在も亦、右の如き理論的観念として言はれているのではない。それは一応は理論的の観念なるかの如くに説かれてゐるが、実は実定法上の観念として、実定法上訴願又は行政訴訟の要件とせらるる行政行為の存在に対して言はれてゐるのである。故にそれが何を意味するかは何故に実定法が行政行為の存在を以て訴願又は行政訴訟の要件としてゐるかの趣旨の探究に依つて答へられなければならぬ。

而して此の点から言ふときは、行政行為の不存在とは訴願又は行政訴訟を以て争はしむるに足る事実の不存在を謂ふものである。而して訴願又は行政訴訟に於て争はるるものは行政行為の効果であるから、従つて訴願又は行政訴訟を以て争はしむるに足る事実の不存在とは、当然に、客観的に見て此の如き効果を有するらしき事実、換言すれば有効な行政行為らしき事実の不存在の意味でなければならぬので、之が我国の学説の謂ふ行政行為の不存在の真の意味なのである。

……故に此の点から言ふときは、行政行為の不存在は行政行為の無効と同じものであり、不存在は即ち無効の一場合に過ぎないので、従つて行政行為の瑕疵の効果として無効及び取消の外になほ不存在を挙げるのは実は無用のことであつて、我国の学説が之をするのは自らその謂ふ不存在の意味を深く究めないことに出る誤と考へられるのである。[36]》（傍点藤田）

(7)　行政行為論において近時注目される現象の一に、自由裁量論における、いわゆる〃法規裁量〃概念と〃自由裁量（目的裁量乃至便宜裁量）〃概念の相対化の主張がある。[37] この傾向は戦後早くより、裁判例の中に看取されていたところであったが、[38] 其の後明確にこれを支持する学説も登場するに到った。

例えば《もともと、客観的認識としては、法規裁量と自由製量とは……質的に異ったものでない》こと、又、行政行為に対する司法審査の限界を定める為の解釈論的道具概念としても無用であること、を詳細に論証した上、[39] 渡辺洋三教授は次の如く主張される。

《以上のべたことから明らかなように、司法審査の有無という問題をとくための道具概念としては、自由裁量と法規裁量との概念的固定化は十分に役立たない。……解決を迫られる実践的問題は、司法審査に服する行政権の裁量の範囲をどこに置くかというただ一つの問題にすぎない。その問題を解決するために右の二つの概念の区別づけをすることは、無意味なスコラ的議論でしかないように私にはおもえる。もしこの言葉を使うとしても、この両概念は対立概念ではないことを銘記すべきである。むしろ自由裁量というも法規裁量のわくの中の自由裁量であり、法規裁量というも自由裁量をその中に含んだ法規裁量というべきかもしれない。[40]》

又、最高裁判決も、〝法規裁量〟概念と、裁判所の審査権とは論理必然的に結びつくものではないことを示唆して曰く、

《自動車運転手の交通取締法規違反の行為が、道路交通取締法……所定の運転免許取消事由に該当するかどうかの判断は、公安委員会の純然たる自由裁量に委かされたものではなく、右規定の趣旨にそう一定の客観的標準に照らして決せらるべきいわゆる法規裁量に属するものというべきであるが、元来運転免許取消等の処分は道路における危険を防止し、その他交通の安全と円滑を図ることを目的とする行政行為であるから、これを行うについては、公安委員会は何が右規定の趣旨とするところに適合するかを各事案ごとにその具体的事実関係に照らして判断することを要し、この限度において公安委員会には裁量権が認められているものと解するのが相当である。(41)》

然して、法規裁量と目的裁量（便宜裁量）との差は本来決してカテゴリッシュな差ではなく、その性質上は、単に裁量の広狭の差という相対的な差に過ぎぬ、という指摘は、これも亦柳瀬博士が、夙に昭和一三年において明確に行なわれていたところであった。

〝ある処分が自由裁量なりや否やは、専らその処分の人民の権利義務に対する関係によって定まる〟という、美濃部・田中説を批判して博士は次の如く主張される。

《〔この所説の〕主張内容は、第一に、権利を侵し義務を命ずる処分に対しては成文法の外になほ不文の条理法の拘束が存在し、従つて仮令成文法の明文上は行政機関に裁量の自由が認められている場合にも、その裁量の内容は此の条理法の探究に在り、従つてその裁量は純粋の自由裁量（便宜裁量）ではなくて覊束裁量であること、及び第二に、此の条理法の内容は「権利を侵し義務を命ずる処分は公益上必要なる場合に限り、且公益上必要なる限度に止まることを要す」であることの二点である》が、問題

は、《右の条理法は唯単に成文法の範囲内に於て更にその裁量の範囲を限定するもの、即ち裁量権の限界を示すものたるに止まり、裁量権の否定……を示すものとは言はれない》のではないかということである。即ち《所謂羈束裁量に於て裁量の内容が何が法の要求するところなりやに在ることは言はるる通りであるが、併し今若し此の法の要求するところが単に処分の限界に止まるならば、右の裁量の外に、なほ此の限界内に於て如何なる処分をなすべきかの裁量が存し得る筈であり、而して此の裁量は明らかに便宜裁量である》のであって、《結局、その所謂羈束裁量又は法規裁量は、制定法の見地に立つ限りは制定法の範囲内に於てなほ法の拘束を受くる点に於て所謂便宜裁量と性質を異にする如くであるが、条理法を含めて観察するときは……両者の間には唯裁量権の範囲の広狭があるのみで、その間に性質上の差別を認めることは不可能と言はなければならぬ。》[42]（傍点原文）

四　(1)　さて柳瀬理論と近時の諸理論との間に右の如き対応関係が存在するという現象自体は、両者が共に伝統的な行政法理論体系に対し〝異説〟の立場に立つものであるとすれば、さほど不思議な現象ではない。奇妙であるのは寧ろ、このような対応関係の存在は、少なくとも学説成立史的に見る限り、多くの場合、恐らくはいわば偶然の結果であるに過ぎない、という事実である。[43]柳瀬博士の行政法学は、その方法の異色性、その思考の難解性等の故に、現実には、従来しばしば真に理解されることは少なかったと言うべきであり、従って又、博士の諸著作そのものが、直接にこれら新理論の形成の契機となることは、殆ど無かったと言ってよいように思われる。

しかし、少なくも右に示された如く、行政法学の最も基礎的な諸論点のいくつかにおいて、四〇年前に形成された柳瀬理論が既に、近時の諸理論の、少なくとも萌芽に類似したものを内蔵しているとするならば、博士の行政法学は、単に学説史上の異色ある一存在として行政法博物館の片隅に飾らるべきものではなく、その底に存する優れて斬新な要素を、再び評価されて然るべきものではあるまいか。少なくとも博士の行政法学は、我々新しい世代の研究者の手によって、今一度真剣な検討を行なうに値するものではあるまいか。

本稿は差当り右の如き問題意識に出るものである。

(2)　このような視角に立つとき、問題は先ず、四〇年の以前において右の如き柳瀬理論を生成せしめたものは何か、を理解することである。そしてその際、**一**において示唆された博士の〝学風〟の特殊性、すなわち人のいう〝法実証主義・論理主義〟的方法が今一つの重要な注目のポイントとなることは自明であろう。かような見地から、以下、**二**（一七七頁以下）においては、柳瀬博士の行政法学につき、主としてその方法論的見地より見た統一的解釈が行われる。次に**三**（二一七頁以下）では、このようにして理解された柳瀬行政法学につき、そこに残された問題、すなわち内在的限界が示される予定である。更に**四**（二六四頁以下）において、柳瀬行政法学が我々後世代の行政法学者に対して有する意義につき、概括的な考察が行なわれるであろう。

以下本稿は、右の如き構成を持つ。

（1）　田上穣治「法の解釈とその権能」自治研究二七巻三号九頁（昭和二六年）。
（2）　綿貫芳源「柳瀬良幹著公用負担法」（紹介批評）法学二五巻三・四号九四頁（昭和三六年）。
（3）　鵜飼信成「学説一〇〇年史行政法」ジュリスト四〇〇号四〇頁（昭和四三年）。
（4）　参照、田中二郎「行政法の基礎理論（一）――柳瀬教授の新著を中心として――」国家学会雑誌五五巻九号五二頁以下。
（5）　鵜飼・前掲四一頁。
（6）　わが国の行政法学説史上、徹底した〝法実証主義・論理主義〟を以て知られるのは、必ずしも柳瀬博士のみではない。例えば柳瀬博士の行政法学が、その徹底した〝法実証主義・論理主義〟において佐々木惣一博士のそれに近似している旨の指摘はしばしばなされるところである（例えば参照、鵜飼・前掲四〇頁以下、特に四二頁）。しかし、少なくも柳瀬博士と同世代以降における行政法学者の中には、このような意味で〃法実証主義・論理主義〃者と称さるべき者は私の知る限り殆ど存在せず、多かれ少なかれ、明示黙示に、利益考量・目的論的解釈方法を是とする者が圧倒的多数を占めている。

(7)　これらの動きがこれまでに得た成果の総決算としては、差当り、公法研究三〇号（昭和四三年）に掲載の次の論稿及び同シムポジウムを参照。今村成和「現代の行政と行政法の理論」、室井力「現代行政と行政法の理論」。

(8)　公法私法二元論に対する戦後の批判的文献については、今村・前掲一二七頁参照。

(9)　《わが国の現行実定法が、公法と私法との区別を認め、この区別に応じて、公法の規律する公法関係と私法の規律する私法関係との区別を認めていることは、否定し得ない。》田中二郎『行政法総論』二〇七頁。

《公法と私法とを区別する実定法上の意義は、およそ次の二点にある。一つは法律上の争訟に関し、行政事件と民事事件との区別の標準を明らかにするためであり、他の一つは具体的な法律関係に関し、これを規律する明文が存在しない場合に、これに適用される法及び法原則を決定するためである。》同右二〇八頁。

《公法関係に在っては国家の行為が優越なる意思の発動として公定力を有し、それが違法であることが正当の手続に依り判定せらるる迄は当然適法なることの推定をうけ公の権威を以て相手方を拘束することに於いて、殊に私法関係との著しい差異が有る。》美濃部達吉『行政法序論』三二頁。

(10)　高柳信一「公法と私法」『政治と公法の諸問題』（昭和三八年）一〇～一一頁。

(11)　柳瀬『行政法における公法と私法』（昭和一八年）七頁。

(12)　同右一一頁。

(13)　同右一四頁。本書はもと「行政法に於ける公法と私法」及び「民事事件と行政事件」として、昭和一五～一六年に亘り、雑誌法学に掲載されたものが、若干の手が加えられ、昭和一八年に単行本として発刊されたものである。

(14)　田中二郎『行政法総論』二三五頁。

(15)　同右。

(16)　杉村敏正『行政法講義総論』（上）（昭和三八年）五六頁。なお同旨参照、今村成和『行政法入門』（昭和四一年）二六頁。

(17)　田中・前掲二一五頁の表現による。
(18)　同右。
(19)　柳瀬『行政法』（角川全書9——昭和二五年）二三～二四頁。最も近くは、柳瀬『行政法教科書』（再訂版——昭和四四年）一四～一五頁、同『行政法講義』（三訂版——昭和四一年）二八頁以下等参照。
(20)　室井力『特別権力関係論』（昭和四三年）三七六頁参照。
(21)　同右四二四頁。
(22)　尤も〝特別権力関係〟なる文言そのものについては、極く稀に博士もこれを用いておられる例がある。例えば参照、柳瀬『行政法』（昭和二五年）一四四頁、二〇四頁、『行政法教科書』（再訂版）一二五頁、一八八頁。しかしその場合にも、この文言は、そこから何らかの解釈論的帰結を導くような、いわゆる〝道具概念〟として用いられているのではなく、単に叙述的な機能のみを果さしめられている。
(23)　参照、柳瀬『行政法』八九頁以下、同『行政法教科書』（再訂版）七六頁以下、等。
(24)　参照、柳瀬『行政法』二三五頁以下、同『行政法教科書』（再訂版）二一五頁以下、等。
(25)　かかる状況についての詳細は、例えば次の諸文献を参照。塩野宏「資金交付行政の法律問題㈠」国家学会雑誌七八巻三・四号三二頁以下、同「法律による行政の原理」ジュリスト三〇〇号（学説展望）七二～七三頁、成田頼明「非権力行政の法律問題」公法研究一五六～七頁、等。
(26)　杉村敏正・前掲四〇～四一頁。なお、杉村教授は、最近では、更に、《一切の公権的行政はもちろん非権力的公行政についても、法律（または地方自主法たる条例）の根拠を必要とするものと解すべきである。》と主張されるに到っている。参照、杉村『全訂行政法講義総論』（上巻）四三頁。又、同旨参照、室井力・前掲公法研究三〇号一四二頁。
(27)　参照、柳瀬「公法上に於ける契約の可能及不自由」（昭和一一年）『行政法の基礎理論』（一）二六六頁以下。
(28)　柳瀬『行政法』（昭和二五年）三四頁。最近では、同「法治国家」『行政法講座』第一巻一九二頁以下、同『行政法教科書』（改訂版）二四頁、等。
(29)　兼子仁『行政行為の公定力の理論』（改訂版——昭和三九年）四三頁。なお同旨参照、白石健三「行政処分無効確認訴

訟について(一)」法曹時報一三巻二号（昭和三六年）一六頁以下。

(30) 兼子・前掲四四～四五頁参照。

(31) 柳瀬『行政行為の瑕疵』（昭和一八年）一一七頁。

(32) 以上、柳瀬「司法裁判所の先決問題審理権」『行政法の基礎理論』(二) 七一～七三頁。

(33) ただ、この引用文にも表われている如く、博士は、公定力とは実体法上の効力ではなく手続法上の効力である、との認識から無効の行政行為にも一般的に公定力が存在するとの帰結を導かれるが、この帰結そのものは、近時の手続法的公定力説の帰結と、必ずしも合致するものではない（参照、本書後出二九七頁以下）。いうまでもなくしかし、ここで問題とするのは、両者に明確に共通している、〝実体法上の要件の存否の問題は、その認定権の存否の問題とは全く論理の次元の違う問題であり、公定力とは後者の次元の問題である〟との認識である。

(34) 兼子・前掲三四三～三四四頁。

(35) 柳瀬「行政行為の不存在」法学一一巻一・二号。柳瀬『行政行為の瑕疵』（昭和一八年）の第一章は、これを再録したものである。

(36) 柳瀬『行政行為の瑕疵』七四～七六頁。

(37) その大要については、園部逸夫「自由裁量と権利侵害行為」ジュリスト行政判例百選九九頁、田村悦一「羈束行為と裁量行為の区別の標準」ジュリスト三〇〇号（学説展望）八九頁、等参照。

(38) 参照、雄川一郎「最近における行政判例の傾向 (二)」法律時報二七巻八号（昭和三〇年）八七頁。

(39) 渡辺洋三「法治主義と行政権（下）」思想四一九号（昭和三四年）八一頁以下。

(40) 同右九五頁。なお、これを支持するものとして、参照、杉村敏正・前掲(中)三四頁、室井力・公法研究三〇号一五三頁、等。

(41) 最高裁判所昭和三九年六月四日判決、民集一八巻五号七四八頁。

(42) 柳瀬「自由裁量に対する疑問」『行政法の基礎理論』（一）二一二～二一六頁。最近では、柳瀬『行政法教科書』（再訂版）一〇三頁。

（43） もとより、新理論の提唱者において、本文に示した如き対応関係につき、これまで明確な指摘が全く為されなかったわけではない。例えば(1)について高柳「公法と私法」一四頁・一五頁、(5)について、兼子・前掲四四頁以下等。しかし、その他の論点については、この如き指摘は必ずしも見られない。又、右の如き指摘が為される場合も、当然のことながら、それはいずれも当該論点のみに関する個別的な指摘に止まっており、本文に掲げた如く総合的な見地から、柳瀬博士の行政法学と戦後の新理論との間に存する共通性（少くとも類似性）が指摘された例は、私の知る限り存在しない。

二 柳瀬博士の行政法学の基本的構造

一 (1) 柳瀬博士の行政法学の根底を一貫して流れるのは、何よりも先ず、その〝学者〟としての明確なエトス、すなわち〝自分は学問をするのだ〟という凄まじいまでの自覚である。しばしば〝異色〟と称されるその方法論について柳瀬博士が自らその立場を明らかにされる左の叙述は、一読する者に一種異様な感銘を与える。

《わたくしがこれまで法律の解釈について、主として法実証主義若くは論理解釈、或はもつと悪名を附するならば概念法学のような立場でものを言つて来たことは……殆どすべての同学の人々から事ある毎に指摘されて来たところで、又わたくし自身も充分承知してゐるところである。のみならずそういふ解釈の仕方ではその得た結果が実際に都合のよくないことも、わたくしは経験上知つてゐる。而もそれにも拘らず、わたくしがなお依然としてこの殻に閉ぢ籠つて、それに対する目的論的方法や自然法的な考え方をとらないのは、実を言へば、恥かしながらわたくしにはそれらの方法が法律解釈の方法として成立つわけが未だに呑込めないからである。一体、目的論的解釈でいふ目的とは何であるのか、その目的の普遍妥当性は何に依つて保障されるのか、又その目的は如何にして規範としての法の意味と結びつくのか、それよりも、抑々目的論的解釈といふものそのものがどういふ理由で法律解釈の必然の方法であるのか。これらの疑問は今でもわたくしには疑問であつて、即ちわたくしには目的論的解釈というものの法律解釈の方法としての論理的或は哲学的基礎が未だにわからないのである。それをわからうとして少しはそういふことを書いた書物も読んでみたが、多少の教へられるところはあつても、根本は皆目的論的解釈を頭からよいものと定めてかかつた独断であつて、こういふ方法をとらなければこういふ不都合が起るぞといふ説教にすぎず、この方法そのものの基礎を説き明してくれたものはなかつた。そしてそれがわからない限り、わたくしには、わたくしを法実証主義乃至概念法学として貶め、自らは目的論的解釈とか自然法とかいふ優秀な方法を用ひてゐると称する同学の人々の言ふところも、失礼ながら要するに一種の気分法学であり、ラバントの所謂凡庸な場当り政策論や浅薄な合目的論 (banale Erörterungen der Tagespolitik, oberflächliche Zweckmässigkeitserwägungen)、或は寧ろ目的なき目的論 (Teleologie ohne Zweck) ともいふべきものにすぎないように思はれる。わたくしが所謂判例批評を嫌忌するのも主としてこのためであつて、若しもわたくしが裁判官或は弁護士であつたならば、わたくしもまた躊躇なく目的論的解釈の陣営に投じたであらうし、又そうしなければ恐らく一日も職務は勤まらなかつたであらう。けれども、学者は裁判官や弁護士とは違ふ。学者としては、その理論上の根拠が納得が行かないのに拘らず、ただその結果が実際に都合がよいといふだけの理由でその方法に走ることは決してその職に忠なる所以ではあるまい。かく考へて、わたくしは今日に至るまで、種々の悪名と嘲笑とを堪へ忍んで、少くともわたくしにはその権利根拠の確実と思はれる論理的操作の中に蹰踏してゐるのであつて、従つてわたくしから言はせれば、わたくしが目的論的解釈とか自然法とかいふ方法をとらないのは、実はとらないのではなくて、とれないのであり、そしてそれは、一面から言へば、無論わたくしの学問的無能の結果に違ないけれども、同時に、一面では又、わたくしになほ若干の学者的良心のある証拠と言つて言へないこともあるまいとわたくしは考へてゐるのである……(1)》(傍点藤田)

(2)　柳瀬博士がその行政法学において、根本的な目的として来られたのは、この意味において、実定行政法についての〝学問〟をすること、そしてとりわけ、その目的とするのが法解釈学としての行政法学である限り、それは〝実定行政法の有している真の意味を客観的に認識すること〟であった。

(a)　博士の行政法学の出発点は、次のように実定法には必ず一つの意味がある、との前提である。

《わたくしが……述べたことの第一は、憲法にしても、法律にしても、とにかく法の意味といふものは常に必ず一つに限り、二つあるべきものではないといふことであつたが、これは幸に教授(田上博士――藤田註)もまた承認せられるところであるらしい。即ち教授は、「法の意味が何であるかを決する解釈が、単に論理によるか又はいわゆる目的論的解釈が許されるかは暫くおき、それは与えられた法の意味を正確に認識することであつて、新な意味を創造することではなく、従つて正しい解釈により発見される法の意味は唯一でなければならぬ」と言はれてゐるが、それは恰度わたくしが……「その際この喰違ふ二つの解釈の何れが真に法律の意味であるかを如何にして確かめるかはここに立入る限りではない」と言つたのと同じことで、法の本当の意味が何であるかをどうして知るか、又そうして知られたところの本当の意味がどんなものであるかといふような問題は姑く別として、凡そ法には必ず一つそれの本当の意味があり、而もそれは常に必ずただ一つでなければならぬといふことは、教授もまた承認し、その議論の出発点とせられるところであるように見える。[2]》

このようなものとしての実定法の真の意味は、従って、解釈者の立場の如何、世界観の如何等により異なり得べきものではない。《法の意味といふものは、それが客観的に明瞭である場合にもそうでない場合にも、解釈を俟たずして既にいはば先験的に定まつてゐると考へられる[3]》のであり、実定法の意味について、二つ以上の解釈が対立しているとき、その一が正しい解釈であるとすれば、他は必ず誤りでなければならない。[4][5]

博士によれば、法解釈学としての行政法学の任務は、実定行政法規の有している、右の如き真の意味が何であるかを、客観的に認識することである。行政法学者の任務は、弁護士のそれの如く、ある特定の利益の為に奉仕すべきものではなく、裁判官のそれの如く法秩序の維持或いは紛争の解決という公益の維持を直接の目的とすべきものでもない。いわんや立法者又は評論家として、あるべき法が如何様なものであるかを論ずべきものでもない。

(b)　〃法治行政〃と〃法の支配〃の関係をめぐる、辻清明教授と柳瀬博士との間の著名な論争は、行政法学者としての柳瀬博士の右の如き基本的立場を、明確に示した一例である。

〃日本国憲法が採用しているのは単なる「法治行政」ではなく「法の支配」である故、この二つのものは明瞭にこれを区別し、単に「法治行政」に止まらず、進んで「法の支配」の実現に努力しなければならぬ〃という、辻教授の行政法学批判(6)に対し、いささかの動ずることもなく柳瀬博士の行なわれた反論は、辻教授のいわゆる「法の支配」の原則の内容は、その大部分が行政法学の問題でなく、憲法或いは立法政策論の分野に属する問題であり、従って、行政法学者として取り上ぐべき問題でない、との主張(7)であった。

柳瀬博士にあっては、例えば、「法の支配」の内容の一とされる〃法の同一、即ち如何なる人もすべて同一の法に依って支配せられ、同一の裁判所の管轄に服すること、の要請〃について《それを客観的の事実として述べるのではなく、ダイシーの如く個人の自由を保障するために必要な原理として述べるにおいては、それは最早事実の客観的な認識を任務とする理論学たる法律学の埒を越えて、一定の価値の立場からする主観的・実践的な立法政策論の領域に入ることになる》から、かかる見地からの叙述は為されないのである(8)。又、〃法の支配は人々がそれぞれの時代で合理的と考える社会規範を国家規範ならしめる原理であり、そこでいう法は権力客体としての市民の正当な理性を満足させるだけの内容を含んでいるべきもの〃という辻教授の結論に対しては、行政法学者としての柳瀬博士は次の如く答えざるを得ない。

《それは要するに国会はその立法権を正しく行へといふ、敢て日本の新憲法に限らず、凡そ国家あるところ何処でも認められる極めて当然のことの説教であり、その客観性の決して証明されていない一つの価値判断を前提に置いての一種の時事評論といふべきものではないかと筆者には思はれるのである。……そして教授のいふ「法の支配」は、右の如く、……その価値判断についての原理なのであるから、それを論ずることは正に立法政策論又は法律哲学の任務であつて、教授の筆者に対する批評が若し筆者にその点についての論述のないことを責められるのであるならば、単なる一行政法の専攻者にすぎない筆者には、ただ謹んでそれを返上するより外に方法はない。(9)》

(c) もとよりしかし、行政法学者は実定法に対する価値判断をしてはならぬということは、あるべき実定法を追求する政策論自体が、現存する実定法を客観的に認識する作業よりその意義において劣ることを意味するものではなく、又、柳瀬一個人がこの如き政策論を行なってはならないことを意味するものでもない。博士が主張されるのはただ、両作業の混同を避けるべきことであり、右の如き政策論それ自体は、決して〃実定法の真の意味〃を客観的に認識する作業としての性質は持ち得ない、ということのみである。

《理想は理想として何処までも追求すべきであるが、併し理想は理想の性質として常に事実の上に実現せられてゐるとは限らない。それ故、理想は追求すべきであるといふこととそれが現実に事実の上に実現せられてゐるかどうかといふこととは、われわれは厳重に区別して、決して混同してはならぬといふのが、……わたくしの述べた主旨であつたのである。従ってそれは決して理想の追求を断念したものでないことは勿論、実定法に対する価値判断を超法学的の問題としたのでもなく、わたくしの言はん

と欲したのは、ただ実定法に対する価値判断と実定法そのものとを混同するなからんことにすぎなかつたのである。[10]》

理想と現実とを区別すべきことの強調は、むしろ、理想と現実とを一致せしむべき努力を承認し、《そのような努力のもつ意義を明らかにして、これに確乎たる基礎を与えよう[11]》とする意味を持つものである。柳瀬博士の行政法学はかくて必ずしも実践よりの逃避と同意義ではなく、一面において、むしろ、実践を有効ならしむる為の〝禁欲〟である。

(3)　実定法の真の意味は一つであり、二つ以上対立する解釈の一が正しければ、他は必ず誤りであるものとすれば、これら複数対立する解釈の中で、ある一つが正しいということは、どうして定まり得るのであろうか。行政法学者が、自己の見解を正しい解釈として主張するとき、己れの説が正しいという保障は何処に求め得るのであるか。ある解釈を正しい解釈であると認め得る為には、その《権利根拠[12]》が明確でなければならないことは自明である。

(a)　柳瀬博士がその諸業績の多くにおいて、三〇年の余に亘り行われて来たことは、主として、まさしくこの意味での、学説の〝権利根拠〟の追求、すなわち、行政法学上の諸理論・諸命題が、果して客観的な真実として〝学問〟の名における厳しい批判に堪え得るかどうか、の吟味であった。

その名もまさしく「行政法の基礎理論」なる、初めての論文集の序文において、博士は次の如く曰く、

《本書に収めた論文の直接の題目とするところは、無論それぞれに異なつているが、それ等を通じて著者の努めたところは現在の行政法の諸の理論の基く基礎を確かめ、その妥当の範囲を明かにすることに在つた。蓋し、著者は学問の任務は既に真と認められた命題から下つて日常の問題を解決することよりも寧ろ遡つて之等の命題に就て反省し、その真と考へらるる所以の根拠を吟味しその限界と要約とを明確にすることに在り、之に依つてのみ学問の進歩は期し得らるるものであることを信じたが故であ

る。(13)》

(b)　ところで、戦後日本国憲法の施行は、わが国の精神界を解放し、そこにはあらゆる思想、あらゆる学説が百花繚乱の態を示すこととなった。行政法学界においてもこのことは同様であるが、柳瀬博士はしばしばここに、学説として無責任な、喜びの余りの感情論の存在を見られる。

《民主主義と地方自治との間には論理的に如何なる関係があるか。即ち具体的に言へば、民主主義はその概念上当然に地方自治を要求するものであるか否か、又地方自治を否定することは当然に民主主義を否定することになるか否か。この問題については、現在日本の識者の意見は殆ど例外なくこれを肯定することに一致しているように見える。例へば雑誌ジュリストの二月一日号の「私設法制意見局」といふ欄を見ると、綿貫教授に依つて「大体日本の行政官等の実務家及び行政法学界でも支配的な意見」として極めをつけられたこの意見には、民主主義と地方自治とが殆ど同義語の如くに用ひられて、例へば、憲法第八章は「中央集権的な官僚政治を打破し、地方分権的な民主政治を確立しようとするものである」とか、旧府県が「官僚知事の支配する団体であつたこと、而してそれがわが国の民主政治の基礎を培う上に大きな障害となつていた」とか、府県を「完全な自治体たらしめることによつて、地方分権民主政治の基礎を固めようとした」とか、更には、「地方自治の本旨を実現することこそ、民主政治の基礎を培うゆえんであり、地方自治の基礎を培うことなくして民主政治を確立することは殆ど不可能」であるとか、府県を廃止することは「地方自治の本旨の実現を妨げること」で、「これは憲法全体を貫く民主政治の基礎を危うくするもの」であるとかいふ類の言葉が、夜空に燦めく星の如くに、反覆して無数に散乱している。而もこれはただ一例であつて、かかる類は他にも探せば限りがないのであるから、若しも衆口金を鑠かすといふことが真実であるならば、この問題の如きは今日ではこれら識者の一致した発言に依つて夙の昔に既に決定済みの問題と言はなければならぬもののようにも思はれる。

而もそれにも拘らず、今ここに改めてこの問題をもち出すのは、蓋し、右のジュリストの例でもわかる通り、これら識者の言ふことは、露骨に言へば、地方自治イークオール民主主義であるとか、民主主義マイナス地方自治イークオール零であるとかいふ趣旨のことを、ただヒステリカルにいはば絶叫するだけであつて、それが如何なる意味においてそうであるのか、又如何なる理由でそれがそうと認められるのであるかについては、一言の説明も聞き得ないのが普通であるからである。第一、彼等がかく言ふのは、歴史上又は経験上そうであつたといふのであるか、それともその本質上又は概念上そうでなければならぬといふのであるかさへ、更に明瞭でない。それ故、姑くそれらの絶叫から離れて、民主主義と地方自治との間には果してそれら識者の言ふような必然不可離の関係があるか否か、若しあるとすればそれは如何なる意味においてであるかを静かに考へてみることも、決して無用の業ではない……。[14]》（傍点は藤田）

(4)　行政法学上のある命題が客観的に真であることの〃権利根拠〃、すなわちある解釈が正しい解釈であることの保障は、それでは一体如何にして与えられ得るのであろうか。

柳瀬博士の行政法学の方法的異色性と通常称されるものは、疑いもなく、まさしく右の問に対する明確な解答である。

(a)　本章冒頭に掲げた引用文[15]に既に明らかな如く、実定法の真に正しい意味は如何にして認識され得るか、という問題に対しては、博士の立場は、基本的に懐疑主義である。ある実定法の真の意味につき複数の解釈が対立しているときに、その中のいずれが真に正しい解釈であるかということは、博士にとって究極的には解らない。そして究極的には解らないものである以上、差当って〃少くもこれだけは客観的に確実〃と思われるものに、最も〃権利根拠〃あり、と判断せざるを得ない。すなわち、いわば〃目に見え、手に触れ得るもの〃としての実定法と、何人の主観をも交えぬ厳密な論理操作とに基づく解釈とがそれであり、すなわち、実証主義と論理主義に基づく解釈がそれである。

(b) 柳瀬行政法学の方法の特殊性といわれるものは、専ら、認識の客観性を最小限度保障しようという、その学者としてのアスケーゼの表現以外の何物でもないのであって、従ってその《実定法の極めて正確な読み方》・《論理的一貫性を強調される》という特色を《行政に対して法治主義又は法治国家の原則を厳格に守ろうとする点に主たるねらいがある》為、とする理解[16]にあっては、博士の行政法学の意味は全く見失われてしまっている。柳瀬博士の方法は、実践的にいわゆる〝法治主義〟の原則を守るか守らないかということとは差当り全く無関係であって、いわゆる〝法治主義〟のモデルが実定法上実現されているところでは、その行政法理論はまさしく〝法治主義〟に則したものとなろうが、〝法治主義〟が実現されていない社会にあっては必然的にその逆とならざるを得ない。

《併しながら、そのような知覚に依つてはその存在することを認め得ないがしかも実際に存在しているという如きものは果して考え得られるであろうか。そのようなものの存在を信仰するのならばともかく、果して理性に依つて表象することができるであろうか。[17]》

そして博士の場合、解釈論としての行政法学は実定行政法が何であるかを認識しようとするものであるとされる以上、その実証主義はすなわち法実証主義となるのは当然である。

二 (1) 実証主義とは、〝目に見え手に触れ得〟ぬもの、すなわち人間の感覚によって直接に知覚され得ぬ実在の認識可能性を否定する認識方法であると言うことができよう。

(a) 昭和九年「既得権の理論」[18]は、しばしば語られる〝国権の一般的限界〟としての〝既得権〟なる概念、及びこの意味での既得権の〝不可侵論〟について、《此の原則の性質及び内容、並にそれが理論上支持し得べきものなりや否や[19]》について論じたものであるが、その結論として述べられるところは、法実証主義者柳瀬良幹の立場を、その二〇代の終りにおいて夙に明確に示すものであった。

《既得権の理論はその性質上必然にユス・エミネンスの思想を伴ひ、その根柢に於て及びその展開に於て、アンシユツの指摘する通り、表面の言辞の如何に拘らず自然法思想の遺児であり、自然法の思想を基礎として始めて存立し得るものである。[20]》《すべての権利は法に基き、法は国家の所産である。国家を離れては法もなく、固より権利もない。故に一切の権利は国家の意思を以てその存立の根拠とするもので、従って国家が之を認むる限度に於てのみ存在すべく、国家の意思が権利の限界であり、如何なる権利も国民の意思の表明たる立法に対し其の独立の存在を主張し得べきではない。のみならず此の関係は行政権に就ても異なるところはないので、行政の作用と雖も、それが法律の根拠に基く限り、換言すれば法律に拠る行政である限り、それは法律そのもの即ち国家の意思の直接の表明として法律と同地位に置かるべきであり、かかる適法の行政作用に対しては、既得権は法に対すると同じく、何等自己の存在を主張し得べきではない。……即ち換言すれば、立法及び行政は、その適法なる限りすべての権利に対して万能の力を有するものであつて、従つて之等の権力に依る権利の侵害は、法の見地に立つ限り、常に適法にして正当であり、従つて又法の自ら認むる場合の外、賠償の問題の生ずる余地は存在しないのである。[21]》

法実証主義の立場からは、このように、〃国権の一般的限界〃としての〃既得権〃の概念は否定されざるを得ないが、しかしこのことは、歴史的に既得権理論が問題として来たこと自体が無意味であることを意味するものではない。すなわち《抑々右の如き法の見地から見て適法正当の行為は法以外の見地から見ても常に同様であらうか。形式的には適法正当な之等の行為が実質的には不正義であり、不正である場合はないであろうか。ｅｔｃ》の問題は依然として残存するのであって《之が解答はなほ別に考へられねばならぬところである。[22]》ただ、博士によれば、これらは、実定法の客観的認識を任務とする解釈学としての行政法学が、実定法として主張し得るところではないのである。

(b) さて、例えばワイマール末期ドイツ公法学の趨勢は、法実証主義思考に対する熱烈な諸批判の登場によって特徴付けられる。[23] E・カウフマンによって明確にその口火を切られたこのアンティ実証主義思考は、実定法以前に超実定法的な〝法〟の存在を認める点において一種の自然法思考に立つことを自認しながらも、同時に他方で、この〝法〟は現実に活きて客観的に実在するものである点において、古き時代の合理主義的自然法論とは異なり、単なる主観的思弁や個人的恣意ではない旨を主張していた。[24]

カウフマン、ホルシュタイン等のいうこのような〝客観的新自然法〟なるものを評して柳瀬博士は曰く、

《併しながら、ホルシュタインの解釈は一応首肯出来るとしても、それがためにはなほその謂ふ「法の理想」又は「精神史」の客観的実在性を証明することが必要であらう。例へば、カウフマンは平等の内容として制度的正統性の観念(institutionelle Legitimitätsvorstellung)を挙げるが、之も亦科学的にその客観的実在性を論証しない限りは結局一の言葉に止まるであらう。カウフマンが自説の根拠を説いて、法的現象の背後に存する或るものに対する自覚(Besinnung)であると言ひ、実定法の背後に在るものが実定法に劣らず実在であり、否それこそ真の実在であるとの確信(Überzeugung)であると言ふが、かかる自覚や確信がそのままでは直ちに学問的認識ではあり得ないことは言ふまでもない。茲になほ法実証主義の割込み得る間隙があり、例へば「法の理想」や「精神史」は実は論者の主観的独断や実践的意図を裹むヴェールであり、此の如き方法は一個の形而上学の代りに相対立する無数の形而上学を生み、客観的にして一義的な一個の自然法の代りに相異なり相対立する無数の自然法の発生を結果し、科学的認識の代りに架橋不能の信念の対立に終るであらうといふケルゼンやアンシュッツの批難にも、未だ必ずしも充分に答へ得たとは信じ難いと思はれる。[25]》

(2)　ところで柳瀬行政法学の類稀なる特色は、右の如き法実証主義の要請を、抽象的な要請一般に止めることなく、行政法学上の具体的諸問題において徹底的につきつめようと少くも努力されたところに存在するというべきである。

その研究生活の当初において博士が専心されたのは、ドイツ或いはわが国の公法学・行政法学において、一般的に自明のこととして前提されている諸々の理論や概念が、果して実際に、現実の実定法上に根拠を持ったものであるかどうかの、徹底的且つ具体的な検討であった。

(a)　夙に昭和九年、「道路隣地者の求償権」[26]において、ドイツにおける諸理論を分析検討した末の博士の差当っての結論は、〃結局この問題は公法上の損失補償の理論に依って説明する外ない〃ということであったが、同時に強調されたのは、《此の理論に就ては、単にその理論として正当なることを証明する外、何等かの形に於てその原則が実定法上に認められていることをも実証しなければならぬこと》であった。[27]

そしてかかる見地より行われた、この問題についてのドイツ及びわが国における実定法上の根拠の、詳細且つ具体性を極めた追求は、[28]《隣地者の損失は今のところ全く救済の途が存しない》というその結論に[29][30]万金の重みを与えているものであり、同時に又、爾後の博士の学風を、明確に方向付けているものである。

(b)　又、昭和十二年「警察権の限界」[31]も、この意味において柳瀬行政法学を代表する業績の一である。

わが国行政法学の通説は、法令に依る警察権の授権が無条件である場合、或は授権の条件が多義的であるような場合にも、その特権の範囲は決して法令の明文の示す全般に亘るのでなく、法令の明文の外になお、実定法上一定の不文の限界があることを主張する。そしてその限界の内容が何であるかに就いても、ほぼ通説の説く所は一致している。しかし一体、果してこれはわが国実定法上の真実と言えるのであろうか？

《警察権の限界は、以上の如く、法令の明文の外になほ不文の条理法の存在を主張するものであるから、それに就ては当然に、此の条理法の内容の外に、その根拠即ち如何にして此の如き内容の条理法の存在が推論し得られるかの点を論ずることが必要である。然るに我国に於ては、学者の説くところはその内容に就ては詳細を極むるに拘らず、如何にしてかかる条理法の存在が認められるか、又何故にその条理法がかかる内容のものと考へらるるかの根拠の問題に至つては、殆ど満足すべき答を与へられない。少くとも一二の例外を除く外は、単に「警察作用の本質に基く」の一言を以て論じ去るのが寧ろ通例である。而して此の如き論法が根拠の説明として意味をなさないことは言ふまでもないところで、本稿の目的は要するに此の点に関して与へられた従来の解答に就て考へらるる疑問を述べて見ようとするものに外ならない。[32]》

このような問題意識に基づくわが国の実定法の詳細な検討は、[33] 博士をして、結局通説の説くような警察の限界論は《信教の自由に関する憲法の規定（二八条）の趣旨を拡張することに依ってのみ解決が可能[34]》という結論に導くこととなる。[35][36]

(3) 本稿冒頭に掲げた諸論点における、柳瀬博士の〝異説〟的立場も亦、多くはその最も基本的な基盤を、何らかの形で、このような実証主義的思考に置くことによるものである。我々はこのことを、(a)公法私法論、(b)全部留保論、(c)手続法的公定力論、の三点において、明確に洞察することが出来る。

(a) 公法私法論議において、その方法的反省の要を説かれ、とりわけこの問題については、公法と私法の〝理論的な（あるいは本質的な）区別の問題〟と〝技術的（あるいは制度的な）区別の問題〟とを明確に区別して考察せねばならぬことを指摘されたのは、宮沢俊義博士であるが、[37]「行政法に於ける公法と私法」なる柳瀬博士の論稿は、宮沢博士の右の指摘に触発され、《教授の右の方法に従つて行政法学上に於ける公法・私法の観念を見直して見よう》との

意図の下に書かれたものであった。(38)

(aa)　この論稿において柳瀬博士は、行政法において公法・私法の概念が用いられるのは三つの場合、すなわち、第一に、行政法学の対象としての〝行政法〟の範囲を示す為に〝行政法ハ公法ナリ〟といわれる場合、第二に、行政のある作用につき、適用せらるべき法規の決定の標準として用いられる場合、第三に、司法裁判所と行政裁判所の裁判管轄の区別を示すものとして用いられる場合、である、との前提に立ち、それぞれの問題について、そこでいう〝公法〟とは何か、を徹底的に追求される。

ところで先ず公法・私法の別が問題となる場面を、このように三つに分って整理しようという問題意識自体、既に博士の実証主義的志向の表われであると言える。

通説は、実定法を、〝私法原理〟の支配する〝私法体系〟と〝公法原理〟の支配する〝公法体系〟の二体系によって構成されるものと想定し、この二体系が三つの側面において顔を出す、すなわちこれら三つの問題は、実定法に内在するこの二体系の存在を外からうかがうのぞき窓の如きものであると考える。(39)このような思考に対して柳瀬博士は統一的な公法体系と私法体系の存在ということを漠然と想定する前に、先ず、両者の区別が明確な形をとって現われる問題毎に、そこでいう公法・私法の概念が何を意味するものであるかを検討し、そしてその結果、それらが果して同じ内容のものであるかどうかを検討して行くという手順を踏むことこそ、(40)実定法上の公法・私法の別を認識する〝学問的〟な方法である、と考えられたのであった。

(bb)　同論稿の第一の結論として述べられる、〝特定の関係に適用すべき法規の決定の基準の問題は、公法私法の概念と無関係である〟との主張、そしてその論拠の一として語られる、〝各個の法規の意味は各個の法規自身に於てそれぞれに定まっているのであり、決して公法原理又は私法原理からそれに属する法規の意味が生じ又は決定さるるものではない〃という命題、等も亦、まさしく同様の思考の表われである。

〃公法原理〃の支配する〃公法関係〃と〃私法原理〃の支配する〃私法関係〃の二体系の対立を想定する通説においては、あらゆる個別的法規はこのいずれかに属し、その内容はいずれかの原理によって支配されたものとなるのであるから、ある関係に適用されるべき法規が公法法規・私法法規のいずれであるかが決まれば、当然に、そこで適用さるべき法原理（一定内容の公法原理・私法原理）が定まって来ることになる。しかし、このような二体系の対立をまず前提し、それが各個の法規において眼に見える形になって現われる、という思考をとるのでなく、まさしく眼に見え手に触れ得る各個の法規を、先ず認識の出発点とするとすれば、通説の論法は論理の逆転であることになる。(41)(42)

博士の右の公法私法論に対し当時寄せられた批判につき、博士は自ら次の如く語られる。

《此の結論に就ては、著者は当時好意ある先輩から、或は所謂分析判断と綜合判断との区別を説いてその蒙を諭され、或は著者の考は余りに自然科学的の考へ方に偏するとの批評を与へられた（恐らく著者が各個の法規の意味のみを認めて全体としての法秩序の意味を認めない点を指されたものと思ふ）。之等の忠言や批評は固より著者の感謝を以て服膺するところであるけれども、而も公法・私法の観念に関する限り、著者の如き意見もなほ成立ち得る余地があると思はれるので、敢て改むることをなさなかつた。(43)》

ここで《分析判断と綜合判断との区別》といわれるものが具体的に如何なることを意味しているかは必ずしも明確でないが、《余りに自然科学的の考へ方に偏する》とは、とりもなおさず〃余りに実証主義的の考へ方に偏する〃の意であることは自明である。しかし、博士の場合、認識の客観性を保障せんとする意図を貫く限り、(44)その立場は徹底

した実証主義でしかあり得ないことも亦自明であったというべきであろう。(45)

(cc)　ところで鵜飼信成博士は、柳瀬博士の公法私法論に、その実証主義の表われを見出されるが、昭和初期のわが国においては、かかる立場は実定法秩序の分析にとって不充分である、とされ、通説を代表する田中二郎博士の公法私法論の方が、より《批判的》である、と述べられる。(46)

〃より《批判的》〃なる表現が、ここでどのような意味を有するのかは、必ずしも明確ではないが、若しそれが、〃実定法秩序に対し実践的に批判的な態度〃の意味であるならば、これは、そのままでは、柳瀬博士の公法私法論に対する適確な批判とはなり得ない。柳瀬博士の実証主義は、実定法を客観的に認識しようとすればこその実証主義であって、客観的に認識された実定法をどう評価し、これにどのような態度を取るかということは、差当ってこれとは全く別の問題であるからである。(47) 実定法を客観的に認識するという観点からするならば、自己の認識能力に厳しい反省を加え〃目に見え手に触れ得る〃個々の法規にのみ認識の客観性の保障を見出す博士の実証主義は、寧ろ〃より批判的〃な認識態度であるのであって、自己の認識能力につき無反省な通説こそ〃無批判〃であることになる筈である。

柳瀬博士の実証主義を批判しようとするならば、博士の方法は実は決して認識の客観性を保障するものでないことか、或いは、博士の法実証主義が、認識論上の法実証主義に止まらず、同時に実践論上の法実証主義ともなっていることを論証しなければならない。(48) 鵜飼博士の右の批判を意味あらしめようとするならば、少くともこれだけの前提は不可欠であると思われる。

(b)　柳瀬博士の〃公法上に於ける契約の可能及不自由〃なる論稿(49)は、〃公法上の契約〃なる法現象が、論理的には存在可能であること、しかしわが国の実定法上はその締結が自由でないこと、を論証しようとされたものであって、(50)

近時ではこの論稿は、法律の留保の原則との関係から、明治憲法下において夙にいわゆる〃全部留保〃理論の立場を明確にしたもの、と評価されている。[51] 然してこの〃公法契約不自由論〃延いては〃全部留保理論〃も亦、根本的には、博士の実証主義的批判意識より産まれたものと言うことが出来る。

この論稿において博士が繰返し強調されたのは、公法上の契約が理論的に存在可能であるということは、決して、直ちに実定法上その締結が許されていることを意味するものではない、ということであった。

《公法上契約が可能なりや否やの問題は公法上契約が自由なりや否やの問題と区別することを要する。何故ならば、前者は、右の通り、一般に公法関係の本質が契約と相容るるや否やの問題であり、後者は、之に反し、その相容るる契約に就て現行公法が如何なる規律を加へてゐるかの問題であるからである。……即ち第一の問題は……純粋に理論上の問題であつて、従つて実定法の規定如何に拘らず、苟くも統治の関係即ち公法と私法との区別の存在する以上、常に起り得る本質的な問題であるに反し、第二の問題は、右の如く、謂はば理論上又は観念上可能な契約に対し現行公法が如何なる原則を立ててゐるかの問題であつて、問題の性質上当然に現行実定公法を前提とし、謂はば実定法の解釈の問題であり、従つて実定法の規定如何に依り一掃せられ得るところであつて、前者の如く公法関係に本質的に随伴するものではないのである。公法上に於ける契約の可能の問題と自由の問題とは時として相混淆されるが……此の二の問題は、前述の如く、性質を異にし、混同すべからざるものである。[52]》（傍点原文）

博士はかくて、公法上の契約の自由を説く論者が、しばしば、純粋に〃理論上〃の問題を直ちに〃実定法上〃の存在と結びつけ、必ずしも実定法上の明確な根拠無しにわが国実定法上の契約の自由を結論していることを批判し、[53] まさしくわが国実定法上の原則としてこそ、公法上の契約の不自由なる原則（結果的に又、全部留保原則）の存在を認識されたのである。[54]

《唯茲に注意すべきは、公法上契約の不自由なることは右述ぶる如くであるが、之単に現行公法の規定であつて、公法及び契約の本質上当然に然るのではないことである。……故に現行の規律を改めて、公法関係に於ても私法と同じく契約自由の原則を採用することは固より立法者の自由になし得るところである。[55]》

従って又、博士の主張される公法上の契約の不自由乃至全部留保理論を真に反駁する為には、博士の右の如き実定法の〝客観的認識〟が誤っていることを、〝実証的に〟証明せねばならないのであって、例えばこれを〝近代法治国思想一般と一国におけるその具体的実現形態如何とを混同するもの〟と評したのでは[56]、博士の真意は全く理解されていないこととなる[57]。

(c)　田上博士よりの批判[58]に答えてものされた、柳瀬博士の「実体法の世界と手続法の世界」「実体法と手続法再論」の二論稿[59]は、博士の方法論一般の理解の為にもすこぶる興味深いものを内蔵するが、差当ってそれは、博士の手続法的思考、例えばいわゆる〝手続法的公定力説〟なるものが端的にその実証主義的思考の帰結であることを明確に示す点において、特に我々の注意を惹く。

柳瀬博士が、〝実体法上の無効とその認定権の所在如何は全く別問題である〟というその手続法的公定力理論に到達されたのは、博士自身の説明されるところによれば、次の如き法現象の存在に着目されたことに基づく。すなわち、その一は判決の拘束力の問題であり、二は裁判所の違憲立法審査権の制度であり、三は職務命令への服従義務の問題である。

(i)　《余をして右に述べた如き考を起さしめるに至つた事実は数々あるが、その第一は判決の拘束力の問題であつた。即ち抑々裁判所において判決が下されたときは国民はこれに服従せねばならぬことは何人も心得てゐるところであるが、これは一体何の理由に依るのであらうかといふ問題である。而してこの問題に対する恐らく最も素朴にして常識的な解答は、判決は法律の執行であるからといふことであらう。即ち国民は法律に服従する義務がある。然るに判決は法律の解釈適用であり、法律そのものである。されば法律に服従する義務がある国民は当然に判決にも服従する義務があるといふのがその論理である。併しながら、事実は果してそうであらうか。判決は常に法律の解釈適用であり、法律そのものであらうか。これに答へるには多くを言ふ必要はない。所謂判例批評の世に行はれる事実と上級裁判所の判決が下級裁判所の判決を破毀する力を有する事実との二つを想起すれば充分である(60)。》

(ii)　《次に余をして最初に述べた如き考を起さしめるに至つた他の一つの事実は、所謂裁判所の違憲立法審査権の制度である。この制度は、言ふまでもなく、憲法の意味について国会の制定する法律に現はれたその解釈と裁判所の下す判決に現はれたそれとが相齟齬する場合において、後者に優越の力を認めようとするものであるが、これまたその根拠がそれが憲法の正しい意味であることにあると考へては解すべからざるものである。何故ならば、憲法の規定の意味は固より一にして二あるべきものではなく、これを解釈する人に依つてそれぞれ相異なる如きものであるべき道理はない。されば国会の言ふそれと裁判所の言ふそれとが相齟齬する場合には、必ずやその一方だけが憲法の意味で、他方はそうでないこととならなければならぬ。而してこの際にもまた、裁判所の言ふところのそれが必ず常に憲法の意味であることの保障はこれまた何処にもないからである。寧ろ反対に、三人寄れば文珠の智慧との俗諺のある通り、仮令一方では群羊一虎といふ言葉はあるにしても、僅に数人乃至十数人の判事の合議の結果たる判決よりも数百人の議員の時には格闘まで交への討論表決の結果たる法律の方が憲法の本当の意味であることの蓋然率が高いと考へるのが数理上の常識であらう。即ちこの場合にもまた、裁判所の違憲立法審査権の根拠をそれが憲法の正しい意味であることに求める限り、事態はやはり解すべからざる矛盾に陥る(61)。》

(iii)　《更に眼を転じて行政法の方面に移すときは、ここにもまた随所に同様の事実を見るのであるが、例へば職務命令に関する通説の如きはその顕著な一例である。

即ち通説は職務命令について説いて曰く、職務命令が有効であるためには云々の要件を具へなければならぬ、と。而して此の如き要件を具へない職務命令は無効であるから、官吏はこれに従ふ義務はないが、その他の場合には、仮令その内容が違法又は不当なりと思はるる場合にも、官吏はこれに従ふことを要し、服従を拒み得ないといふのが、通説の説くところである。併しながら、通説のこの主張には明かな前後矛盾がある。何故ならば、通説が前の場合について、官吏はこれに服従するを要せずとするのは、明かに職務命令の目的は法律及び公益の正しき解釈認定を得ることにあるとする結果である。故にこの考を貫くならば、後の場合にもまた、それが法律及び公益の解釈認定を誤つたものである限り、等しく服従するを要せざることとなるべき筈である。然るに通説は、この場合には、反対に、職務命令の目的は、その正しきか否かに拘らず、法律及び公益の解釈認定を全行政機関を通じて一定するにありとの考をとり、それに基いて、仮令違法又は不当と思惟する場合にも官吏は服従を拒むを得ずと説くのであるから、これ明かな前後矛盾と言はなければならぬ。若し人あつて、形を変へて、職務命令が官吏を拘束することの根拠は、それが法律及び公益の正しい解釈認定であることにあるのか、又は正しいと正しくないとに拘らず、それが上官の下す解釈認定であることにあるのかと問ふならば、通説は恐らくは答に窮するであらう。(62)》

柳瀬博士の手続法的考察方法とは、まさしく、このように一見矛盾を含むかに見える現象をそのままに直視し、これに法的な説明を与えるにはどうすればよいか、との問題意識より生まれたものである。

《我等の問題とするところは……国家の理想ではない。判決又は職務命令といふ如き現実の国家の権力が、その内容において必ずしも常に法律又は公益の解釈認定として正しからず、即ち一般意思ではないに拘らず、なほ人を服従せしめてゐる経験上の事実をありのままに認識しようとするのが我等の問題である。故にこの立場から言ふときは、我々としては、卒直に、それ等が内容においては必ずしも正しからざるに拘らず、なほ人を拘束する力を有する事実をそのままに承認し、判決及び職務命令はただ判決及び職務命令なるが故に人を拘束する力を有すると考へるのがとるべき態度であつて、余が実体法の世界と手続法の世界とを分離すべしと言ふのもこのことに外ならぬ。(63)》(傍点藤田)

実証主義的認識論の一表現形態として、この場合〝判決及び職務命令は、それなるが故に人を拘束する力を有する〟ということは、もとよりこれらの判決等々に対する批判・評価等の実践的行動を禁ずるものではない。むしろ実証主義的認識は、このような実践的行動の根拠を明確にし、それに確たる基盤を与える為にこそ有意義である。しかし、問題が客観的な認識のレヴェルにある以上、認識それ自体に何らかの〝理想〟が入り込むことは断固排斥されねばならない。

《我等が事実の認識の領域に止まる限りは、何処までも判決及び職務命令が人を拘束する力を有することとそれが法律及び公益の解釈認定として正しいこととはこれを切離すべきで、この領域に止まりながらなほこれを結びつけることは、一方においては、各人が自己の判断において法律及び公益の解釈認定として正しからずと思惟する判決及び職務命令に服従するを要せずとする主観的なる無政府主義的主張に至るとともに、他方においては又、判決若くは職務命令の示す法律及び公益の解釈認定に対しては自己の判断を挿むことなく常にこれを正しきものと考ふべしとする奴隷的盲従の教説に至り、即ち解くべからざる矛盾に陥ることは、先に挙げた職務命令に関する通説の例の示す通りである。而してこれ事実の認識としては何れも事の真相を誤るものであることは明かであつて、我等は何処までも判決や職務命令が人を拘束する力を有する事実とそれが内容において正しきか否かの問題とを分別し、人を拘束する力を有するに拘らず内容において正しからざるもののある事実を直視すべきである。而してこれを直視することに依つて始めて、この二つを一致せしめるところに我等の努力すべき目標があり、理想があることを知り得るとともに、又それ自身としては何等法律及び公益の意味内容として妥当する力を有しないに拘らず、我等が判決を批評し、法律を解釈し、普遍妥当なる公益の何たるやを論ずることの意義も、始めて誤なくこれを理解することができると思ふのである。(64)》(傍

点藤田）

(4)　その方法的一支柱を成す、柳瀬博士の実証主義は、差当り以上の如き意味を有し、その行政法学中において、右の如く機能している。すなわち、要約するならば、一方でそれは、何よりも、〃実定法の真の意味〃の認識を目的とする柳瀬行政法学において、その認識の客観性を保障する為に不可欠な手段であると同時に、他方でしかし、それは実定法に対する批判・評価等の実践的活動自体を排斥するものではあり得ず、むしろ一面で、このような実践活動の論理的根拠を明確ならしめるという機能をこそ担わしめられたものである。

そこで、博士の実証主義について、なお、残された問題は、次の二点にあるように思われる。

第一に、このような問題意識に基づき行なわれる、博士の、わが国実定法の具体的な認識が、果して真に客観的な実定法の認識に達しているかどうかの問題がある。[65]この点に関してはとりわけ、博士のいわれる実定法とは具体的に何を意味するのかが、問題となるように思われる。

第二に、博士によって〃実定法〃の内容が述べられるとき、その命題の論理的性格は何か、という問題である。博士の法実証主義が差当って〃認識論上の法実証主義〃であることは右に明らかにされた通りであるが、それが同時に〃実践論上の法実証主義〃としての性格を具えず、純粋に、実定法の客観的叙述を行なうに止まるものかどうかについては、なお検討を要するものが存在する。[66]

本書後述二二七頁以下においては、博士の〃法実証主義〃について、右の二点についての検討が為されるであろう。しかし我々はその前に、博士の行政法学の第二の方法論的支柱、すなわちその〃論理主義〃なるものが、如何なる意味を持つものであるかを、明確にして置かなければならない。

三 (1) 感覚によって直接に知覚され得るもののみが認識可能であるのであり、〝経験〟のみが我々の認識に新たな情報をもたらすのであるとすると、認識の体系化に当っても、必然的に、この〝経験〟の純粋性が保障されるような方法が採られるのでなければならぬこととなる。柳瀬博士が、〝種々の悪名と嘲笑とを堪え忍んで論理的操作の中に踢躇せざるを得ない〟のは、[67] まさしく、徹底した論理主義こそが、このような機能を果し得るものであるからである。

(a) すなわち形式論理の論理操作は、その性質上、その展開過程において何らの新たな内実をもたらし得ぬものであるところにこそ、その特徴を有する。それ故にこそそれは、〝経験〟をその純粋さを損うことなく伝達し、体系的認識にまでもたらす、という機能を果し得る。従って又、認識における〝経験〟の意義を重要視すればする程、その体系化に際しては、徹底した形式的論理主義がとられるのでなければならないこととなる。

柳瀬博士の論理主義は、この意味において、まさしく〝経験〟のみを認識の源とする、その法実証主義・経験主義の、いわば論理必然的なコロラリーであるに他ならないのである。

《形式論理は唯素材の形式を変ずるのみで、その内容に新なるものを附加するものではないのみならず、法の認識を以て与へられたものの客観的意味の認識……と解する以上、形式論理が思惟の法則である限り、それが同時に実定法認識の手段であり、その帰結が実定法の内容であり得ることは、言ふに及ばぬ自明のことと思はれ……、即ち此の意味に於て、形式論理は実定法自身のうちに内在してゐると言ひ得るのである。[68]》

(b) ところで論理は、経験をその純粋性を損わずに伝達する為に不可欠な手段であるが、しかし、それ以上の機能を有するものではない。論理の過小評価は、対象の客観的認識にとって極めて危険であるが、他方、その本来の機能を越えてまで論理に過大の期待を置くならば、破邪の剣も兇器の刃となって禍をもたらす。

論理は経験のもたらす情報を伝達するのみであって、それ自体が経験に代り、新たな情報をもたらすものではない。[69]又、論理主義は、存在する対象を客観的に認識しようとすればこそ要請されるのであって、存在しない対象を論理の力によって創造することは、もとより不可能である。

〝無効〟と〝取消〟の別を中心とするいわゆる行政行為の瑕疵論を、既存の法の認識論ではなく、あるべき法についての立法論である、とされる柳瀬博士[70]は、この問題に関し徹底的な論理主義を貫くケルゼンの所説を批判して曰く、

《それ故に、ケルゼンの学説が排斥さるべきものであることは右に依つて既に明かである。何故ならば、右の場合に於て、法を創造する立法者及び裁判官の任務は、それに依つて論理的に矛盾なき法体系を得ることに在らずして、実際的に妥当なる結果を得る如き法を創造することに在るからである。上に述べた如く、今問題は法の認識に非ずして法の創造に関する。而してケルゼンは之に対して、国家の本質に関するその法律学的認識の立場からの論理上の帰結を以て創造さるべき法の内容となすべきことを主張し、即ち右の場合の法創造の基準としてそれに依つて得らるる法体系が法律学的認識の立場から見て論理的に矛盾なきことを挙ぐるものである。……此の点に、行政行為の瑕疵の効果に関するケルゼンの議論が、その前提とする法律学的認識の立場そのものの正否如何に拘らず、全然排斥さるべきものである所以があるのであつて、ケルゼンの議論は認識理性の世界の方法を実践理性の世界に適用せんとするものであるとの上記ヒッペルの批評も亦、此の意味に於て首肯し得られるのである。[71][72]》（傍点藤田）

このように問題が、存在する法の認識ではなく、あるべき法の創造であるとされる以上、博士にとってもそれは《一に実際の結果の妥当即ち便宜の考慮に依って指導さるべきもの[73]》であり、すなわちそこでとらるべき方法は、いわゆる〝目的論的方法〟乃至〝機能的方法〟であることになるのは自明である。

(2)　ところで論理の透徹を妨げる要因には種々あるが、代表的な例に、概念規定の曖昧さ、がある。用いられる概念の意味を不明確にしておくことにより、論者の意図の如何に拘らず、経験の伝達にあらゆる種類の不純物がまぎれ込む。

(a)　博士の諸著作は、しばしば、行政法学者が殆ど自明のものとして用いている基本的諸概念を、徹底的に再吟味する作業によって特徴付けられる。本稿冒頭に掲げた論点のいくつかについても、博士の〝異説〟的立場は、明らかにこのような作業によって基礎付けられている。

(aa)　例えば羈束裁量と便宜裁量との相対化に関する柳瀬博士の主張[74]は、従来の自由裁量論が、《自由裁量の本質[75]》すなわち自由裁量なる概念そのものを精確に吟味することなくして、やみくもに、その羈束行為との限界論に没頭していたことへの、反省に基づくものであった。

博士によれば、自由裁量論において問わるべきは、まず、〝自由裁量とは何か〟という問題自体であるが、この問題は結局〝「法」とは何か〟及び〝「拘束」とは何か〟の二つの問題に帰することとなる。[76]

例えば自由裁量行為と羈束行為との区別に関するいわゆる美濃部四原則において、とりわけ注目さるべきところの第二原則なるもの[77]は、結局《第一に、権利を侵し義務を命ずる処分に対しては成文法の外になほ不文の条理法の拘束が存在し……第二に、此の条理法の内容は「権利を侵し義務を命ずる処分は公益上必要なる場合に限り且公益上必要なる限度に止まることを要す」であること[78]》を主張するものであるが、そこに存する問題は、このような条理法の内容が、果して羈束処分の要件としての〝法の「拘束」〟に該当するか、である。[79]

然るに博士の見るところ、論者のいう右の条理法は、結局は[80]《裁量権の限界》を示すに止まり《裁量権の否定即ち羈束処分の要件たる法の「拘束」》を示すものとは言い得ない。そうである以上、その実体は結局自由裁量行為の一種でしかないのであって、羈束裁量の名の下に、カテゴリッシュに区別され得る性質のものではあり得ない。

(bb)　又、柳瀬博士の〝行政行為の不存在〟否定論が、《我国の学説が……自らその謂ふ不存在の意味を深く究めないことに出る誤》の指摘に基づくものであったことは、先に既に示した通りである。[81]

この点に関し、問題の所在について博士は曰く、

《行政行為の瑕疵の効果として無効及び取消の外になほ不存在を分つ以上の我国の学説に就ては……次の三点が問題とされなければならぬ。

その第一は、之等の学説の謂ふ行政行為の不存在とは如何なることを謂ふのかの問題である。蓋し、之等の学説は……行政行為に瑕疵のある場合のうちに更にその不存在と無効及び取消とを分たんとするものであるが、併しその所謂無効及び取消と雖も亦或る意味に於ては行政行為の不存在に外ならぬものであるからである。即ち之等の場合に於ても、問題の事実はそれ自身として見るときは矢張りその場合法が行政行為に対して要求してゐる要件の一部を欠くものであり、その行為としては法が行政行為として予定してゐるところに相当する事実は存在しないものであつて、此の意味に於てはそれは等しく行政行為の不存在に外ならぬのである。……従つて右の学説がそれにも拘らず、なほ瑕疵の効果として無効及び取消の外に不存在を分ち、行政行為のうちに有効及び適法要件と成立要件とを分つ場合のその不存在又は成立要件が右の意味の不存在及び成立要件とは別のものを指してゐることは明かで、従つて又、之に対しては、当然に、その不存在とは如何なることを謂ひ、之を前の意味の不存在から区別する標準は何であるかが問はれなければならぬのである。[82]》(傍点は藤田)

結局、わが国の学説の解する行政行為の不存在は、理論上のそれを指すものではなく、実定法上訴願又は行政訴訟の目的となり得ない場合とされているものを指すものであるが、それは又要するに《有効な行政行為らしき外観を有

する事実の不存在[83]》を意味するもの、である。然して、このようなものである以上、そこでいわれる〝不存在〟とは、その実体は〝無効〟の一場合であるに他ならない[84]。

(b)　〝概念〟の吟味は、右の如く、それによって表わされる現象は何か、を明らかにする為にこそ必要なのであって、いうまでもなく、それ自体が目的であるわけではない。況んやそれは、〝概念〟自体に何らかの実体を認めるいわゆる〝概念法学〟なるものとは全く無縁である[85]。

《言葉に拘はつて実体を見失ふことは物を知らうとする者の最も戒むべきところ[86]》であり、《学問の第一歩は、そういふ言葉の魔力を看破してそれを払ひ除けることにある。[87][88][89]》

(3)　問題の性質に応じた一定の論理法則を厳密に遵守する、ということも、いうまでもなく、論理主義の確保の為に不可欠の前提である。博士の諸著作は又、しばしば、論理のすり替え、問題のすり替え乃至混同に対する厳しい自戒によって特徴付けられる。

(a)　問題は既に、いわゆる〝概念規定〟に際しても生じ得る。時に博士は、概念の明確化を妨げる原因を、ある概念により〝何が表現されているか〟の問題と、〝何を表現するのが適当であるか〟の問題との混同、に見出されることがある。

例えば〝警察〟概念の定義について博士は曰く、

《「警察」といふ語と観念とは……その内容に於ても時代に依り多くの変遷があるのみならず、此の語は一方に於て実定法上の用語として用ひらるるとともに、同時に、他方学問上の術語として、行政作用の一分類肢の名称としても用ひられてゐる。而して警察の観念に関する上の論争も亦、詮ずるところ「警察」といふ語に付着する右の性質に起因するもので、即ち学者に依る警察の観念の定め方のうちに多分にその歴史的沿革の反映が看取されるとともに、一方では「警察」といふ語の右の二様の用法、即ち「警察」といふ語で何が表現されてゐるかの問題と何を表現するのが適当であるかの問題との混同に、警察の観念に関する紛争の原因が存在するものの如く考へられる。[90]》（傍点原文）

(b) 又、法認識の論理と法創造の論理との峻別は、いうまでもなく、博士の行政法学の最も基本的な支柱を成すところである。

(aa) 形式論理は法認識のルールであって、法創造のルールは専ら〃便宜の考慮〃であることとの指摘は、先に既に見た。[91]

(bb) 又、博士によればある〃学説〃を理解し、評価するとき、それが〃客観的な認識論〃として語られているのか、〃法創造論〃すなわち何らかの政策的な主張として述べられているのか、を検討することは、不可欠の作業である。世上いわれる〃天皇機関説〃なる概念には、《統治権の主体は国家で、天皇はその機関である》との主張の外に《なお様々の意味が付加えられて用いられている例が多い》ことに注目される柳瀬博士は[92]、美濃部博士の天皇機関説の真意が奈辺にあったかを検討し、次の如く指摘される。

《「所謂国体論に就て」（大正二年）の中で、博士が当時問題になつた自身の意見を、「国家の本質を解して、国家は統治権を固有する団体であるとし、随て統治権の主体は国家自身であるとする」「見解」と、「政党政治・議院内閣政治」に関する見解とに分け、「第一の問題は、純然たる学理の問題で、第二の問題は、政治上の問題である」と言っていて……それから推して考えると、統治権の主体は国家で天皇はその国家の機関であるという考からは政治の運用についての何等の結論も出て来るものではなく、それはそれらの事実を認めた上でそれを合理的に説明する役目を果すだけのもので、その意味で純粋の理論に属するものであるというのが博士の考であつたらしいと思われる[93]……。》（傍点藤田）

同様の問題意識は更に又、君主機関説の前提たる〃国家法人説〃についても、その性格について《二様の解釈が可能である》との明確な指摘をもたらすこととなる。(94)

(cc)　法認識の論理は、専ら法認識の論理に従ってのみ貫徹されるべきであって、例えば、ある〃学説〃を発表することによってもたらされる政治的・社会的効果の是否によって、その〃学説〃の学問的な正否が定まるような性質のものではない。

この論理は、博士にあっては、その学者としての行動の倫理までも基礎付けることとなる。

《自分はこれでも学問研究者のハシクレとして、学問のための学問を信条としているつもりであつた。物を知りたいという人間の好奇心、気取つて言えば知識欲とか求知心とかいうものは絶対のもので、そして学問はそのためにあるのだから、学問はそういう欲望を満足させることができればそれでよいので、その他のことは問う必要はない。仮令その結果、例えば原子爆弾などのように、何万の人間が一瞬に即死するようなことになつても、学問及び学者は気兼ねする必要はないのだ……。》(95)

(c)　又例えば、因果法則と規範法則との論理的峻別は、多くの論者がこれを必要と認めるが、現実にはしばしば、規範法則の論理的貫徹は不徹底である。博士は、かかる不徹底さを、しばしば概念規定そのものの中に見出される。(96)

(aa)　〃行政行為の不存在〃概念に対する博士の疑問が、かかる問題意識に発するものであることは、先の引用から既に自明である。

(bb)　又、そもそも〃行政〃という概念自体、法規範を前提としてのみ初めて成立し得るものであるが、博士の見るところ、このことは一般に充分理解されているとは言えない。

《……村長とか徴税事務とかいうもの、即ち一般に行政というものは決して行政法より先に既に存在しているものではない。行政法より先に存在しているものは、単に何某という人又は人の動きという如き、行政というものであるか否かの未だ不明な或るものであつて、それが行政法の規定を当嵌めて行政というものであると判断せられることに依つて行政というものとなり、かくて始めて行政というものが存在するに至るのである。即ち先に存在するものは行政法であつて、行政ではなく、行政と行政法との関係は後者が先で前者が後でなければならぬので、従つてこれを反対に解する今日普通の考はこの意味においては全く誤と言わなければならぬものである。[97]》

このことが明確になれば又、《今日普通に行政法の観念を定めるのに、先ず行政の観念を定め、行政法をその行政について定めた法であるとしてその観念を定める順序がとられていることが誤りであることも、また明か[98]》となり、又、《行政学は論理上行政法学を前提とするものであり、行政法学は論理上行政学に先行するものである[99]》ということになる。[100]

(d)　ところで法制度のいわば〃歴史的考察〃なるものの一面に存する論理的問題性の指摘は、博士のこの種の作業中[101]、疑いもなく最も注目さるべきものの一つであろう。

昭和二九年『地方団体に対する国の権力[102]』は、《国は地方団体について立法の権能を有するか否か、及び若し有するとすればそれは如何なる理由と根拠とに基くのであるかの問題》換言すれば、《地方団体の存在及びその権能は何に基くのであるかの問題[103]》を論ずるが、そこで展開されたのは、何よりも、トゥレ、ロテック、或いはギールケ、プロイス等に代表される《地方団体を自然発生とする思想[104]》について、その《曖昧と論理の不徹底[105]》を徹底的に追及する作業であった。

博士によれば、地方団体が自然発生的なものであり得るということ、すなわち、国の法律を俟たずとも地方団体が成立し得るということ自体は、疑いもなき事実である。[106][107] 問題はしかし、右の学説が、この事実を直ちに、国は地方団体に対し自由に支配する力を持つかどうか、或いは持つべきであるかどうか、の問題に直結するところにある。

(aa) すなわち第一に、このような歴史的起源の如何は、現に国が地方団体に対してどのような権力を持っているかということにつき、何ら直接の情報をもたらすものではない。歴史的起源がどうあろうと、一国内における、国と地方団体の法関係は、その国の現在の立法如何によって定まることは自明である。

《地方団体は国の意思と関係なく自然に発生し存在するものであるということは、それが国の創造ではなく、自然に発生したものである場合においても、ただその歴史的起源の説明としてのみ正当であるに止まり、それが現在の内容をもつて現に存在することは決して国の意思と無関係とは言われず、況して国の意思に依つて発生せしめられた地方団体については、それはその歴史的起原の説明としても誤と言わなければならぬ。即ち地方団体は、その起原において自然発生的のものであると国の意思に依るものであるとを問わず、国がその上にその意に随つてこれを消滅させ又はその内容を変更せしめる力をもつている以上は、それが現在の内容をもつて現に存在しているのは一に国がこの力を行使することを差控えているためであり、即ち国の自制の結果で、あつて、その意味において、その存在は国の意思に依存するものであり、その存在の根拠は国の意思にあるものと言わなければならぬ。……而して然りとすれば、……右に挙げた諸学説がその出発点とする地方団体は国の意思と拘りなく自然に発生し存在するものであるということからは国の右の力の限界については何等の結論も導き出し得ないことは明かと言わなければならぬ。[108]》

(傍点は藤田)

(bb) 第二に、〃地方団体の自然発生〃なる事実は、国と地方団体との関係がどうあるべきか、という政策論についても、何ら直接の回答をもたらし得るものではない。歴史的事実そのものは、決して論理必然的に政策論的基準となり得るわけではない。

《これらの学説が問題にしているのは、実は地方団体の存在及びその権能は国にとって事実上左右することの不可能なものであるか否かの事実又は法則の問題ではなく、このことを肯定した上で、国がそれをするとすれば如何なる見地の下にすべきであるか、従って換言すれば、国がそれをすることは果して適当のことであるか否か、若し適当のことであるとすれば如何にするときそれが適当と認められるのであるかの政策的当為の問題であるので、従ってこれに対しては当然にそれを決定する基準が問われなければならぬのであるが、その際これらの学説の主張する地方団体は国の創造ではなく自然に発生し存在するものであるということが何等その基準となり得るものでないことは明瞭である。何故ならば、仮に百歩を譲って、このことを真実であるとし、従ってギールケ及びプロイスの言う如く、国が地方団体を規制し支配するのはこれに新なものを与えるのではなく、その既有のものを奪うのであると仮定しても……国が何の程度まで地方団体からその既有のものを奪うのが合理的であるかの問題に対してはこのことからは何等の答も導き出され得ないことは明かであるからである。[109]》（傍点藤田、傍丸は原文）

(cc)　論理の観点より見て、〃地方団体の自然発生説〃に存する問題性は、それがこのように、本来論理的に直結すべからざるものを直結せんとするのみならず、更に、右の(aa)の問題と(bb)の問題との論理的区別すら明確にせず、全体として救い難い論理的渾沌を示しているところにある。

《これらの学説は……その実際に論じているのは、地方団体に対しその存在及び内容を規制・支配することは国にとって可能のことであるか否かではなく、それは国にとってなすべきことであるか否かの問題であり、従ってその問題とするところに関しては地方団体が国の意思に拘らない自然発生のものであるか否かは実は無関係の事柄であるに拘らず、このことを明白にせず、只管に地方団体は国の意思と拘りなく自然に発生し存在するものであることを強調し、その結果、外見上、或る場合には恰も前の問題を論じているのであるかの如く見え、又或る場合には、恰も地方団体が自然発生のものであるという事実から、直ちにそれは国にとつて尊重すべきもので、それに対する国の規制・支配には一定の限度があるべきであるという当為を結論する不条理を犯すものの如く見える点に、その曖昧と論理の不徹底とがあり、これがこれらの学説が卒然これを読むときは容易にその真意が捕捉し難く、その所論の中に多くの矛盾と混雑とがある如く感ぜられる原因であると思われる。[110]》

(4) 柳瀬博士の論理主義は、その行政法学において以上のような意味を持ち、差当り例えば右の如く、現実に機能している。それは、あくまでも、博士の経験主義・実証主義のコロラリーとしてのみ理解さるべきであるのであって、その形式論理はあくまでも、経験の純粋性を保障せんとすればこそのものである。博士の論理主義は従って、決して〃論理万能主義〃を意味するものではなく、寧ろ論理の機能を〃経験〃の伝達という、極めて限られた領域に限定すればこそのものでしかない。

法解釈の機能を〃実定法の真の意味〃の客観的な認識と考え、認識の不可欠の前提としての経験主義・実証主義を否定せぬ限り、従って恐らく、博士の論理主義について残された問題は唯一点である。すなわち、現実に博士の行政法学において、その標榜される論理の純粋性・形式性がどの程度貫徹し得ているか、がそれである。以下においては、この点に関しても、何程かの検討を試みて見ることとしよう。

(1) 柳瀬「実体法と手続法再論」(昭和二六年)『憲法と地方自治』一三五～一三七頁。これは、本書前出一六〇頁に引いた、田上博士の批判への反論である。

(2) 同右一二四頁。 (3) 同右一二九頁。

(4) 《憲法の規定の意味は固より一にして二あるべきものでなく、これを解釈する人によって相異なる如きものであるべき道理はない。されば国会のいふそれと裁判所のいふそれとが相齟齬する場合には、必ずやその一方だけが憲法の意味で、他方はそうでないこととならなければならぬ。》柳瀬「実体法の世界と手続法の世界」『憲法と地方自治』一一一頁。

(5)　ただもとより、実定法の意味は常に一つということは、例えば法律自体が多義的な内容を持ち得るということを否定するものではない。私が博士に直接確かめたところでは、実定法自体が多義的な内容を持っているとすれば、内容が多義的であるということ自体が、その実定法の真の唯一の意味なのである。

(6)　辻清明「法治行政と法の支配」思想三三七号一〇頁以下。
　辻教授は、〃法治行政〃と〃法の支配〃は明瞭に区別さるべきに拘らず、行政法学者が両者を区別せず〃法治行政〃のみを説いて事足れりとしている旨の批判を行なわれ、その代表例として柳瀬博士を挙げられたのであった。

(7)　柳瀬「法治行政と法の支配」『憲法と地方自治』一四三頁、一四五頁等。

(8)　同右一四八頁。　(9)　同右一五五頁。

(10)　柳瀬「実体法と手続法再論」『憲法と地方自治』一三九頁。

(11)　同右一三九頁。

(12)　本書前出一七八頁の引用文参照。

(13)　柳瀬『行政法の基礎理論』(一)(昭和一五年)序二頁。

(14)　柳瀬「民主主義と地方自治」『憲法と地方自治』四七〜四八頁。
　この文章を〃喜びの感情〃自体に対する批判と受取ったのでは、柳瀬行政法学の真意の理解から程遠いことはいうまでもない。ここで博士の行なわれていることは、〃喜び〃を真に実あらしめ、確乎たる基盤を与える為の〃禁欲〃である。

《筆者は、この論文で……地方自治というものはどうして存在するのであるか、又その地方自治を拡大するにはどういう条件が必要であるかの問題を論じてみた。従って筆者がこの論文で論じたのは、決してある理想又は価値の立場から見て地方自治を拡大することは好ましいことであるか否かの問題ではなく、何処までもそれはいわば因果法則的に見てできることであるか否か、できることであるとすればその条件は何であるかの問題であったので、筆者の議論はこの点でこれまで屢々誤解を受け、筆者は恰も地方自治の価値を否定するものであるかのように思われたことがあるので、この論文で取扱っているのは決してそのような事柄ではないことをここに特に断って置きたいと思う。》柳瀬「『地方団体に対する国の権力』のはしがきにかえて」法律学体系月報〔法学理論篇〕No. 27 一二頁。

(15) 本書前出一七八頁参照。
(16) 本書前出一六〇頁(ii)に掲げた綿貫教授の書評を参照。
(17) 柳瀬「ギールケの機関論」『元首と機関』一一三頁。
(18) 美濃部教授還暦記念『公法学の諸問題』第二巻所収。『行政法の基礎理論』(二)一二一頁以下。
(19) 同右一二四頁。　(20) 同右一六七〜一六八頁。　(21) 同右一六八〜一六九頁。　(22) 同右一六九〜一七〇頁。
(23) これらの動向については、差当り参照、宮沢俊義「公法学における政治」『公法の原理』所収四五頁以下。
(24) この点については、差当り参照、藤田宙靖『公権力の行使と私的権利主張』二五三〜二五四頁（国家学会雑誌八〇巻一一・一二号六四〜六五頁）。
(25) 柳瀬「平等の原則に就いて」『行政法の基礎理論』(一)七五〜七六頁。
(26) 東北帝国大学法文学部十周年記念法学論集所収。『行政法の基礎理論』(二)七九頁以下。
この論稿は、〝道路の廃止、方向の変更、路面の昇降等が行われることによって道路隣地者が道路使用の便宜を失った時、之に対して何等かの救済が与えられるかどうか、与えられ得るとすればそれは如何なる根拠に基き、如何なる条件の下に認めらるべきか〟を論じたものである。
(27) 同右一一三頁。　(28) 同右一一〇〜一一七頁。　(29) 同右一一七頁。
(30) 博士はこのように、わが国実定法上の状態としては救済の可能性を否定されるが、しかし同時に《之は固より実際上妥当な状態でないことは明瞭で、立法の手段に依り矯正を必要とするところである》とされ、如何様に立法を展開すべきかについて更に論じられたのであった（同右一一七頁以下参照）。
(31) 柳瀬『行政法の基礎理論』(二)二〇三頁以下。
(32) 同右二〇五頁。　(33) 同右二三九頁以下。　(34) 同右二五〇頁。
(35) 《若しこの解釈が許されるならば、警察権の限界は我が国法上にも実定の原則として認め得られ、不充分ながら此の原則の存在を肯定してゐる過去の裁判判決も之を基礎づけ得るであらうが、然らざる限り、之等すべては唯論者の主観的な理想であり、立法論的要請に過ぎぬと言はねばならぬであらう。》同右二五一頁。

(36)　行政法学上・公法学上の諸理論・諸概念についての、このようなわが国実定法上の根拠の追究は、この他博士の昭和一〇年代の著作の殆どすべてに、多かれ少かれ見られるところである。例えば「警察の観念」(昭和一〇年)『行政法の基礎理論』(二)一九五頁以下、「公法上に於ける契約の可能及不自由」(昭和一一年)『行政法の基礎理論』(一)二五六頁以下、「警察と補償」(昭和一三年)『行政法の基礎理論』(二)二八一頁以下、「司法裁判所の先決問題審理権」(昭和一四年)『行政法の基礎理論』(二)七三頁、「民事事件と行政事件」(昭和一六年)『行政法に於ける公法と私法』七三頁以下、等参照。

これらのいずれにも共通している根本的思考は、例えば〝警察の観念〟において述べられている如く、〝問題とすべきは《特定の時代に於ける警察の観念ではなくして現代国家に於けるそれ》である〟(同右一九三頁)という明確な意識である。《特定の時代の警察の観念を探究することは、固よりそれ自体としては決して無意味ではない。唯かくて得られた観念は、現行法の説明としては全然意味がないか、又は警察権の原則的範囲を示す意味を有するに止まり、何れにしても現行法の警察の観念の問題とは没交渉である…。》(同右一九四頁)

(37)　宮沢俊義「公法・私法の区別に関する論議について」(昭和一〇年)『公法の原理』三頁以下。

もとより、宮沢博士以前において、このような方法論上の反省が全く無かったというわけではない。例えば、この点に関する佐々木惣一博士の指摘について、差当り、宮沢同一四〜一五頁、鵜飼信成『行政法の歴史的展開』九〇頁等参照。

(38)　参照、柳瀬『行政法に於ける公法と私法』二六頁。

(39)　従って当然、通説にあっては、この三つの場合における公法・私法概念は互いにその内容が同じであることが、はじめから前提されていることになる。参照、同右三頁。

(40)　同右六頁。

(41)　柳瀬博士は別に、本来の行政法(公法)と私法の区別及び行政の作用に対するその適用範囲を明らかにすることは、〝争訟手続の決定〟・〝国の権利の執行方法の決定〟に〝実際上の意義〟を持つ、とされ、更に、一般に法規の〝欠缺〟の場合に適用法規を決定する基準の問題が、公法・私法の問題に関連して論じられており(参照、柳瀬『行政法教科書』(改訂版)(昭和三八年)、同・(再訂版)(昭和四四年)共に一〇〜一六頁)、ここでは、博士が〝論理の逆転〟と評される〝通説の論法〟とまさに同じ論法に陥っておられるのではないか、の問題がある。

この点は、確かに問題の存するところであるが、私は差当り、次のように理解している。

先ず第一に、博士にあっては、「行政法における公法と私法」以来、《法の適用（加工）の結果生じた法律上の権利義務の関係》を指すところの「法律関係」なる語と、《適用（加工）の目的たる法以前の事実上の関係》を指すものとしての「関係」なる語を、明確に分って議論せねばならぬという指摘（参照、同右五頁註（六））が存することに注目する必要がある。博士は同書において、従来の公法・私法論議が甚だ混乱している原因の一つは、論者がこの二つの全く異なる事象を明確な区別なしに論じて来たことにある旨を、繰返し指摘されていたのであり（例えば参照、同右四八頁註（七））、又、近時においても明確に、《所謂私法とは如何なる法をいい、本来の行政法（すなわち公法――藤田註）とは如何なる法をいうかということ、即ち所謂私法と本来の行政法との区別及び観念の問題》（柳瀬「行政法教科書」再訂版一一頁）と、《行政の作用に対し如何なる範囲まで私法を適用し、如何なる範囲まで公法を適用すべきであるかということ、即ち公法・私法の適用範囲の問題》（参照、同・一三頁）とを区別して論じて居られる。そして博士の場合、前者の場合は、問題は全く〝法の規律の態様〟すなわち「法律関係」の区別の問題であるのに対し、後者にあっては問題は〝行政作用の実質〟すなわち「関係」の区別の問題である旨が、明確に指摘されているのである（参照、同右一二頁、及び一三頁）。

博士にあってはかくて、〝法の欠缺〟の場合における適用法規決定の問題については、《同じ事実に対しては当然に同じ法が適用せらるべきものであるから、行政の作用の結果生じた関係であっても、その実質が私法の規律の対象とする関係のそれと同じである場合には当然に私法の適用が認めらるべきであつて、従つて右の問題は、結局、行政の作用の結果生ずる関係のうち、如何なるものが私法の規律の対象たる関係とその実質を同じくし、如何なるものがそれとその実質を異にするかの問題に帰着する。》（柳瀬同右一三頁）ということになり、すなわち問題は、専ら「関係」の異同である、ということになるのであって、この限りで博士には、少なくも包括的な「公法関係」概念（「法律関係」としての）から個別的な法規の意味を決するという〝論理の逆転〟は決して存在しないのである。

第二に、〝公法・私法の区別及びその適用範囲を明らかにすることは、同時に特定の争訟に対する裁判管轄及び訴訟手続を定め、国の権利の執行方法を決定する実際上の意味をも有する〟という主張については、博士においては、〝現行の制度の下では実定法それ自体が、公法と私法との区別に応じ特定の争訟に対する裁判管轄・訴訟手続を別にし、国の権利についてその執行方法を異らしめている〃という前提が存することに注意せねばならない。すなわちそこでは、公法・私法等の概念自体が、実定法の採用した、法内容的・或いは制度的・技術的概念である、と、前提されているのであって、そうである以上、ある「法律関係」がこの意味での公法関係であるか私法関係であるかを決定することは、まさしく右の如き〃実際上の意味〃を有すると同時に又、博士の法実証主義の建前と論理的に矛盾せぬ作業であることは自明である。問題は従って、〃論理の逆転〃にあるのではなく、寧ろ、博士が〃実定法が公法・私法の別を採用している〃とされる場合、その検証方法の問題にこそあるのであって、そのいわれる〃実定法〃とは何か、という、本書後出二二七頁以下で取り上げる問題に帰することになるのである、と思われる。

(42)　前註(41)に述べたような私の理解に対し、塩野教授は、《しかし、ここでの問題の所在は、法律関係と「関係」の点にあるのではなく、藤田・柳瀬退職記念六六五頁(本書一九一頁——藤田註)が正当に指摘しているように、公法乃至私法が適用されるという場合に、はたして、一般的に妥当し、しかも具体的内容をもった公法原理が存在しているかどうかという点に柳瀬が疑問を呈出していた……ことに変化がみられたか否かにあると思われる。》と批判される(塩野宏「公法と私法」田中二郎先生古稀記念『公法の理論』上一六四～一六五頁)。教授のこの批判は、教授が、通説の公法私法論に対する柳瀬博士の批判の意義を、専ら、それが通説には《私法秩序とパラレルなものとしての公法秩序の存在そのものが、法技術的見地から疑問とされる契機が内包されていた》点をつくもの、として理解されることに由来する(参照、塩野・同右一六三頁)。柳瀬理論に対する教授のこのような理解は、基本的には、教授が、柳瀬博士の理論的作業を、《行政法解釈学からの対応であるという基本的枠組の中にある》という面に重点を置いて捉えられ(塩野・同右一五八頁)、このような見地から、博士の理論的作業を、専らそれが、解釈技術的にどのような機能を果したか、という問題意識の下に分析されていることに基づくものであるように思われる。

ところで、一般に柳瀬行政法学なるものが、究極的にはやはり、伝統的な意味での〃行政法解釈学〃の枠内に留まるものであると考えざるを得ないことは、本稿でも後に述べる通りであり(本書二三七頁以下参照)、又、通説が前提する統一的な公法原理の存在に疑念を抱く、柳瀬博士の理論的作業が、結果的には、そのような機能を果した、という面を持つことは、私も亦否定するものではない。しかし、本書で以上示して来たところからも明らかなように、柳瀬行政法学の意義を、専ら、伝統的行政法学の思考枠組の中で、解釈技術的な帰結如何を中心としてのみ理解しようとするならば、それは、全くの誤解に到らぬまでも、極めて皮相な理解に終ることになると思われるのであって、博士の理論的作業の意味を理解する際には、絶えず、その学問論とのかかわりにおいて、考察をする必要がある、と考える。そこで私は、ここでの問題についても、博士の理論的作業について、重要であることは、塩野教授の指摘されるような結果そのものであるというよりは、寧ろ、博士が如何にして、そこに到達されたか、という理論過程を正確に理解し、その意義を明確にすることである、と考える。このような見地からするならば、本文（本書一九一頁。なお、私の分析のこの部分については、先に見たように、塩野教授も亦、〝正当な指摘〟と評価される）にも見た如く、博士が、〝公法原理又は私法原理からそれに属する法規の意味が生じ又は決定される〟という通説の思考を、〝論理の逆転〟と評価されていることこそが、何よりも注目されなければならないと思われる。前註（41）における私の分析は、このような観点から、博士自身において、博士の批判されるこの〝論理の逆転〟が存在しないかどうか、を検討するものであって、これを《法律関係と「関係」の点》に問題の所在あり、とするもの、と取られる塩野教授の理解は、少なくとも私の叙述の真意を捉えておられないように思われる。

(43)　柳瀬『行政法に於ける公法と私法』序二頁。

(44)　柳瀬博士は一面で、博士と別の観点に立つ限り通説の如き公法私法論が成り立つ余地があることを、明確に肯定される。すなわちそれは、実定法の認識論としてではなく、一種の自然法論として述べられる場合であるが、ただ博士は、論者がどちらの観点に立って叙述を行なうのかを明確にすべきことを指摘される。

《但し、公法原理又は私法原理なる言葉は、本文に述べた如き実定法的意味の外に、事物の本質に基く当然の条理の如き一種の自然法的な意味に用ひられることも少くない。若しこの意味に此の言葉を用ひるならば、固より本文に述べたところとは又自ら異なつた結果になるであらう。而して実際に於て、殊に公法上此の二義が極めて曖昧に用ひられてゐることは、例へば宇賀田順三「公法原理の確立」（公法学の諸問題第一巻）参照。此の論文は、その趣旨が公法原理が既に実定法上確立されてゐるといふに在るのか、事物の本質上確立すべきであるといふに在るのか、甚だ明かでない。而して此の如きは、恐らく主としては公法には私法に於ける如き纏まつた法典のない結果、実定法と理論的に論者の構成する原理との分界が判明を欠くことの結果であらうと思ふ。》（同右一七頁）

(45)　柳瀬博士の公法私法論と、その実証主義との関係についてはなお参照、鵜飼信成『行政法の歴史的展開』八九〜九〇頁、同・ジュリスト四〇〇号四〇頁。

(46) 鵜飼・ジュリスト四〇〇号四〇頁。

(47) 柳瀬博士の法実証主義が、実定法に対する立法政策的批判と相容れないものでは決してなく、又博士自身、現実にこのような実定法批判を行なわれている例もあることは、これまで本書で説明して来たことより明瞭であると思われる。とりわけ、本書一八一頁、前出註（14）（二一〇頁）、（30）（二一一頁）、（44）（二一五頁）、等参照。

(48) この点については本書後出一九八頁(4)、及び二三六頁以下を参照。

(49) 昭和一一年『行政法の基礎理論』(一)二一九頁以下。

(50) 同右二一九頁。

(51) 参照、塩野宏「資金交付行政の法律問題」国家学会雑誌七八巻三・四号三五頁。

(52) 『行政法の基礎理論』(一)二三三〜二三四頁。

(53) 参照、同右二二五頁、二三四〜二三五頁、二七二〜二七三頁等。

(54) 同右二六六頁以下。　(55) 同右二七三〜二七四頁。

(56) 例えば田中二郎博士は、柳瀬博士の公法契約不自由論・全部留保論を評して次の如く述べられる。

《私は我が実定法に関する限り少くとも、右の結論に疑問を抱くのであるが、柳瀬助教授の所論に対しては、その議論の進め方に付て先づ疑を抱かねばならぬ。即ちそこでは我が実定法上の「法律による行政」の原理又は法治主義の限界が問題とせられているのであるか、「法律による行政」の原理又は法治国の理想型に付て一般的に論ぜられて居るのであるかが明瞭でない。勿論それらの原理なり主義なりは、いふ迄もなく、近代諸国に共通に認められるに至つた政治的実践的原理であり、大体同様の傾向を認め得るのではあるが、その制度的表現が国によつて必ずしも一様でないことは先に明らかにせられた通りである。そして今茲では我が国がそれを如何なる程度に実定制度上の原理として認めて居るかの認識が問題となつて居るのである。この原理はその政治的理想形態としては柳瀬助教授の指摘されて居るやうに、凡ての行政が法律によらねばならぬことを意味することを承認し、更にある国ではさういふ原理が実定法上現に認められて居るとしても、さうした理想形態が現実に我が実定法上に認められて居るか否かは、また、別問題とせねばならぬ。》田中二郎『法律による行政の原理』三四〜三五頁。

右の批判は、寧ろ、柳瀬博士による田中博士の批判ではないのかと眼を疑うものがあるが、いずれにせよ柳瀬博士はこの点については明確に、〝全部留保説と侵害留保説との何れが《現行制度としての法治主義の解釈として正当であるか》〟という問題意識に立っておられたのであって（柳瀬『行政法の基礎理論』㈠二六六頁参照）、博士の次の叙述を見れば、田中博士の右の批判は、右に引いた限りでは正鵠を射たものでないこと自明である。

《右の問題に答へるためには、言ふまでもなく、実証的に理想としての法治主義の現行制度に於ける実現の程度如何を知ることが必要である。即ち一方に於て、十八世紀及び十九世紀の諸思想に就て理想としての法治主義の内容を知るとともに、他方実証的に現行憲法制度成立の歴史に照らし、現行制度が右の理想形態としての法治主義の如何なる点を実現せんとして定立せられたるものであるかを明かにして始めて、右の問題に対する終局的断定を下すことを得るのであらう。》柳瀬・同右二六六頁（傍点は藤田）。

ただ田中博士は、同時に右の批判に続いて、《柳瀬助教授は右の理想形態が我が実定法に妥当するものと解せられるやうであるが、そこには我が実定法上の何等の根拠も示されて居ない。》との批判を行なわれている（田中・前掲三三五頁）。この批判は、柳瀬博士が法実証主義を標榜されながら、個々的な問題に就ての具体的な実証において不充分であることを衝く意味において、柳瀬理論の最大の急所を衝くものであると思われる。柳瀬博士の具体的な実証方法に問題の存することは、本書においても後出二二七頁以下で論ずる予定である。

ただ、この点についても、少なくも法律の留保論に関する限り、実証主義的認識論の依って立つ学問上のモラル、すなわち〝自省・禁欲〟の観点から見て、柳瀬博士の論法は田中博士以上により〝批判的〟であるように思われる。博士によれば右の如く、全部留保論が正しいか侵害留保論が正しいかについての《終局的断定》は、実定法の徹底的な検討無しには下せないのであって、それ故にこそ《此の如き根本的の研究は別に他日に留保する外なく》（柳瀬・同右二六七頁）、従って差当っては《現行制度としての法治主義の内容に関する解釈として果して当れりや否やは姑く別論とし、少くも現在の学説の解する限り憲法に於ける「法律の留保」は決してそれ以外の行為を行政権の専断に委ねる趣旨ではなく、一切の行政行為は等しく法律の明示の根拠を要するものと解せられてゐる》（柳瀬・同右二六八～二六九頁）旨を論結するに止めざるを得なかったのである。

これに対して田中博士が、右の文献においてその主張される侵害留保論の〝実定法上の論拠〟として示されるところは、〝憲法の明文が特定の自由及び権利の侵害又は特定の行為を「法律に留保」していること〃を《その原理の発展した我が国の政治的・経済的・社会的・思想的地盤に付て考へる》ことであるが（田中・前掲三六頁）、そこでいわれる《我が国の政治的……地盤》の具体的な実証は一切行なわれず、結局《国家が社会公益を目的とする社会的実在体として、或は生ける活動体として存すること、而してその存立目的の為めに必要な自由な活動が認められねばならぬことは疑いを容れない所》であり、《さういふ法律の不存在は、行政の特質に鑑み、依然行政の自由の為めに語るものと解せねばならぬ》と断定されるのみである（同右三六〜三七頁）。実定法の具体的な実証という見地よりして、両者のいずれが、より〃学問的に責任ある〃態度であるかについては殆ど贅言を要さぬように思われる。

(57)　なお、近時柳瀬博士は、日本国憲法下における〃全部留保〃原則を〃法律の法規創造力〃原則のコロラリーとして説明されるが（参照、柳瀬『行政法教科書』（改訂版）二四頁、同「法治国家」『行政法講座』第一巻一九二〜一九三頁等）、これに対し例えば塩野教授は、《しかし、一般的な抽象的規範の定立を問題とする法律の法規創造力（日本国憲法第四一条も、直接にはこの点についてのみ規定している）と行政権の具体的処分を問題とする法律の留保は、論理的には直結しないと思われる。》と批判される（塩野宏「資金交付行政の法律問題」国家学会雑誌七八巻三・四号三七頁）。

確かにO・マイヤー以来、伝統的に行政法学で用いられて来た〃法律の法規創造力〃概念は、塩野教授の指摘される通り、〃抽象的法規範の定立を問題とする〃ものであると言えようが、それは直接には、柳瀬博士の全部留保理論とは無関係であるように思われる。柳瀬博士は確かに、多くの面についてはO・マイヤーの法治主義と同様のものが実定わが国法上にも実現していると考えておられるが、ただマイヤーのいう〃法律の法規創造力〃等がそのままわが国の実定法にあてはまらぬことは、明確にこれを指摘しておられるのであって（参照、柳瀬「法治行政と法の支配」『憲法と地方自治』一四四頁）、そのいわれる〃法律の法規創造力〃も、《国民の権利義務に関する新な規律を定めることは立法の専権に属する》という意味において（参照、柳瀬『行政法教科書』（改訂版）一三頁）、博士自らが理解されるところの〃法律の法規創造力〃なのである（ただ、『行政法教科書』（改訂版）一三頁、『行政法講座』一巻一九一頁等では確かに〃この用語はマイヤーに倣って通常用いられるもの〃という、誤解を招き易い表現が行なわれているのは事実であるが、先の『憲法と地方自治』一四四頁と総合するならば、博士が用語自体はマイヤーから借りながら、その内容は意識的に、自己独自のものとしておられることは自明であると思われる）。

そして博士はこのような意味での〝法律の法規創造力〟を、端的に、日本国憲法四一条の内容としてこそ認識されているのであって（柳瀬『行政法教科書』（改訂版）二三頁、『行政法講座』第一巻一九一頁等参照）、従って柳瀬博士の全部留保論を真に論破する為には、博士のこの日本国憲法四一条の解釈が誤りであること、すなわち塩野教授が自明の如くいわれる《日本国憲法四一条も直接にはこの点についてのみ規定している》ことを、より具体的に実証することこそ必要なのである。

(58) 田上穣治「公法理論における実体法と手続法の関連」自治研究二六巻八号二九頁以下、同「法の解釈とその権限」自治研究二七巻三号三頁以下。

(59) 柳瀬『憲法と地方自治』一〇七頁以下、一二三頁以下。

(60) 同右一〇八頁。 (61) 同右一一〇〜一一一頁。 (62) 同右一一二〜一一三頁。 (63) 同右一二一頁。

(64) 同右一二二頁。

(65) この点については、例えば前出二一六〜八頁の註（56）を参照。

(66) 柳瀬博士の法実証主義が、実定法に対する立法政策的批判を排斥するものでないこと、従って又悪しき実定法の改正を否定するものでないことは、以上で繰返し述べて来た通りであるが、ここでの問題は、柳瀬博士の法実証主義は〝悪しき実定法であるとも改正されぬ間はこれに従え〟と主張されるものであるかどうか、という問題である。

例えば母親が子供に〝父は勉強をせよと言っている〟と伝える場合、この命題のコンテクストとしては、現実には二つの場合が可能である。第一に〝父がかく言うが故に勉強せよ〟という、命令として語られる場合、第二に、およそこのような命令的意味は持たされず、専ら客観的に〝父がかく言っている〟という事実を述べる場合（従ってこの場合には、論理的には〝父はかく言うが、自分の考えではそれは正しくない故、勉強せずとも良い〟という命題とも結びつき得る。）、がそれである。いわば後者が認識論上の法実証主義の立場であり、前者が実践論上の法実証主義の立場である（この両者の違い及び関係については、藤田『公権力の行使と私的権利主張』二二四頁においても簡単に触れたが、更にその詳細については同二三三頁に掲げた、宮沢博士、樋口教授、長尾教授等の諸業績を参照）。

実定法の内容を客観的に認識する、という要請からすれば、その法実証主義は後者でストップすべきものであって、認識された実定法にのみ従うことを命ずるかどうかは、もはやこの立場から論理必然的に出て来る帰結ではない。従って例えば無政府主義者であっても充分この意味での法実証主義者であり得ることになる。

然るに従来法律学で自他共に〝法実証主義者〟を標榜して来た者の多くは前者すなわち実定法にのみ従うべきことを命ずる〝実践論上の法実証主義者〟であり、法律学で〝法実証主義〟という名称の下に想定されるのは前者であることが多かった。そしてそれ故にこそ、従来〝法実証主義者〟に対しては〝不備の法を絶対視する者〟であり、〝時の権力の侍女〟である、との批判が絶えることが無かったのである。しかし後の意味での、すなわち認識論上の法実証主義者であるならば、無政府主義者でも法実証主義者たり得るのであり、無政府主義者が時の権力の侍女であることはあり得ぬ故〝法実証主義者は常に時の権力の侍女である〟との命題は、論理的に成立ち得ない。

柳瀬博士の法実証主義に対するわが国の通説よりの批判も、多くはこの意味での〝実践論上の法実証主義〟批判であるように思われる。従って、〝実定法の客観的認識〟をその目的とする柳瀬行政法学が、同時に改正無き限り実定法にのみ従って行動すべきことをも命ずるものであるかどうかを検討することは、とりわけ博士自身これを明確に釈明されるところが無い故に、不可避の作業となるのである。

(67) 前出本書一七八頁参照。

(68) 柳瀬『行政行為の瑕疵』一三八頁。従っていうまでもなく、博士の行政法学を、その論理主義の故に、経験を超越したメタフィジカルな観念論と評価したのでは、博士の真意は全く理解されていないこととなる。

(69) 前出本書一九三頁参照。

(70) 《現行法の下に於て行政行為の瑕疵の効果として無効と取消との二種を分ち及びその限界を論ずることは、既存の法を認識し即ち法の解釈を行ふことではなく、法の規定のないところに法の規定を作ることであり、即ち法の創造を行ふことである。》柳瀬『行政行為の瑕疵』一八二頁。

(71) 同右一八四〜一八五頁。

(72) もとより、博士の、このケルゼン批判自体が、ケルゼンに対する当を得た批判であるかどうかは別問題である。すなわち博士は《行政行為の瑕疵の効果に就て現行行政法規に明文の規定の缺けてゐるのは、法の規定そのものが缺けてゐるのであり、即ち真の意味の法の欠缺である》との認識から（柳瀬・同右一八二頁）、《此の場合にもなほ法の規定は存在すると説くケルゼンの学説は、実は実定法以外のところから導き出されたものを以て実定法となすものであつて、決して法の規定の存在を証明し得たものとは言はれない》(同右) とされるのであるが、ケルゼン批判としてその当否を問う限り、問題は結局〃法の欠缺の有無〃に関する柳瀬説 (それはブリュットの所説に従うもののようである。参照、同右一六三頁以下) とケルゼン説のどちらが正しいか、というところに帰することとなる。しかしここではこの問題自体には立入らない。

(73) 柳瀬・同右一八六頁。
(74) 参照、前出本書一七一～一七二頁。
(75) 柳瀬「自由裁量に関する疑問」『行政法の基礎理論』(一) 一七四頁。
(76) 《……玆に自由裁量とは、客観的な法の準則は存在せず、行政機関の主観的な判断が法として妥当する場合の意味である。即ち換言すれば、玆に自由裁量と謂ふのは特定の行為に就て法の拘束の存在しない場合を指すのであるから、如何なる場合に自由裁量があるか、自由裁量と覊束処分との限界如何を知るためには、法の拘束といふ場合の「法」とは何を指すか、及び「拘束」とは何を指すかの二点を論ずることが必要である。》同右一八三～一八四頁。
(77) 《(ロ) 人民ニ対シテ其ノ既存ノ権利ヲ侵害シ又ハ新ニ之ニ義務ヲ命ズル行為ハ、法規ノ明文ニ於テハ之ヲ行政権ノ自由裁量ニ任ズルガ如クナル場合ニ於テモ、其ノ裁量ハ常ニ覊束セラレタル裁量ニシテ、単ニ便宜問題ノ裁量タルニ止マルモノニ非ズ。》美濃部達吉『行政法撮要』(上) (第四版) 四三頁。
(78) 柳瀬・前掲二一二～二一三頁。
(79) 参照、同右二一三頁。 (80) 同右二一四頁。
(81) 参照、前述一六九～一七〇頁。
(82) 柳瀬『行政行為の瑕疵』四～五頁。
(83) 同右六三頁。 (84) 同右七二頁。
(85) 合議体の成員が、合議体の意見と異なる〃個人〃の意見を以て行動し得るか、を論ずるに際し、博士は〃概念の実在性〃の問題に触れて曰く、
《そこで問題はそういふ意味での個人又は人間といふものは果してあるものかどうかといふことであるが、問題の意味がそ

のようであるとすると、自分にはそれは結局昔から屢々議論せられた概念の実在性の問題の一つの場合に外ならないのではないかと思はれる。即ち普通に直角三角形でも鋭角三角形でも鈍角三角形でもないただの三角形といふものはあるかといつて論ぜられた問題がそれであつて、そしてそれに対しては、そのような直角三角形でも鋭角三角形でも鈍角三角形でもないただの三角形といふものは少くとも直角三角形や鋭角三角形や鈍角三角形やがあるといふ意味ではあるとは言へないものであるといふのが今日普通の答であるようである。……即ちそれはこれら各種の三角形よりは一段上の抽象の段階における存在であつて、この抽象の段階における存在であるただの三角形が一段下の具象の段階に下りて来るときに、或は直角三角形となり、或は鋭角三角形となり、或は鈍角三角形となつて現はれるのである。だから、一旦それがそれらの三角形となつて現はれた後においては、それらの三角形が即ち三角形そのものなのであつて、その外になほそれと並んでそれらの三角形のどれでもないただの三角形といふものが別にあるとは考へるべきではないといふのがこの問題に対する今日の普通の解答であるように思はれる。》

（傍点は藤田）柳瀬「多数決の拘束力」『憲法と地方自治』一九七〜一九九頁。

(86)　柳瀬「行政委員会管見」『憲法と地方自治』二〇四頁。

(87)　柳瀬「行政処分の撤回について」『憲法と地方自治』二三三頁。

(88)　重要であるのは例えば、《準立法的とか準司法的とかいふ太平洋の彼岸から伝来した言葉》に拘って《実体を見失うことを戒めることであり、《所謂行政委員会は、「行政委員会」といふ名称こそ新しいが、実質においてそれに相当するものは旧来からあり、又機関構成の原理の上から見るときは、それは何等他の行政機関とその原理を異にするものでないこと》を明確に見抜くことである。参照、柳瀬「行政委員会管見」『憲法と地方自治』一〇四頁。

(89)　通常自明の如く用いられている概念の実体が何かを徹底的に分析・追究するものとしては、以上の例の他、とりわけ柳瀬「準法律行為的行政行為の種別について」『憲法の諸問題』（清宮四郎博士退職記念）五六九頁以下、柳瀬『元首と機関』二六七頁以下が注目される。

この論稿はいわゆる準法律行為的行政行為の種別として通常挙げられる、確認・公証・通知・受理等の概念について、従来、それぞれの特徴として挙げられているところが多く論理的に意味不明であること、従って又これら相互の関係も必ずしも明確でないこと、等の問題意識の下に（『元首と機関』二六九頁）これらの概念によって表わされているところのものの実体を追究するものである。

博士によれば、例えば〝確認〟なる行為の実体は要するに確定力を有する行為のことであるに他ならない。《確認は特定の法律事実又は法律関係の存否について争又は疑のある場合に行われるものであるというのは実は確認はその効果として確定力を生ずるものであるということを別の言葉を以て言つたものにすぎないものである。》（『元首と機関』二七二〜二七三頁）《確認は特定の法律事実又は法律関係の存否を宣言することを目的とするものであるというのもまた、実は確認はその効果として確定力を生ずるものであるということを別の言葉を以て言つたにすぎないものである……。》（同右二七四頁）同様にして又、例えばいわゆる〝公証〟は〝その効果として証拠力を生ずるもの〟のことであり（同右二七九頁）、〝通知〟は〝その効果として後続の行為を適法ならしめる効果を生ずるもの〟のことである（同右二八八頁）等々。かくしてそれぞれの実体が明らかになって来ると、又、準法律行為的行政行為についての分類は、このような実情に即して再編され得る可能性が生じて来る（同右二九七頁以下）。

このような思考は、単に準法律行為的行政行為のみに止まらず、行政行為なる概念そのもの、更に法概念一般の扱い方についても、示唆を与えるものである。参照、藤田「学界展望行政法」公法研究三一号二一八〜二一九頁（本書一五〜一六頁）。

柳瀬博士のこの論稿及びその意義についてはなお参照、藤田「行政行為の分類学」（本書一二〇頁以下）。

(90)　柳瀬「警察の観念」『行政法の基礎理論』㈡一七四頁。

(91)　参照、本書前出二〇〇頁。

(92)　参照、柳瀬「天皇機関説」『元首と機関』八一頁。

(93)　同右八八頁。いわゆる「天皇機関説」についての博士のこの指摘の持つ重大な意味については、参照、宮沢俊義「天皇機関説事件」〔第三〇回〕ジュリスト四一八号九七頁、同〔第三一回・完〕ジュリスト四一九号五五頁。

(94)　参照、柳瀬「アルプレヒトの国家法人説」『元首と機関』五三頁以下。

(95)　柳瀬『法書片言―心の影』一一〇頁。博士のこの言明が、学問論において持つ意味については、参照、内田忠夫＝衛藤瀋吉編『新しい大学像をもとめて』（日本評論社）四二頁。

(96)　本書前出二〇二頁参照。
(97)　柳瀬「行政と行政法」『元首と機関』二五三〜二五四頁。
(98)　同右二五五頁。
(99)　柳瀬「行政学の対象」『公法学の諸問題』（渡辺宗太郎博士還暦記念）三一〇頁、柳瀬『元首と機関』二四五頁。
(100)　手島孝教授は、柳瀬博士の《人間の行動が行政と呼ばれるべき品質を帯びるに至るのは行政法という規範の結果であり、行政法という規範を予想せずしては行政という事実は考えられ》ず、《国又は公共団体という如き所謂行政の主体たる或る団体を代表するといふ意味乃至品質を帯びた人間の行動にして始めて行政であるということができ》る、との主張に対し次の如く反駁される。

《行政の本質は行為主体の如何によりは、より根源的に行為自体の性質に探らるべきであるから、この一見論理整合的な論法も正鵠を得ていない。》（手島『現代行政国家論』一四頁）

しかし、柳瀬博士の場合には、《人間の行動のうち、国又は公共団体といふ如き所謂行政の主体たる或る団体を代表するという意味乃至品質を帯びたもののみを行政と称すること》は、《今日の通論》に従って前提されているのであって（参照、柳瀬『元首と機関』二二七頁）、博士の問題意識は寧ろ、かかる前提の下で、人間の行動がかかる意味での〝行政〟としての性質を帯びるのは何故か、を論理的に明らかにすることにこそあるのであるから、手島教授の右の批判は柳瀬批判としては正鵠を射た批判とは言えぬように思われる。のみならず、教授の右の批判が、教授のいわゆる〝新行政概念〟の提唱を支える、例えば《歴史の現時点において国家が中心的かつ圧倒的な行政主体であることは認めねばならぬとしても、論理必然的に行政主体イクオル国家ではない》という思考（手島『現代行政国家論』二七頁）に由来するものであるとするならば、この点〝行政の本質は行為主体の如何よりは行為自体の性質に求めらるべきである〟とする手島説と柳瀬説との間に、果してさほどの差異があるか否かは少なくとも相当に問題である。

柳瀬博士の語られる《行政の主体たる或る団体》とは、必ずしも手島教授の想定されるような、〝国家乃至それから権威を承けた公共団体〟に限られるわけではなく、およそ〝行政〟が行なわれる為には論理必然的にその主体たる何らかの団体が存在し、特定の人間の行動を〝行政〟たらしめる法規範が存在せざるを得ない、という主張がその真意であるように思われる。従って例えば手島教授の挙げられる、《遠く過去に遡って本来的行政のみが行政であった時代》の《原始共同体》とか、《将来マルクス＝レーニンの予見に従って階級なき社会が完成》した際の《共同体としての社会》とか（参照、手島・前掲二七頁）も、それが全く無秩序な個々人の集合ではなく、共同体なる〝団体〟である限りは、等しく博士のいわゆる《行政の主体たる或る団体》の一種であるのである（その際、これらの団体に存する〝行政法〟とは、博士の場合、いうまでもなく、必ずしも近代的意味の法（法律）のみに限られるわけではない。この点、手島教授が、博士をもその中に含め、一般に《純粋法学的行政観念》を、《〝法（法律）による行政〟の時代的・政治的要請を理論化し絶対化したものにほかならず、近代行政の形式を行政一般の本質視する誤謬を犯している。》とされるのは（手島・前掲一四頁）、これらの所説の誤解に基づくものであるように思われる）。これに対して、若し手島教授が、およそあらゆる意味での〝団体〟と切り離された、純然たる個人の行動にして〝行政〟たるものの存在を是認されるのであるとするならば、そこには確かに博士の用いられる《純粋法学的行政観念》とは本質的に異なった〝行政〟概念が用いられていることになるのであって、真の相違点はここに集約化されるように思われる。

(101) 論理のすり替え・問題のすり替えに関する博士の指摘のうち、本文に掲げたもの以外のいくつかを左に掲げておく。

一、〝理論的（本質的）な観念〟と〝制度的（技術的）な観念〟の別（柳瀬『行政法に於ける公法と私法』一一六頁参照）。

二、〝経験的又は歴史的事実の叙述〟と〝論理的説明〟との別（柳瀬『地方団体に対する国の権力』三二一～三三三頁参照）。

三、法原理の〝内容の問題〟と〝根拠〟の問題との別（柳瀬「警察権の限界」『行政法の基礎理論』(二)二〇五頁参照）。

四、警察権の〝観念論〟と〝限界論〟の別（柳瀬・同右二〇六頁参照）。

(102) 日本評論新社版・法学理論編56〔法律学体系第二部〕。

(103) 同右七頁。

(104) このような学説には、博士によれば二種類のものがある。第一にトゥレ、ロテック等の唱える《いわば哲学的又は自然法的の見地からする所謂地方権（pouvoir municipal）の思想》と、第二に、ギールケ、プロイス等を主唱者とする《主としていわば歴史的又は社会学的の立場からする所謂共同体理論（Genossenschaftstheorie）》との二種がそれである。参照、同右一一〇頁。

(105) 同右七四頁。　(106) 同右三二一～四九頁。

(107)　博士は、このことは、地方団体の本質を社会的事実と見るにせよ法規範上の制度と見るにせよ、疑いもなき事実である、とされるのであるが（参照、同右）、〃法規範上の制度としての地方団体〃も自然発生的であり得る、という博士の結論については、若干の註釈が必要であろう。

博士が〃法規範上の制度〃としての地方団体も亦自然発生的であり得る、とされる理由は次の通りである。

《法概念としての地方団体が自然発生的であるか否かの問題は、別言すれば即ち、社会的事実としての地方団体は、それと法律制度としての地方団体との間に国の法の介在することを俟たずして、そのままに、いわばそれ自身の力に依つて法律制度としての地方団体に化することができるかの問題であり、換言すれば、国の法を俟たずして地方団体なる社会的事実から直ちにその事実を内容とする法規範が生じ得るかの問題に外ならぬこととなる。それ故、この問題は、これを一般的に見れば、要するに事実から法が生じ得るかの問題の一場合に外ならないのであつて、而して問題の意味が此の如くであるとすれば、それが肯定さるべきものであることは明かと言わなければならぬ。蓋し、事実から法が生じ、事実が自己をそのまま法と化する力を備えていることは、敢て慣行に基く慣習法の発生や革命に依る新法秩序の成立やの例を引くまでもなく、日常眼前に見る事実であつて、従つて又、如何なる学説もこれを否定したものはなく、その間の相違は、ただその力の本体が何であり、その転化の過程を如何に解するかの点にあるに止まるからである。》（同右四一～四二頁、傍点は藤田）

《以上述べた如く、事実から如何にして法が生ずるかの問題は困難な問題であつて、その過程の説明については種々疑問はあるが、併しそれは何れにしても、この事実そのものは疑うべからざるものと思われる。》（同右四九頁、傍点藤田）

すなわち、ここで問題とされているのは、あくまでも地方団体の〃歴史的起源〃の問題であり、その〃法的根拠〃の問題ではない。

(108)　同右六九～七一頁。　(109)　同右七二～七三頁。　(110)　同右七四頁。

三 残された問題

以上見たように、柳瀬博士の行政法学の方法的異色性なるものは、究極的には、博士の経験主義的・実証主義的認識論の立場に由来する。このことは又、博士の行政法学が、〃実定法の有する真の意味〃を〃客観的に認識〃すべく意図することに原因するものである。

右の方法的前提に立ったとき、博士の行政法学に残された、なお検討すべき問題は何かについて、先に三つのポイントが指摘された。

すなわち第一に、博士の曰われる〃実定法〃とは何か、第二に、博士の法実証主義は、如何なる性格の法実証主義であるか、そして、第三に、博士の論理主義における、形式性の貫徹程度如何、がそれである。(1)

以下では、この三点について順次検討を行なうこととする。かかる作業を進めることにより、そこでは、博士の行政法学に存在する、内在的限界が指摘されるであろう。

一 〃実定法〃とは何を指すか。

この問題に関する柳瀬博士の言明は、殆ど痛ましいまでの動揺と混乱とに充ち、その意図される〃実定法の客観的認識〃は、この問題をめぐり、最大の苦悩に陥っているように思われる。

(1) (a) 法実証主義の要請される所以が、〃眼に見え手に触れ得〃ぬものの認識可能性を否定することにあるとするならば、[2] この意味での〝実定法〟として通常考えられるのが、何よりもまず、制定法の〝明文の定め〟であることは自明である。

例えば行政法の解釈方法に関し極めて意欲的な提言を行なわれた「行政行為の無効及び取消」[3]において、博士が〝法の認識〟と〝法の創造〟とを区別されたのは、明らかに、〝明文の定めがあるかないか〟をクリテリウムとすることによるものであった。

《此の標準の適用さるべきは固より独り無効・取消の限界のみに限らない。無効原因たる瑕疵と取消原因たる瑕疵との限界に関してのみならず、無効及び取消、即ち行政行為の瑕疵の効果の種別そのものに就ても、現行行政法には明示の規定の欠けてゐることは、上に既に述べた通りであつて、従つてその点に就ても右の標準に従つて法を創造することが可能であるとともに必要でもある……。[4]》（傍点は藤田）

そして実際、博士の法実証主義の特徴を、《条文の字句》・《文理解釈》或いは《国会の制定する実定法の極めて正確な読み方》に見出すのは、極く標準的な柳瀬行政法学観であるように思われる。[5]

(b)　博士の諸著作を詳細に点検してみるならばしかし、この問題に対する博士の立場は、決してこのように簡単なものではないことが明らかとなる。

この問題に関する博士の努力は、多く、寧ろこれとは反対に、〝実定法〟とは〝制定法の明文の定め〟にのみ限られるものでないことを論証することに向けられており、少なくも、決していわゆる〝文言解釈〟のみが、その標榜される法実証主義の、唯一のコロラリーと考えられているわけではない。

(2)　(a)　すなわち博士はまず、その初期の著作より現在に到るまで、明確に、制定法と並ぶ実定行政法源として、

《条理乃至理法なるもの(6)》の存在可能性を認められる。(7)のみならず、博士にあっては、この《現実の法制全体の精神(8)》としての〃条理乃至理法〃を見出すことこそが、すなわち実定法の解釈である、とすら説かれることがある。

《……実際に於ては所謂条理法は決して……制定法と無関係のものではなく、制定法のすべてを通覧してそれから帰納して得られる、制定法の文言の背後に密着してゐる立法者の黙示の意思である。換言すれば、制定法の内容は条理法を含めて始めて完全となるものであり、此の点から言ふならば、制定法を解釈することは即ちそのうちに含まるる条理法を読みとることに外ならない。》(9)(10)(傍点藤田)

(b) それでは一体、この如き条理乃至理法なるものは、如何にして発見・認識さるべきものなのであろうか。この問題について博士の自ら示される対応方法(11)は、極めて多様である。

(aa) ある場合には、問題の決め手は《制度の本質乃至目的》にあり、とされることがある。(12) それは又、制定法の〃立法理由〃のことである。

例えば国会が具体的裁判について調査し批評することが、憲法上許されているか否かの問題につき、博士は次の如く曰く、

《改めていふまでもなく、参議院のこのような調査の権能の根拠は憲法第六二条の規定である。そしてその第六二条には、ただ単に、「両議院は各々国政に関する調査を行ひ」といふだけであるから、裁判もまた広い意味では国政の一部であるに違ない以上、議院は当然それについても調査の権能がなければならないはずと考えられるのであつて、現に参議院の法務委員会が最高裁判所の申入れに対する反駁として公表したパンフレットにも、この趣旨が強調されてある。

そしてこの議論は、一見まことに簡単明瞭であつて、疑を容れる余地は更にないようであるが、しかしあわててそれに感心する前に、一つ考へてみなければならないことがあるといふのは、憲法は一体何のために議院に対してこのような調査の権能を認めてゐるのであらうかといふことである。そしてそれに対する答は、いふまでもなく、議院をしてその職責を果す上に必要な事実の認識を得しめることの外にはない。……だから憲法のこの立法理由からいふときはたとへ文言の上では無条件に広く認められてゐても、実際にはその及ぶ範囲は議院の職責に属する事柄に限るものと解しなければならぬ。[13]》（傍点は藤田）

かくして博士にあっては、《憲法の明文には根拠はないけれども、ことの性質から考へて、議院の調査できる範囲は、厳格に議院の職責に属し、従って法律上議院の力で左右することのできる事柄に限り、それ以外の事柄については……、少くとも国政調査権を振廻し、関係人を出頭証言させたり、記録の提出を命じたりはできないものと確信する[14]》ということになる。

(bb)　場合によっては又〝実定法〟の内容は、〝明文の定め〟のみならず〝制度の歴史的沿革〟を検討することによって知られる、とされる。

例えば法律の明示の授権を必要とする行政作用の範囲如何、の問題につき、博士は曰く、

《右の問題に答へるためには、言ふまでもなく、実証的に理想としての法治主義の現行制度に於ける実現の程度如何を知ることが必要である。即ち……実証的に現行憲法制度成立の歴史に照らし、現行制度が右の理想形態としての法治主義の如何なる点を実現せんとして定立せられたるものであるかを明らかにして、始めて右の問題に対する終局的断定を下すことを得るのであらう。[15]》（傍点藤田）

そしてこのような歴史的探究は、わが国法上明確でないときは、更にその基づく母法にさかのぼることによっての

み達せられるが[16]、いずれにしてもそれは、当該法律の〝制定者の意思〟の探究であるとされる。

《ドイツ裁判所構成法第一三条の民事事件の観念に関し学説に現はれたその解釈は大略以上の如くであるが、扨然らばその何れが同条の真意を得たものであらうか。換言すれば、裁判所構成法制定者の意思は右の諸意見の何れにあつたのであらうか。此の問題に終局的に答へることは、併しながら、実は殆ど困難である。それは、言ふまでもなく、右の制定者の意思を窺ふべき資料そのものがそれ自身必ずしも趣旨が明白でないからである[17]。》(傍点藤田)

(cc) しかし又、〝立法者の考え即ち法律の意味ではない〟とされることもある。

《法律は、言うまでもなく、物理学の法則や数学の定理とは違つて、制定された以上は世の中に行われ、強制力をもつて人を束縛するもので、しかもそれが何を目的としたどんな意味のものであるかということは、誰が何と言おうと、実際にはそれを制定し執行する人の意見で定まるのであるから、その法律の下に生活している人々が何よりも先に制定関係者の意図や考を知りたがるのは無理のないことで、重要な新立法の行われたときには、何処の国でも草案理由書や議事録が恰もそれがそのまま法律自身の意味であるかの如くに珍重されるのと同じ性質の現象であろう。併し改めて言うまでもなく、立法者の考即ち法律の意味でないことは無論であるから、実際生活の上は別として、学問としての法律の認識にとつてはそれらは結局一つの資料にすぎず、そこに立法当局の解説の外になお学問の存在する余地があるのであるから、日本のような、如何に重要な立法の場合にも、大抵は学者の審議にもかけず、理由書を公表することもせず、一握りの官僚と議員とでサッサと片づけてしまう癖のある国では、この種の論文は多くの場合立法の経過と立法者の意図とを窺う唯一の材料として甚だ貴重なもので、今後とも差支ない限り続々そういう論文が公表されることを希望するものであるが、併し法律の学問的認識の立場に立つ限り、それらのもつ右のような性質は忘れるべきでないと思う[18]。》(傍点藤田)

(dd) 第二次大戦後になって、博士はしばしば、法の実定性は、その団体における成員(国の場合国民)の〝社会意識〟の中にこそあり、と述べられる。

《行政法学もまた、それが現行法の学問であらうとする限り、その対象とすべき行政法といふ規範は同じく何処までも現に実際にその団体における社会意識の内容をなしてゐるところのものでなければならぬことは言ふまでもなく、従つて行政法学においてもまた、その対象を定めるに当つて先ずなすべきことは各種の法規範の中から現に実際にその団体における社会意識の内容をなしてゐるところのものを選び出すことであつて、若しもこの手続を怠り、如何なる法規範をも無条件にとつてその対象とするならば、その結果は、その対象とするところのものは必ずしも現に実際にその団体における社会意識の内容をなしてゐるところのものではなく、従つて現行法をその対象とすべき行政法学としては必ずしも現行法でないものを現行法として取扱ふ架空の論議となる虞のあることは、上に行政学について述べたところと同じである。それ故、この点から見るときは、今日の行政法学が、通常右の如き選別吟味を経ることなく、単なる成文法を直ちにとつてそのまま対象とするのが例であることについては、上に行政学について述べたと同じ疑問が存する……。[19]》（傍点藤田）

ところでこの〝社会意識（social or collective consciousness）〟とは、〝人間が社会の一員としてある以上抱かざるを得ぬ一定の意思乃至欲望であって、これを抱いた以上はそれに反する他の一切の意思乃至欲望を圧伏するもの〟である。[20]〝社会意識〟は〝規範意識〟の一種であり、とりわけ〝強制力を持った〟規範意識であるとされる。

《小児の意識内容と雖もその規範たることにおいては敢て成人のそれと変りはないのであるが、ただ小児の意識内容は固より社会意識の内容をなさず、従つて他人を強要してこれに従わしめる力を有せず、而して今日一般に法と称せられているものは、右の如く、社会意識の内容をなし、他人を強要してこれに従わしめる力を有するものに限られるために、かかる力を有しない小児の意識内容は、規範たる意味においては法でありながら、普通の意味における法とは認められないのである。[21]》（傍点は藤田）

(ee)　その教科書において博士は又、裁判判例をも一種の法源とされている。

《判決は本来は特定の一事件のみに関する法の解釈適用であるから、正式の意味においては法源とは認め難いが、ただ一切の判決は最高裁判所の判決に依って統一せらるべきものであり、そして最高裁判所の判決は特別の手続を以て変更しない限り将来に亘って維持すべきものとせられているから（裁判所法一〇条三号）その限りにおいて、それは法の公定解釈を示すものとして行政法解釈の一基準と認めることができる。[22][23]》

(3) (a) 〃実定法〃に関する、右のような数々の言明が、相互にどのような論理的関係に立つのかについては、博士は何ら明確にされるところがない。

しかし、これを強いて、可及的統一的に再構成してみるならば、考え得る博士の実定法観は、差当り次のようなものとなるであろう。

第一に、制定法上の定めを全く欠くときは、〃実定法〃は存在せず、そこで行ない得るのは法の創造のみである。

第二に、これに対し、たとえその意味は一見不明であろうとも、何らかの定めが置かれている場合には、〃実定法〃が存在し、その〃真の意味〃を〃客観的に認識する〃ことが出来る。

第三に、右の場合、文言の意味が文理的に明白である場合には、文言解釈によって得られるところがすなわち〃実定法の内容〃であるが、然らざる場合には、〃制度の目的・趣旨〃等を検討することによって法意を把握せねばならない。

第四に、しかしこの〃制度の目的・趣旨〃等は、解釈者の主観や恣意に基づくものであってはならず、〃法制定者の意思〃が、客観的に明らかにされるのでなければならない。

第五に、しかし又、この〃法制定者の意思〃とは、現実に立法に携った人間の、歴史上現実の意思、のことであるのではなく、法それ自体の中に〃客観的に〃見出されるべきものである。

第六に、このような意思とは、すなわち〝社会意識〟であって、それはすなわち、〝他人を強要してこれに従わしめる力を持った規範意識〟である。従って差当っては、〝有権的解釈〟がその内容を成すこととなる。(24)(25)

(b)　さて、多様な言明に表われた柳瀬博士の〝実定法〟観は、仮にこれを、右の如く統一的に理解したとしても、なおいくつかの問題を含むように思われる。

例えば、差当り、博士において右の原則そのものが現実にどの程度厳密に守られているかという問題を不問に付するとしても、博士の右の実定法観には、恐らく、次のようないくつかの内在的な論理的不整合が存在する。(26)

(aa)　第一に、右の第一原則は、必ずしも第六原則と整合しない。

第六原則に示される如く、社会の成員(国の場合国民)の、何らかの現実の〝規範意識〟の中に、〝実定法〟の存在が認められるのであるとすると、制定法の明文の有無は、実定法の有無とは無関係となる筈である。すなわちこのような〝規範意識〟が、〝制定法の定めはあるが意味が不明〟の場合に限らず、〝制定法の明文の定めがない〟場合にも生じ得ることは自明であって、その可能性が否定されるような理論的根拠は存在しない。(27)

(bb)　第二に、右の第六原則は、博士の行政法学の出発点そのものと、明白に矛盾する。

本書で先に見た如く、博士の思考によれば、例えば裁判判決に見られるような〝有権的解釈〟は、〝手続法上有効に通用する〟ものであるとしても、それとは別に実体法上の〝法律の真の意味〟が存在する。(28) そして博士の行政法学は、本来、この如き意味での〝法の真の意味〟を認識するものであった筈である。若しこの両者をば共に〝実定法〟と認めるのであるとすると、博士の左の出発点は放棄されねばならぬこととなる。

《法の意味といふものは常に必ず一つに限り、二つあるべきものではない。(29)》

(c)　その実定法観における博士の右の動揺と、そこに存する論理的不整合とは、然らば一体何に由来するものなのであろうか。私はここに、博士における実証主義の不徹底が、端なくも表現されているものと考える。

(aa)　先に見たように、実証主義の目的が、〃眼に見え手に触れ得〃ぬもの、すなわち人間の感覚によって直接に知覚され得ぬ実在の、認識可能性を否定するところにあるものとするならば、[30]〃実定法〃とは、いうまでもなく、まさしく〃眼に見え手に触れ得〃るものでなければならぬ筈である。

柳瀬博士の〃実定法〃観の特徴は、例えば〃法律の文言〃、〃制定者の意思〃、〃国民の規範意識〃、〃判例等の有権的解釈〃等、〃眼に見え手に触れ得〃るところの様々の現象を、[31]次々と逐い求め、しかも究極的には、実定法はこれらの現象そのものには非ざる、何か或るもの、と考えるところにある。右の諸々の現象において表現される規範内容は、必ずしも常に相互に相容れるものとは限らず、しかも博士にとって〃実定法の意味は必ず一つに限る〃のである以上、右の結果は必然的帰結である。

しかし一体、〃眼に見え手に触れ得〃るこれら個々の現象の他に、これらの可視的な現象はその存在を推量せしめる資料であるが、しかしそれ自体ではないところの、〃真の実定法〃なるものが、存在し得るのであろうか。《そのようなものの存在を信仰するならばともかく、果して理性に依って表象することができるであろうか[32]》。

柳瀬博士の実定法観の問題性は、かくて、本来その実在が実証され得ぬ〃真の実定法〃乃至〃法の真に客観的な意味〃なるものにつき、その存在が先験的に想定され、[33]かかる虚像の周辺に空しき徘徊が続けられつつあるところにこそあるもの、と考える。実証主義の論理を貫徹するならば、客観的に認識し得るのはあくまでも〃眼に見え手に触れ得〃るところの、これらの個別的現象のみであって、それらが相互に相容れぬ規範内容を持つならば、相容れぬことの認識を以て止まるべきである。感覚によって捉え得ぬ、それ以上の何かを〝認識〟しようとすることは、本来、不可能を試みることであって、それはたかだか〝信仰の告白〟乃至〝実践的政策論〟としての性質しか持ち得ない。[34][35]

(bb)　柳瀬博士の行政法学は、かくて、本来実証主義的認識論の立場を明確に標榜しながら、現実には、その非実証的な実定法観の結果、結果的に実践的政策論としての性質しか持ち得ないところの論述を、客観的な認識論と信じつつ展開されるところにこそ、その特色を有するものであるように思われる。

博士の右の悲劇は、何に原因するものであろうか。換言するならば、〝法の真に客観的な意味〟なる博士の実定法観は、何処にその成立の根源を持つものなのであろうか。この問題は恐らく、法の解釈論の性質と機能に関する、博士の思考を明らかにすることによって解明されることになるであろう。以下、博士の〝法実証主義〟の理論的性格に関して、かかる問題をも念頭に置きつつ検討を進めることとする。

二

(1)　実定法の意味を客観的に認識することそれ自体は、認識された実定法にのみ従って行動すべき旨を提言乃至命令することと、必ずしも同意義ではない。[36]例えば〝ブルジョワ社会〟における一切の法と秩序への服従を拒否し、バリケードによる〝解放区〟の構築を試みる学生集団にとっても、〝権力〟によって適用される法が何であるかの認識は可能であるのみならず、例えば獄中闘争を如何に行なうかについての、欠かし得ぬ情報となる。実定法の客観的認識は、実定法秩序への服従を拒否する為にも行なわれ得るのであって、認識論上の法実証主義者は又、実践論上の自然法論者でもあり得る。このような意味において、法実証主義的認識そのものは、あらゆる実践的提言とは論理的に無縁である。

(2) 柳瀬博士の法実証主義が、実定法のみを認識すべきことを主張する、認識論上の法実証主義に止まるものか、更に又同時に、認識された実定法にのみ従うべきことを提言する、実践論上の法実証主義としての性質をも備えるものか、について、博士自ら直接に明言されるところはない。博士の著作のいくつかはしかし、その法実証主義が、少なくも無意識裡に、〝認識された「実定法」には従うべし〟との実践的判断を、当然に前提としたものであることを、物語る。

(a) 夙に戦前、『行政行為の瑕疵』において、行政法学上のいわゆる〝行政行為の瑕疵論〟なるものが、実定法の認識論でなく実践的な法創造論である旨を主張された柳瀬博士は、[37] 法律学がこのような法創造論を行ない得る根拠如何を問題とされ、次の如く述べられた。

《……此の如く法律学が法の規定のないところに自らそれを創造する権利と義務とを有する根拠を問ふことが必要であるが、それは結局立法者及び裁判官が此の如き権能と職責とを有することの結果である。即ち現在の法制の下に於ては、立法者は固より裁判官も亦、法の規定の存在しない場合には自ら之を創造して以て裁判を行ふ権能を与へらるるとともに職責を負はせられてゐるのであつて、法律学が、右の如く、単に既存の法の認識に止まらず、法のないところに自らそれを創造することを得、又創造しなければならぬのは、一に此の必要に基く結果に外ならぬのである。換言すれば、此の場合には法律学は自己自身のために存在するものではなく、立法者及び裁判官のために存在するものであり、その任務は自己自身のために法を知ることに在るのではなく、立法者及び裁判官のためにその創造すべき法を考究することに在る[38]》(傍点藤田)

右の論述の特徴は、そこに、学問の根拠・資格を学問の論理以外のものに見出すという、恐らくは、学問の自己目的性を強調される博士の基本的立場[39]と決定的に矛盾する思考が、展開されていることにある。然してかかる矛盾を説明し得るのは、論理的には恐らく、博士の法律学観に潜在する、一定の実践論的前提でしかあり得ないであろう。

すなわち、〝実定法が裁判官に法創造を命じている〟との命題から〝法律学が法創造を行い得る〟との命題が導き出される為には、論理的には本来、〝法律学は、裁判官に、彼が裁判を行う為の基準を指示することを任務とする〟との命題が、今一つの前提として存在せねばならない。博士の言葉を借りるならば、一般に〝法律学は……立法者及び裁判官のために存在する〟との前提があってこそ、右の論理は初めて可能となる筈であって、このことはすなわち、博士の右の論述の背後に、恐らくは無意識裡に、〝法律学は、裁判官がそれに従って行動すべきところの実定法を指示する任務を有する〟との法律学観が存在することを、示唆するものに他ならない。(40)

(b)　戦後において、博士が折々示される法律学観は、右の推論をより明確に裏付けるものである。

(aa)　例えば柳瀬博士の理解される〝法解釈学〟なるものは、明らかに、裁判判決等と同様、一面で〝実際の事件に解決を与える〟作業である。

博士が一面で、〝学問〟と〝裁判判決〟との任務の違いを認め、〝学問〟としての行政法学にとり法実証主義の不可欠なることを、かかる違いに見出しておられることは、既に見た通りである。(41) 詳細に検討するならばしかし、博士の前提される〝裁判判決〟と〝法解釈学〟の任務の違いは、必ずしも〝実践的な事案解決〟と〝純粋な認識〟との違いであるわけではない。博士において〝法解釈学〟なる学問は、やはり〝実際の事案の解釈〟を前提とした作業であるのであって、その裁判判決との性質上の違いは、ただ、〝実際の事案の解決〟に、どの程度〝深遠な根拠〟を伴うかの問題であるに過ぎないように思われる。

すなわち例えば〝学術論文〟と裁判判決〟との任務の違いについて、博士は曰く、

《自分の考に依ると、学術論文といふものは、ただ単に当面の主題を解決しただけのものでは足りない。当面の主題を解決する、

とともに、その解決を通じて更にそのうちに発展の契機を蔵したものでなくては、本当の学術論文とはいへない。ただ単に当面の主題を解決しただけにすぎないものは、その解決が如何に巧妙であらうとも、それは畢竟裁判判決であつて、学術の論文ではない。ここに判決と論文との根本的の違がある。判決は――といふのは何も判決の悪口をいふわけではない。また仮りに悪口だとしても、それが判決の本質なのだから仕方がない――何よりも当面の問題の解決を主眼とする。それが解決されれば、少くとも判決としてはその任務は終つたので、その上にそれが何故解決されたかといふようなことは問ふ必要がない。然るに学術の仕事は恰度この判決の仕事の終るところから始まる。それはただ単に問題に解決を与へただけでは足らず、少くとも何故それが解決されたかの反省だけは常に伴つて居なければならないのであつて、この反省を伴ひ、それに裏打されてゐる点に、判決の外に、なほ学術論文といふものの存在を必要とするその存在理由があるとともに、またひたすらに当面の具体的妥当を追求する判決に対して、世代相承け、連続して無窮に発展する学術の永遠の生命があるのである。》[42]（傍点藤田）

(bb)　右のような〝法解釈学〟観を前提とし、柳瀬博士は、時折、法実証主義的法解釈論について、〝このような解釈方法により得た結果〟が、〝実際に都合が良い〟かどうかを問題とされることがある。

(i)　《わたくしがこれまで法律の解釈について、主として法実証主義若くは論理解釈、或はもっと悪名を附するならば概念法学のような立場でものを言って来たことは……殆どすべての同学の人々から事ある毎に指摘されて来たところで、又わたくし自身も充分承知してゐるところである。のみならずそういふ解釈の仕方ではその得た結果が実際に都合のよくないことも、わたくしは経験上知っている。》[43]（傍点藤田）

(ii)　《総理大臣が異議を述べる時期。決定は特例法第一〇条第二項の文理からこれを執行停止決定の前でなければならぬとして居り、そして特例法の規定は文脈から言ってそう解釈する外ないと思われるが、併しそれでは実際の結果が妥当でない場合のあり得ることは明らかで、そのためこの点については異説が多い。ただこの問題は、今日では行政事件訴訟法の明文で、前でも後でも差支えなく、そして前であるときは裁判所は停止決定ができず、後であるときは停止決定を取消さねばならぬこととされているから（二七条一項四項）、それらを一々紹介することは無益である。従ってここには、その問題はそれで片づいても、それに現われている、成文法の文意はそれ以外にとりようのない場合、それでは結果が面白くないと思われるとき、解釈者としては、どうすればよいのか、又どうすることが許されるのかということは、恐らく法律解釈に関する永久の問題として今後も残るであろうということを指摘するに止める。[44]》（傍点藤田）

しかし若し、博士のいわれる〝法の解釈〟が、純粋に〝実定法の真の意味〟を〝客観的に認識〟するに止まるものであるとするならば、解釈の結果が〝実際に都合が良いか悪いか〟ということは、そもそも〝法律の解釈に関する問題〟とはなり得ぬ筈である。〝解釈の結果が実際に都合が良いか悪いか〟という問題は、〝実定法として認識された法には必ず従わねばならぬ〟という判断を前提としてのみ生じ得る性質のものであって、かかる一個の実践的前提無しには、本来生じ得る筈のものではない。博士にあって、かかる問題が《法律解釈に関する永久の問題》である、とされるならば、それはすなわち、博士のいわゆる〝法の解釈〟なる作業が、右の実践的判断を同時に伴った上での〝実定法の客観的認識作業〟であることを物語るものに他ならないのではなかろうか。[45][46]

(c)　〝実定法とは何か〟の問題をめぐる、先に述べた柳瀬博士の苦悩[47]も亦、恐らくは博士の右の如き法律学観、すなわち博士の〝法実証主義〟に内在する一面での実践的性格に、その因を有するものであると思われる。

すなわち法律学（法解釈学）が、裁判官に対し、その依って行動すべきところの〝実定法〟を示すものである以上、当然、相矛盾し合う〝実定法〟が複数存在するのであってはならぬこととなる。それ故、成文法規の文言なる記号によって伝達され得る、経験可能な種々の価値判断（立法に携った人間の意図、社会意識ｅｔｃ）が存在するとき、これらは何らかの形において、唯一無二の〝実定法の真の意味〟として統合されねばならなくなる。しかし他方、〝学問〟の大前提として経験主義・実証主義を遵奉する限り、この〝真の意味〟なるものも何らかの〝経験可能なるもの〟を通じて認識せざるを得ぬが故、ここに〝経験可能なるもの〟をめぐっての永遠の徘徊が始まることとなるのである。

(3)　柳瀬博士の行政法学の最も基本的な支柱であるところの経験主義・実証主義を、結果的にもせよなお不徹底なものたらしめている要因は、このように、何よりもまず、博士の行政法学において、恐らくは博士の無意識の裡に、法律学の自己目的性、すなわちその学問としての性格が、確立され得ないでいるところにあるように思われる。法律学は基本的には実際の裁判に奉仕するもの、との前提と明確に袂別し切れず、かかる意味において行政法学の自己目的性が確立され得ずにあるが故に、本来博士の行政法学の〝認識〟の対象であるところの〝実定法〟も、その実体が曖昧なものと成されているのであるように思われる。

然るにある時代のある社会において、支配者の力によって支えられているいわゆる〝実定法〟について、それが何であるかを認識することは科学の名において可能であっても、それに従うべきかどうかを決定するのは、最終的には行動主体の主体的な価値判断でしかあり得ない。認識された実定法に従うべきかどうかの問題については、〝悪法も法なり〟として秩序を重んずる立場もあれば、〝悪法は法に非ず〟として、秩序以上の何らかの〝正義〟を重んずる立場も存在し得る。両者の対立は究極的には価値判断の対立であって、〝学問〟と〝学問〟との対立ではない。

認識された実定法は裁判官によってそのままに適用されるべきことを、当然の前提として展開される柳瀬博士の法解釈論は、結果的には右の価値判断の一方に与したものであって、これに対しては当然に、他の立場からの反駁が、論理的には対等な立場で対峙し得ることとなる。柳瀬博士の法実証主義が、このような実践論上の法実証主義としての性格をも備えるものである限り、〃権力の侍女〃としての〃法実証主義〃に対する批判と、その〃法治主義〃の〃近代性・民主性〃に対する賞賛とを、(恐らくは博士の真の意図に反して)[48]博士は正面から受けねばならぬこととなるのである。[49]

三　〃論理〃は〃経験〃の純粋性を確保する為にこそ要請されるのであり、論理主義と実証主義は、いわば同一事物の表裏を成す。論理主義の不徹底は実証主義の不徹底をもたらすと同時に、他面で、論理の不徹底は又、しばしば実証主義の不徹底に由来する。

一見揺ぐことなく見える柳瀬博士の論理主義も亦、時折、実証主義的思考の厳密さを欠くことにより、不徹底のままに止まることがある。

(1)　論理の厳密を確保する為の、〃概念の吟味〃は、当該の概念によって表わされる現象が何であるかを明らかにする為にこそ行なわれるものであって、一面ですぐれて経験主義的・実証主義的精神の然らしむるところであることは、先に既に述べた。[50]現実に博士の用いられる諸々の概念が、どの程度明確な自覚を以て右の吟味を経たものであるかについてはしかし、しばしば次に見るように、少なくも相当に疑わしいものが存在する。

(a)　土地収用における〃収用権者〃が誰であるか、という問題は、わが国実定法上、自己の行為(収用裁決)によって収用の効果を惹起し得る者(国)と、自己の為にかかる行為を行なうべきことを要求し(裁決の申請)、惹起せられた収用の効果を享受する者(起業者)とが別人とされて来たが故に、古くよりしばしば見解の対立を見たところであった。然して、この問題に関する柳瀬博士の対処方法は、まさしく博士における〃概念吟味〃の問題性を典型的に示すものであるように思われる。

(aa)　柳瀬博士によれば右の論争は、結局、〝収用権〟等の概念の下に何を理解するかの違いに帰着する。[51] この問題は更に、〝収用〟の本質、〝権利〟の本質をどのように理解するかにかかることになるのであるが、しかしこのいずれの点においても、右の両説の間に優劣はつけ難い。[52] 結局これらの両説は《右の如き理論上の観点からは何れも等しく成立ち得るものとしなければならぬ[53]》こととなる。

(bb)　注目すべきであるのはしかし、それにも拘らず、博士にとってこの問題は、決して〝単なる名目〟に止まるものではないことである。

かかる理由を説いて博士は曰く、

《収用者が何人であるかについての右の二種の見解の何れに従うかは、同時に収用の各個の手続の性質を理解し及びそれに関する法律の規定の解釈を決定する上に重要な関係を有するものである。……例えばこれを国と解する見解に従うときは、収用の手続のうち、国の行う事業の認定・収用物件の仮決定・収用の裁決並に訴願及び訴訟の裁決及び判決は何れも収用権そのものの行使であるとともに、起業者の行う協議は収用権の行使ではなく、従って私法上の行為であることとなり、又損失の補償についても、本来は収用者たる国がその義務者たるべきもので、実際には起業者がその義務者とせられているのは単に国がこれを支払う更に起業者からこれを求償する手続の煩を省くための便宜の措置にすぎないこととなるに反し、これを起業者と解する見解に従うときは、反対に、国の行う事業の認定以下のものは、何れも収用権そのものの行使ではなく、起業者のために収用権を設定し及びその実行を助ける行為であるとともに、起業者の行う協議は正に収用権の実行であり、従って公法上の行為であることとなり、又損失の補償についても、右とは反対に、起業者がその義務者とせられているのは決して単なる便宜の措置ではなく、起業者が収用者である以上、性質上当然のことであることとなる如きである。即ち収用者を国と解するか又は起業者と解するかは、単に理論上に収用の名義者を決定するに止まらず、同時に収用の各個の手続の性質を確定し及びそれに関する法律の規定の解釈を決定する実際上の意味をも有するので、従ってそれは決して単なる名目の問題として無視すべきものではなく必ず解決することを要する問題であるのである。》[54]（傍点藤田）

(b) 博士の右の思考は明らかに、土地収用法上の法現象は常に、必ず、唯一無二の〃収用権者〃と〃被収用者〃との間の〃権利義務関係〃としてのみ認識される、との大前提の上に成立している。しかし、そもそも、具体的な〃収用の効果を惹起する権限〃の帰属主体と〃収用の効果を享受する権限〃の帰属主体の他に、これらの各法効果の帰属主体を超越した何ものかとしての〃真の収用者〃なるものが存在し得るのであろうか。

法実証主義的思考を貫徹する限り、〃眼に見え手に触れ得る〃実定法上の現象として存在するのは、具体的なこれら二つの権限と、そのそれぞれの帰属主体のみなのであって、〃収用権〃なる概念は、これら二つの権限を総体的に表現する際の補助的表象としてのみ存在可能であり、それ以上の実体を持つものではない。〃収用の効果を惹起する権限〃の帰属主体としての国、及び〃収用の効果を享受する権限〃の帰属主体としての起業者、をそれぞれ具体的に認識しながら、しかも更に〃真の収用者〃は誰かを問題とされる博士の右の論述は、少なくもそれが実定法の客観的認識論として展開されるものである限り、その問題設定自体既に、法実証主義的思考の不徹底に由来する、博士の概念分析の曖昧さを示すものに他ならない。[55]

(c) 〃収用の各個の手続の性質を確定し、それに関する法律の規定の解釈を決定する為〃にこそ、〃収用者〃が何人であるかを決定せねばならぬ、という博士の思考は、右の事情を更に明白に物語ると思われる。

(aa) 法実証主義的思考に忠実である限り、〃収用の各手続の性質〃を決定するものは、各手続（事業認定、協議、収用裁決etc）について、各具体的な法規が、如何なる要件と効果の定めを置いているか、という事実以外にはあり得ない。然して、如何なる要件の充足がある場合に、これらの手続が行なわれ、如何なる法的効果（eg、何人に如何なる権利義務が生じ、如何なる権利変動が生ずるか等）が生ずるか、ということは、まさしく各手続毎に個別的に定まり得ることであり、又、現実にも多くは、土地収用法なる制定法規がそれぞれ明確に定めるところであって、これらの要件効果を認識する為に〝収用権者は誰か〟の問題を決定せねばならぬ必要は毫も無い。〝収用権者は誰か〟なる問題に何程かの意味があるとするならば、それは、これらの個別規定の認識の結果を総体的に表現する際に、如何なる補助的表現を用いるのが適当であるか、という、全くの用語法の問題としてのみでしかあり得ない。

(bb)　右の事実についての明確な自覚無しに行なわれる、〝真の収用者〟を決定する為の論理的作業は、好むと好まざるとに拘らず、甚だしい循環論法に陥る結果とならざるを得ない。

例えば〝協議〟等々の法的性質を決定する為にこそ、〝収用者は誰か〟の問題を設定された筈の柳瀬博士は、逆に、〝協議〟が実定法上一定の法的性質を有していることから〝収用者は誰か〟に答えて曰く、

《協議は、起業者の行うところで、国の行うところでないため、収用者を国とする見解からは、それは必然的に収用権の行使ではあり得ず、私法上の行為であり、私法上の契約であることとならなければならぬことは、上に述べた如くであるが、然るに、現在の法律の定める協議には、例えばそれをなし得るのは収用物件の仮決定以後で且つそれから一定の期間の間に限り、又目的物の所有者のみならず、それに関する一切の権利者との間に合意を成立せしめることを要する等(土地収用法・四〇条、四一条)、普通の私法上の契約には見られない特異な点があるので、従ってこれを私法上の契約であるとする以上は、更にそれらの特異な点について、その根拠及び性質を説明しなければならぬ。そしてこの点は、これをそのような普通の私法上の契約とは異なる特

質をもった一種特別の私法上の契約であるとして説明することも一応は無論不可能ではないが、併し若しもそれが協議自身の性質に基く当然の特色であるとして説明し得られるならば、その方が一層自然で無理のない説明であることは言うまでもない。そして恰も収用者を起業者とする見解においては、起業者自身の行う協議は正に収用権の行使であり、従ってその性質は私法上の契約ではなくして公法上の行為即ち公法上の契約であることとなり、従って又、右に挙げた普通の私法上の契約とは異なるその特色の如きも、それがその特質において私法上の契約ではなく、公法上の契約である以上当然のこととして、最も無理なく自然に説明し得られることとなるので、即ちこの点においてはこの見解は収用者を国とする見解に比して優っているものと言わなければならぬ。[56]》（傍点藤田）

(cc)　然るに右の思考が博士にとって循環論法と感じられぬのは、博士にあっては、〃協議〃の〃法的性質〃を決定するのは、〃協議〃なる合意に実定法が結合せしめた個々具体的な法効果であるのではなく、それが〃公法上の契約〃か〃私法上の契約〃かということであると考えられているからであるに他ならない。すなわち博士にとって〃公法上の契約〃〃私法上の契約〃なる概念は、収用法上の法現象を認識する為に不可欠のカテゴリーなのである。

しかし、問題はまさしく、これらの概念は特定の現象の法的性質を表現する為に不可欠のカテゴリーであるのか、〃公法〃〃私法〃〃契約〃等の概念は、真に〃簡素にして始原的な概念〃であるのか否か、にこそあるのであって、法実証主義を標榜される博士にあって、何故〃目に見え手に触れ得る〃協議の各法的効果の他に、右の如き〃法的性質〃が問題とされねばならぬかは、少なくともなお明確な説明を要求されるところであろう。[57]

(2)　論理主義が経験主義・実証主義のコロラリーである以上、その有する意味も亦、その前提となる〃実証主義〃の性格によって規定されることとなる。本来、実定法の意味を客観的に認識する為の不可欠の手段であった筈の博士の論理主義は、その〃法実証主義〃が〃裁判官の為の〃法実証主義としての性格を有する限り、意識すると否とに拘らず、〃既存の秩序を擁護する為〃の、又〃法治主義を遵守する為〃の実践的手段と化することとなる。博士における〃法実証主義〃の究極的な実践性は、しかし時に、より直接的な形で、〃論理〃の展開に影響を及ぼすことがあるように思われる。

(a)　〃実体法の世界〃と〃手続法の世界〃とは厳密に区別さるべし、という柳瀬博士の手続法的考察方法が、一見矛盾を含む数々の法現象をそのままに直視し、これに法的な説明を与えるにはどうすればよいか、との、すぐれて実証主義的な問題意識より生じたものであることは、先に述べた通りである。(58)すなわち、両世界間の論理的断絶を強調されて博士は曰く、

《余が実体法の世界と手続法の世界とを区別すべしと言ふのは……一言を以て言へば法律の意味が何であるかと何が法律の意味として妥当するかとは全く別の問題であるといふ考である。前者を決するものは論理であるが、後者を決するものは力である。前者はいはば合理の世界、後者はいはば非合理の世界である。されば両者は全くその原理を異にする別個の世界であつて、本来架橋する能はず、又架橋すべからざるものである。このことを気づかずして、この両世界の間に架橋し、その間に関連をつけ、これを統一して理解説明せんとするところに、上に見た如き諸の不可解なる矛盾が起るのである。故に我等としては、素直にこの別種の二個の世界のあることを承認し、その各々をそれぞれに理解せんことを努めるのがとるべき態度であり、それに依つて却つて矛盾なく了解することができるであらうといふのが実体法の世界と手続法の世界とを区別すべし、といふ余の考である。(59)》

(b)　論理の貫徹という見地よりしてしかし、右の叙述につき直ちに生ずる疑問は、《全くその原理を異にする別個の世界であつて、本来架橋する能はず、又架橋すべからざるもの》であるところの〃二つの世界〃が、如何にして、

同一の実定法秩序内に同時に存立し得るのか、という問題である。

〃二つの世界〃とはすなわち〃二つの規範秩序〃であることは疑いなく、又、これらの規範秩序が共に〃実定法秩序〃の一部を成すものであることは自明である。(60) 然りとすれば、これらは共に、論理的には同一の根本規範に帰報せしめ得られ、論理的に統一されるものでなければならぬ筈であるが、〃全くその原理を異にし、本来架橋する能はず、又架橋すべからざるもの〃であるところの〃二つの規範秩序〃にあって如何にしてこのことが可能であるのか。かくて博士の〃二つの世界〃論は、《不可解なる矛盾》を《矛盾なく了解》せんとしつつ、論理的には再び新たな《不可解なる矛盾》をもたらす結果となっているのではないか、の疑いがある。

(c)　疑いもなく、博士の右の思考の基盤に存するのは、各個の実体法規には、本来先天的に〃確固不動の真の意味〃が存する、との信念である。しかし、裁判所・行政庁による認定権・解釈権の法的性質を是認しつつ、且つ実定法規の意味は、実定法秩序全体との論理的整合の中においてのみ定まる、との思考を貫徹するならば、実体法の〃唯一の意味〃なるものは、実は常に、有権的認定権者・有権的解釈者の認定・解釈なる行為を解除条件とした、その意味において流動的な内容を持ったものと、ならざるを得ないのではなかろうか。(61)

諸々の実定諸法規につき、その意味内容を統一的に決定せんとする限り、実定法秩序そのものが、実体法規の定める要件充足についての有権的認定権者、乃至実体法規の有権的解釈者を定めているとするならば、実定法秩序は、実は実体法規の内容の決定を、これら有権的認定権者、有権的解釈者の手に授権しているものと言わざるを得ないのではなかろうか。実定法上抗告訴訟制度が存在し、地方裁判所から最高裁判所までの裁判所系列が存在するとするならば、実体法規の内容は、行政処分に対する国民よりの出訴がない限り、行政庁の解釈するところがそれであり、第一審判決に対する上訴がなされぬ限り地方裁判所の示すところがそれであり、そして最終的には最高裁判所の判決こそが実体法規の内容を確定するもの、ということにならざるを得ない。実定法そのものが、裁判所その他の有権的解釈機関を設定しているということは、論理的には実は、実定法秩序そのものが、実体法規の意味内容の、この如き流動性を是認していることを意味するに他ならないのではなかろうか。(62)

(d) いうまでもなく、右のような、いわば〝流動的実体法論〟とでも称さるべき思考が、〝裁判官の為の行政法学〟を意図する立場にとって、極めてナンセンスな(少なくも極めて〝反法治主義的〟な)結果をもたらすものであることは自明である。このような立場に立つ者にとって、右の思考は恐らくは、裁判官に対して〝汝が実定法と信ずるところに依りて裁判すべし〟との一般的指示を行なうものに他ならない。〝裁判官の為に、実際の事案の解決に当って適用すべき法を指示〟することを行政法学の任務とする者にして〝法治主義〟に忠実たらんと欲する限り、各実体法規の〝確固不動にして真の意味〟なる表象を放棄することは、少なくもその良心の許すところではない。

柳瀬博士の行政法学が、右のようなものである限り、〝二つの世界〟論なる不可解な論理矛盾も亦、恐らくは、教授の〝法治主義思想〟と〝実証主義的認識論〟との交錯線上に生ずる、苦悩の一表現として理解され得ることとなるであろう。しかし、博士が行政法学に〝裁判官の為に実定法を示す〟という実践的機能を期待するのでなく、〝真の実定行政法を客観的に認識する〟という、純粋に自己目的的な性格を確保されようとするのである限り、少なくともこの問題にどう対処するのかということは、改めて自らの検討の対象とされねばならぬところであるであろう。(63)

(1) 以上、第一及び第二については、本書前出一九八頁。第三については本書前出二〇九頁参照。
(2) 参照、本書前出一八五頁。

（3）法学一一巻九号～一二巻三号掲載。柳瀬『行政行為の瑕疵』第二章は、これを再録したものである。

（4）柳瀬『行政行為の瑕疵』一八九頁。

この論稿で博士が徹底的に分析されるのは、法適用の方法に関するブリュットの所説(Vgl., Brütt, „Die Kunst der Rechtsanwendung“)であって（参照、柳瀬・前掲一六〇頁以下）、博士はその所説の中に、《法の明文の存在しないところには法の規定も亦存在せず、従つてそこになほ法の規定を求めることは最早法の解釈即ち認識ではなくて法の創造である》との主張を見出されるのであるが（同右一六八頁）、博士も亦同様の思考に立たれるものであることは明白である。

（5）例えば本書前出一六〇頁に掲げた、(i)田上博士、(ii)綿貫教授等の叙述を参照。

（6）柳瀬「道路隣地者の求償権」『行政法の基礎理論』㈡一一六頁。

（7）最も古くは、同右一一四頁（昭和九年）、最も新しくは、『行政法教科書』（再訂版）一九頁（昭和四四年）参照。

尤も行政法教科書では、条理は、慣習法と共に、《法治主義との関係上、それが法源と認め得られるか否かについては多少の疑問がある。》とされるが、しかしこの疑問は、あくまでも、実定法が、〝法治主義〟の原則を採用していることと矛盾せぬか、の疑問であって、およそ認識方法の一としての法実証主義なる方法そのものが、条理なるものを実定法とすることを許さないのではないか、との疑問ではないことに注意すべきである。

（8）柳瀬「道路隣地者の求償権」『行政法の基礎理論』㈡一一四頁。

（9）柳瀬「自由裁量に関する疑問」『行政法の基礎理論』㈠一八五頁。

（10）最近では博士は、《他の法源から生ずる論理上の帰結》なるものと、《事物本来の性質に基く当然の道理》なるものの二種類を〝条理〟と称され、共に実定法源とされる如くである（参照、柳瀬『行政法教科書』（再訂版）一九頁）。

（11）《抑々条理乃至理法なるものは如何にして発見すべきものであるかに就て》は《詳細の議論を要する》とされる柳瀬博士（柳瀬「道路隣地者の求償権」『行政法の基礎理論』㈡一一六頁）は、しばしば、一定内容の条理法の存在についての従来の学説の論証を、この見地より、不充分とされる。例えば参照、柳瀬「警察権の限界」『行政法の基礎理論』㈡二〇五頁、「自由裁量に関する疑問」『行政法の基礎理論』㈠二二三頁、等。

（12）参照、柳瀬『行政行為の瑕疵』六〇頁。

(13) 柳瀬「参議院は憲法に違反したか」『人権の歴史』二八～二九頁。
(14) 同右三一～三二頁。
(15) 柳瀬「公法上に於ける契約の可能及び不自由」『行政法の基礎理論』(一)二六六頁。
(16) 柳瀬『行政法に於ける公法と私法』七四頁。
(17) 同右九五頁。
(18) 柳瀬「行政法展望」『法書片言―心の影』一六四～一六五頁。
(19) 柳瀬「行政学の対象」『公法学の諸問題』(渡辺宗太郎博士還暦記念) 三〇四～三〇五頁、柳瀬『元首と機関』二三九頁。
(20) 参照、柳瀬『地方団体に対する国の権力』五五頁以下。
(21) 同右六七頁。
(22) 柳瀬『行政法教科書』(再訂版) 一九頁。
(23) ドイツ裁判所構成法一三条に関するライヒスゲリヒトの判例、すなわちこの条文についての〝有権的な解釈〟を基準として、この条文の意味についての解釈論の正否を論じられる例がある。参照、柳瀬『行政法に於ける公法と私法』一四七頁以下、とりわけ一五一頁以下。
(24) 〝社会意識〟が有する〝拘束力〟に関し、博士は、高田保馬博士の所説に従いつつ (博士が高田博士の社会学に影響を受けておられることについては、参照、柳瀬「私の先生」社会科学の方法三号、柳瀬『法書片言』二三五頁)、次の如く述べられる。

《かかる社会意識が成立するためには、即ち具体的に言えば、一定の意思乃至欲望が人をしてその意に反してもこれを抱かざるを得ざらしめ、又これを抱いた以上はそれがこれに反する他の一切の意思乃至欲望を圧倒してその者をしてそれに従つて行動せざるを得ざらしめる力を有するに至るためには、単にそれが社会の成員の「大部分に共通なりと信ぜらるれば則ち足」り、必ずしも事実において全成員に共通なることを要せず、大部分の成員に共通なることをさえ要しない。蓋し……社会意識の右の如き力は究極において若しこれに反するとき社会の他の成員より受くべき反動と反撃に対する個人の恐怖に基くものであるから、従つてそれがかかる力を有するためには此の如き恐怖を起さしめるに足るだけの事実があれば充分で、而してそのためには、その意思乃至欲望が事実において社会の全成員に共通であることを要しないのは固より、大部分の成員に共通であることをも必要とせず、単に大部分の成員に共通と思われるだけで充分であるからである。即ちかく意識するときは、仮令それが事実でなく、錯覚にすぎない場合においても、人は充分に右の恐怖を生じ、その意に反してもその意思乃至欲望を自己の意思乃至欲望とし、それに従つて行動するに至るものであつて、而して更に斯様に一定の意思乃至欲望が社会の大部分の成員に共通と思われるためには、同質的の社会においてはその多数者の間に、異質的の社会においてはその意思乃至欲望の関する方面において当該社会を動かし得る種類の人々の間において、それが共通であれば充分である。何故ならば、人はこのことを知るときは、特別の事情がない限り、自己の微力を反省してこれに反抗することを差控え、自己もまた同一の意思乃至欲望を有するかの如き擬態をとるのを通常とするために、その結果、恰もそれが社会の全成員に共通である如く見えしめるに至るものであるからである。》柳瀬『地方団体に対する国の権力』五八〜五九頁。（傍点は藤田）

(25)　本文に掲げた第一原則より第六原則までの中、第一原則が明らかにブリュットの所説に従ったものであることは、先に述べた通りであるが（前述註（4）参照）、第二―第五原則も、博士の理解されるブリュットのそれに、少くも極めて類似している。

《……ブリュットに依れば、法律の解釈（Auslegung）とは法律の正文（Gesetzestext）の意味を明かにすることである。而して此の場合、法律の正文の意味とは、ブリュットに在つては、言ふまでもなく、サヴィニー流の歴史的な立法者の主観的心理に於て之に与へられた意味ではなく、客観的に法律の正文そのもののうちに内在する意味のことであるが、かかる法律の意味を発見する方法には文法的解釈と目的論的解釈との二がある。そのうち文法的解釈（grammatische Interpretation）とは法律の正文の用語に通常付着する意味を探索することに依つて正文の意味を確めることを謂ふのであるが、併し実際上此の方法に依つてその一義的な意味に到達し得る場合は寧ろ甚だ稀である。而もそれがために解釈は玆を以て終を告げ、爾後は自由なる法の創造（freie Rechtsschöpfung）に委ねらるべきものとなしてはならぬ。何故ならば、法律は決して或る人々の考へる如く単なる文字の集積ではなく、寧ろ何よりも先づ潜在的な価値の判断（latentes Werturteil）を含み、内在的な利益の考量（immanente Interessenabwägung）をその内容とするものであるからである。故に解釈の第二の方法は、此の潜在的の価値判断即ち法律の目的（Zweck des Gesetzes）を発見し、それに従つて法律の正文の意味を確定することであつて、之が即ち目的論的解釈（teleologische Auslegung）である。而して此の法律の潜在的価値判断即ちその目的の発見は、解釈者が自己自身の立法政策的評価を棄てて、全然客観的に問題の法律の正文に依つて問題を事態の下に於て如何なるものが社会的共同生活の規律として目指され得るかを考究することに依つてなされ得るところであつて、従つて此の目的のためには、在来の法や之に反対する思潮や解釈すべき法と並んで存する他の法律の規定やを顧慮することは固より、進んでは問題の規定の規律の対象たる生活関係及び文化財の法律生活に対する意義を評価し、就中調整せらるべき利益の対立を明瞭に且鋭く理解することが必要である。かくして得られたものが即ち右の法律の目的であり、所謂立法理由（ratio legis）であるが、それは飽くまでも法律の論理的根拠（Grund）であつて、因果的原因（Ursache）ではないことを注意しなければならぬ。即ち解釈の求めるものは、一にその認識根拠となるべき立法理由であつて、立法行為の動機をなした所謂立法原因（occasis legio）ではないのである。》柳瀬『行政行為の瑕疵』一六〇～一六二頁。

(26) 例えば第一原則及び第二原則について、〃制定法上の定めが全くない場合〃と、〃制定法上の定めはあるがその意味が明確でない場合〃とが、現実に、どのようにして区別されるのかは、極めて曖昧である。

例えば博士は、法律の留保論において、その全部留保論を根拠付けるのに憲法四一条を援用される（参照、本書前出二一八頁註(57)）。この場合しかし、〃如何なる行政作用について法律の授権が必要か〃という問題自体については、少なくとも文言上は何らの直接の定めもないわけであり、又一方では、憲法のこの条文は、直接には抽象的規範についてのみ規定したもの、との解釈も存するのであって（参照、同右註）、この条文が、全部留保までも規定したものかどうかは、さほど自明なことではない。しかし柳瀬博士はこの点につき、何ら自説の詳細な根拠付けを行なわれてはいない。

他方で博士は、例えば、現行行政事件訴訟法上いわゆる〃無名抗告訴訟〃が許されているか否かの問題については、現行法上無名抗告訴訟を許す〃制定法上の定め〃はない故、このような訴訟は許されない、と判断されるようである（参照、柳瀬『行政法教科書』（再訂版）一六三頁）。博士の考えでは、〃公権力の行使に対する不服の訴訟〃としての〃抗告訴訟〃を法律が明文化しているだけでは、具体的にこれらの訴訟が許されている、ということにはならない、ということになる。しかし少なくも、この法律でいう〃抗告訴訟〃とは、種々の訴訟類型を含んだ包括的な概念なのであるから、憲法四一条の〃立法〃なる概念を右の如く広義に解される博士にあって、何故、ここでいう〃抗告訴訟〃に数々の無名抗告訴訟は含まれない、ということが当然の帰結となるのか、すなわち何故この場合を〝制定法の定めはあるが、その意味内容が不明確である場合〟とすることが出来ないのかは、必ずしも自明とは言えない。

この場合、考えられる理由は、抗告訴訟の例示として四つの訴訟類型が明文を以て法定されていることから、その反対解釈として、他の訴訟類型は、法律が明確に排除している、と考えることであろう。しかし、〝制定法上の定め〟があるかないかについて、博士は必ずしも常に反対解釈をとられるわけではなく、場合によっては、類推解釈によって実定法の存在を主張されることもある（例えば、協議による収用に、裁決による収用と同様買戻権が認められるか、の問題につき、参照、柳瀬『公用負担法』二四六〜二四七頁）。

右の如く、この問題に関する博士の現実の対応は、必ずしも一貫したルールに基づくものとは言えず、その結果、〝実定法の存在・不存在〟が、博士の意図の如何を問わず、現実には甚だ恣意的に主張される結果になっているのではないか、の疑いがある。

(27)　本書前出二三二頁の引用に示されている如く、〝社会意識〟を実定法とされる博士は、その論理的帰結としては、〝成文法〟があっても、実定法とは言えない場合が存在し得ることになることを認められる。

ところが博士は、更に引続いて、しかし、《抑ゝ成文法なるものはそれ自身の 性質上既に当然にその団体における社会意識の内容たるものと認めらるべきではないか》との疑問を提出される（柳瀬「行政学の対象」『元首と機関』二三九頁）。すなわち博士によれば、《何故ならば、元来成文法なるものは……その団体における立法者に依つて作られるもので、そして或る団体における立法者とはその団体における社会意識に依つてその団体における社会意識を作り出すべきものとせられているところの者であり、即ちその団体における社会意識に依つてその者の作り出すところのものを以てその団体における社会意識と認むべきものとせられているところの者のことであるから、然りとすれば、成文法がその立法者に依つて作られたものである以上、それはそのことに依つて既にその団体における社会意識の内容たるものと認めらるべきものではないかと考えられるから》である（同右二三九〜二四〇頁）。そして《若しもかく考えることが許されるとするならば、その結果は、当然に、その成文法について更にそれが果して現に実際にその団体における社会意識の内容をなしているところのものであるか否かを問うことは、実は無用のことである》ことになる（同右二四〇頁）。

この論理自体にも問題があると思われるが、仮に右の限りで博士の論理を認めたとしても、右の論理は〝成文法がない場合〟に〝社会意識〟が〝実定法〟となり得ることを否定するものではない。蓋し、右の論理をとったとしても、この場合には、《成文法の内容と矛盾する内容の慣行の生じている場合》(同右二四〇頁)の如く、《一方においては成文法を制定した者をその団体における立法者とし、従つてその者の制定するところの成文法を以てその団体における社会意識の内容たるものと認めようとするその団体における社会意識の存在を認めながら、同時にその立法者の制定した成文法についてそれが果して現に実際にその団体における社会意識の内容をなしているものであるか否かを問う》(同右)ことにはならないからである。

(28) 参照、本書前出一七九頁、一九四頁以下。

(29) 本書前出一七九頁。

(30) 参照、本書前出一八五頁。

(31) いうまでもなくこれは、〝調査方法の発達如何によっては、可視的な形で表現され得る可能性が、理論的に、存在するところの現象〟の意であって、現在直ちに、感覚で捉え得るかどうかの問題ではない。

(32) 参照、本書前出一八四頁。

(33) 参照、本書前出一七九頁。

(34) 私のこの、柳瀬博士の〝実定法〟観に対する批判は、樋口陽一「憲法の政治的考察について」法学二九巻二二〜二三頁の行なう〝法律意思説〟批判と、結果的に近似のものとなる。ただ、樋口教授の指摘そのものについて言えば、その〝法律意思説〟批判は、なお、〝現実には法律意思とは、解釈者自身の欲する解釈の投影物に止まる〟ことの主張に止まっていると思われ、教授自身の設定される、《法律意思というものは、認識の対象として客観的に存在しているのであろうか? 条文の言葉は、その本体であったところの制定者の法的価値判断から離れて、何らか別の法的価値判断を客観的に担うことができるものであろうか?》との問に対して、未だこれを否定するに充分な論証が行なわれているわけではないように思われる。私の考えでは、例えば〝国民の現時点における意思〟なるものは、調査の方法を現実にどうすればよいかという実際の困難は別として、理論的には、客観的に認識し得るのであって、これを〝制定法〟と称することは、論理的には不可能ではない。樋口教授の指摘される、〝階級社会においては認識されるのは諸々の部分意思である〟ということは、認識が理論的に不可能である、ということではなく、結果論であるに過ぎない。又、若し、〝法律意思説〟が、全体意思ではなく〝多教の意思〟を持出したとすれば、教授の右の反論は通用し得なくなる。

又、例えば法文の文言を、〝現在の〟文法法則に従って整理統合し、一定の命題に導くことは、現実にどの程度の成果を得ることが出来るかは別として、少なくとも理論的には可能であり、これを〝制定法〟と称することも不可能であるわけではない。従って、教授の行なわれる〝制定法認識があくまで認識に徹しようとする限り、その仕事は、さきに規定した意味での（すなわち条文制定の時点における）制憲者の法的価値判断の認識でなければならない。〟という指摘は、決して認識の論理の必然的帰結ではないと思われる。

私の、柳瀬博士の〝実定法〟観に対する、本文で述べた批判は、それが実証主義の認識のルールにそぐわないことを指摘することによって、まさしくこの意味での理論的・内在的批判を行なおうと試みたものである。

(35)　前註(34)におけるような旧稿での私の指摘に対し、樋口教授は、その多くを肯定されるが、ただ、「例えば〝国民の現時点における意思〟なるものは……理論的には、客観的に認識し得る」し、「これを〝制定法〟と称することは論理的には不可能ではない」という指摘、又、「例えば法文の文言を、〝現在の〟文法法則に従って整理統合し、一定の命題に導くことは、……少なくとも理論的には可能であり、これを〝制定法〟と称することも不可能であるわけではない」という指摘について、このような指摘自体は、論理的には正しいが、そこで行なわれているような〝制定法〟の概念規定は、法の科学にとって有効なものではありえない、と反論される（樋口陽一『近代立憲主義と現代国家』八七〜八八頁）。教授のこの主張よりすれば、私が先に問題にした教授の、〝制定法認識があくまで認識に徹しようとする限り、その仕事は、さきに規定した意味での（すなわち条文制定の時点における）制定者の法的価値判断でなければならない〟という命題は、結局実は〝認識可能な諸々の法現象の中で、制憲者の法的価値判断以外のものを「制定法」と称することは、法の科学として有意味でない〟という主張となるものと思われる。この主張の当否については、なお将来の検討に委ねることとしたいが、ここでは、差当り、次のことのみを覚え書きとして書き留めて置くこととしたい。

法の科学の任務が、教授のいわれるような意味での〝イデオロギー批判〟を行なうところにある、とすれば(樋口・同右一頁)、そのような作業にとって有効な〝制定法〟概念とは要するに、自己の実践的な主張を法の客観的内容であるとして呈示するような試みに対して、その現実隠蔽的性格を曝露するのに有効な概念であれば良い筈である。このようなものとしてのイデオロギー批判という作業自体は、様々な観点と主体的関心の下に行ない得るのであって、ある概念が有効な概念と言えるか否かという問題については、およそイデオロギー批判という性格を持った作業に役立たぬ概念であるか、という問題と、一定の主体的関心（教授の場合であれば、そのいわれる〝近代立憲主義〟というものの価値の再評価）からして行なわれるイデオロギー批判にとって有効であるか否か、という問題が、区別されねばならないのではあるまいか。

(36)　参照、本書前出二一九頁註(66)。
(37)　参照、本書前出二〇〇頁。
(38)　柳瀬『行政行為の瑕疵』一八三〜一八四頁。
(39)　参照、本書前出二〇五頁。
(40)　もとより博士自らは、本文での引用中にある如く、差当って、法律学が法の創造を行なう場合にのみ、法律学の自己目的性を否定されている。しかし重要であるのは、本文に述べた如く、博士の思考が論理的に成立し得る為には、本来法律学一般について、その自己目的性が否定されねばならぬことであり、その結果又、博士のこのような思考がとられる限り、法律学が現存の法を認識する場合にも、それは必然的に、裁判官をして裁判を行なわしめる為にこそ行なわれるもの、とならざるを得ぬことである。
(41)　参照、本書前出一七八頁。
(42)　柳瀬「美濃部先生の一面―昭和二十三年の公法学界」『人権の歴史』二七六〜二七七頁。
(43)　柳瀬「実体法と手続法再論」『憲法と地方自治』一三五頁。
(44)　柳瀬「司法権と行政権―米内山事件―」ジュリスト憲法判例百選一九二頁。
(45)　もとより博士自らは、先に見た如く、行政法学が学問である以上、〝ただ実際に都合が良い〟という理由のみから法実証主義を捨てることは許されない、との態度をとられる。しかしいうまでもなく、ここでは、博士の唱道される如く〝実定法の真の意味を客観的に認識する作業〟であるところの〝法解釈学〟について、その結果の〝実際的妥当性〟がそもそも論理的に問題となり得ると考えられていること自体が問題であるのである。

(46)　実際に、柳瀬博士の法実証主義的解釈論は、時に、〃実際的見地〃による微妙な動揺を示すことがある。残地に生ずる起業損失に対しても損失補償が与えらるべきかの問題につき、博士は次の如く曰く、《若しもその際、被収用者でない者もまたその補償を受け得る途が講ぜられ、又は被収用者以外の者は補償を受け得ないのに独り被収用者のみがこれを受け得ることが是認せられるに足るだけの理由が示されるならば……敢て被収用者に対してこれを拒むべき理由はない筈である。そしてそのうち……後の点の説明は必ずしも困難ではなく、普通に言われている如く、被収用者は被収用者以外の者と異なり、収用に依って生じたすべての損失に対して補償を受くべき地位にある者であり、そして所謂起業損失もまた、……間接ではあるが収用に起因する損失の一であることを考えれば、その理由は容易に了解することができる。これを日本の現行法について言っても……明かに所謂起業損失に属するもののうち、通路・溝・垣・柵その他の工作物の新築・改築・増築……の費用については、被収用者以外の者もその補償を請求し得ることを認めているから、法律の趣旨は独り被収用者に対してのみ所謂起業損失の補償を拒むものとは解し難く、即ち現行法の下においても所謂起業損失はこれを補償することを要するものと解するのが正しい解釈と認むべきである。固より現行法が被収用者以外の者に対して補償を認めているのは所謂起業損失の中の右に挙げたものに限るから、右の如く解釈するときは、その他の起業損失については被収用者と他の者との間に不均衡の生ずることを免れないが、併し、それは、右にも述べた如く、充分理由のある不均衡であるのであるから、その是正は今後の立法に俟てば足り、そのために法律の解釈を別にする必要のあるものではない。》（傍点藤田）柳瀬『公用負担法』三〇二頁。

(47)　本書前出二二七頁以下。

(48)　最近持たれた「柳瀬行政法学の背景」と題する座談会（自治研究五三巻三号三頁以下）において、柳瀬博士は、《経済学者であるならば、非常識なこと（ここでは〃科学的認識〃という程の意味——藤田註）を言う傍ら会社のトップマネージメントに金もうけの方法を教えてやるというふうなことは期待されない。ところが、法律学の人間だけは非常識なことを言うと同時に裁判官或いは弁護士の役にも立つことを言うことを期待されている。これは全く偶然なのか、それとも学問内在的な違いが政治学や経済学と法律学との間にあるのだろうか、先生どういうふうにお考えでしょうか。》という樋口教授の問に対し、〃法律学者の場合にも一人二役でこのような違った性質の仕事をする場合には、二つは違った仕事だということを自覚してすべきだ〃と答えられ、次の如く発言されている。

《……だからいつかも言ったように、法律学は裁判と手を切らない限り駄目だ。それで、私それ（柳瀬「法律学の現状と将来」『法書片言』一六八頁以下——藤田註）の最後で言った法律学は裁判の手伝いだというのはぼくの考えじゃないのです。一般にそう思っているから、だからそういう非常識な理論には永久に必ずしも賛成が得られないだろう、そういう意味です。だから反語を言ったわけです。》（自治研究五三巻三号五六頁）

この発言を文字通りに取れば、博士の場合、その真意においては、学問の自己目的性は一貫して確保されているわけであり、又、私も、博士の学問論よりすれば、本来博士にあっては、このような立場が明確に確立されていて然るべきである、と考える。しかし、博士の真意がそこにあるとすれば、少なくとも本稿本文で指摘したような諸々の点について、このような立場からの、明確な論理的整理がなされることが必要となろう。

(49)　博士の〃法解釈〃観、並びに法実証主義が、このような性格を最終的に持つものである限り、例えば目的論的解釈の必要を主張される田上博士の批判（本書前出一六〇頁(i)参照）も亦、一つの実践的立場として、論理的には同等の立場で博士の〃法実証主義〃と対立することになる。又、博士の法実証主義・論理主義を、《法治主義或は法治国家の原則を厳格に守ろうとする点に主たるねらいがある》とされる綿貫教授の指摘（同所(ii)参照）も、柳瀬博士の主観的意図はともかくとして、結果的には、さして的外れの指摘とも言い得なくなる。更に、柳瀬博士の法実証主義を〃無批判的〃とされる鵜飼博士の指摘も、この場合には必ずしも無意味でなくなることは、先に述べた通りである（参照、本書前出一九二頁）。

(50)　参照本書前出二〇三頁。

(51)　《若し自己の行為に依って収用の効果を惹起し得る能力を収用権と称し、その主体たる者を収用者と称するならば、収用者は当然に国であることとなるとともに、若し反対に、自己のためにかかる行為をなすべきことを要求し及びその行為から生ずる収用の効果を享受し得る能力を収用権と解し、その主体たる者を収用者と解するならば、収用者は当然に起業者となる筈であって、収用権の主体即ち収用者についてこれを国と解する見解と起業者と解する見解との分れる原因はここにあるのである。》柳瀬『公用負担法』一七〇頁。

(52)　参照、同右一七三〜一七六頁。　(53)　同右一七六頁。　(54)　同右一七二頁。

(55)　もとより問題が、具体的なこれら二つの権限乃至その帰属主体のいずれを〝収用権〟乃至〝収用者〟と称するのが便宜であるか、という用語法の問題として提出される場合には、話はこれと異なるが、柳瀬博士にあって、〝収用権〟〝収用者〟等の概念の問題が、このように《単なる名目の問題》ではないことは、本文での先の引用文によっても明白である。

(56)　柳瀬『公用負担法』一七七〜一七八頁。

(57)　例えば公法私法論においては、柳瀬博士自ら、まさしくこのような思考の下に、ある法規が公法に属するか私法に属するかを決定することによって、当該法規の法的性質を決定しようとするのは論理の逆転である、との指摘を行なっておられたことが想起さるべきである。参照、本書前出一九一頁。

(58)　参照、本書前出一九四頁以下。

(59)　柳瀬「実体法の世界と手続法の世界」『憲法と地方自治』一一五〜一一六頁。

(60)　尤も、本文での引用中にもある如く、博士は《法律の意味が何であるか》を決するのは《論理》であるが、《何が法律の意味として妥当するか》を決するのは《力》である、とされ、手続法の世界はいわば〝事実〟の世界であり〝法〟の世界ではないかの如き表現をされる。しかし博士にあって、例えば〝専ら手続法の世界の問題〟とされる行政行為の公定力は明らかに実定法上の法効果として考えられているし、又、公定力の根拠も、実定法上の各国家機関の権限分配規定に求められているのであるから（参照、柳瀬「司法裁判所の先決問題審査権」『行政法の基礎理論』(二)六五頁、『行政法教科書』（改訂版）一〇九頁等）、右の表現は単なる比喩に止まるものであり、教授にあっては二つの世界共に、実定法秩序中に内蔵されるものであることは疑いない。

(61)　〝(実定)法の意味は必ず一つに限り、二つあるべきものではない〟という博士の前提自体は、私が本文で示した如き思考の妨げとなるものではない。問題はただ、〝実定法の唯一の意味〟なるものは論理的には本来、裁判制度、訴訟制度等に関する法規も含めた、実定法秩序全体との関係から定まるのではないか、ということであり、法実証主義・論理主義を標榜される博士において、このような思考がとられ得ぬのは何故か、ということである。

(62)　かつて、〝法の客観的な純粋意思は、既存の憲法法律等の中に既に含まれているものではなく、その適用過程たる法手続の動態の中にこそはじめて創造され、展開されるものである〟旨の指摘を行ない、《国際法の承認手続以前には如何なる国家も存在しないし、刑事訴訟手続以前には如何なる犯罪も存在しない。民事訴訟手続以前には如何なる契約も存在しない。要するに、手続以前に存在する要件なるものはあり得ない。》と主張したF・ザンダー（Vgl., Fritz Sander, „Die transzendentale Methode der Rechtsphilosophie und der Begriff des Rechtsverfahrens", Zeitschrift für öff. Recht, Bd. 1 Heft 5 u. 6 (1920) S. 483-484.）は、例えばメルクルの、〝論理的には本来違法〟である行為が、〝確定力〟のような〝瑕疵決済規定〟によってはじめて適法となる、という思考（Vgl., A. Merkl, „Das Recht im Lichte seiner Anwendung", Deutsche Richterzeitung, 1917, S.447-448.）に、メルクルが、その唱える法実証主義にも拘らず、結局は政治的＝倫理的要請（すなわちいわゆる〝法治主義〟の要請）を、その理論的体系から払拭し切れないでいる事実を見出したのであった（Vgl., F. Sander, „*Staat und Recht*", (1922) S. 1200-1201.）。又、ケルゼンは、原則としてザンダー同様の《法行為の自己認証の原理》を認めながら、このことと〝法秩序〟の観念とがどう合致し得るかの問題について、苦慮している（Vgl., H. Kelsen, „*Allgemeine Staatslehre*", S. 277-278.）。いずれにせよ、認識の客観性を保障する為に、法実証主義・論理主義を、如何に確保し得るかについて、徹底的な考察を行なったこれら Vorgänger の、右の如き問題意識を我々は再度追求してみる必要があると思われる。この点については差当り参照、藤田「行政行為の瑕疵論における所謂〝手続法的考察方法〟について」柳瀬博士東北大学退職記念『行政行為と憲法』一五七頁以下（本書二八八頁以下）。

(63) 本文に示したような、いわば、〝流動的実体法論〟とでも称さるべき思考については、樋口教授による批判がある（樋口陽一『現代民主主義の憲法思想』一五四頁以下）。教授はまず、私がいう「有権的認定権者・有権的解釈者の認定・解釈なる行為を解除条件とした、その意味において流動的な内容」ということの意味について、(イ)《そのような条件が成就するまでは「実体法」自体の意味がそれとして存する》という趣旨である場合と、(ロ)《そのような条件が成就する以前にも、そもそも「実体法」自体の客観的な意義内容は存在しえないのであって、ひとびとによってそれぞれに認定・解釈されたものがそのときどきに存在しうるにすぎず、それがまさに「実体法」の「流動的な内容」として認識されるのだ》という趣旨である場合と、二つの可能性がある、と指摘された上で、《「流動的実体法論」の問題提起がはっきりと出るのは後者の場合だと考えられるので、ここでは後者すなわち(ロ)の趣旨にうけとったうえで、藤田氏が提示してみせた「流動的実体法論」を手がかりにして考察をすすめてゆくことにしよう。》とされる（樋口・同右一五四〜一五五頁）。

このような前提の下、教授が「流動的実体法論」に対して述べられる疑問は、次の二つである。第一に、法段階の各段階における法規範・立法・法律・裁判判決等々は、それぞれが、規範定立者の法的価値判断として、規範認識の対象となり得るものであって、必ずしも《憲法の意味は法律という形で具体化されてはじめて認識できる》、《法律の意味は判決という形で具体化されてはじめて認識できる》ということはないのではないか、という疑問である。

《もし憲法という規範の意味をそれとして認識することができないと考えるならば、いちばん具体化された段階の規範である判決という規範の意味についても同じように考えなければならないはずではないか。逆のいいかたをすると、およそ何らかの段階での規範というものがそれとして認識可能な対象だといえるとするなら、原理的には、憲法という規範もそれとして認識可能な対象といえるのではないか。規範認識という作業は、それぞれの規範定立者の法的価値判断の認識として――憲法については憲法制定者の法的価値判断の認識・判決については裁判所の法的価値判断の認識として――それぞれに成立するのではないか。》（同右一五八〜一五九頁）

教授の疑問の第二は、例えば憲法（教授のいわれる「制定憲法」）と法律（教授のいわれる「実効的憲法」）は、同位の規範ではないのであるから、この両者がそれぞれとして認識可能な対象である、という意味での二元性を事実としてそのままにうけとることは、実定法秩序の理解として矛盾をもたらすものではないのではないか、ということである。

《「二つの世界」峻別論といっても、「実体法の世界」で認識される「憲法」と「手続法の世界」で認識される「憲法」とを同位の規範と考えるならば、たしかにそれが同一の実定法秩序に属することは説明不能となろう。しかし、後者の規範はあくまで法律段階の規範として――あるいは命令・判決等々として――効力をもつにとどまると考えるならば、そのような意味での二元性をありのままにうけとめることは、実定法秩序の一体性と矛盾することにはならないはずである。》（同右一五九頁）

これらの指摘に対しては、ここでは差当り次の如き返答をしておきたい。

まず第一に、私が呈示した思考における〝実体法の流動的な内容〟ということの意味については、〝解除条件〟という言葉を用いたことに明らかであるように、それは、既に何らかの形で存在しているものが、有権的認定権者・有権的解釈者の認定・解釈なる行為によって変動する、という意味であることを、断わっておかねばならない。すなわちこの考えの下では、いわば、実定法秩序は、上位の規範が法律制定・裁判判決・行政行為等によって具体化されて行くことを予定し、諸々の機関にそのような具体化の権限を与えているのであって、〝実体法〟なる概念は、そこでは、この具体化の動態的プロセスを特定の時点において切断した場合の切断面を意味するものであることになる。つまり、その時点において、公的機関によって具体化されている法内容が、その時点における実体法の内容だ、というわけである。従って樋口教授の整理に従うならば、それは、右の(イ)の趣旨であることになると思われる。

第二に、私はこのようなものとしての〝流動的実体法論〟なるものを、実定法秩序の動態的構造を法的に説明する、一つの試みの例として提出したに止まるのであって、私の目的はただ、およそ柳瀬博士のように、経験主義的・実証主義的見地から〝手続法の世界〟なるものを問題とされる限り、学説史上従来既に提出されているこのような思考に、どう対処するかを明確にせねばならないのではないか、という問題提起をするところにある。法秩序の動態的構造を規範科学的にどう捉えるか、という問題についての私自身の考えは、実のところ未だ固まっておらず、従って〝流動的実体法論〟の理論的成否の可能性についても、私自身は未だ確信を持っていない。

第三にしかし、それにも拘らず、樋口教授の右に見たような〝流動的実体法論〟批判には、次のような問題があるように思われる。まず教授の第一の疑問について言えば、確かに教授の言われるように、判決・法律・憲法等の諸規範についてそれぞれの規範定立者の法的価値判断が何であるか、ということを認識することは可能であるし、又、その際、それらの価値判断の内容がそれぞれ相互に整合していなかったとしても、そのことは変らぬであろう。しかし、〝流動的実体法論〟が問題とするのは、いうまでもなく、このような社会学的事実自体の存否であるのではなく、むしろ、このように相整合しない価値判断内容が、同一の法秩序内で共に承認される、という事実は、どのように理論的に説明されるのか、ということなのである。法規範が存在し、それを認識する、という場合には、理論的に言って、相矛盾する複数の法規範について一方の存在を認識する以上、他は法的に存在せぬことにならねばならぬのは、いうまでもない。すなわち、樋口教授の用語に即して言うならば、〝制定憲法〟と〝実効的憲法〟とを、共に法規範として同時に認識する、ということが、如何にして可能なのであるか、ということこそが、〝流動的実体法論〟の側からする疑問なのである。そこで教授の第二の疑問についてであるが、確かに教授の指摘されるように、憲法・法律・判決等は、それぞれ同位の法規範であるのではなく、相互に上位・下位の関係に立つ法規範である。しかし又、それ故にこそ、右に述べた問題は、まさに、上位の法規範に違背した下位規範は、如何にして法規範たり得るかという問題となるのである。そして、この点こそが、〝流動的実体法論〟の問題とするところであるに他ならない。教授は、〝「手続法の世界」で認識される「憲法」（実効的憲法）を、あくまで、法律段階の規範として――あるいは命令・判決等々として――効力をもつにとどまると考えるならば「制定憲法」と「実効的憲法」の二元性を認めることは、実定法秩序の一体性と矛盾することにはならない、と述べられるが、右に述べたような見地からすれば、問題はまさに、そこでいう〝法律段階の規範としての効力〟なるものが、上位の憲法規範との関係なしに、どのようにして理論的に存在可能であるのか、ということにこそあるように思われる。

四　むすび

一　伝統的〝異説〟たる柳瀬博士の行政法学とは何であったかについて、本稿で以上分析検討して来たところは、大要次の如く整理される。

(1)　博士の行政法学は何よりも先ず、〝存在する実定法の真の意味〟を〝客観的に認識〟しようとの意図に発する、経験主義的・実証主義的認識論の立場によって基本的な方向付けを与えられている。通常指摘される博士の方法の〝異色性〟は、右の明確な自覚に由来する一連のコロラリーである。

(2)　同時にしかし、博士の行政法学には他面、恐らくは無意識の裡に、〝裁判官の為に、その適用すべき法を提供〟せんとする、一つの実践的立場が前提されている。然してこの、論理的には本来直接の関連を持たず、しばしば寧ろ相矛盾する二つの基本的要請の交錯線上にこそ、行政法学者柳瀬良幹にとっての最大の苦悩が生じ、その行政法学の二大支柱たる、法実証主義と論理主義にも、折々の破綻を生ぜしめるに到っている。

二 柳瀬博士の行法政学が、我々にとって何であるかは、従って又、博士の諸著作を読む者の問題意識が奈辺にあるかによって異なることとなるであろう。

(1) 〃裁判官によって適用さるべき行政法〃が何であるかを考究せんとする、本来的に実践的性格を前提とした論者の場合にあっては、博士の立場は端的に、徹底した〃法治主義〃であり、その意味における〃実践的法実証主義〃である。かような立場の論者からは、博士の行政法学は、ある場合には〃行過ぎの法実証主義〃として非難さるべきものとなり[1]、ある場合にはその〃法治主義〃の近代性・進歩性〃が積極的に評価されることとなる[2]。

(2) 博士の行政法学に対する右の如き理解と評価とは、博士の行政法学が結果的に有する認識と実践の二面性の故、少なくも、これを全くの的はずれと評することは出来ないであろう[3]。しかし、博士の行政法学の何よりの特徴である、その方法の異色性が、本来、このような実践的意図に由来するものでなく、〃学問としての行政法学〃の確立、という、すぐれて認識論的な意図より産まれたものであることを明確に理解するならば[4]、我々が真に博士に学ぶべきことは、何よりもまず、その〃行政法理論〃の客観性を確保する為に博士の行なわれた理論的作業が、如何なる意味を持つ闘いであったかを正確に理解すること、にあると言わねばならない。我々後に続く者に要請されることは、何にも増して、〃学問としての行政法学〃を確立する為の不可欠の手段として、博士が、徹底した法実証主義と論理主義とを、少なくとも建前としては頑なに保持されねばならなかったことの意味を、そして、かかる博士の意図が、結果的に失敗に帰したのが何故であるかということを、明確に自覚することである、と言わねばならない。

三 既に第二次大戦前より、柳瀬博士が主張し続けられて来た、いくつかの重要な行政法理論と、戦後、伝統的行政法学に対峙して登場して来た新しい諸理論との間に、少なくも結果において奇妙な類似性が存在するという、先に本稿冒頭において指摘した事実(5)は、然らば我々に何を教えるであろうか。

論旨を明確にする為に、先に取上げた諸例の中より、高柳信一教授の公法私法論を選択し、その、柳瀬理論との間に存する類似性の有する意味を、以下分析検討することとしよう。特にこの例を取上げるのは、(1)、先に掲げた諸例の中、これが、柳瀬理論との間に最も強い類似性を有する例であることの他、(2)、戦後の、これらの新しい理論的動向は、まさしく公法私法論をめぐるそれの中に最も象徴的に現われていること、(3)、高柳教授自らが、かかる動向の、最も先導的な推進者の一人であること、等の理由による。

(1)　柳瀬博士の公法私法論においてそうであったと同様(6)、高柳教授の公法私法論も亦、その一面において、すぐれて経験的・実証的思考の所産としての性格を有していることは、疑いの余地が無い。

(a)　高柳教授の公法私法論は、何よりもまず過去の如何なる時代・世界の何処における法制度を明らかにしようとするものでもなく、まさしく、現在のわが国における実定行政法は何であるかを解明せんとするものである。教授の公法私法論の目的は、何よりも、教授の見るところ、異なった時代・異なった法制度の下においてのみ妥当した法思想によって現行実定行政法が何であるかを説明しようとする、伝統的な公法私法二元論に内在する非経験的なドグマ性を打破することにこそある。

教授の公法私法論を初めて体系的に示された「公法と私法」なる論稿(7)の冒頭において、教授はその問題意識を明確に示されて曰く、

《……多年にわたって当然自明とされて来た法原理・法原則も、一度びそのよって立つ前提を疑ってかかってみると、根拠の必

ずしも説得的でないものがあることに注意される。即ち、多くの行政法制度は必ずしもその全体を実定法化されているわけではなく、実定法化された部分は、地表下に横たわる法原理、法理論の可視的一表現にすぎず、後者によって解釈運用されなければならないわけであるが、その地表下の法原理・法理論たるや、過去においては十分の根拠をもったかもしれないが、現在においては、その根拠の正当性の疑問視されるものがなくはない。

例えば公法と私法の区別、行政行為の効力及び行政行為の司法審査の範囲並びに強度等に関する法原理・法理論がそれである。(8)》

(傍点藤田)

(b)　問題が実定法の解釈に関するものである以上、右の、経験主義的・実証主義的思考に基づくドグマの排撃(9)は、公法私法論における、法実証主義的解釈論の主張となることは自明である。

《いうまでもなく、法の運用は、第一に、法規範自身の解釈にかかる。法の規定に公法規定と私法規定とが存在するとして、その運用は夫々の法規定の解釈により行われるのであるから、公法私法の区別があるということは、法の運用上特別の意味をもつものではない。要は、実定法規をあるがままに科学的に解釈適用することである。》(10)(傍点藤田)

《以上、われわれの考察したところによれば、公法関係の特質（行政主体の優越性）も、公権・公義務の特質（移転性放棄性の制限、行政権の自力強制）も、いずれも実定法規の定めと無関係には認めえないものであった。すべて実定法規の定めるところであれば、問題は実定法規の解釈に尽き、そのいわゆる公法の特質も、実定公法諸規定の最大公約数的なものとならざるをえない。(11)》(傍点藤田)

(2)　教授の右の法実証主義においてしかし、柳瀬博士のそれと、恐らく最も異なる点は、それが同時に、極めて明確に、〝裁判官の為に、実際問題の処理を行なう基準を示す〟べき意図、或いはより一般的に〝社会統制をそれによって行なうところの「道具」を提供す〟べき意図の下に行なわれていることであって、始めより意識的に、〝実践的法実証主義〃としての性質をも備えるものであることである。

(a)　すなわち、教授の如き公法私法論を展開する必要を説いて教授は曰く、

《わが国の主題に関する法制度・法原理には行政国家的な、従って司法国家制をとる現在においてはいわれのない歪みが精算されずに付着しており、それが制度の合理的運用を妨げていることを否定できないように思われる。もとより、どこの国の法制度においても、法制度特有の擬制や詭弁は避けられないであろう。法律家はそれらが現実から乖離した擬制であることを十分承知した上で……しかし、それによって法生活を妥当に規律しうる限り、精緻な理論を案出し、巧みに操作して、道具としてこれを用うるのである。行政国家特有の「公法」の観念、「行政行為の公定力」の理論及び「抗告訴訟」の制度等も、多かれ少なかれ、そのようなものの一つであろう。従って、前述の意味において道具として用いうる有用性が認められる限り、それを十分意識した上で、これを用いること自体には必ずしも反対しない。しかし、司法国家の下において、前記の法観念、法理及び法制度を、行政国家において用いられたままの意味において、十分の自覚なしに運用し操作すると、そこにどうしても矛盾や混乱が避けられず、しかも現代的新課題に関して用いると、矛盾や混乱が自乗的にあらわれるというのが否定できない現状であるように思われる。[12]》(傍点藤田)

(b)　従って又、教授の右の公法私法論における法実証主義的思考も、その必要性は、柳瀬博士における如く、〃認識の客観性〃を確保する為の不可欠の手段、としてではなく、寧ろ、より一層、〃法治主義〃に忠実である為の不可欠の手段であることに、主として求められることとなる。

《公法関係は、行政主体の意思の優越性が認められる点において、明らかに私法関係とことなる。しかし、この行政主体の優越性は実定法がもたらすものである。実定法規が行政主体に優越性を認めながら法関係を規律するとき、その法関係は私法関係と

ことなる特殊性をもつ特殊の法関係即ち公法関係になる。とすれば、公法は実定法規が公法として定めた法関係であるということにならざるをえず、それ以外の何物でもありえない。それはタウトロギーであり、無意味である。しかし法治主義に忠実に考察を進める限り、公法概念にかかるタウトロギー以上の効果を与えることはできないのである。[13]》（傍点藤田）

(c)　公法私法論において専ら〝実定法規〟の定め如何が決め手になる、ということの意味も、従って、それが〝眼に見え手に触れ得る〟ものである故ではなく、社会統制の為の実践的「道具」を提供する為には、むしろ当然に〝眼に見え手に触れ得る〟実定法規を超えた何物かが追求されねばならぬこととなる。《多くの行政法制度は必ずしもその全体を実定法化されているわけではなく、実定法化された部分は、地表下に横たわる法原理・法理論の可視的一表現にすぎず、後者によって解釈運用されなければならない[14]》のであり、右の法実証主義と、かかる〝可視的でないもの〟の追求との間の矛盾は、それが〝法治主義〟なるイデオロギーに忠実である限りによって救済されることとなる。

(3)　経験によって検証することの不可能な、主観的な思弁を以て〝客観的真実と主張する命題を〝ドグマ〟と称することが許されるならば、又、ドグマとドグマの対立による、留処のない水掛論に終止符を打つことに、〝学問としての行政法学〟確立の第一歩を見出すとするならば、〝学問としての行政法学〟の確立を目指す立場にとって、経験的・実証的思考を如何様にしてか確保することは、欠くことの出来ぬ大前提であると言わねばならない。

高柳教授の公法私法論も亦、このような方向において、一面で、行政法学よりの、伝統的な〝行政国家的〟ドグマの放逐に、多大の役割を果すものであったことは、恐らく疑いを容れ得ない。しかし、ドグマの放逐の後に何を新たに構築するかという問題は、これとは全く異った論理的レヴェルの問題であることを見失ってはならない。専ら〝実定法の客観的認識〟を意図しつつ、その為にこそ法実証主義的思考を説かれた柳瀬博士にあって、同時に又、無意識の裡に、その法実証主義が実践的法実証主義としての性質をも備えることにより、その数々の行政法理論が、認識論的には混乱をもたらし、実践論的には明確な根拠が示されぬままに終ったとするならば、その公法私法論における論理的二面性がより明確である高柳教授の行政法理論の場合には、更に一層の認識論上の混乱と、実践論上の独断が生ずる怖れを伴うことが、少なくも当然に推測されることとなるであろう。(15)

四　伝統的な行政法学にあき足らず、新たな行政法理論の再構築を意図する者にとって、或いは少なくも、行政法学において、いささかなりとも、真に〝学問〟の名に値するものを確立しようと希求する者にとって、現下において何よりも必要であることは、いわゆる行政法理論の名の下、従来行なわれて来た精神的作業の中に、常に、現存するものの客観的な認識作業と、あるべき法状態を提言する実践的な作業と、論理的性格を異にする二つの作業が混在していたことを明確に自覚し、認識論的には如何なる論理的混乱をも伴わず、実践論的には、実践論として明確な根拠の備わった、その意味で揺ぎのない行政法理論を確立することであると信ずる。〝自分は学問をするのだ〟との、執拗なまでの自覚の下に、四十年の余に亘り営まれて来た柳瀬博士の苦闘が、かかる作業過程において、後輩に対する何程かの、強靱な理論的・精神的支えたることが、本稿における以上の分析により、多少なりとも明らかに出来たであろうかと考える。若し幸いにして然りとすれば、博士の学恩に対する万分の一の報いとして、後を襲う栄を与えられた私の喜びこれに勝るものはない。

(1)　例えば、本書前出二六〇頁(i)に示された田上博士の見解を参照。
(2)　例えば、原田尚彦「行政契約論の動向と問題点(1)」法律時報四二巻一号七一頁を参照。

(3)　本書前出、二四一～二四二頁参照。
(4)　本書前出、一七七～一七八頁参照。
(5)　本書前出一六一頁参照。
(6)　本書前出一八九頁以下参照。
(7)　高柳信一「公法と私法―わが国行政法諸原理の批判的考察―」『政治と公法の諸問題』（東京大学社会科学研究所創立十五周年記念論文集）所収。
(8)　同右三～四頁。
(9)　《本稿は、多少迂遠ではあるが、近代国家ないし近代公法の基本原理に遡り、そこから既存の法理、法制度を理解しなおすことから始めたい。それによって、法理、法制度の擬制的道具的側面を徹底的に見抜くことが、それを新課題の解決のために自由に駆使するための基本的前提だと信ぜられるからである。》高柳「行政の裁判所による統制」『現代の行政』（岩波現代法講座Ⅳ）二六一頁。
(10)　高柳「公法と私法」七頁。
(11)　同右三〇頁。
(12)　高柳「行政の裁判所による統制」二六〇～二六一頁。
(13)　高柳「公法と私法」一四頁。
(14)　同右四頁。
(15)　教授の理論体系に現実に存するそのような問題性を、極く大要ながら示した例として、藤田「裁判規範と行為規範―高柳教授の行政法学の論理構造に関する疑問」社会科学の方法一〇号七頁以下、（本書一九頁以下）参照。

III　柳瀬良幹とハンス・ケルゼン

一　柳瀬教授とケルゼンの接点

一　柳瀬良幹教授の行政法学とH・ケルゼンの純粋法学との間に数多くの共通性があることは、何人もこれを否定することができない。実際、わが国の行政法学において、徹底した法実証主義と論理主義とを、しかも、学問とイデオロギー、認識と実践の区別等についての明確な自覚の下に貫徹された点において、教授の右に出る者は無く[1]、この意味において、柳瀬教授をわが国行政法学におけるケルゼンと称したとしても、あながち誤りであるとは言えないと言って良いであろう。[2] 現に、教授自ら、ケルゼンについては、行政法学上の個別的な問題のいくつかについて〝大にお世話になった〟と述べておられるのみならず[3]、又、一般に、より基本的なものの考え方の上でも、《肝に銘じて服膺している》ところの《ケルゼンの教》があることを、自認しておられる。[4]

二　しかし、教授の場合、ケルゼンとのこのような共通性ないし親近性は、寧ろいわば、偶然の結果としての要素が強いのであって、少なくとも、ケルゼン純粋法学があったから柳瀬行政法学が生じた、という関係にあるのではない。すなわち教授の場合、教授自身の中に、もともとケルゼン純粋法学と共通する何らかの性向があって、このような性向に沿って柳瀬行政法学が展開されて行く過程において、偶々、ケルゼンとの接点が此処彼処に生ずるに到った、というのが事実であると思われる。

例えば、教授自身、ケルゼンと自分の関係については、次のように述べておられる。

《私はケルゼンの学説を特に勉強したものではない。ただ私が職務上考えなければならなかった問題の多くについてケルゼンが意見を述べて居り、そしてその意見が又、どれも皆それに対して一応見解をきめるのでなければ先へ進めないような重要なものであったため、それを理解する必要上、ケルゼンの根本の考え方をも垣間見てみただけのことであった。[5]》

そこで我々は、まず柳瀬教授の本来の学問的性向とは何かについて、振返って見る必要があるであろう。

二　柳瀬教授と学問

一　柳瀬教授は、昭和二九年に書かれた一文で、自己の若き日を振り返り、次のように語っておられる。

《一体私は中学生の時に幾何を習つて、一時幾何ほど面白いものはないと思い込んだことがあります。何故そんなに思つたか、今から考えてみると、多分それは、幾何で用いる概念が極めて明瞭で且つヴイジブルであること、それからその概念を操つて最後の証明に到達する道筋が又論理一点張りで、些かの曖昧も含まないところが多分私の性に合つたのだろうと思います。その後論理学の書物を読んだときも、同様の意味で甚だ気持よく思つたことを覚えています。……とにかく学問とはこんなものかなという気がした最初は、右のようなことでした。[6]》

同様の理由からして、教授は、東京帝国大学学生時代に、まず鳩山秀夫博士の『日本民法総論』と、美濃部達吉博士の『憲法撮要』とに強く心を惹かれる。鳩山博士の同書について述べられる教授の次のような感想は、まさに、教授の学問観を集約的に表現するものであると言って良いであろう。

《要するに、一言で言えば、この書物はそれ自身で一つの世界を形成している。後年ケルゼンの "Hauptprobleme" を読んだ時も同様の印象を受けましたが、一つの観点から徹底的に物を見たという点は両者共通でありましょう。従ってそこには夾雑物がない。恰度厳密な遠近法に従つて描かれた風景画を見るように、凡ゆるものが一つの観点から眺められ、又一つの視点に集まつている。従つてそれらのものはすべてお互いにこの眼に見えない視線に依つて繋ぎ合されて有機的の連絡をもつて、その結果全体が連絡のない異物を一つも交えない一つのコスモスを形作つている。まあ当時はそんな風に感じたものです。[7]》

もとより、教授によれば、《一切のものを繋ぎ止め、一切のものをそれぞれの位置に配分する拠点となつているこの視点に如何なる権利があるか》ということは、別に問題となる。しかし、

《よかれ悪しかれ一つの観点から徹底してすべての物を眺め、一つの世界を作るということは、学問として非常に尊いことと言わなければならぬ。或はそれ以外には学問はないと言つても言い過ぎではないかも知れぬ。或る場合には或る立場から物を見、他の場合には他の立場から物を見るのでは、まだ習作であつて、完成した学問とは言えないであろう。完成した学問は、或る一つの観点からすべての物を眺め或る一つの立場から一切の問題を解明したとき、始めて言えるのではないか。[8]》

というのが、教授の生来の学問観なのである。

このような学問観が、自らケルゼン純粋法学と親近性を持つことはいうまでもない。しかし教授の場合、右にも見たように、その際同時に、常に、ある学問の前提となる統一的な視点には《如何なる権利があるか》という懐疑がつ

きまとっていることにも亦注意しなければならない。古稀を迎えてなお、次のように語られる教授の、根本的に懐疑主義的な性向と、右の学問観との共存とを、我々は充分に理解しておかねばならないであろう。

《その後考えていることは、いよいよ懐疑論です。一層懐疑論になるばかりで、昔のことを考えてみると、そうだと思って言ったことも、いま考え直してみるとまたほかの考えと矛盾したりして、結局、暗中彷徨みたいな状態です。そしてもう一遍やり直そうにももう時間がないし、このまま終わるより仕方がないという気持がしております。[9]》

三　柳瀬教授と価値論

一　教授の懐疑主義的性向を見る上において最も興味深いのは、恐らくその価値論であると言って良いであろう。例えばケルゼンの場合、その学問は純粋法学であり、又、認識上の相対主義であるとしても、実践の上では、極めて明確且つ強固な自由主義者であり民主主義者であったことは、今日では広く知られているところである。[10]これに対して柳瀬教授の場合、もともと政治・経済に関する関心は薄く、[11]少なくとも、自己本来の性向からして絶対に守らなければならないとされる政治的な価値は存在しない。従って例えば、自由主義や民主主義に関連して行われる教授のイデオロギー批判の作業も、ケルゼンの場合とは異なり、真の自由主義・真の民主主義を守る為にではなく、寧ろ、自由主義とは何か、民主主義とは何か、それらが成立つ理論的根拠は何か、と言った、純粋理論的な関心からなされているという傾向が強い。

但しこのことは、必ずしも教授がもともと、あらゆる政治的価値に対してニヒリズムの立場に立っておられるということを意味するものではない。教授の場合には寧ろ、自己本来の性向からして疑いもないことと信じ得る政治的価値が存在しないからこそ、〝学問的にその正しさが証明される客観的な価値〟を求めて、苦吟を重ねてこられたのであるように思われる[12]。

二　〝客観的に正しい価値〟を求めての教授の努力はしかし、教授生来の懐疑主義的性向の故に、悲劇的な結果をもたらさざるを得ないこととなる。いささか引用が長くなるが、例えば教授と樋口陽一教授との間の次のやりとりを見てみよう。

樋口　《柳瀬先生の場合、解釈法学的ないし法創造法学的なものと、それから先生の言葉でいう解釈学、イコール認識の学とは違うのだということをはっきりさせるということ、これは先生のまさに強調なさる点なんだけれども、そうだとすると、それだけ違うものを学問という同じ言葉で呼ぶことにどうして先生がこだわられるのか。工学的なものが本来の学問と違うのであれば、学問でないというふうに宮沢先生流に言ってしまったっていいんじゃなかろうか。どうしてそこで学問という言葉にこだわられるのか、ちょっとお聞きしたいと思うのですけれども、どうでしょう。》

柳瀬　《ぼくは、二つはすることの中身は違うけれど、仕方はどちらも学問的、つまり主観的でなく客観的にやるべきだと思うから……。》

樋口　《「的」にというのは、結局、法廷に立った弁護士ならば、自分の訴訟依頼人を勝たせるためにいろいろな苦し紛れの議論も言うけれども、学者はそういうことを言ってはいかぬという程度の意味でしょうか。》

柳瀬　《そうです。つまりそのときは価値を前提に置くわけでしょう。自分の考え方を。その価値が普遍妥当なものであるという証明がいる。非常に証明はむずかしいけれども、それをいつも念頭に置いてほしい。》

樋口　《むずかしいけれども価値の普遍妥当性は証明可能なものだ、という前提がないと、いまの先生の命題は矛盾がでてきますね。》

柳瀬　《その通りです。そしてそれは実はぼくはわからぬのですよ。それがわかるためには、見当外れているかも知れないが、人間生存の本旨は何かという答えがいるのだろうが、そこまでいけばこれはもうエルケントニス（Erkenntnis）じゃなくてベケントニス（Bekenntnis）じゃないかという気もするんです。》

樋口　《客観的な価値として自由とか生存とか、そういうふうなものをお認めになりますか、先生。》

柳瀬　《一応は認めます。認めますが、それが価値であることの根拠を突きつめて行けば、その根拠は、結局非合理的な盲目的な人間の本能以外にないのじゃないかという気がするのです。つまり、何故自由であるべきか、生存すべきかといえば、それは自由でありたいからだ、生きていたいからだ、という外には答がないような気がするのです。そしてそれは神が命じ給うたからだというキリスト教以下の教は、この後の方の事実を前の方の当為に引直すための仮説じゃないかと空想しています。その意味で人間は、やっぱり動物なのだと思って、人間を徹底的に動物扱いしている丘浅次郎先生に惹きつけられるのです。[13]》

ところで我々は、ここで、教授の場合、他方、〃人間は他の動物とは異なり本能のままに行動すべきではないのであって、本能のままに行動せず、何らかの形で自己抑制するところにこそ人間的な価値はある〃という、いわば柳瀬美学とでも称すべき根本思想[14]があることに、眼を向けておく必要がある。教授によれば例えば、《戦争で死ぬのを好きな者は誰もないことは、今更言わんでもわかったこと》であるから、与謝野晶子の「君死に給ふこと勿れ」のように《ただ戦争で死ぬのは嫌だと喚めくだけ》なら、《それはミートプラントへ運ばれて行く豚や牛の鳴き声と同じことで、詩としては無論のこと、人間の心理としても半銭の価値もないこと》なのである。[15]

然して、普遍的妥当性を持つべき「自由」とか「生存」とかの妥当根拠が、もし先に見たように、ただ他の動物と同じような、生物としての本能の中にしか見出されないのであるとするならば、いわばそれは人間柳瀬良幹としての絶望をもたらすものでしかないであろう。[16] 柳瀬教授がその《根本の考え方》とされる、《生まれなかったら一番よかった。それに比べれば、この世がわが世になろうが、やはり生まれなかったことに比べればそれより悪い[17]》というペシミズムは、このような意味において、実は単に教授の価値論の出発点であるのみではなく、はからずもその論理的帰結ともなっているのである。

四　柳瀬行政法学と純粋法学

一　柳瀬教授の先の学問観には、同時に、その学問の視点の〝権利根拠〟についての留保が伴っていたことは先に見た通りである。このような見地から、教授の場合には、その法実証主義的・論理主義的行政法学を徹底して展開される傍ら、〝こんなことだけをやっていて良いのだろうか〟という、学問の実践をめぐっての懐疑が、常に伴っているように思われる。このようなところからして、柳瀬行政法学の全プログラムにおいては、ケルゼンの純粋法学には見られない作業も亦、多く行われていることが注目される。

二　第一に、ケルゼン純粋法学が、具体的実定法の現実の認識作業を、そのプログラムの中からおよそ排除しているかどうかは別として、少なくとも、差当りケルゼンの行った作業が、法の一般理論に止まったことは疑いない。従ってそこでは、何を以て現実の実定法と考えるか、ということ、すなわち、法の実定性についての験証をどうするか、といった問題は、少なくともその理論の枠内では登場してこない[18]。これに対し、柳瀬行政法学の場合には、寧ろわが国のその時代における実定法を現実に認識するということが、その直接の課題とされている。そこに、その場合の認識の対象となる〝実定法〟とは何か、という問題をめぐって、柳瀬行政法学の最大の困難が生じていることは、先に別稿で論じた通りである[19]。

三　ケルゼン純粋法学と対比した際に柳瀬行政法学において見られる第二の特色は、その実践とのかかわり方の違いにある、と言うことができよう。

(1)　ケルゼンが、その純粋法学の実践的効用を、結局いわば、〝政策的なるものによって認識を歪めること〟への禁欲、そして、〝認識の名において政策的なるもの・倫理的なるものの判断を行うこと〟の自制が、結局のところ、政策的なるもの・倫理的なるものの実践に対しても、かえってプラスの貢献を行うのだというところに見出していたことは[20]、恐らく何人もこれを認めるところであろう。そしてこの意味での実践的効用は、柳瀬教授の場合にあっても亦、その法実証主義的行政法学の論拠付けとして明確に主張されているところである[21]。しかし、教授の場合、その行政法学と実践、とりわけ裁判実務とのかかわり合い方には、右の範囲を越えて、なお積極的なものが見られると言って良い。

この点まず、教授の法実証主義が、ケルゼン同様真に、認識上の法実証主義に止まるものか、寧ろ同時に実践上の法実証主義ともなっているのではないか、という、既に別稿で述べた疑問は[22]、なお問題が無いではないものの[23]、ここでも基本的にこれを打ち消すことができないが、しかしいずれにせよ、教授の場合、少なくとも実定法が存在しない場合については、法認識とならび法創造を行い得ることが認められ、又、教授自身、そのような作業を行ってもおられる。そしてその場合、先の引用にもあったように、法創造学も亦、法認識学と並び、それとは性質の異なるものではあるにせよ、「学問」としての法律学の一種であるとされるのである。そしてこのような性格付けは、普遍的に妥当する客観的な価値を求めて少なくとも苦闘することに、学問的な価値がある、と考える、教授の基本的哲学に裏付けられたものであることは、先に既に見た通りである。

(2)　教授は更に、あり得べき学問の一つとして、右の法創造学とも、又、本来の法認識学とも異なる〝法律工学〟なるものの可能性を指摘しておられる。

教授は東北大学を退職されるにあたり行われた講演において、学問の発達程度を測る物指しは何か、という問題を提起され、《科学の首座に推される》ところの理論物理学が、《この世界には色もなく音もなく、光も闇も音もなく、寒もなければ暖もなく、ただエネルギーの移動があるだけである》という、常識から離れること最も甚だしい世界像を説くことに鑑みて、そのような物指しとは《常識からの距り》であり、《常識外れのことを言う学問程学問として進んだ学問である》という解答を出される。[24] そして教授によると、今これを国家論の例によって考えてみるとき、国家とは何であるかという問題について、古くから有機体説、その中にも自然的有機体説・社会的有機体説等、様々の考え方があったが、今世紀になってから、《国家そのものだけでなく、それを組立てている領土とか国民とかいうのも、形をもって場所を塞いでいるものではなく、ただ頭の中にだけある形のないものと考えなければならぬ》という考え方が生じてきた。そしてこの《国家は形のないものから成立つている形のないものである》という考えが、《今のところ最先端の国家理論》である、と言って良い。従って、ここに至ると、《その言うことは徹頭徹尾常識から外れていることは前に言つた理論物理学の述べる世界像と同じであるから、若しこれが法律学の本流で、所謂通説であつたならば、法律学も学問の間で相当高い地位に就ける》であろう。しかし実際にはそれは《異端扱い》であって、その理由は、教授によれば、法律学が従来から、《裁判の指南車であり、裁判の助手である》とされてきたためである。そして、教授の見るところ、このような状態は、今後、容易に変るものとも思えない㉕。

さて、教授が右に指摘される、《最先端の国家理論》が、ケルゼンのそれであることは、もはや言うまでもないところであろう。しかし教授は、右のような考察をされた後で、だからと言って従来の法律学のあり方を糾弾しようとされるのではなく、次のようにして、このような意味での法律学と、右の《非常識》にして、《最先端》の法律学とを架橋する第三の学問の可能性と必要性とを示唆されるのである。

《併しながら……それが常識外れであるというのは、常識と縁のない出放題であるということではなく、一定の方法に依つた一定の方向への常識の精錬の結果であるということで、従つてそれは逆に辿れば又もとの常識に戻つて来る筈のものであるから、それがその常識でする裁判にも役に立たない筈のないことは、典型的に常識外れを言う理論物理学の成果が宅地の製造や工事に立派に役に立つているのと同じでなければならぬ筈と私には思われる。ただそれには、恰度その間に立つて役に立たせ方を研究する工学があるのと同じように、恐らく何かその間に立つ別の学問が必要なのであろう㉖。》

ここで教授が構想される右の〞法律工学〟を、〞法の客観的認識〟と区別される〞実践的な法解釈論〟とのみ理解したのでは㉗、恐らく教授の真意を捉えたものとは言い難いように、私には思われる。教授の真意は、別に《機関論の論文でも書きましたが、ケルゼンの機関理論は外見上は非常に違うが、実質はギールケあたりの常識論と全く変らない、それなんです㉘。》と言われていることにも明らかなように、ケルゼンの純粋法学の成果を、一般人にも解り易くするべく、常識的な表現へとトランスレートするところのサービス業務が別に必要だ、というところにあると理解するのが正当であろう㉙。

自己の性向に従えば、あくまでも〝非常識〟な学問を貫徹せざるを得ず、しかしそれでいて、又別の、生来の性向よりして、絶えず、〝こんなことだけをしていて良いのであろうか〟と疑わざるを得ない柳瀬教授の、実定行政法学者としての集約点が、まさに右の〝法律工学〟のアイデアであったのであるように、私には思われる。

五 結び

以上本稿では、柳瀬教授の行政法学についてのこれまでの私の研究では取り上げてこなかった素材を基として、とりわけハンス・ケルゼンとの相違点を中心に、柳瀬教授及び柳瀬行政法学について、若干の補遺を行ってみた。教授とケルゼンとの共通点に寧ろ関心を持たれる向きにあっては、前稿「柳瀬博士の行政法学」（本書所収）を参照して頂きたい。

ある学者の全学問をトータルに捉えることは、いうまでもなく極めて困難な作業であり、況んやその人物像に到っては、所詮は群盲象をなでるの類に終らざるを得ぬことは言うまでもない。ハンス・ケルゼンと柳瀬良幹という、その学問においても、人物においても比類無き存在を理解し対比するには、私の容量は余りにも小さ過ぎるが、右を以てケルゼン研究・柳瀬研究に何程かの寄与をなすことができるならば、ケルゼン生誕百年の記念として、私の喜びこれに過ぐるものはない。

（1） 柳瀬教授の行政法学のこのような特色とその意義とについては、参照、藤田「柳瀬博士の行政法学」本書（昭五三木鐸社）一五九頁以下。

(2)　このことは、美濃部達吉博士の憲法学・行政法学を、G・イェリネック、O・マイヤーのそれに対応させて位置付ける時、とりわけ適切な比喩として語り得ることになるであろう。

(3)　柳瀬良幹「一行政法学者のみたケルゼン」鵜飼・長尾編『ハンス・ケルゼン』(昭四九東京大学出版会)一八一頁以下。

(4)　同右一八六頁。柳瀬教授がそこで「ケルゼンの教で肝に銘じて服膺している」とされるのは、第一に、「法は人の意識の内容である論理命題としての規範の一種であるから、それを内容とする人の意識の事実とは厳格に区別しなければならぬということ」(同右一八六頁)、そして第二に、「人が……〔しばしば〕法がない、というのは、実は自分の希望する理想法がないという意味で、従って又、それを以てその場合の法とするのは、法を認識することでなく、法を創造することであって、法の認識を任務とする解釈者としてはその権限を超えて立法者のなすべきものをなすものである」(同一八七頁)という二点である。

(5)　同右一八〇頁。

(6)　柳瀬「法書片言」『法書片言』(昭和四四良書普及会)一四五―一四六頁。

(7)　同右一四七―一四八頁。

(8)　同右一四八―一四九頁。

(9)　特別研究「柳瀬行政法学の背景」(自治研究五三巻三号)本書四一九頁。

(10)　この点については参照、ハンス・ケルゼン『デモクラシー論』(昭和五二木鐸社)、とりわけ同一六七頁以下における長尾龍一氏の訳者解説、及び鵜飼・長尾編『ハンス・ケルゼン』四三頁以下、一四〇頁以下、とりわけ同書所収のケルゼン「民主制の擁護」(同所二四六頁以下)等。

(11)　参照、前掲「柳瀬行政法学の背景」(自治研究五三巻三号)本書四一九頁。

ケルゼンと柳瀬教授との間でのこの違いには、恐らく、帝政末期のオーストリアに生まれ、ユダヤ人なるが故の人種差別そして生活苦の中に青春時代を送り、左右の激しい政治イデオロギーの対立の嵐の中に翻弄された、ケルゼンの前半生のあり方と、関西の大地主の家に生まれ、わが国の激動期を生きてこられたとは言っても、個人的には、比較的に、経済的にも精神生活の上でも変動の少ない人生であった柳瀬教授の場合との違いが、何程かの影響を及ぼしている、と見ることができるであろう。

(12)　柳瀬教授は、その師美濃部達吉博士について、博士の自由主義や民主主義はその《本能》であった、とされ、《先生の自由主義や民主主義は、理論又は思想として見るときは、その基礎は必ずしも堅牢でなく、その論理も必ずしも徹底しないのに、実践となると滅法強かつたのも、そのためであつた。》と指摘されているが（柳瀬「美濃部達吉の研究」『法書片言』二六〇頁）、まさにここに、この師弟の間の最も大きな違いを見ることができるように思われる。

(13)　前掲・自治研究五三巻三号、本書四七九－四八〇頁。尤も他方、同座談会の別の場面（同右、本書四六七頁）では、次のようなやりとりも亦展開されている。

樋口　《先生、その場合価値の普遍的妥当性というのは論証できるという哲学的な前提をおもちになっていらっしゃるわけですか。》

柳瀬　《いやありません。この頃、価値相対論を少し勉強して聞いてみると、最終の価値は証明しようがないということでしょう。幾つもある。しかし若しそれが証明できればこれは論理的に導き出せると思います。》

ここでの教授の発言内容には、価値の普遍妥当性の論証をめぐって、本文で引いた部分での発言と矛盾したものがあるようにも見受けられる。しかし、恐らく教授の本心は、〝価値の客観的妥当性が論証出来るかどうかは差当りわからないが、しかし、わからない以上は、学者ならば、論証を試みて見るべきである。〟というところにあるものと思われる。

(14)　参照、同右、本書四二九頁。

(15)　参照、柳瀬「反戦の詩」『法書片言』一二一頁。

(16)　尤も教授の場合、ある人間の本能が、本能であるが故に、その実践的価値を積極的に肯定される例もある。すなわち〝知的好奇心〟がそれである。教授曰く、

《物を知りたいという人間の好奇心、気取つて言えば知識欲とか求知心とかいうものは絶対のもので、そして学問はそのためにあるのだから、学問はそういう欲望を満足させることができればそれでよいので、その他のことは問う必要はない。仮令その結果、例えば原子爆弾などのように、何万の人間が一瞬に即死するようなことになつても、学問及び学者は気兼ねする必要はないのだ……。》

（柳瀬「月の裏側」『法書片言』一一〇頁）。この例外的取扱いは、恐らく、知識欲・求知心は、他の動物には無い、人間に固有の本能だから、という理由によって説明されよう。しかし、それはともかく、このような知的欲求に駆られて辿り着いた結果が、本文で見たように、「自由」とか「生存」が、他の動物並みの本能によってしか根拠付け得ない、という結果であったとすれば、真に皮肉な結果であり、ここにこそ教授の最大の悲劇があると言わねばならないであろう。

(17)　前掲・自治研究五三巻三号、本書四三〇頁。

(18)　そこに例えば、F・ザンダーの「法経験の理論」等が登場することになったと思われる点について、参照、藤田「行政行為の瑕疵論におけるいわゆる〝手続法的考察方法〟について」柳瀬博士東北大学退職記念『行政行為と憲法』（昭和四七有斐閣）一七二頁以下（本書三〇四頁以下）。

(19)　参照、本書二二七頁以下。

前出の座談会で、教授は、エーリッヒ・カウフマンについて、《カウフマンはぼくの印象ではどうもずるいような気がするので、土は人に掘らしておいて、そしてうまいこと後からその土に解釈を加える》と述べておられるが（参照、前掲・自治研究五三巻三号、本書四四五頁）、柳瀬行政法学はまず何よりも、いわばその意味で〝土を掘る〟実定法学であったのであって、そのような立場から見れば、恐らくケルゼン純粋法学に対しても、右のカウフマンに対すると同様の評価がなされることになるであろう。

(20)　参照、藤田『公権力の行使と私的権利主張』（昭五三有斐閣）二二二頁以下。

(21)　例えば参照、本書一八一―一八二頁。

(22)　同右二三七頁。

(23)　参照、同右二五八―二五九頁。

(24)　参照、柳瀬「法律学の現状と将来」『法書片言』一七八―一八〇頁。

(25)　以上、同右一八二―一八四頁。

(26)　同右一八四頁。

(27)　前掲・自治研究の座談会では、出席者（塩野・樋口・藤田）は、当初いずれも、教授の〝工学〟を専らこの意味で捉えていたように思われる。参照、本書四六九頁以下。

(28) 同右四七〇頁。

(29) 従ってこの作業は、あくまでも客観的な認識論の枠内での作業であるが、教授の場合、更にそれに加えて、それとは性格の異なる実践的な法創造学としての〝工学〟の必要も亦説かれることになるのである。参照、同右四七一—四七二頁。

第三篇　行政法学と〝動態的考察方法〟

I　現代裁判本質論雑考

——いわゆる〝紛争の公権的解決〟なる視点を中心として——

一

裁判（乃至訴訟）の任務は、既存の法秩序を維持し、当事者の権利を保障することに存するのか、それとも逆に、裁判自体が法秩序を新たに形成し、権利を創造するものであるのか、という問題は、一九世紀におけるドイツ訴訟法学の成立以来、訴訟法学・実体法学を通じ、繰返し争われて来た問題である。ここでは便宜上前者の立場を〝裁判本質論における権利保障説〟（以下〝権利保障説〟と略称）と称し、後者の立場を、〝裁判本質論における法創造説〟（以下〝法創造説〟と略称）と名付けることとしよう。もとより、現実には、時処により、又、論者が関心を抱く具体的な法問題に応じ、この二つの立場には様々のヴァリエーションが存在する(1)。しかし、裁判と法との関係についての諸々の思考を整理する為には、おおよそこの二つの型の思考を、相対立する二つの理念型として設定することが可能かつ便宜である。

近代法治国家における裁判は、予め定められた一般的抽象的法規を具体的事例に適用するという、いわゆる〝法による裁判〟でなければならぬ筈であるが、しかし現実の裁判は、全てが全てこのように法適合的に行なわれるとは限らない。誤判はしばしば生じ得るところであり、誤った裁判判決も亦、上訴期間の徒過や、上告審での確定により、法的に有効な裁判として、当事者を強制力を以て拘束する。このような事実に着目する限り、裁判は法の執行であり、権利の保障である、ということは、何ら現実的保証のない、いわば一種の単なる希望的観測であるに他ならない。現実を直視するならば、寧ろ、裁判によって始めて、真に拘束的な法が創られ、当事者の権利が創造される、というべきこととなる。これが〝法創造説〟の立場の基本的思考である。

しかし、右の如き裁判本質論は、考えようによっては、議会の立法する法律を軽視し、裁判官一般に直接の法創造権能を肯認するものでもある。かくては、人類の長年の血と汗の結晶であるところの〝法治国〟の理念は、何処に存するのであるか……。こうして、裁判の本質はやはり、法秩序の維持・執行であり、権利の保障と考えるべきである、という、〝権利保障説〟の立場が、〝法創造説〟に対立して登場することとなる。

（1）　その若干の具体例は、藤田「行政行為の瑕疵論におけるいわゆる〝手続法的考察方法〟について」柳瀬博士東北大学退職記念『行政行為と憲法』一四五頁以下（本書二八八頁）を参照。

二

しかしいうまでもなく、この二つの立場の主張をやや丁寧に検討して見るならば、両者の差違は、少なくもその基本的な部分において、実は、両者の議論の目的の違い、すなわち方法論的次元を異にすることに基づくものであることが、明らかとなる。蓋し、〝法創造説〟は、主として、裁判乃至訴訟の現実の機能がどのようなものであるかを明らかにしようとするものであるのに対し、〝権利保障説〟は寧ろ、〝法治国〟の理念の下で裁判・訴訟はどうあるべきかに重点を置いた主張であるからである。そして、このような区別が明確になされる限りにおいては、〝法創造説〟と、〝権利保障説〟は本来相容れぬものであるわけではなく、裁判機能の現実に関する客観的認識論と、果さるべき裁判機能に関する実践論的主張として、充分共存し得ることとなる。

〝法創造説〟と〝権利保障説〟との対立に方法論の違いが大きな意味を持っていることは、右の論争の過程においても、かなり早くから、指摘されることとなった。例えば、一九世紀末のドイツにおいて既に、〝法創造説〟は経験的考察方法（empirische Betrachtungsweise）に立つのに対し〝権利保障説〟は形而上学的考察方法（metaphysische Betrachtungsweise）に立つものである、との指摘がある。ここでは差当り、O・ビューロウの〝法創造説〟に対するA・ワッハの批判を想起すれば良いが、要するに、〝法創造説〟は裁判・訴訟という現象を単に経験的に極めて皮相的に眺めているに過ぎぬのに対し、〝権利保障説〟は裁判・訴訟なる制度の目的・理念を問題とするものであって、単なる経験的考察方法はこのような問題に対処するには適さぬのみならず、寧ろ危険ですらある、というコンテクストの主張である。ここでは、その方法論的問題意識になお若干の不明瞭さは残されているにしても、しかし少なくも基本的に、裁判乃至訴訟のあるべき姿、果すべき機能について論ずる場合には、法現象の現実を客観的に認識し、叙述する際に妥当する〝経験的考察方法〟は必ずしも適当でない、との思考が存することが、注目に値する。

最近のわが国訴訟法学においては、時折、この二つの立場の違いについて、〝法創造説〟は訴訟を〝個別的訴訟〟として観察する場合に妥当する議論であるのに対し、〝権利保障説〟は訴訟を〝訴訟制度〟として論ずる場合に妥当する主張である、という指摘がなされることがある。例えば、山木戸克巳教授による、ビューロウとワッハの、三ケ月章教授による、ブライとビンダーの対立に関する分析等[1]はその好例である。

ところで、個別的訴訟について妥当することは亦、全ての訴訟について妥当する筈であるから、〝個別的訴訟〟に対置される、右の〝訴訟制度〟なるものが、〝全ての訴訟〟の意でないことは明らかである。結局それは、〝訴訟制度の任務乃至目的〟或いは〝訴訟制度のあるべき姿〟という程の意なのであって、ここでもやはり、〝法創造説〟と〝権利保障説〟の対立の意味は、基本的に、〝裁判（訴訟）現象の現実を客観的に認識する立場〟と、〝あるべき裁判（訴訟）制度について実践的な提言を行なう立場〟の違いとして把握されているということができるであろう。

（1）山木戸「訴訟法学における権利既存の観念」『民事訴訟理論の基礎的研究』一頁以下、三ケ月「権利保護の資格と利益」『民事訴訟法研究』第一巻一四頁以下、参照。

三

ところで現在のわが国法律学においては、注目すべき裁判本質論が、民事訴訟法学の側より提出されている。裁判制度＝訴訟制度の目的・機能は既存の法秩序の維持・権利の保護にあるのではなく、寧ろ、法とか権利とかを越えた〝紛争の公権的解決〟という社会の本能的機能に存する、という思考がそれであって、〝権利保障説〟に対して〝紛争解決説〟とでも称さるべきこの思考は、兼子一博士によって提唱され[1]、更に三ケ月章教授により、〝民事訴訟の機

I 現代裁判本質論雑考

能的考察方法〟の名の下に、単なる訴訟法学の枠を越え、実体法学者に対して、正面からつきつけられた根本的問題
提起であった(2)。

この〝紛争解決説〟は、民事訴訟法更に実体法上の諸問題に亘り、広汎な射程距離を有しており、ここでその全貌
を明らかにすることは、到底不可能であるが、論者の主張に即し、裁判乃至訴訟本質論という程の抽象的な理論的レ
ヴェルにおいて要約するならば、それは、《実体法たると訴訟法たるとを問わず、法的価値規範として独自的・自足
的に存在する以前に、紛争解決の要請といういわば「社会の本能的機能」が先行しているという認識(3)》である。それ
は又、〝歴史的に見て、単に一九世紀の市民社会における、市民の権利観念の発達とその保障の確実という法治国家
的要求〟がもたらしたに過ぎない、〝実体法規を、訴訟を待たずに自動的に機能し、訴訟及び裁判は事後的に権利を
認識し保護するものであるという形而上的な思考(4)〟を、時と処を越えた普遍的原理として法理論の前提に据えること
をば排斥せんとする、本来、ポレーミッシュな性格の極めて濃厚な思考である。

ところで、やや詳細に検討するならば、この〝紛争解決説〟は、その理論構造上も、又系譜の上からも、実は、先
の〝法創造説〟の系統に属するものであることが明らかとなる。先ず、理論構造の上から見て、この説は、裁判乃至
訴訟の本質を、既存の法秩序・権利の維持保障でなく、紛争の公権的解決という機能に求めるが、この〝紛争の公権
的解決〟なるものは、より精確に表わすならば、〝紛争当事者に、強制力の担保の下、一定の規範的拘束を課する〟
という程の意味であることは明らかである。裁判によって紛争を解決すると言っても、そこでの解決はあくまでも規
範的な解決に過ぎぬ筈であって、現実問題として、裁判の結果、当事者間の紛争が、社会的事実としても一切消滅す
るという保証は、いうまでもなく存しない。そして又、〝紛争解決説〟の提唱者が、裁判(訴訟)制度により、当事

者間に存する社会的事実としての紛争の一切を消滅せしめることを想定する程、楽天的な思考に立つものでないことは明白である。そこで、仮に、〃国民に対し、国家の事実的強制力の担保の下に課せられる一定の規範的拘束〃一般を〃法〃という名称を以て表わすとするならば（そして〃法創造説〃に立つ論者にあっては、ビューロウを始めとし、又、ケルゼン・メルクル等の純粋法学者においてはより一層明確に、〃法〃・〃法規〃の概念はこのような、抽象性の契機と切離された意味において用いられているのであるから）〃紛争解決説〃の主張はすなわち〃法創造説〃の一つのヴァリエーションであることが明白になる。又、系譜の上から見ても、兼子博士による〃紛争解決説〃の提唱は、ビューロウの〃法創造説〃からゴルトシュミットの訴訟状態説に到る〃経験的考察方法〃とリンクされて展開されているのであり、更に、〃紛争解決説〃提唱のコンテクストが、先に見た如く、〃法治主義の理念の下における、既存の法の、裁判による執行、という形而上的思考〃を打破し、裁判・訴訟の現実の機能を明確に捉えようという、どちらかと言えば本来、〃法創造説〃と同様にポレーミッシュな性格の濃厚な主張に存することを見ても、少なくも右の如き推測は容易に可能である。

（1）　参照、兼子『実体法と訴訟法』。
（2）　参照、三ケ月「民事訴訟の機能的考察と現象的考察」『民事訴訟法研究』第一巻二五一頁以下、とりわけ二五五―二五六頁。
（3）　三ケ月・前掲二五五頁。
（4）　兼子・前掲三五頁。

四

しかし、右の〝紛争解決説〟と、先に見た〝法創造説〟、少なくも先のような方法論的反省に裏打ちされた〝法創造説〟との間には、紛争解決説の提唱が明らかに法解釈という本来実践的な理論的作業のレヴェルにおいて、しかも法解釈作業の実践性についての少なくも基本的な自覚の下に、行なわれている、という点において、明確な違いが存在する。〝紛争解決説〟のこのような性格は、例えば三ケ月教授の実体法学者に対する問題提起が《実体法も訴訟法も、ともに紛争解決の要請というものに目的的に規制されており、従って、あくまで紛争解決という機能を眼中においてのみ、正しいドグマティクは築かれうる》(1)という認識に支えられていること、又、教授の兼子博士に対する批判が、基本的にいわば、兼子理論が一面で法解釈理論の実践性についての自覚を貫徹せぬ側面を内蔵すること、に向けられている事実に照らして見れば、明らかである。すなわち教授は、兼子理論の一つの背梁を成すのがゴルトシュミットの訴訟状態説であることを指摘された後に、《訴訟状態説を訴訟理論の本質的支柱として取り入れるということは、実は訴訟理論を制度としての理論——集団的訴訟制度を眼中において構成される訴訟理論といってよいかも知れぬ——の立場から、個別的訴訟の理論——訴訟を制度として機能面から捉えるというよりも、所与の現象として単なる経験的事実として現象的に把握する理論といってよいかも知れぬ——という立場に転移せしめることによってのみ可能である》(2)とされ、民事訴訟理論がドグマティーク、すなわち〝制度としての理論〟である以上、基本的にこのような〝現象的考察方法〟には依り得ず、教授のいう〝機能的考察方法〟の貫徹こそが行なわれねばならぬ、旨の主張をされているのである。

ところで、〝紛争解決説〟の方法論的次元が、このように、本来実践的な法解釈論のレヴェルに存するとするならば、先の〝法創造説〟の場合とは異なって、それが、同一の方法論的次元の上で、〝権利保障説〟と論理的に正面から対立する性格のものであることは自明である。従って、〝紛争解決説〟の〝反法治主義性〟に対する疑惑が、実体法学の側から述べられたとしても、それは、先に見た〝権利保障説〟の立場よりの〝法創造説〟に対する批判の場合とは基本的に異なった、深刻な意味を持つものであることを否定することは出来ない。例えば、三ケ月理論が実体民法上の問題に及ぼす効果をめぐり、広中俊雄教授が次の如き疑念を述べられるのは、〝紛争解決説〟に対する、実体法学の側よりの基本的な疑念として、右の意味において、決して理由の無いことではないのである。曰く《実体法学が国家権力による紛争処理としての裁判に対して評価・批判・指導という役割を有することは当然のことであり、その役割を縮減ないし否定する見解は危険な国家観に通ずるであろう。(3)》

（1）　三ケ月・前掲二五六頁。
（2）　同右二六二頁。
（3）　広中『債権各論講義』下巻四一九頁。

五

一般に、近代法治主義なる理念の基本的な特徴は、いわば国家活動の目的如何よりも、その方法如何を重要視することに存在する。すなわち、例えば国家権力発動の目的が如何に正当なものであろうとも、目的の正当性それ自体によって行動が許されるのではなく、(そこに一般抽象性という要素のみを求めるか、更に人民の代表の意思といういわゆる民主性の要素をも要請するかの問題はともかくとして)〝法〟なるルールを遵守するという方法による場合にのみ国家権力の発動が許されるところにこそ、〝人民の安寧・福祉〟という目的の正当性の故にのみ、あらゆる国家活動を許容した、前代のオイデモニスムスと区別される、近代法治主義の特色が存するのである。〝法による裁判〟の理念も、まさしくこのような意味を持つものであって、そこでは、〝紛争の公権的解決〟そのものよりも、寧ろ〝如何にして紛争を公権的に解決するか〟こそが最も重要な問題なのである。

〝紛争解決説〟の、現代裁判本質論としての理論的特徴は、この近代裁判制度に特有な〝如何にして解決するか〟という視点を、裁判機能の、奇妙な汎歴史的一般化・普遍化によって、論理的に捨象してしまう結果をもたらしているところに存するように思われる。例えば、兼子博士が、ローマ法以来の訴訟制度史の検討に基づきつつ、〝法による裁判〟は特殊近代的な理念であることを正当にも指摘されながら、しかしそのことが寧ろ、歴史上の普遍的裁判像を以て現代の裁判本質論の基礎に据えようとする方向となって現われるとき、そこでは右の視点が、寧ろ意識的に欠落せしめられているとすら言い得るであろう。

六

右のような基本的問題点の存在にも拘らず、しかし、このような〝裁判本質論〟の抽象的レヴェルにおける理論的問題性から、直ちに〃紛争解決説〃論者を、法治国理念に反する〃危険思想〃と断ずるのは、正当でない。なるほど三ケ月教授の場合、この〃紛争解決説〃なる裁判本質論は、訴訟物理論に投影され、実体法上の請求権を訴訟物と見る立場を排斥し、とりわけ給付訴訟にあっては、実体法上の請求権は、生活事実より新たに構成される訴訟物を基礎付ける「法的観点」にすぎぬ、という、いわゆる新訴訟物理論と結合される。そしてこのような訴訟物理論は、実体法上の問題についても、例えば不法行為に基づく損害賠償請求権と、債務不履行に基づく損害賠償請求権の競合問題について、この両請求権の独自固有の意味を認めぬ見地から、従来の民法学における競合説・不競合説の意義そのものに対する否定的見解を提出せしめるに到っている。(1) このような思考は、確かに、〃紛争解決〃の為には、それがどのような方法によって行なわれようと、すなわち不法行為責任に関する法規によろうと債務不履行責任に関する法規によろうと、そのこと自体は意味のないこととするものであって、実体法規の裁判における意義を著しく軽視するものであるように見える。しかし少なくも教授の場合には、給付訴訟の訴訟物も、必ずしも実体法外の《一個の生活事実そのもの》(2)とされているわけではないのであって、《実体法秩序に基づいて是認されるところの相手方から給付を求めうる権利》(3)なる、やはり実体法上の一つの権利として想定されているのである。教授の真意はすなわち《実体法上の請求権概念の個別性そのものが、法典編纂技術の産物に止まって真に保護すべき実体法上の地位を素直に反映していない場合があり得る》(4)という認識の下に、《実体法上真に保護すべき法的地位の探究》(5)を行なうところに存するのであって、その限りにおいてその思考は、必ずしも近代裁判における実体法の意味を無視するものではなく、寧ろ、いわば〃何が実体法の真の内容か〃の問題提起にこそ、その固有の意義を有するものというべきである。この意味において教授の〃紛争解決説〃は、実は実体法の解釈方法の一つのあり方として現実に機能する結果となっているのである。

ただ、実体法の解釈方法そのものについて見るならば、三ケ月教授の思考にはなお、〃方法よりも目的〃という、先に見た論理構造の、少なくも何程かの投影物が見られることは否定し得ぬように思われる。例えば広中教授の指摘される、民法学上の請求権不競合説の根底にある《契約関係にある者の間の権利紛争は契約責任の法で処理されるべきであるという見地》(6)と、《損害賠償の給付訴訟において、当事者も損害の補塡という目的を達することを主として眼中においているのに、裁判所が、別段の実体法上の明文の規準がないにも拘らず常に特定の法的観点(契約責任――藤田註)をきびしく適用しなければならぬ立場におかれ、それをしなければ違法な裁判として評価されることを甘受しなければならぬということは、甚だ不合理である》(7)という思考との違いには、恐らくは前述の二つのモメントへの重点の置き方の相違が、何程かの因を成している、と見て差支えないであろう。

(1)　三ケ月「請求権の競合」『民事訴訟法研究』第一巻七九頁以下。
(2)　広中・前掲四一九頁。
(3)　三ケ月・前掲九〇頁。
(4)　三ケ月『民事訴訟法』九六頁。
(5)　同右九六頁。
(6)　広中・前掲四一九頁、なお参照、川島武宜「請求権の競合」私法一九号三三頁。
(7)　三ケ月「法条競合論の訴訟法的評価」『民事訴訟法研究』第一巻一五八頁。

七

さて、右の実体法上の解釈の違いにつき、そのいずれかの当否を断ずることは、ここでの目的ではない。ここで問題にせねばならぬのは寧ろ、三ケ月理論が右の如く、いわば〟真の実体法の意味〟の探究にこそその固有の意図を有するのであるとすれば、この思考は本来、〟紛争解決説〟なる裁判本質論とは、論理的に不整合となるのではないか、ということである。蓋し、仮に実体法上の個別規定より生ずる請求権ではないにせよ、いずれにせよ《実体法秩序に基づいて是認されるところの相手方から給付を求めうる権利》なるものが訴訟物となり、裁判・訴訟は、かかる〟権利〟乃至〟法的地位〟の保障にその目的を有するとするならば、それはすなわち、論理的には裁判・訴訟の以前に〟実体法秩序によって是認される権利（乃至法的地位）〟を先行せしめているのであって、寧ろ基本的に〟権利保障説〟とこそ同一の論理に帰することになろうからである。〟権利保障説〟との違いは要するにそこでいう〟権利〟の内容を何と見るかについての違いに帰するのであって、〟紛争解決説〟は、ただその為にこそ、敢えて近代裁判の理念を現代の裁判本質論の基礎に据えることを拒否し、汎歴史的・普遍的な〟紛争解決〟なる裁判機能に固執する結果となっているのである。

〟紛争解決説〟におけるこのような奇妙な論理構造をもたらしている原因としては、様々なものが考えられよう。例えば、先に見た如く、この説は本来、ポレーミッシュな性格の極めて強い主張であるのに、それがそのまま、法ドグマティーク構築の積極的論拠とされていることにも問題があるように思われるし、更に又、結局この思考においては、法現象の客観的認識作業と、実践的な法解釈作業との厳密な論理的峻別が、徹底されていないのではないか、との観も、拭い切れぬものがある。これらについては、また他の機会を期して検討するより他はない。

いずれにせよしかし、以上の検討から〝紛争解決説〟の論理構造は、これを理論的に一貫する限り、やはり近代裁判の基本的理念に抵触する要因を内在せしめるものであり、然してこの結果を避け、〝訴訟法の暴走〟なる批判を免れようとするときには、結局それは、その出発点において否定された筈の〝権利保障説〟と同一の論理的基盤に帰せざるを得ぬ、という宿命を負うものではないかという疑念が導かれることとなる。《回答を心待ちに》[1]されている実体法学者の側よりの、本稿はそのささやかな一つの回答である。

（1）　三ケ月『民事訴訟法研究』第一巻二五六頁。

Ⅱ　行政行為の瑕疵論における いわゆる〃手続法的考察方法〃について

――行政行為の〃無効〃に関する一考察――

一　問題の所在

一　〃無効の行政行為〃に何らかの法的効力を認め、〃無効の行政行為〃と〃取消し得べき行政行為〃の差違につき、その法的効果を何らかの形で相対化する傾向は、とりわけ戦後における、わが国行政法上の、注目すべき現象である。然して、かかる現象については、行政法学、とりわけ行政行為の瑕疵論におけるいわゆる〃手続法的考察方法〃[(1)]の導入が、その何程かの推進力を成しているように思われる。

(1)　その発生の当初において、〃行政行為の無効〃なる概念は、本来、行政庁の意思表示が、およそ如何なる法的効果をも持たぬことを意味するものであった。

例えば行政行為の瑕疵論についての古典的見解は曰く、

《無効とは法律行為〔的行政行為〕の瑕疵が重大にして、その効果の全く否定されるもので、法律関係は法律行為の存するに拘らず、恰もこれが為されざりしが如く、法的意味に於いては全く存在せず、法律上無であり、行為の外観を有するに止まる。[(2)]》

このような見解によれば、例えば行政行為の無効は、何人も常に、時と処とに制限なく主張することを得るものであり、追認・時効等によって治癒さるること全く不可能である。(3) 又、無効の行政行為は、本来は取消訴訟の対象とはなり得ない。(4)

〝無効な行政行為〟なる概念は、このように、本来、〝違法ではあるが、取消されるまでは有効〟であるところの〝取消し得べき行政行為〟に対して〝先天的無効〟であるところにこそ、その固有の意味があるのであって、〝無効な行政行為の法的効力〟なるものは、本来全くの概念矛盾であった。(5)

このような〝無効〟概念の絶対性はしかし、爾後の行政法学の展開過程において、必ずしもそのままに継承されたところではない。〝無効の行政行為も亦抗告訴訟の対象となり得る〟という認識は、早くより現われ、訴訟の対象とならぬ場合との区別の意味において〝無効〟概念と〝不存在〟概念との別が設定された。(6) 又、E・v・ヒッペル等によってなされた〝行政行為の瑕疵効果の多様性〟の主張は、わが国においても、少なくとも無効の行政行為の追認・治癒の可能性を認める段階において、一般的に承認されるに到った。(7)

〝手続法的考察方法〟の意識的導入に基づき、〝無効の行政行為〟にも公定力を是認する思考の登場はしかし、いうまでもなく、このような過程において最も注目に値する現象である。

例えばわが国において柳瀬博士の明確に曰く、

《行為が無効であるか否かと何人の判断がこの点について拘束力をもって通用力を有するかとは全然別個の問題であって、後者は特に権限ある機関の判断のみがこれを有することは、例えば私法の法律行為において、仮令それが実体法上当然に無効である場合にも、私人は自己の判断を以てこれを無効として取扱うことを得ず、権限ある裁判所の認定を俟って始めて無効として通用する力を生ずるのであるのに見て明らかな如くであって……、行政行為について特に無効確認の制度が設けられているのも、またこれがために外ならない。そして行政行為においては、それは本来の権限者たる行政機関の行為であるから、それは同時にそれを有効とするその判断を表明するものと見るべく、従ってこれに対しては、実際は無効である場合においても、権限ある機関の認定があるまでは、他の機関及び国民はこれを有効のものとして取扱うべきであって、普通に公定力といわれるのは即ち、行政行為のこの力を指したものである。(8)(9)》

(2)　〝無効の行政行為〟と〝取消し得べき行政行為〟のこのような相対化につき、〝手続法的考察方法〟との関連において看過し得ぬのは、戦後のわが国における、行政行為の無効確認訴訟をめぐる理論状況であると言えよう。

(a)　(aa)　行政事件訴訟法三八条は、行政行為の無効確認訴訟には出訴期間の制限が無い旨定めるが、その前身たる行政事件訴訟特例法の解釈について、学説はその理由を次の如く説明する。

《抗告訴訟の提起について……出訴期間を定めているのは、行政行為が一応有効なことを前提として……一定期間後にはその効力を争い得なくなることとしてその効力——ひいては行政上の法律関係の安定——を保護し、その手続によらなければ、行政行為の効力を否定し得ないこととする趣旨であるから、始めから反省を求める対象となるべき、また保護さるべき効力を有しない無効の行政行為については、これらの規定を適用することは無意義である。(10)(11)》（傍点藤田）

(bb)　右の見解はいわば、無効の行政行為に形式的確定力の生ぜぬことの説明を、無効の行政行為が〝先天的に無効〟であることに求めるものであるが、他方このような説明、延いてはそれに基づく法律上の制度に対しては、疑念を抱く見解が存在する。

例えば柳瀬博士は、行訴法三八条の規定の理論的根拠を疑問視されて、次の如く曰く、

《〔この規定が置かれたのは〕確認訴訟は取消訴訟と異なり、単に既存の事態を認定するもので、これを変更するものではないから、その変更を制限するための出訴期間の制度はこれには必要ないと考えられた結果である……が……実際には、確認訴訟は行政庁の行為なりや否やの疑わしい事実につき、これを決定されるためになされるものであるから、これを単純に既存の事態を認定するに止まるものと見ることは理論上疑問の余地がある……。[12]》

(b) 行政事件訴訟法三八条③項は、無効確認訴訟に、執行停止に関する規定を準用し、無効確認訴訟の提起には、取消訴訟と同様原則として執行停止は認められぬことを定め、又、同四四条は、民事訴訟法による仮処分の適用も無いことを定める。この立法の背後には、行政事件訴訟特例法時代において、次の如き理論的角逐のあったことが注目される。

(aa) すなわちまず、無効確認訴訟にも取消訴訟の執行停止規定の適用ある旨判示[13]した最高裁判決の如き思考に対しては、次の如き反論があった。

《併し、無効の行政行為という観念を認めながら、これが執行力を有し行政庁がこれを執行し得るものとの前提の下に、これに対する訴の提起があった場合にもなお且つその執行を停止しないという原則をそのまま適用することが、果して妥当な見解といい得るであろうか。[14]》

又、別の論者の曰く、

《……絶対無効と認められる行政処分には、執行不停止の原則（〔特例法〕十条一項）その他行政処分としての一切の効力が認められないから、〔特例法〕十条七項の適用もなく、当該処分に基く事実上の執行行為に対しては、仮処分は可能と認むべきであろう。[15]》

(bb)　右の主張に対してはしかし、次の如き反批判が存在し、そして結局はこの立場が、行政事件訴訟法の立法の理論的基盤となった。

《〔無効確認訴訟については〕執行停止に関する〔行政事件訴訟特例法〕一〇条の規定をも準用すべきである。同条は公権力の発動としての行政行為の執行を、原告の請求の当否の確定をまたずして暫定的に止める手続を定めたものであるから、行政行為を攻撃する理由が違法原因であると無効原因であるとによって区別すべきではないであろう。(16)》

(c)　(aa)　無効確認訴訟について事情判決の制度が適用されるか否かについて、行政事件訴訟特例法の時代はもとより、行政事件訴訟法においても、特別の定めは置かれていない。特例法時代よりしかし、学説・判例は、これを否定的に解するのが常であった。

《〔無効確認訴訟については〕事情判決に関する〔特例法〕一一条の規定は準用がない。けだし、同条の適用によって存置されるべき行政行為の効力がないからである。(17)》

(bb)　最近においてはしかし、この点についても、無効確認訴訟と取消訴訟との相対化を推し進める見解が示唆されるに到っている。

《雄川……は、行政処分が無効である場合には、〔特例法〕一一条の適用によって存置さるべき行政行為の効力がないから、一一条の準用の余地がないとする。しかし、純然たる実体法上のレベルで考察する場合には、違法な処分は本来すべての効力が否定さるべきはずのものであって、実体法の平面上では、取り消し得べき行為と無効な行為との区別はあり得ないはずである。そして、実体的に違法・無効な処分であっても、公定力を認めて、その違法・無効を主張し得ないものとすることは、取り消し得べき処分についても無効の処分についても可能である。……実際にも……行政庁がその適法・有効を主張することが一応不合理と認められない程度の違法処分を前提としてその後の事態が累積されるということはおこり得ることである。従って、わたくしが、本稿で無効確認訴訟の対象となると主張する程度の無効処分については、一一条の準用を肯定するのが正当であると思われる。[18]》

(d)　右の(a)〜(c)の(bb)に示された諸傾向は、結局において、行政事件訴訟特例法時代から現在において、一般的に行政法学者の到達した左の認識において統一的に表現されるということが出来るであろう。

《それ（無効確認訴訟——藤田註）は、行政行為の無効を確定し、その効力（表見的ではあるが）の除去を直接の目的とする点で、優越的地位においてなされた行政権の行為を争うのであるから、抗告訴訟とその本質を等しくすると考える。[19]》

(3)　無効確認訴訟の性質に関する右の如き思考の進展には、恐らくはいわゆる〃手続法的考察方法〃の意識的・無意識的導入が、少なくもその背後において次の如く機能しているように思われる。

(a)　〃出訴期間という如きものの経過により、無効のものが有効となるいわれはない〃という思考は、訴訟前において既に当該行政行為の無効なることを前提とした論理であるが、当該行政行為が無効なるか否かは、手続法的にはその正規の認定権者（すなわち裁判所）の認定無くしては定まらぬ、との思考に立てば、かかる論理には疑念が抱かれることとなり、裁判判決前においては、無効の行政行為と取消し得べき行政行為との区別はなし得ぬこととなる。

(b)　同様に、無効の行政行為には執行力も存せぬから、これを前提とする執行不停止原則は適用され得ない、という思考も、裁判判決前において当該行政行為の無効を既に前提する論理であり、行政行為が無効か否かは裁判判決以前には定まらぬ、という〃手続法的〃思考を前提とすれば、裁判判決前の問題たる執行停止問題において、両者を区別する理由はない、という思考が導かれることとなる。

(c)　事情判決の可否の問題は、既に裁判所による無効の認定時の問題である故、ここでは当該行政行為の無効を前提として、〝維持さるべき効力が存せぬ〟という論理を導くことは、裁判判決前には行政行為の無効・有効は定まらぬ、とする〝手続法的思考〟の下においても可能である。しかしこの場合、〝手続法的考察方法〟の進展は、〝無効な行政行為〟と〝取消し得べき行政行為〟の実体法上の共通性、という認識をもたらし、その結果、事情判決の存在理由は〝維持さるべき効力の有無〟という実体法上の理由とは無関係である、との思考に導くこととなるのである。

一般に〝手続法的考察方法〟を徹底するならば、〝判決によって確定される以前においては、国民によって攻撃されている行為が無効であるか取消し得べきに止まるかは、未決定である〟との思考が導かれる。かかる思考を徹底する限り、《判決以前には、ただ主観的な意見と勝手な行動があるだけ》[20]なのであって、そこに存在するのは等しく、行政庁が〝優越的地位〟においてなした行為を国民が攻撃している、という事実のみである。この意味において〝無効確認訴訟と取消訴訟との本質的同質性〟なる思考の形成に、行政行為の〝手続法的考察方法〟が、大なる貢献を為すものであることは、容易な推測を許すところであると言えよう。[21]

二　行政行為の瑕疵をめぐる制度と理論に関し、いわゆる〝手続法的考察方法〟が、およそ右のような機能を果しているとして、しかしそこでいう〝手続法的考察方法〟とは一体何であるのか、手続法上の問題と実体法上の問題はどう区別され、どのように関係し合うのか、〝手続法的考察方法〟はどのような意味においてどの程度まで可能且つ必要であるのか、等々については、いわゆる〝手続法的考察方法〟を唱道する論者相互間にあっても、微妙なニュアンスの相違が存在する。そしてかかる相違は又、ここで問題とされる行政行為の瑕疵論・効力論についても、何程かの影響を及ぼしているように思われる。

(1) 例えばこのような事態を明確に示す例として、我々は差当り二つの問題を取り上げることが出来よう。第一に、行政行為の〝無効〟とはいわゆる〝手続法上の問題〟であるのか、〝実体法上の問題〟であるのか、という問題、そして、第二に、〝無効な行政行為〟には公定力は存在するのか否か、という問題、がそれである。

(a) ところで、右の第一の問題については既に、わが国の学説を、次の三つに大別し得るという指摘がなされている。[22]

(i) 行政行為の無効を、原理的には実体法上の現象である、とする立場。

(ii) これを純粋に、手続法上の現象と理解する立場。

(iii) 行政行為の無効は、実体法と手続法とがいわば交錯した領域に生ずる現象と見る立場。

然してこのような分類をめぐっては、更に若干の問題点が存在する。

(aa) すなわちまず行政行為の無効の性質について、右のいずれかの立場の排他的な正当性が論理的に定まるか否か、という問題がある。次に掲げる二つの叙述は、この点に関する微妙な差違を示していると言えよう。

(i) 《結論的にいうならば、行政行為の瑕疵（違法・不存在・無効・取消）や効力（適法性・有効性・実効性）などの諸概念は、すべて根本的には「手続法的存在」であって、手続法的観点を基本においてのみ解釈しうるのであり、全く手続法的観点をぬきにした場合には行政法の解釈としては理論的に成り立ちえない、ということである。[23]》（傍点原文、傍丸は藤田）

(ii) 《右の三種の考えは、行政行為の無効の理論的性質に関する見解としては、いずれも論理的には成立し得るもので、このいずれでなければならないという法論理上の要請はないものであろうと思われる。また、わが国法の解釈としても、右の三つの理論構成は抽象的にはいずれも可能であろうと考えられるのであって、ただ、わが国法が全体として、行政行為の無効をどのように位置づけることが最も合理的かという問題となるのではないかと思われる。[24]》（傍点藤田）

(bb)　又、右の問題とも一面では関連し、同じく行政行為論における〃手続法的考察方法〃の必要を説く論者の間でも、〃行政行為の無効〃の法的性質に関する見解は、様々に異なっていることが注目される。

例えば柳瀬博士は、〃無効〃の実体法上の性質の問題と、その手続上の取扱いの問題とを峻別すべきことを強調されるが、行政行為の無効原因と取消原因との区別は、当然に実体法上の区別である旨想定される。[25]しかし他方これに対し、〃手続法的考察方法〃の導入を必然的に、行政行為の無効を手続法上の現象と見る立場と結びつけるものも存在する。

白石健三氏は、柳瀬博士の右の思考を批判して曰く、

《この説が行政処分の無効と取消との区別の問題に手続法的観点を導入した点では、その功績を高く評価さるべきものであるが、しかし、この説も、手続法的観点をはなれて、純然たる実体法上の平面において無効と取消の区別が可能であることを前提として、かくして実体的に区別された無効処分の或る種のものに公定力を認むべきであると説く点で、なお、実体法的観点を十分脱却していないものといわねばならない。わたくしの考えでは、手続法的観点をはなれて、純然たる実体法上の平面において考察する場合には、行政処分の無効と取消の区別は、あり得ず、適法・有効要件を欠く処分は、すべて無効であるべきはずである。また、手続法的観点から考察すれば、氏のいう実体的には無効であるがその無効が無効確認訴訟において確認されねばならない場合と実体的に有効であり抗告訴訟において取り消さるべき場合との並列的区別はあり得ないはずであり、両者は、いずれも、その実体的違法・無効が抗告訴訟という特別の訴訟手続において確認されねばならない場合という概念の中に統一さるべきはず

のものである。[26][27]》

(b)　〝無効な行政行為〟に公定力を認めるか否かの問題は、行政行為の無効を実体法上の存在と認めるか手続法上の現象と認めるかという、右の問題についての立場とも関連すると言えよう。

すなわち例えば〝無効〟を実体法上の現象と認める柳瀬博士にとって、《無効の実体法上の本質とその認定権の所在とは別個の問題[28]》であり、《所謂公定力が単に手続上の関係に関する観念（すなわち認定権の所在の問題——藤田註）で、実体法上の効力の問題とは関係のないものである[29]》以上、〝無効の行政行為〟に公定力を認めることは、決して概念矛盾ではない。のみならず博士によれば、ある国家機関の行なった認定は、他の有権的認定機関により覆されるまでは、当然に有効なのであって[30]、無効な行政行為も公定力を有することは、いわば、論理必然的な帰結である。

これに対し、行政行為の無効を手続法上の存在とする立場にあっては、〝無効〟は手続法上の効力としての〝公定力（すなわち行政庁の有権的認定権）〟の〝限界〟と理解される故[31]、無効な行政行為に公定力が認められる、ということは、一種の概念矛盾となるのである。[32]

(c)　ところで〝無効な行政行為〟、〝公定力〟等の法的性質に関する、右のような争点の背後には、更に、〝手続法上の問題〟と〝実体法上の問題〟との、理論的な相互関係如何、という、一般的な問題が存するように思われる。

例えばいわゆる〝公定力〟なる観念を、《実体法上の効力の問題とは関係のないもの》とされる柳瀬博士は、この点、明確に説かれて曰く、

《実体法の世界……と手続法の世界……は……全くその原理を異にする別個の世界であって、本来架橋する能わず、又架橋すべからざるものである。[33]》

然して、右の見解に対する、兼子教授の次の論述は、手続法上の問題と実体法上の問題との理論的峻別を、多少なりとも緩和せしめる志向を持つものであるかの如く思われる。

《……柳瀬教授は、さらに戦後において、行政法における「実体法と手続法」をテーマとして田上教授との間に論争をたたかわされたのであるが、その際にはよりはっきりと、「実体法の世界」と「手続法の世界」とは「全くその原理を異にする別個の世界であって、本来架橋する能わず、又架橋すべからざるものである」と論断せられたために、かえって田上教授より次のような趣旨の反論をうけることとなったのであった。すなわち、「実定法秩序にあっては、法が一定の手続を以て具体化されるのであって、ここに判決の確定力又は行政処分の公定力が理由づけられる。」「抽象的な実体法規が訴訟手続により裁判で具体的に実現されるものとし、確定判決は訴訟法と実体法の綜合による具体的法規とする学説がある（兼子一・既判力、岩波法律学辞典所収）。行政行為の公定力もこれと同様に、単純な手続法的性質に止まるものではない。」[34][35]》

(2)　右の理論状況に鑑みるならば、行政行為の瑕疵をめぐる〃理論〃と〃制度〃のあり方を論ずるに際しては、何よりも先ず、いわゆる〃手続法的考察方法〃なるものの性格と機能等について、基本的な検討を行なうことが、少なくも極めて有意義であることは明らかであろう。[36]

本稿は、このような問題意識に立ち、以下、第一に〃手続法的考察方法〃は何故要請されるのか、を、〃法の動態的考察方法〃をめぐる、日独訴訟法学説史・公法学説史上の、著名な論争を素材にとりつつ、[37]考察し整理することを試みる。そして第二に、かかる分析を通じて得た成果を基に、先に見たわが国行政行為瑕疵論における〃手続法的考察方法〃につき、その理論的性質と機能とを整理分析する作業を行ない、最後に第三に、既に見たわが国行政法の〃制度〃と〃理論〃における〃無効な行政行為〃と〃取消し得べき行政行為〃との相対化の傾向につき、若干の問題点の指摘をしたいと考える。

(1)　わが国の行政法学とりわけ行政行為論におけるいわゆる〝手続法的考察方法〟の自覚的導入は、夙に第二次大戦前より柳瀬教授の唱道されて来たところであったが（参照、兼子仁『行政行為の公定力の理論』〔改訂版〕四四〜四五頁、藤田「柳瀬教授の行政法学（一）」法学三三巻一号七〇〜七一頁、九八〜一〇一頁――本書一六七頁以下、一九四頁以下――）、戦後においては特に、兼子仁教授、白石健三氏等により、その必要が強調されている（参照、兼子・前掲四一頁以下、三一八頁以下、白石健三「行政処分無効確認訴訟について(一)」法曹時報一三巻二号一二頁以下）。

いわゆる〝手続法的考察方法〟なる語によって何が意味されているかは、後に述べる如く、それ自体問題であり、本稿での検討の対象となるところであるが、例えば兼子仁教授はその提唱される「手続法的観点」を、《民事訴訟法学が私法解釈学に対して提示したいわゆる「訴訟的考察」ないし私法を裁判規範として動態的に把える解釈方法に相応するものであり、具体的には「権利関係の実在化による紛争の訴訟的解決」の過程に即してすべての解釈問題を考える、という兼子〔一〕博士の見解に大体においては従ったもの》とされる（兼子仁・前掲三一八〜三一九頁）。本稿で〝手続法的考察方法〟乃至〝手続法的思考法〟の語を用いる場合にも、差当ってはほぼこれと同様のものが想定されている。ただ、兼子一博士の「権利関係の実在化」なる思考は、同じく民事訴訟法学が示した「訴訟的考察」乃至「動態的考察」とされる思考の中でも、とりわけG・フッサールの現象学の影響に基づく特殊のものである（参照、兼子一『実体法と訴訟法』一五七頁以下）。本稿では〝手続法的考察方法〟乃至〝手続法的思考法〟を、このように限定された意味ではなく、より広く、訴訟法学説史上いうところの「経験的・動態的考察」一般に対応するものという程の意味に用い、具体的には例えば、〝「瑕疵ある」行政行為とか「取消原因たる違法」とかが語られる場合、それは現実の行政過程・裁判過程のいかなる段階における何人の判断に基づくものとしていわれているのであるか〟という如き問題意識一般（参照、兼子仁・前掲四三頁）、或いは手続法なる概念を《制定法上の訴訟手続法の概念よりもさらに高次の観念、すなわち基本法理的ないし一般法理的見地からとらえられた観念》として、《何人がいかなる手続により認定したところが個別的、具体的法として通用するかということに関する法》一般を意味するものとして用いる（参照、白石健三・前掲一三三頁）ような思考一般を意味することとする。

（2）Vgl., K. Kormann, „*System der rechtsgeschäftlichen Staatsakte*", S. 204 f.
（3）A. a. O., S. 207.
（4）Ebenda.
（5）例えば〃無効の行政行為の公定力〃というが如きは、明確な概念矛盾であることについて、参照、田中二郎「行政行為の公定力について」『行政行為論』一六五頁、同「行政行為の無効と其の限界」『行政行為論』二一〇頁。
（6）参照、美濃部達吉『行政法撮要』(第四版上) 一七八頁、田中二郎・前掲一九頁。
（7）参照、田中二郎「行政行為の瑕疵」『行政行為論』一四頁。
（8）柳瀬良幹『行政法教科書』〔再訂版〕一〇八～一〇九頁。なお参照、柳瀬「司法裁判所の先決問題審理権」『行政法の基礎理論』(二)七一頁以下。
（9）この思考は又、〃無効も亦、法によって規律された何らかの手続によって確認されねばならぬ〃との認識より、無効の行為と取消し得べき行為との相対性を指摘するH・ケルゼンの言にも相応するものであろう。Vgl., H. Kelsen, „*Allgemeine Staatslehre*" (1925), S. 277.
（10）雄川一郎『行政争訟法』九一頁。
（11）この説明は又、〃無効の行為が出訴期間という如きものの経過によって有効となるの理なき〃ことにより説明する名古屋高判昭二七・三・一三（例集三巻二号二四三頁）と同じ意味を有するものであろう。
（12）柳瀬良幹『行政法教科書』〔再訂版〕一八一頁。又、園部敏「行政処分の無効確認訴訟」『続行政法の諸問題』一三五頁は、更に明確に、《行政処分の取消と無効の理論上の区別は別として、その有効無効を争う事態においてする無効確認訴訟に、処分の効力をなるべく速かに確定するために設けられた出訴期間に関する定を排斥する要を見ない》と述べる。
（13）最判昭二八・六・二六、民集七巻六号七六九頁。
（14）田中二郎「行政争訟との関連より見た行政行為の無効と取消の区別（一）」法学協会雑誌七二巻一号二八頁。
（15）今村成和「行政処分の執行停止」国家学会雑誌六七巻一・二号六七頁。
（16）雄川・前掲九二頁。

(17) 雄川・同右。

(18) 白石健三「行政処分無効確認訴訟について（二）」法曹時報一三巻三号七一頁。なお参照、兼子仁「無効等確認訴訟の範囲」公法研究二六号一七六頁、雄川一郎「行政行為の無効確認訴訟に関する若干の問題」『裁判と法』（菊井先生献呈論集）（上）二一六頁。

(19) 雄川一郎『行政争訟法』九〇頁、なお参照、雄川・前掲・『裁判と法』（上）二一五頁。

(20) 兼子一『実体法と訴訟法』一五九頁。

(21) 取消訴訟に関する行政事件訴訟特例法の諸条項は無効確認訴訟に全般適用がある旨を主張された園部博士が、その論拠を、《行政実体法と行政手続法の性格の差異は、手続法上の取扱から実体法上の性質を論断することのできないものがあると共に、実体法の差異は必しも手続法上において浸透貫徹せしめることを要しないこともある》との思考の下（参照、園部敏「行政処分の無効確認訴訟」『続行政法の諸問題』一二八頁）、次の如く述べられるのが注目さるべきである。《行政実体法においては、その瑕疵の比較的軽微なために一応完全な効力あらしめた行政処分についてその効力を消滅せしめる取消と、その瑕疵の重大かつ明白なために効力を生じない行政処分の無効との区別が、理論上認められるのであるが、しかも両者の実際上の区別には困難なものがある。殊に客観的に有効か無効かが判然しない事態故に裁判所に出訴して、有効無効を争うの段階において、行政処分の無効の確認を求めることは、行政処分の取消を求めることに対して、その訴訟手続上の取扱を別にしなければならない程重大な区別は認められない。》（傍点藤田）園部・同右一二七頁。

(22) 雄川一郎「行政行為の無効に関する一考察（一）」法学協会雑誌八〇巻五号五六二頁以下。

(23) 兼子仁『行政行為の公定力の理論』〔改訂版〕三一八頁。

(24) 雄川・前掲五六三頁。

(25) 参照、柳瀬良幹『行政法教科書』〔再訂版〕一〇九頁。

(26) 白石・法曹時報一三巻二号二〇〜二一頁。

(27) なお、同じく〝手続法的考察方法〟を唱道されながらも、兼子仁教授は、《行政行為の瑕疵》は、《すべて根本的には「手続法的存在」であって、手続法的観点を基本においてのみ解釈しうるものであり、全く手続法的観点をぬきにした場合には…

…理論的に成り立ちえない》（傍点藤田）とされ、〝無効〟が〝手続法的存在〟なることに微妙な限定を付け加えておられる（本書前出二九五頁に掲げた引用文を参照）。これは、兼子教授の場合も、〝瑕疵の重大性〟という実体法上の要件が、副次的にもせよ、行政行為の無効をもたらす為の一要件とされていることを示すものであるのか（参照、雄川・前掲五六五頁）、或いは本文で以下に述べるような、手続法と実体法との関係に関する、教授の基本的思考に由来するものか、必ずしも明確でない。

(28)　柳瀬「司法裁判所の先決問題審査権」『行政法の基礎理論』㈡七三頁。

(29)　柳瀬『行政行為の瑕疵』一一七頁。

(30)　柳瀬『行政法教科書』〔再訂版〕一〇八頁。

(31)　参照、白石・前掲法曹時報一三巻二号一九頁。

(32)　ただ、これらの論者においてしばしば、出訴期間の制限をはずされるのみの、〝制限的公定力を持った無効〟なる概念が設定されることがあるが（参照、白石・前掲法曹時報一三巻二号二三頁以下、兼子仁・前掲公法研究二六号一七三頁）、これは、公定力の一つのコロラリーとしての形式的確定力の限界を示す意味で〝無効〟とされつつ、およそ〝公定力〟なる観念より導かれる諸々の法的効果全ての限界を示すものでない、という意味で〝制限的公定力〟がある、とされるのである。従って、この場合をより正確に表現するならば、形式的確定力の有無に関する限りこの行政行為は〝無効〟であるが、その他の効力については〝無効〟でない、ということになるであろう。

(33)　柳瀬良幹「実体法の世界と手続法の世界」『憲法と地方自治』一一五頁。

(34)　兼子仁『行政行為の公定力の理論』〔改訂版〕四五頁。

(35)　そのいわれる《手続法的観点》とは、《具体的には、「権利関係の実在化による紛争の訴訟的解決」の過程に即してすべての解釈問題を考える、という兼子〔一〕博士の見解に大体において従ったもの》とされる兼子教授にあっては、手続法と実体法の峻別という柳瀬博士の思考に関する限り、同じく兼子一博士に依拠される田上博士とほぼ同じ立場をとられるものと思われる。なお、前述註(27)を参照。

(36)　例えば、〝無効〟を手続法と実体法の交錯した場に生ずる現象と見る見解（前出二九五頁参照）について、そこでいう〝実体法と手続法の交錯〟の意味について、更に検討すべき問題がある、との指摘がある。参照、雄川・前掲法学協会雑誌八〇巻五号五六五頁。

（37）　わが国行政法学において、とりわけ第二次大戦後に行なわれた〟手続法的考察方法〟の主張に、民事訴訟法学の示した〟訴訟の動態的考察方法〟延いては法現象一般の〟動態的考察方法〟の影響が存するとするならば（前出註（1）参照）、日独訴訟法学の示したこのような考察方法が、如何なる理由によって行なわれたものであったかを検討することは、いうまでもなく、決して無意義な作業ではないであろう。

二　〟手続法的考察方法〟の理論的基盤

〟手続法的考察方法〟は何故要請されるのであろうか。この問題を考察する時、極めて大きな示唆を与えるのは、日独訴訟法学・公法学上、かつて〟法の動態的考察方法〟の是非をめぐって数々の論争が行なわれた際、このような考察方法の必要を主張する者・否定する者が、それぞれどのような理由から自己の主張を根拠付けていたか、であろう。

(一)　〟経験的考察方法〟と〟形而上学的考察方法〟——ビューロウ＝ワッハ論争

一　(1)　〟手続法的考察方法〟の〟実体法的考察方法〟に対する特徴が何よりも、例えば〟瑕疵ある〟行政行為とか〟取消原因たる違法〟とかが語られる場合に、それが、現実の行政過程・訴訟過程の《いかなる段階における何人の判断に基づくものとしていわれているのであろうか》ということを意識的に自覚して論ずる立場であるところにある、とするならば、(1) ドイツ訴訟法学の父とも称ばれるO・ビューロウの《裁判官による法(richterliches Recht)》(2) の思考こそ、ドイツ及びわが国におけるこのような考察方法の明確な端緒を成すものということが出来る。[3]

ビューロウのこの思考は、当時訴訟法学を支配していた、〃裁判活動は純粋に論理的な操作であり、その論結の大前提を法律の定めが成し、判ぜらるべき構成要件事実がその小前提を成す〃という裁判判決観に対し疑問を提出し[4]、寧ろ、あらゆる法的規律は抽象的な法律段階においてではなく、現実の訴訟過程（すなわち差当って裁判判決）にこそ、その現実的意味を有するのであり[5]、それ故にこそ法学者は、このことを明確に認識せねばならぬ、と主張するものであった。[6]

(2)　ところで、ビューロウのこの思考について注目されるのは、疑いもなく、それが卓越した実証主義的・経験主義的な志向によってこそ裏付けられていることである。

ビューロウの民事訴訟理論の背後には、法理論よりまず各種の〃擬制〃(Fiktion)を排除することが、法学の発展の為に不可欠である、との確信がある。[7]ビューロウによれば、隣接の法領域たる民法学の新しい動きにも拘らず、訴訟法学では、《教義的フィクション》が、《現在でもなお、広汎な範囲において、法概念の構成の為の究極手段（ultima ratio）として用いられており、そのことが……真の事実関係について偏見無き探究を行なう必要と欲求とを抑圧する、という、必然的な破滅的な効果をもたらしている》。[8]そして、ビューロウの〃裁判官による法創造論〃は、まさしくこのような、訴訟法理論延いては法理論一般よりの〃ドグマの追放〃作業の一環を成すものであった。[9]

二　(1)　ビューロウのこのような思考に対し、《判決は、権威的な裁判官の宣言による私権の保護であり、新たな法を創造するものではない[10]》との言を以て行なうA・ワッハの反論は、余りにも有名である。[11]

〝裁判官による法創造〟の認識は、ビューロウをして、〝訴訟の目的は、既存の権利の保護にあるのでなく、未だ完成しておらぬ私法秩序を完成せしめるところにあり〟との思考に導くこととなったが[12]、ワッハは、かかるビューロウ説に、意識的に自己の見解を対置せしめて、

《訴訟は法を創造し、仕上げ、完了すべきものではなく、権利（法）を保護すべきものである[13]》

と主張する。

(2)　注目すべきであることは、ワッハのこのようなビューロウ批判は、意識的に、ビューロウの実証主義的・経験主義的思考の〝浅薄性〟、〝皮相性〟に対して向けられたものであることである。

ワッハによれば、ビューロウとの間の方法的な相違点は、《経験的な》考察方法(empirische Betrachtungsweise)と、《形而上学的な》それ（metaphysische Betrachtungsweise）として特徴付けることが出来る[14]。

〝ビューロウは、外的なもの、すなわち折々の具体的な訴訟現象と、その展開とにこだわっている。すなわち経験によれば、判決は常に真の法と合致するとは限らず、偽わった判決も存在するし、又、訴訟状態には適合するが、実体的な法状態には適合しない、という、誤った判決も存在する。このような現象を見れば、訴訟の目的は、具体的な、既に完成した私法秩序の保護にあるのではなく、その発展であり、完成である、ということになる[15]〟。

ワッハの考えによればしかし、このような思考方法は、訴訟制度の理解の為には、根本的に間違っている。

《事実、これらすべてのことは、あまりにも明瞭且つ簡明であって、訴訟問題のそのような解決法を初めて明らかにするについては、何らコロンブスは必要でないように見える。しかし、このような解決法は、訴訟の理解、その内的本質と機能、を解明する為には、全く不適当である。

それ（訴訟についての正しい理解——藤田註）をもたらすのは、ただ、形而上学的な考察方法のみである。……あらゆる法形象は目的的であり、目的の創造物である。……制度の〃理念〃は、制度を担い、貫徹するところの目的である。それ故に私は、……判決の法律類似の効果（Wirkung）を利用して、判決を一つの lex specialis として概念規定をすることを拒否し、いわゆる既判力の法創造効果（Wirkung—res iudicata ius facit inter partes—）から抽象された nonothetisch な傾向、すなわち具体的な法規律という目的、に対抗して、法適用という目的を強調し、その際、経験的概念と形而上学的概念という対句を用いたのである。[16]》

三 (1)　ビューロウの〃裁判官による法創造〃論が、〃法〃の存在を抽象的な法規のレヴェルにおいてのみ見るのでなく、現実の訴訟過程、とりわけ判決において現実性を持つことの自覚に立つ意味において、〃手続法的考察方法〃の端緒を成すものとするならば、ワッハの反論は、現実の訴訟過程をも含め、一切の法現象を、抽象的な法規によって静態的に説明しようとするものとして、〃実体法的考察方法〃に立つものと言えよう。〃手続法的考察方法〃と〃実体法的考察方法〃とが明確に対峙するに到ったとき、それはまず、このように〃経験的考察方法〃と〃形而上学的考察方法〃との対立として呈示されたということは注目に値する事実である。

〃経験的考察方法〃・〃形而上学的考察方法〃とはでは一体何を意味するのであろうか。

ワッハの弁明にも明確に表われている如く[17]、それは、法現象をそのままに直視し認識する作業であるのか、或いは、あるべき法現象の理念を掲げる作業であるのか、の違いであるということが出来る。ワッハの意図は明らかに、〃法治主義〃の理念に照らしてあるべき訴訟像は如何なるものであるか、を論ずるところにあるのであって、その主張は必然的に、〝法治主義〟の原則・理念を維持しようとする実践的主張としての性格を有している。これに対しビューロウの意図は、まさしく、このような理念によって現実を隠蔽することなく、現に訴訟はどのような機能を果しているかをこそ、客観的に直視せんとするところにある。[18] そしてビューロウの具体的法創造説は、その有する経験主義的・実証主義的性格が、一九世紀より二〇世紀初頭にかけての時代的精神にマッチしたものであったればこそ、爾後のドイツ公法学・訴訟法学に甚大な影響を及ぼし得たものであったし、又、ワッハ流の〝訴訟前の権利・義務〟の観念は、まさしく《これから展開する訴訟の過程の為の羅針盤》を提供する為のものとしてこそ評価され、エピゴーネンを見出したのであった。[19]

(2)　その際注目すべきであることとは、法現象の現実を直視しようとするビューロウの基本的な志向に対し、ワッハにおいては、このような〝経験主義的考察方法〟は〝法治主義〟の理念を破壊し放棄するもの、との認識が、明確に存在することである。[20] 法の〝動態的考察方法〟に対するこのような嫌疑が存在する限り、〝法治主義〟をモットーとする訴訟法学・公法学において、かかる考察方法の全面的支持を得ることが、少なくも困難であることは自明である。では〝経験主義的・動態的考察方法〟とは、真実必然的に〝法治主義〟の理念の否定を導くものなのであろうか。又、仮にそうであるとすれば、それは一体どのような意味においてであるのか。

F・ザンダーの〝法経験の理論〟をめぐり、A・メルクルとの間に闘わされた論争は、それがまさしく、共に〝動態的考察方法〟の主唱者であるところの論者によって行なわれたものであるが故に、この点に関して、極めて大きな示唆を与えるものである。

(1)　本書前出二九九頁註(1)を参照。

（2）　Oskar Bülow, „Gesetz und Richteramt" (1885), *Bülows' Gesammelte Aufsätze*, S. 2.

（3）　〝裁判官による具体的な法創造〟という意味での〝裁判官による法〟なる思考について、少なくともその示唆を行なったのは、もとよりビューロウが最初であるわけではない。ビューロウ自身、このような思考の先駆的表現を、Kierulff, „*Theorie des gemeinen Zivilrechts*" (1839) 及び、O. Bähr, „*Der Rechtsstaat*" (1864) の中に見出している (Vgl., O. Bülow, a. a. O., S. Ⅷ～Ⅸ; Derselbe, „Zivilprozessualische Fiktion und Wahrheiten" (1879), *Bülows' Gesammelte Aufsätze*, S. 94. なお、ベールにおけるこのような思考の存在については、参照、藤田宙靖『公権力の行使と私的権利主張』一一七頁)。しかし、このような思考における問題の所在を自覚的に究明し、又、後の訴訟法学・公法学等に多大の影響を与えたという意味においては、ビューロウを以てかかる思考の端緒とするに支障は無い。

（4）　Vgl., O. Bülow, a.a.O., S. 4～5.

（5）　《物言わぬ法律の文言によってのみ国家はその法的命令・法的授権・法的禁止を告げるのでなく、同じように、否寧ろより決定的より徹底的に、裁判官の口によって、それを行なうのである。裁判判決も法律も、同じように、法規定的な国家権力の行為 (Akte der rechtsordnenden Staatsgewalt) である。法律による法規定と同様、裁判官による法規定も亦、国家の権力及び強制権によって充されている。裁判判決は確定力を有するが、この確定力は、法の完全なる力 (die ganze Kraft des Rechts) を有しているのである。裁判官による法規定は、その固有の領域において、動かすことの出来ない法拘束的な規律を行なう。しかもそれは、法律による単に抽象的な法規制よりも一層完全な程度において、より強力な、より直接的な効力を以て行なわれるのである。確定力は法律の力より強い。確定判決は、それが法律に違背するときですら、自らを主張する。法律によってではなく、裁判官の法規定によってこそ、法規律的な国家権力は、その最終の言葉を語るのである！》（傍丸原文、傍点は藤田）A. a. O., S. 6～7.

（6）　《裁判官による法を認めようとせぬ法律学は、自らその存在理由を否認するものである！》A. a. O., S. 45.

なお、ビューロウの思考の詳細については、柳瀬博士東北大学退職記念『行政行為と憲法』における私の旧稿の、一四五頁以下を参照。

（7）　Vgl., O. Bülow, „Zivilprozessualische Fiktion und Wahrheiten" (1879), *Gesammelte Aufsätze*, S. 6ff.

(8) A. a. O., S. 10.
(9) 以上の詳細については、参照、藤田・前掲一四七頁以下。
(10) Adolf Wach, „Der Rechtsschutzanspruch", *Zeitschrift für deutsches Zivilprozeß*, Bd. 32 (1904), S. 26.
(11) ビューロウとワッハの論争は、ワッハのいわゆる〝権利保護請求権説〟に対する、ビューロウの批判によって始まったものであり、直接には、訴権論をめぐる論争であったが、この論争は、究極的には〝権利は訴訟前に存在するのか、それとも、訴訟前に権利は存在せず、訴訟によって初めて生ずるのか〟という問題に結びつくものであった。権利保護請求権説をめぐる、ビューロウとワッハの論争、及び、その意味については、差当り参照、山木戸克已「訴訟法学における権利既存の観念」『民事訴訟理論の基礎的研究』一頁以下。
(12) Vgl., O. Bülow, „Klage und Urteil: Eine Grundfrage des Verhältnisses zwischen Privatrecht und Prozesses", *Zeitschrift für deutsches Zivilprozeß*, Bd. 31 (1903), S. 191 ff. 参照、山木戸・前掲八頁以下。
(13) A. Wach, a. a. O., S. 3～4; u. vgl., Derselbe, *„Handbuch des Deutschen Civilprozessrechts"* (1885), S. 6～9.
(14) Ebenda.
(15) Vgl., a. a. O., S. 4～5.
(16) A. a. O., S. 5～6.
(17) 本書前出三〇五～三〇六頁に掲げた引用文を参照。
(18) 民事訴訟法学者はしばしば、ビューロウとワッハの方法論上の対立の原因を、前者が訴訟を〝個別的訴訟〟として観察するのに対し、後者は訴訟を〝訴訟制度〟として観察するところにあり、と説明する。例えば参照、山木戸・前掲一三頁以下、三ケ月章「権利保護の資格と利益」『民事訴訟法研究』第一巻二三頁。
しかし、精確にいうならば、ここで〝訴訟制度〟と称されるものは実は〝訴訟制度の理念〟乃至〝あるべき訴訟像〟という程の意味であり、〝個別的訴訟〟とは、〝訴訟の客観的現実〟とでもいうべきものなのであると思われることについて参照、本書前出二七八頁。
(19) この辺の事情の詳細については、藤田・前掲『行政行為と憲法』一五五～一五六頁を参照されたい。

(20)　〃判決は私権の保護であり、決して新たな法創造ではない〃ことを強調しつつ、ワッハは曰く、《ビューロウによる反対説は、司法に対する嘲笑である。それは、法を物笑いにし、偶然の玩弄物、訴訟家的技巧、乃至拳闘家の玩具としてしまう。訴訟的手段を、必要な熟練度を以て己れの為に利用する者こそが、権利を獲得する。実際には法に違背してそれを要求していたときには、喝采の下にそれを獲得することになる。そして不器用の結果、その本来の権利を失うに到った敗北者には、次のような教訓が与えられる。この訴訟は、汝に権利救済を与うる目的を有せしものに非ずして、最も老練に訴訟の手段を利用し能いし者に権利を与うべく、力の測定を行うことをば目的とせしものなり、と。そしてこれに対しては、慰めの為、すぐれて法政策的な説明が行なわれる。すなわち〃抽象的―仮説的な法規は、それのみで法秩序を完成する能力を持たない〃のであって、このような作業は寧ろ、裁判官の任務である、従って敗北者は、そのような結果をば、内的に完成せしめらるべき私法秩序の為の賢明な配慮として、感謝を以て迎えねばならぬのである、と。このような見解においては、我々がこれまで正義と称して来たところのものは、何処に残っているであろうか？　裁判官は単に法律のみを指示されているのであり、彼は法を語る即ち法律を適用するのであって、その判決を立法行為と為すべきではないのだ、という基本原理は、何処に行ってしまったのであろうか？》 A. Wach, a. a. O., S. 26.

(二)　経験的実証主義と実証的法治主義――メルクル＝ザンダー論争

一　(1)　A・メルクルの〃法の段階的構造論〃いわゆる〃法段階説〃は、学説史的に見るならば、ビューロウによって示された法の動態的考察方法を、単に法律と裁判判決との相対化を越えて、広く全法秩序にまで及ぼしたものとしての意義を持つということができる。(1)

ところで、〃法の段階的構造論〃の核心が、全ての国家行為を〃法の創造行為〃としながら、しかし同時に他方でこれを〃法の執行行為〃であると認識するところにある以上、法段階論者にとっては、上位の法規範に違背した下位行為の法的性質をどう認識するかは、極めて困難な問題となる。[2] メルクルのいわゆる〝瑕疵決済(Fehlerkalkül)〟説は、まさしく右の二律背反に対する解答を与えようとしたものであり、その特徴は、論理的には本来上位規範が優先し、実定法上特に争訟手段を定める等のいわゆる〝瑕疵決済規定〟が存在するときのみ、その関係が逆になる、と考える点にある。

メルクルの思考によれば、実定法上瑕疵決済規定が存在することは、言い換えれば、法適用者には《不適用の権利(das Recht der Nichtanwendung)[3]》が存することを意味する。その意味において、実体法上違法な行為も、やはり法適用行為としての性格を持つ。

瑕疵決済規定によって法的に承認せられた行為は、従って、完全に適法な行為である筈であるが、メルクルは更に、このような行為についても、法学は、その本来の Unrechtmäßigkeit を認識し、指摘せねばならぬ旨を強調する。

《実定法は、ア・プリオーリには不法な行為(die unrechtmäßige Handlung)を、ア・ポステリオーリに法の行為(eine Handlung Rechtens)と成す。……しかし、不法な(unrechtmäßig)決定を正しい(richtig)決定へと変えることは出来ない。……何故ならば、実定法秩序は法規範についてのみ支配力を有するので、思考規則に対して有するものではないからである。何が論理的に正しいかは、ただ純粋の認識のみが語るのであって、かかる判断に際し、如何なる国家機関によっても惑わされることがあってはならない。何が法律的に正しいか、……については、専ら法の学問のみが判断を行なう権限を有するのである。[4]》

(傍点原文)

(2) メルクルの法段階説の特徴はこのように、国家機関の諸行為について、〝法創造〟と〝法執行〟の二律背反を、本来その〝執行行為〟としての性格において解決せんとするところに存すると言えよう。[5] このような立場に対し、経験主義の立場から徹底的な批判を加えたのが、H・コーエン、O・ビューロウ等の刺激に基づくことを自認する、[6] F・

ザンダーの〃法経験の理論(Theorie der Rechtserfahrung)〃であった。

二　(1)　ザンダーによるメルクル批判の要点は、結局、メルクルがその唱える法実証主義にも拘らず、根本的に依然として伝統的法解釈学の前提を払拭し得ず、政治的＝倫理的要請（結局はいわゆる〃法治主義〃の要請）に基づく、静態的なドグマの体系を展開するに終っている、との指摘に帰する。

ザンダーによれば、客観的な、法の純粋意思なるものは、既存の憲法・法律等の中に既に含まれているものではなく、その適用過程たる法手続の動態の中にこそ初めて創造され、展開されるものである。(7)

例えば法律の真の意味は判決において初めて解明されるのであり、(8)又例えば〃犯罪〃者に対する有罪判決なるものは、法秩序外に存在する〃犯罪〃なる客観的事実を既存の〃法〃によって評価する行為であるのではなく、まさしく、〃犯罪〃を創造する行為としての意味を持つ。(9)然してザンダーの見るところ、メルクルの法の動態理論すなわち法段階説なるものは、伝統的な法律学の〃単層的な法〃のドグマを克服するものと自称するが、しかし実は、従来の〃単層的な法〃のドグマを〃多層的な法〃のドグマに変えただけのものであって、本質的には何の変りも無い。(10)

すなわちザンダーによればメルクルのとる、〃論理的には本来違法〃である行為が、〃確定力のような〃瑕疵決済規定〃によって適法となる、という思考は、まさしく静態的・倫理的思考の名残りの典型を成すものである。(11)

手続法上の瑕疵決済規定の存在に拘らず、何が論理的に正しい法かを法学は示し得る、という、前述のメルクルの主張に対し、ザンダーはこれを徹底的に批判して曰く、

《誰が最終的な、〃絶対的〃な解釈者であるべきなのか？　法秩序外の観察者なのかそれとも、憲法によって、実定法規の適用

をその任務とされているところの国家機関なのか？　前者とすれば、我々は新たに自然法に陥ることになる。何故ならば、法秩序は決して〝外在者〟にではなく、国家機関のみに法規の解釈を委ねているからである。[12]》《法学は決して、構成的な法の解明作業(konstitutive Rechtsbedeutungen)、すなわち〝要件〟の規定、を行なうことは出来ない。このような作業は専ら、法的に定められたる行為、すなわち〝機関行為（Organakten)〟に留保される。法学はこれに対し、単に法行為の執行についてこれを反射（reflektieren）することが出来るのみである。[13]》（傍点原文）

(2)　ザンダーの右の思考を一言にして表わすならば、すなわち、いわば法創造の動態から切離された、静態的な実体法なるものを想定すること自体が既に、自然法的・倫理的＝政治的思考である、ということになるであろう。[14]ザンダーの、この〝実体法否定論〟ともいうべき〝動態理論〟を支えるのは、いうまでもなく徹底した経験主義的・実証主義的志向である。

その際注目せねばならぬのは、ザンダーが、繰返し、法に関する経験的科学の確立の為には法学者の行なう〝法学の判断(Urteil der Rechtswissenschaft)〟と、裁判官等の国家機関が行なう〝法の判断（Urteil des Rechtes)〟とを、その性格において明確に区別せねばならぬ旨を、強調していることである。

ザンダーによれば裁判官その他の国家機関は、法概念と経験的事実とを総合して、前進的に法を創造する。これに対して法学者は、かくて生じた法創造の産物を客観的に認識し、逆進的に分析することのみを任務とする。[15]然るに、伝統的な法解釈学（Rechtsdogmatik）は、創造された法を認識するのではなく、裁判官等に代り法を示すという作業、すなわち、国家機関に代り、自ら法創造を行なうことをその任務として来た。法経験の理論は、まさしくこの点につき、基本的な問題提起を行なうものである。

《繰返し私は……規範的法律学に対して、次のことを主張して来た。すなわち〝法外的な観察者（außenstehender Betrachter）〟と、〝国家機関〟との間——私の現在の表現によれば、法学の判断と法の判断の間——に厳格な区別が引かれることなしには、〝自然法〟と〝実定法〟との間の限界付けも行なわれ得ぬであろう、ということである。[16]》

右のザンダーの主張の意味するものは、差当り〝法学〟の法創造機能の否定であるが、その背後には明確に、法学上の命題は決して命令的内容を持ち得ない、との認識が存在する。

ザンダーの見るところ、例えばケルゼンの〝実定法の理論〟には、〝実定法の科学〟というその要請と、現実に展開されている法理論との間に、架橋し難い裂目が存在しているが、[17]それはそもそも、その法学的前提自体が、法解釈学と同様の自然法的主観主義に基づいていることに由来する。[18]

ケルゼンにとって法はあくまでも Sollen なのであり、彼にとって法は結局一つの命令（Imperativ）である。[19]ケルゼン理論の基盤を成す Rechtssatz 概念は、結局のところ〝規範（Norm）〟であり、〝命令（Imperativ）〟であり、人間に向けられた〝当為（Sollen）〟であるに他ならない。[20]そのようなものである以上、そこに展開される理論は、結局従来の法解釈学（Rechtsdogmatik）と本質的に変らず、倫理的＝政治的要請の表明であるに他ならない。

《Rechtssatz をば〝Norm〟として規定する法学は……Rechtssatz の〝意味〟を、解釈自体において決定しなければならぬ故、不可避的に……規範創造的な権力、すなわち法源とならざるを得ない。それ故、およそ Rechtssatz を〝Norm〟とする見解に固執せんとするならば……法の〝規範性（Normativität）〟と、この〝規範性〟をその対象とする学問の説明的理論（erklärende Theorie）との間に厳格な区別がなされねばならない。これに対し、法の〝規範性〟と法学の〝規範性〟とを内蔵するケルゼンの規範性概念の二義性は、全く、ケルゼンが、法と法学、実定法と自然法とを区別し得ないでいる、という事実の一つの象徴であ

るに他ならない。[21]》（傍点原文）

右の叙述はすなわち、そのケルゼン批判自体が当を得た批判であるか否かは別として、[22] ザンダー自身が明確に、認識論上の法実証主義の確立を意図し、科学としての法学がとるべきは、まさしくこの意味での実証主義[23]でこそある旨を確信していることを示すものに他ならないというべきであろう。

(3)　ところでザンダーによって、その〝似而非法実証主義〟を徹底的に批判されたメルクルは、〝法経験の理論〟に内在する〝団体主義的・絶対主義的資質〟を問題としつつ、次の如く反駁する。

《それ（ザンダー理論——藤田註）が、次のこと、すなわち、より高度の具体化のヒエラルヒーを覆し、〝法適用者〟をして現実に法の世界における専制君主の地位に就かせようということを決意しているのならば、そしてこのような立場の帰結として、全ての法律学に対し、実体的な法認識を行なう権能を否定しようとしているのならば、それは、寛容さにおいて何物も失わず、そして内的な無矛盾性を得た、ということになるであろうし、又私もこのような法の把握に対しては、それが法認識に共通なドグマ的前提を欠いている故に賛成出来ない、という以外の反駁を行なうことは出来ない。ただ私は最後に、次のこと、すなわち、以上のような法の把握についての二つの争いにあっては相対立する世界観の争いが存するのだということを述べて置きたい。注意深い読者にあっては、法適用者・国家機関の意思や思考に全面的に服従するような思考が、典型的に団体主義的な思考方法であることを、看過することは無いであろう。自主的な理性の為に、典型的な個人主義は闘う。そして、個人主義も亦、違法な〝法適用〟の現実（Realität）には屈せざるを得ぬとしても、しかし個人主義は、論理的に正しい法の理念（Idealität）は、これを高く掲げるのである。[24]》

メルクルは後に、このような批判は決してザンダー個人に向けられたものではなく、又、このような倫理的＝政治的考量が自分の認識を決定しているのではない旨を弁解しながらも、しかも尚、ザンダー理論の如く国家機関の認定する法が実定法であるという思考は、前代未聞の機関絶対主義（Organabsolutismus）に橋渡しすることになるのに対し、メルクル流の瑕疵決済理論は自由主義と同資質なのだ、という主張を固持している。(25)

しかし、ある現象を実定法現象として認識することと、認識された実定法に服従すべく要請することとは、論理的に全く別問題なのであって、ザンダーの〝法経験の理論〟が、右のような意味で認識論上の法実証主義の確立をこそ意図するものであるとするならば、特定のイデオロギーに関わらしめられたメルクルの右のザンダー批判は、ザンダーにとっては、何らの痛痒をも感じさせるものではないであろう。寧ろザンダーの立場よりすれば、かかる批判は、端的に、〝メルクルが伝統的な法ドグマティークの枠を出ておらず、静態的法思考に囚われていることを明らかに証する〟以外の何ものでもない、ということになる。(26)

三　(1)　法秩序の〝実体法的考察〟の科学性をおよそ否定するかに見えるザンダーの法動態理論、すなわち〝法経験の理論〟が、学説史上に有した意味は、少なくともその一面において、(27)右の如く、法現象についての経験的な考察を、意識的に徹底しようとしたところにある。そして、このようなザンダーの動態論において、〝団体主義的・機関絶対主義的思考〟である、との批判（すなわちいわば、その〝反法治国性〟に対する批判）に対する反駁のよりどころとなったのは、結局、〝法の判断（立法者・裁判官・行政庁等の判断）〟と〝法学の判断（法学者の判断）〟との間の、理論的な峻別、ということであった。

(2)　先のビューロウ＝ワッハ論争に関する分析と併わせ考える時、このことは結局、次のことを意味するものと言うことができるであろう。すなわち、いわゆる〝法の動態的考察〟といわれる思考をめぐっては、少なくとも次のような理論的問題点が存在し、又、日独の訴訟法学説史・公法学説史上において、夙にそのような問題の所在は、折々に認識され、又、指摘されてきた、ということである。

第一に、〝法の動態的考察〟なる思考は、論ずる目的の違い、すなわち議論の方法の違いによって、全く異なった評価を受けるという面がある。第二に、かかる方法の違いとは、現実の法現象を直視し、その客観的認識を行なおうとする方法と、他方、法解釈上適切と考えられる判断を、裁判官・行政庁が従うべき判断として提言する方法との間の違いである。そして第三に、右の前者の方法にあっては、〝自由主義・個人主義〟といった立場、或いは〝法治主義〟的な性向と、差当って論理的に明確に袂別する自覚と決断があってこそ、真にその目的を貫徹し得るのであるのに対し、後者の場合には、その問題とは全く別の次元において、〝実体法的・静態的考察〟が、積極的に評価される余地が出て来るし、又、〝法治主義〟の理念を後にしようとするのでない限り、このような評価をしなければならない、ということである。

(3)　訴訟法学・公法学上・従来問題とされて来た〝法の動態的考察方法〟及び〝静態的考察方法〟に、右の如き理論的二面性が存するということが、わが国訴訟法学・公法学において、従来明確に自覚されて来たか否かは、極めて疑わしい。のみならず、そこでは、この点についての明確な理論的整理がなされないことが、数多くの論点をめぐる議論の錯綜の原因の一を成して来たように思われる。わが国民事訴訟法学説におけるこのような問題点の所在については、兼子一博士と三ケ月章教授との間での民事訴訟法理論のあり方をめぐる方法論争を素材として、既に別に指摘した通りである。(28)

わが国行政法学における行政行為瑕疵論にあっても、先に見た様々の〃手続法的考察方法〃の交錯には、〃手続法的考察方法〃に内在するかかる二義性が、何程かの影響を及ぼしているのではなかろうか。

以下では、このような見地から、行政行為瑕疵論における右の〃手続法的考察方法〃の交錯を、整理・分析する作業を試みることとする。然してかかる作業に際しては、とりわけ〃無効の行政行為と公定力〃の問題が、問題の所在を象徴的に示すものとして、差当り格好の素材となるであろう。

（1） Vgl., Adolf Merkl, „*Die Lehre von der Rechtskraft*“ (1923), S. 188. u. vgl., S. 197, 206.

（2） すなわち例えば、法律との関係において、裁判判決・行政行為等の〃法の創造行為〃としての性格をつきつめれば実体法否定論にまで到ることになるし、〃法の執行行為〃としての性格をつきつめれば、〃法の創造行為〃としての性格は、必然的に失われることとなる。

例えば夙にワッハは、ビューロウ流の〃経験的〃考察方法をその極にまで徹底すれば、実体法も亦、訴訟の結果として生ずることになる旨を指摘していた (Vgl., A. Wach, „Der Rechtsanspruch“, *Zeitschrift für das Zivilprozeß*, Bd. 32, S. 10 Anm. 6. u. a. vgl., S. 32)。

これに対して他方、ビューロウの影響の下、同じく法の動態的考察を提唱するゴルトシュミットにあっては、裁判判決において裁判官が創造するのは、〃法〃ではなくて〃力〃であり〃社会的秩序〃である、とされる。この点については、参照、藤田・前掲『行政行為と憲法』一六〇頁。

（3） A. Merkl, „Das Recht im Lichte seiner Auslegung“, *Deutsche Richterzeitung*, 1917, S. 450.

（4） A. a. O., S. 447～448.

（5） このような二律背反は、同じく法段階説をとるケルゼンの場合にも生ずるが、しかし、この問題に対するケルゼンのアプローチは、メルクルとはかなり異なり、むしろ〃法執行〃の側面は極めて後退せしめられている、と思われることについて、参照、藤田・前掲『行政行為と憲法』一六一～一六二頁。

（6） Vgl., Fritz Sander, „Kelsens Rechtslehre“ (1921), S. 24.

（7） Vgl., Fritz Sander, „Die transzendentale Methode der Rechtsphilosophie und der Begriff des Rechtsverfahrens“, *Zeitschrift für öffentliches Recht*, Bd. 1 Heft 5 u. 6, (1920), S. 477.

（8） Vgl., F. Sander, „*Rechtsdogmatik oder Theorie der Rechtserfahrung?*“ (1921), S. 11.

（9） 《純粋意思（der reine Wille）、すなわち法は、既に存在する真実・法外に存する要件を発見するのではない。そうではなく、如何なる法的真実、如何なる法的要件も、その根拠・その認証を、ただ、純粋意思の継続的な創造過程の中に、すなわち手続の中にのみ、見出し得るのである。国際法上の承認手続以前には、如何なる国家（憲法の意味における）も存在しないし、刑事訴訟手続以前には如何なる犯罪も存在しない。民事訴訟手続以前には如何なる契約も存在しない。要するに、手続以前に存在する要件なるものはあり得ない。》F. Sander, „Die transzendentale Methode usw.“, S. 483～484.

（10） 伝統的な法解釈学（Rechtsdogmatik）における〝単層的な、法律において既に完成されている法〟のドグマと、かかるドグマが、従来の法律学の方法・対象等に及ぼしている影響等については、vgl., F. Sander, „*Rechtsdogmatik oder Theorie der Rechtserfahrung?*“ S. 7～13.

（11） 《メルクルの如く、〝法律違背の決定又は処分〟つまり〝不法な法（unrechtliches Recht）がア・ポステリオーリに、確定力の制度によって法となる〟と考えるのは、全く誤りである。何故ならば、〝確定力〟は、全ての法をもたらすところの諸要件の一つであり、全ての法は〝確定力〟をも含む全ての法的要件の総体によって、ただ〝ア・ポステリオーリ〟にのみ法となるのだからである。人がア・プリオーリに、〔現実の〕法に対して法学の〔いわゆる〕〝論理的〟要請を対置せしめるときにのみ、この超法的な要請が充されなかったときに彼は、〝論理的には誤った〟法がア・ポステリオーリに〝確定力〟によって法になる、という主張をなし得ることになるのである。》（傍点原文）F. Sander, „*Staat und Recht*“ (1922), S. 1200～1201.

（12） F. Sander, „*Kelsens Rechtslehre*“, S. 10.

（13） F. Sander, a. a. O., S. 104.

（14） Vgl., F. Sander, „*Staat und Recht*“, S. 1209. なお参照、藤田・前掲『行政行為と憲法』一六八頁註(20)。

（15） 《法学が実定法を〝構成する〟、すなわち法学が構成的総合的規定作用の中に法を創造する、のではない。そうではなく、法は、法手続の中に自らを構成する（konstruieren）のであり、法学の任務はただ、第一次的に法が行なう構成を第二次的に分析することにのみあるのである。》F. Sander, „*Rechtsdogmatik oder Theorie der Rechtserfahrung?*", S. 129.

（16）F. Sander, „*Kelsens Rechtslehre*", S. 11.

（17）《まさしく、実定法の科学というケルゼンの要請と彼自身の法理論との間に架橋し難い裂目が存在している、という事実こそが、とりわけ、私にも次の如き刺激、すなわち、ケルゼンによって要請された実定法の理論（Theorie des positiven Rechtes）をば創り上げんとの刺激、とりわけ法の実定性の問題とは如何なる意味を内蔵するものであるかを解明せんという刺激を与えたのである。》F. Sander, a. a. O., S. 2.

（18）A. a. O., S. 1.

（19）Vgl., F. Sander, „*Rechtsdogmatik oder Theorie der Rechtserfahrung?*", S. 24 ff.

（20）Vgl., a. a. O., S. 76.

（21）A. a. O., S. 104.

（22）ザンダーはこのように、ケルゼンのいう Rechtssatz 概念を結局一種の Imperativ としての性格を持つものと理解し、そこに、ケルゼン理論が遂に〝実定法の科学〟となり得ぬ最大の原因を見出している。しかし、ケルゼンはこの点、少なくも最近では明確に、Imperativ としての性格を持つ Rechtsnorm と、記述命題としての Rechtssatz とを区別していること、又、この両者の論理的区別により、法ドグマティークと区別された経験科学としての規範科学、規範科学としての〝実定法の科学〟の可能性が示され得ること、等は、既にわが国においても繰返し指摘が為されているところである（例えば参照、菅野喜八郎「純粋法学と憲法改正限界論」新潟大学法経論集一四巻四号六二頁、同「憲法改正規定の改正」法学三三巻一号一二六頁、長尾龍一「法理論における真理と価値（四）」国家学会雑誌七八巻九・一〇号九三～九四頁）。

（23）〝認識論上の実証主義〟と〝実践論上の実証主義〟との違いについては、既に幾度も述べて来たので本稿では説明を繰返さぬが、差当っては参照、本書前出二一九頁註(66)。

（24）A. Merkl, „*Doppeltes Rechtsantlitz*", zitiert aus F. Sanders „*Kelsens Rechtslehre*", S. 26.

（25）A. Merkl, „*Die Lehre von der Rechtskraft*", S. 284.

なお、〝ザンダー理論の帰結は「法律国家」を無意識裡に「裁判官国家」によって置き換えるものであって、ここにザンダー理論の意図されざる絶対主義的性格が表われている〟との主張は、A. a. O., S. 289.

(26) Vgl., F. Sander, „*Kelsens Rechtslehre*", S. 26.

(27) ザンダーの〝法経験の理論〟及びそこに展開されている法実証主義思考の今一つの側面として、私は先に、《ケルゼン・メルクル理論が現実に果さなかった〝具体的実定法の現実的認識方法〟をもその射程距離に含むかに見られること》を挙げた（藤田・前掲『行政行為と憲法』一七二頁以下）がこの点に関しては、純粋法学のいう〝実定法〟概念の理解について、森田教授の批判がある（森田寛二「ケルゼン『純粋法学』とシュミット『憲法論』の一断面」社会科学の方法六八号二頁）。この批判は、規範科学としての法学が如何にして基礎づけられるか、という問題（この点については、森田・長尾訳ハンス・ケルゼン『法学論』一八九頁以下における、森田教授の解説を参照）にかかわる重要なものであり、私も亦大きな示唆を受けた。ただ、この批判は、ザンダー理論そのものの理解にかかわるものではないが、しかしいずれにせよ、ザンダー理論のこのような側面を詳論することは、本稿の目的と直接に関係がないので、本書では、旧稿のこの部分は削除することとした。

(28) 参照、藤田・前掲『行政行為と憲法』一七四頁以下、藤田「現代裁判本質論雑考」社会科学の方法三四号一頁以下（本書・前出二七五頁以下）。

三　手続法的考察方法と行政行為の瑕疵論

その一　〝手続法的考察方法〟の交錯とその整理

——無効な行政行為の公定力を中心として——

一　(1)　無効な行政行為にも公定力が存するか否かの問題は、行政行為論における〝手続法的考察方法〟の必要を強調する論者の間において、最も明確に見解の分れる論点の一である。[1]〝行政行為が実体法上無効であることは、手続法上何人もこれを無視し得ることを直ちに意味するものではない〟との認識から、無効の行政行為にも公定力を肯定される柳瀬博士に対し、[2]例えば兼子仁教授は、少なくも瑕疵が明白である場合には、手続法上の存在である右の公定力にも限界が存し、いわば行政行為の不存在として、何人もこれを無視し得るもの、と主張される。[3]

その際注目すべきであることは、柳瀬博士にあって、無効の行政行為にも公定力を肯認せねばならぬことは〝手続法的考察方法〟の徹底に基づく、ある意味でいわば必然的な帰結であるのに対し、兼子教授の場合には、瑕疵の〝明白性〟を基準としてであるならば、公定力に限界を認めることも等しく〝手続法的考察方法〟に基づく思考として、可能である、とされることである。

例えば柳瀬博士の〝手続法的公定力理論〟と、行政行為の無効に関する田中二郎博士等通説の〝重大明白説〟との対立の意味を説明して、兼子教授は左の如く曰く、

《今日からみれば、実は通説も行政行為の「無効」を必らずしも実体法的にのみ把えていたわけではなく、柳瀬教授との間にはむしろ「無効」の手続法的な把え方そのものにおいて対立があったのにすぎなかったのである。すなわち、柳瀬教授を反批判された田中博士によれば、「無効と取消との区別が実定法上もたしめらるべき機能的意義に照らし、両者の区別の標準の立てらるべき（であって、）……要するにその瑕疵の存在が客観的に明白であり而もその瑕疵の重大な場合には、特に行政庁の認定を俟つ必要を認め難いから、何人でも（司法裁判所は勿論相手方たる国民を含めて、併し特に司法裁判所において）これを否認し得るものとなし、そうした行為を無効の行政行為と呼んで居るのである」とするならば、両教授の対立は、重大な瑕疵の存在が客観的に明白であるような場合には手続法的にも「無効」とみなして何人もかかる無効の「審査権」(Prüfungsrecht) を有すると

解することが、手続法理的にみて妥当かどうかの点にこそあったのである。[4]》（傍点原文）

(2) 本稿の見地よりすればしかし、柳瀬博士と田中博士の右の対立は、少なくも本来、決して同一の〟手続法的考察方法〃内部での対立であるのではないことが明らかとなる。

無効な行政行為にも公定力を是認する立場は、右の〟明白説〃の立場が、一見、〟手続法的観点〃――すなわち行政行為の「瑕疵」の存在が〟現実の行政過程・裁判過程のいかなる段階における何人の判断に基づくものとしていわれているか[5]〃を明確に自覚する立場――に立つものの如く見えながら、しかし実は、究極的になお実体法的思考に立つものでしかないことにこそ、その理論的難点を見出していたのであり、〟手続法的考察方法〃を徹底する限り、右の如き〟明白説〃も亦、理論的に成立ち得ないことを主張するところにこそ、その本来の意味があったのであった。

〟行政行為といえども無効の場合には、司法裁判所を拘束せず〃という通説の主張に対し末川博士はかつて、これを批判して曰く、

《一体、(瑕疵が) 客観的に明瞭であるといふことは何人に依つて斯く認められるときに法上正しい意味でいはれるのであらうか。また仮りに行為に重大な瑕疵がありその違法なことが客観的に明瞭であるといひ得るにしたところで、そのことは直ちにその行政行為の無効なることが客観的に明瞭であること従つて何人も之を争ひ得ないといふことをも意味し得るであらうか。苟くも行政行為が存在する以上、少くとも当該行政機関はその行為には瑕疵がなく違法でないと認めてゐるものと考へねばならぬのであるから、無条件にそれを無視することは許されぬのではあるまいか。[6]》（傍点藤田）

右の疑問はすなわち、〟明白説〃論者が主張するところの〟客観的明白性〃なるものの所在自体が、〟現実の行政過程・裁判過程のいかなる段階における何人の判断に基づくものとしていわれているか〃を問題とするものであって、

〝瑕疵が明白であること〟と、〝その認定権者は誰か〟の問題は別問題であることの主張、そして、通説が、この問題を明確に区別せず、〝瑕疵が明白であること〟から、直ちにその〝明白性の認定権〟を司法裁判所に対し是認していることに対する批判、をこそ行なうものに他ならない。

又、末川博士の右の主張を支持される柳瀬博士の場合には、より明確に、通説における究極的な〝実体法的思考〟の残存が指摘されている。

通説が、行政行為が〝単なる違法〟の場合には司法裁判所を拘束するとしつつ、〝無効〟の場合には拘束せぬものとすることの理論的問題性を指摘されて、博士は曰く、

《通説がかく違法と無効とを区別する動機は、恐らくは、前者に於ては、仮令実際は違法であるとするも、原行政行為即ち之を違法ならずとする行政庁の判断は有効なのであるから、司法裁判所は此の判断に拘束せられ、自ら違法を判断し得ないに反し、後者に於ては、無効ならずとする行政庁の判断即ち原行政行為自身が無効なのであるから、司法裁判所は之に拘束せられず、自ら無効を認定し得るといふに在るのであらう。併し此の場合無効ならずとする行政庁の判断即ち原行政行為自身が無効といふのは、司法裁判所がかく判断した結果であり、而して今問題は即ち司法裁判所の此の判断権の有無に在るのであるから右の考は唯問題を一歩先に推しやったのみで、少しも之を解決したものでないことは言ふまでもない。(7)》（傍点原文、傍丸は藤田）

右の指摘はすなわち、実体法上の無効についての行政庁の認定自体が無効であるということと、この〝認定の無効〟の認定権者が誰であるかは全く別問題である旨の指摘である。先の兼子教授の表現を借りるならば、それはまさしく、行政行為が《手続法的にも「無効」》である場合があるとして、そのことは直ちに何人もがこの「無効」についての認定権を有することを意味するものではない、との指摘を行なうものであることになるであろう。

二　無効の行政行為にも公定力を肯認する立場（以下公定力無限界論と称する）は、右の如く、行政行為が無効となる為の要件を〃重大性〃にとるにせよ〃明白性〃にとるにせよ、およそかくの如き〃要件〃を想定する限りその認定権者如何が問題となり、要件それ自体から認定権者如何を見出すことは不可能である、との経験的・実証的認識論[8]にその基盤を置いている。このような認識論の立場からは、瑕疵の〃重大性〃であれ〃明白性〃であれ、一定の要件の下に公定力の限界を認めようとする通説の思考（以下公定力限界論と称する）は、実は、裁判前において既に裁判の場を想定し、裁判所の判断を先取りして論じているのであって、結局、本来〃行なわるべき裁判判決〃、〃望ましい裁判判決〃或いは〃勝訴する為に当事者が主張すべき主張内容〃を論ずる〃実体法的考察方法〃に止まっている、ということになる。[9]

〃無限界論者〃の前提する〃手続法的考察方法〃がこのようなものであるとするならばしかし、かかる意味での〃無限界論〃はいうまでもなく、直ちには、裁判官が判決を行なうに際し依るべき基準、当事者が自己に有利な判決を獲得すべく主張すべき内容、を指し示すものではあり得ない。行政行為が現実に果している法的機能についての客観的認識は、論理的に直ちには、ドグマティーク構築に際しての価値基準とはなり得ない。〃無限界論〃の主張が同時に、法ドグマティークたる実践的行動としての性格をも備えているとするならば、これらの論者が、法現象に関する右の客観的認識をドグマティーク構築の価値基準と成している処の根拠如何こそが、更に問われねばならないであろう。[10]

〃限界論〃としての〃明白説〃がその基盤とする〃手続法的考察方法〃とは、これに対し、〃瑕疵ある行政行為〃が現実に有している機能を前提し、このような機能に対する何程かの明確な肯定的評価の上に、ドグマティークを構築しようとする、実践論上の〃手続法的考察方法〃である。〃瑕疵が（重大且つ）明白であるときに行政行為は無効となる〟との提言は、経験的に見れば実は、いわば〟裁判所は、論者の判断によれば何人にとっても瑕疵が（重大且つ）明白であると思われるとき、当該行政行為を無効として扱うべし〟というコンテクストの主張である。それは、現行法上存在する取消訴訟手続を意味あらしむる為、法定要件及び該当事実の認定に際し行政庁の認定を原則的に尊重し、行政庁によるその誤りが〟明白〟と思われる時にのみその例外を認めようとする、明確に実践的な意図を持った提言である。(11)

しかし他面、〟明白説〟がこのような理論的性格を持った提言である以上、かかる意味での〟明白説〟と、例えば〟明白説〟に対立する意味でこれらの論者により〟実体法的思考〟と評されているところの〟重大説〟との間の相違も亦、すぐれて実践的な判断の違いでのみあることに注意せねばならない。〟重大説〟が有する意味は、それが法ドグマティークとしての性格を有するものである限り、経験的に見れば実は〟裁判所は、論者の判断によれば瑕疵が重大であると思われるようなとき、当該行政行為を無効として扱うべし〟との主張である。然りとすれば、〟明白説〟と〟重大説〟の差違は、行政行為の効力の認定に当り裁判所にどの程度の自制を求め、行政庁の認定にどの程度の重きを置くか、という、法政策的・実践的な判断の差のみであって、(12)いずれかのみが理論的に成り立ち得、他は理論的に不可能である、といった性質のものではない。(13)

三　〟無効の行政行為の公定力〟をめぐる様々の見解は、右の如く、そのいわゆる〟手続法的考察方法〟の理論的性格を明らかにすることによって、少なくもその本来の問題点の所在が一面で明らかとなる。これと同様に、行政行為の瑕疵論とりわけその無効論において〟手続法的考察方法〟をとることが不可欠か否かという、先に見た問題(14)も亦、

〝手続法的考察方法〟のかかる二義性を明確に区別することにより、その解決が得られることとなろう。

すなわちいわゆる〝手続法的考察方法〟が、法現象の実態を客観的に認識する為の経験的・実証的認識方法として機能する場合、このような意味での〝手続法的考察方法〟は、論者において法現象の実態を卒直に認識する何らかの必要がある限り、いわば〝理論的に不可欠〟な考察方法である。(15)

他方〝手続法的考察方法〟が、このような〝現実〟を肯定的に評価し、法制度乃至法ドグマティークを何らかのかかる〝現実肯定〟の上に構築せんとする、実践的主張として機能せしめられている場合、このような意味での〝手続法的考察方法〟を如何なる程度まで主張し如何程までに徹底するかは、いわば〝法治主義〟の理念と、〝行政機関による法創造〟なる現実の、いずれをどの程度重視するかについての論者の決断如何にかかることとなる。(16)

四　右の整理は又、〝手続法上の問題と実体法上の問題との理論的相互関係如何〟との、先に掲げた基本的な問題(17)についても亦、何程かの整理を与えるものであるように思われる。

(a)　〝手続法の世界と実体法の世界とは、架橋し能わず又すべからざるもの〟という、柳瀬博士の峻別論は、本来前述の如く、(18)〝要件〟の内容如何（実体法上の問題）から〝認定権〟の所在（手続法上の問題）を導き出すことは、〝理想〟から〝現実〟を導くことに他ならず、経験主義的認識論の立場からは許されぬ、という、法現象に関するすぐれて実証主義的・経験主義的な認識論の立場の表明である。博士によればすなわち、《判決又は職務命令といふ如き現実の国家の権力が、その内容において必ずしも常に法律又は公益の解釈認定として正しからず、即ち一般意思ではないに拘らず、なほ人を服従せしめている経験上の事実をありのままに認識しようとするのが我等の問題である》の

であって、《余が実体法の世界と手続法の世界とを分離すべしと言ふのもこのことに外ならぬ。[19]》

従って例えば、田上教授・兼子仁教授等により、かかる峻別論への何程かの抵抗の依り処とされている、兼子一博士の既判力本質論が、[20]《権利と判決との関係についての形而上学的と素朴的な経験主義との対立を止揚したもの[21]》であるところのG・フッサールの現象学的考察に従って展開されているものである限り、[22]それが法現象の客観的な認識論として機能せしめられる場合には、右の峻別論との間には、法現象の認識論のあり方をめぐる決定的な対立、すなわち、経験主義的・実証主義的認識論の立場と、それを超えた何ものか、との間の明確な対立が存することとなるであろう。

(b)　これに対して他方、兼子博士の右の既判力本質論、その〝権利実在説〟の構想が、三ケ月教授のいわゆる〝正しいドグマティークは如何にして築かれ得るか〟の問題[23]に答えるべく、そして又、兼子仁教授の指摘にある如く、究極的には《公権力の作用を法理論的にコントロールする》という実践的な意図の下に設定せられているとするならば、そこでは〝手続法の世界〟と〝実体法の世界〟とが、右におけるとは全く異なった意味において〝架橋〟され得ることとなる。ここではすなわち、右の柳瀬博士の構想においては専ら〝実体法の世界〟に属することとなる問題領域において、〝法律の定め〟（実体法上の問題）と、〝行政庁の認定権〟なる現実（手続法上の問題）とを、如何なる形で調和せしめるべきか、の問題が、実践的に有意味な問題として、論じられ得ることとなるのである。

（1）　本書前出二九七頁参照。
（2）　同右、及び参照、柳瀬良幹『行政法教科書』〔再訂版〕一〇八～一〇九頁。
（3）　兼子仁『行政行為の公定力』〔改訂版〕三四一～三四三頁参照。

(4) 兼子・同右四四〜四九頁。

(5) 参照、兼子・同右四三頁。

(6) 末川博・判例批評・法学論叢二六ノ二、一四四頁。

(7) 柳瀬良幹「司法裁判所の先決問題審理権」『行政法の基礎理論』(二)七五〜七六頁。

(8) 正確に言えば、私がここで主張しているのは、柳瀬博士等の〃公定力無限界論〃は〃経験的実証的認識論にその基礎を置いている〃というのみであって〃無効の行政行為も公定力を有する〃という命題自体が〃経験的に正しい〃ということではない。柳瀬博士の〃手続法的考察方法〃が、その全行政法理論を貫く、すぐれて経験主義的・実証主義的な認識論の一つのコロラリーであることについては、本書・前出一九四頁以下に見た通りであって、〃行政行為が実体法上無効であることは、手続法上何人もこれを無視し得ることを直ちに意味するものではない〃との博士の認識も亦、かかる認識の一環であると私は考える。博士の場合このような認識に更に後述註(10)に見るような実定法上の権限分配についての認識が加わってはじめて公定力無限界論が出て来るのである。森田寛二「行政行為の公定力と無効(一)」(自治研究五三巻十一号一二六頁以下)は私が、博士の公定力無限界論自体を「経験」的には正しいと論ずるものとして批判する。確かに、表現に多々曖昧さのあることは、これを認めねばならないが、私は〃経験的、実証的認識方法は、法現象を卒直に認識する為には不可欠な考察方法〃とは述べても(参照、本書後述三二七頁)、公定力無限界論自体を《「経験」的に正しい》と論じてはいないつもりである。

(9) 白石健三氏は、柳瀬博士が行政行為の無効を専ら実体法上の現象とされている点を、《実体法的観点を十分脱却していないものといわねばならない》と評価されるが(本書前出二九六頁に掲げた引用文を参照)、しかし柳瀬博士の〃手続法的思考〃の立場に立てば、この評価は全く逆となるように思われる。柳瀬博士の立場よりすれば、本来〃瑕疵の重大性〃なる要件と同様究極的には〃実体法上の要件〃に他ならぬ〃明白性〃なる要件を、これと本質的に異なる〃手続法的要件〃とされる氏の立場こそ、〃なお実体法的観点を十分脱却していないものといわねばならない〃ことになるのであって、要するに、柳瀬博士のいわゆる〃手続法的考察方法・実体法的考察方法〃と、白石氏のいわゆる〃手続法的観点・実体法的観点〃なるものは、本来その理論的性格と意味が異なるのである。この違いは、本文で直ちに明らかにされよう。

(10) 例えば、〃無限界論〃を主張された前述の末川博士は、〃明白説〃の問題性を指摘された後、《苟くも行政行為が存在する以上、少なくも当該行政機関はその行為には瑕疵がなく違法でないと認めてゐるものと考へねばならぬのであるから、無条件にそれを無視することは許されぬ》との理由により、〝無限界論〟を根拠付けられている。法ドグマティークとしてこれを評価する場合には、〝明白説〟の論理的問題性に対する批判とは別に、行政機関の認定に右の如き重要性を与えることの実践的妥当性如何が問題となる。

柳瀬博士の〝無限界論〟については、そもそもそれが法ドグマティークという実践的性格を持ったものであるか否かが問題であるが（この点については、参照、本書前出一四四頁、一九八頁以下）、しかし少なくも結果的にはこのような性格をも備えたものと考えられる以上（参照、本書前出二三六頁以下）同様の問題が生ずることとなる。

柳瀬博士の無限界論は、〝限界論〟に対する、右の如き〝手続法的考察方法〟よりの批判と同時に《行政行為においては、それは本来の権限者たる行政機関の行為であるから、それは同時にそれを有効とするその判断を表明するものと見るべく、従ってこれに対しては、実際は無効である場合においても、権限ある機関の認定があるまでは、他の機関及び国民はこれを有効のものとして取扱うべき》（柳瀬『行政法教科書』〔再訂版〕一〇八頁）との論拠によって根拠付けられている。この論拠については、まず、そこでいう《権限ある機関の認定》には〝民事裁判（争点訴訟）における裁判所の認定〟等が含まれるのか否かが問題であり、これが肯定されるとすれば、ドグマティークとしての結果は〝限界論〟のそれと等しくなる。又、否定される場合には（柳瀬・同右では、行政行為の無効確認の制度のみを右の意味での《権限ある機関の認定》と考えられているかの如くにも読める）、右の、末川博士の論拠に関し問題となるところが同様にあてはまることとなる。

(11)　参照、田中二郎『新版行政法（上）』一二五頁、兼子仁『行政行為の公定力の理論』〔改訂版〕四四頁。

(12)　この見地からするとき、一般に〝実体法的無効説〟は、裁判所による要件認定に全面的な信頼を置く結果となるのに対し、〝手続法的無効説〟は、裁判所に対し自己の要件認定につき自制すべきことを要求するという機能を一面で有することを看過してはならない。

(13)　問題がこのように実践的な政策論としての性格を帯びるものである限り、又、この両者の中間的な判断方法、すなわち例えば、欠缺ある要件の重要性についての裁判所の判断と、行政庁が有している認定権への配慮とを共に考慮に入れる判断方法（いわゆる〝重大明白説〟はこの種の思考となろう）も亦、言うまでもなく理論的に可能となる。

(14) 本書・前出二九五頁参照。

(15) もとより「〃瑕疵ある行政行為〃なる法現象が如何なるものであるかを客観的に認識・把握する必要」は、論者によって様々に異なり得る。例えば柳瀬博士の〃手続法的考察〃においては、それは、〃希望や理想を述べるのではなく、真実を客観的に認識すること〃自体が学問の使命である、という、研究者としての使命感よりのコロラリーであるに他ならない。これに対し例えば兼子仁教授が、行政行為の瑕疵論につき、《全く手続法的観点をぬきにした場合には、行政法の解釈としては理論的に成り立ちえない》と指摘され（兼子『行政行為の公定力の理論』〔改訂版〕三一八頁）、《公定力の解釈理論としては「係争法律関係の実在化」の場面を予定した「手続法的公定力説」のみが成り立ちうる》と主張される（同右三二〇頁）とき、教授のこの主張は次の如き理由に基づいている。すなわち、〃私法関係においては《個人は裁判判決前においては手続法的にはいかなる内容の主張を以てしても他の個人に対抗しうるのであり、したがって裁判判決において採用してもらうことの客観的可能性を展望しながらなされるもっぱら実体法的観点に立った実体法解釈も、右のような、個人の現実に他の個人に対抗しうる主張内容として実定法学的意味をもち、各当事者の行動基準たりうる》のに対し、《現行法制においては公法関係はまず行政行為によって何らかの程度において実在化されるものと解されるので、訴訟前の過程における行政庁が行なう解釈・認定のあり方を度外視してもっぱら実体法的観点からなされた法解釈は、被処分者たる国民にとっては現実的な行動基準たりえず、それ故実定法学的にも妥当しえない議論であるというほかはない》〃からである（兼子・同右三一九頁。傍点原文）。すなわち、兼子教授にとって行政行為瑕疵論における〃手続法的考察方法〃が不可欠であるのは、《真に国民の権利救済の法的筋道を明らかにする法解釈》を行ない、《被処分者たる国民》にとって《現実的な行動基準》を示す為に、〃瑕疵ある行政行為〃なる法現象が現実に如何なるものであるかを客観的に認識し、《行政庁が行政行為の適法性を主張している場合には国民が「違法」の主張を現実にただちには対抗しえない》（同右三一九〜三二〇頁。傍点原文）という事実を認識することが先ず何よりも必要であるからである。

(16) 例えば兼子教授の提唱される〃手続法的観点〃について、前註(15)に見た如く、それが、《行政庁が行政行為の適法性を主張している場合には国民が「違法」の主張を現実にただちには対抗しえない》という事実認識の為に機能している限りにおいては、およそ経験主義的認識の正当さを信ずる限り、かかる認識の為に〃手続法的観点〃は不可欠、と言えよう。しかし、教授において、〝手続法的観点〟が、〝瑕疵が明白である場合には何人も行政行為の無効を認定し、その効力を否定する権限を持つ〟という実践的な法ドグマティークの提唱と結びつけられて主張せられるとき、行政法のドグマティークは、かかる〝手続法的観点〟無くしては〝理論的に成り立ちえない〟とは言えなくなる。この場合には、そして、このような問題の次元においてのみ、本書・前出二九五頁〜二九六頁に引いた雄川教授の指摘が正当であることとなる。

なお、本文で述べた、ここでの〝手続法的考察方法〟を何処まで徹底するかは、〝法治主義の理念〟に対し〝行政機関による法創造〟なる現実にどの程度の重きを置くかの判断による、との指摘に関しては、例えば高柳教授の、〝行政行為の無効と取消の別を専ら実体法上の問題として説明する見解は、法治主義（近代市民社会の法原理）に抵触するのであって、法治主義原理に忠実であろうとするならば、両者の別は《救済段階ではじめて区別の意義が生ずるところの救済制度上の概念》と解せざるを得ぬ〟との指摘が、一見〝実体法的考察方法〟についての逆の評価を行なうものの如くに見える（参照、高柳信一「公法・行政行為・抗告訴訟」公法研究三一号とりわけ一四四頁以下）。しかしいうまでもなく、教授の右の思考の前提には、既に〝実体法的〟レヴェルにおいて、〝法定要件に違背した行政行為は全て実体法上無効〟との判断があるのであって（参照、同右一三九頁）、本稿との関係で言えば、法治主義性の如何についての高柳説とそのいわゆる〝実体法的瑕疵論〟との間の対立は、やはり〝実体法〟上の要件の定め方如何についての考え方の違いによる、〝実践的意味での実体法的考察方法〟内部での対立であるに他ならない。

(17) 参照、本書前出二九七頁。
(18) 本書前出三二五頁を参照。
(19) 柳瀬良幹「実体法の世界と手続法の世界」『憲法と地方自治』一二一頁。
なおこの点については、参照、本書前出一九六頁以下。
(20) 参照、本書前出二九八頁。
(21) 兼子一『実体法と訴訟法』一五七頁。傍点は藤田。
(22) 参照、同右一五七〜一六一頁。
(23) 参照、本書前出二八一頁。

その二　行政行為の〃無効〃をめぐる諸制度と〃手続法的考察方法〃

——無効確認訴訟を中心として——

いわゆる〃手続法的考察方法〃の有する以上に見たような理論的二義性とその混同は、無効の行政行為をめぐるわが国諸制度のあり方についても、何程かの影響を及ぼしているのではないであろうか。

本稿の結びに代えて以下では、特に右の見地より、とりわけ無効確認訴訟をめぐる、本稿冒頭に見たわが国の理論状況について、その背後における〃手続法的考察方法〃の進展の意味を、再度検討の対象としてみよう。

一　このような見地から、まず確認しておかねばならないことは、既にも先に見た如く、[1]一般に無効確認訴訟と取消訴訟の違いをば、専ら、対象となる行政行為の効力の違いという、実体法的な原因から根拠付けんとすることは、各訴訟手続の現実の機能に即して見る限り、経験的に明らかにナンセンスな思考であるということである。原告の請求の当否未定の段階で問題となる、出訴期間・執行不停止等の制度について、無効な行政行為には本来何等の効力無きことを理由に、無効確認訴訟へのその適用・採用を否定することは、[2]未確定の事実を現存の制度の根拠に据えることであり、従って、その論拠の非経験性・非合理性を批判する見解に対しては、これらの論拠は、その限りで充分な通用力を持ち得ない。

このような見地からすれば、例えば、無効確認訴訟への執行停止原則の適用を、執行停止原則が《公権力の発動としての行政行為の執行を、原告の請求の当否の確定をまたずして暫定的に止める手続を定めたものである》との理由を以て肯定しながら、他方、出訴期間制度の無効確認訴訟への適用に関しては、無効の行政行為が《始めから反省を求める対象となるべき、また保護さるべき効力を有しない》との根拠によりこれを否定するような見解は[3]、当然にその、理論的一貫性の欠如が指摘されねばならないであろう。又、《客観的に有効か無効かが判然しない事態故に裁判所に出訴して有効無効を争うの段階において行政処分の無効の確認を求めること》が、《行政処分の取消を求めることに対して、その訴訟手続上の取扱を別にしなければならない程重大》かどうか、という園部博士の疑問も[4]、無効確認訴訟の本質が、《行政行為の無効を確定し、その効力（表見的ではあるが）の除去を直接の目的とする点で、優越的地位においてなされた行政権の行為を争うのであるから、抗告訴訟とその本質を等しくする》[5]という認識が立てられる以上、充分に傾聴に値する見解である、といわねばならないであろう。

二　しかし他方、本稿で先に見た如く、法現象の客観的な認識論としてナンセンスな、〃形而上学的思考〃に止まるものであることは、直ちに実践的な法ドグマティーク構成の為の指導理念としての無意味さを意味するものでないのみならず、〃裁判前における実体法上の権利既存の観念〃が例えば、近代的法治主義の理念に仕えるものとして、裁判権なる国家権力の行使に対する、コントロール手段としての機能を有するものとするならば[6]、まさしく実践的な制度造りの問題である、ここでの議論について、右の〃実体法的考察方法〃に基づく論拠が有する意味と機能とは、恐らくこのような見地から、改めて検討され直されねばならぬ側面を有することになるであろう。

では、無効確認訴訟についての諸制度の適用に関する〃実体法的〃な根拠論は、どのような意味と機能を持っているであろうか。この点を以下、先に見た〃無効の行為が出訴期間という如きものの経過によって有効となるの理なし〃

という思考[7]、及び、《無効の行政行為という観念を認めながら……これに対する訴の提起があった場合にもなお且つその執行を停止しないという原則をそのまま適用することが、果して妥当な見解といい得るであろうか[8]》という疑念について考察して見よう。

(1)　〝初めより効力無き行為が出訴期間という如きものの経過によって有効となるの理なし〟との思考は、法現象の客観的認識論としてでなく、一つの実践的な判断乃至提言として見る限り、恐らくは、およそ次の如き内容の提言を意味するものとなる。〝本案審理に到れば初めより効力無きものと判決されたであろうような行為が、出訴期間なるものの経過によって有効とされる事態が生ずることは不合理〟との提言がそれである。

この場合、しかし、いずれにせよ経験的事実としては、ある行為の有効・無効は、裁判所の判断無くしては定まらぬものである以上、右の主張が危惧する事態が真に避けられねばならぬとすれば、私人の側に〝無効〟の主張がある限り、全て本案の審理に立ち入るべきこととなる。逆にかかる結果が不当であるとすれば、すなわち私人の主張にさほどの信を置かぬ立場に立てば、少なくも無効確認訴訟に全面的に出訴期間の適用をせぬことは不適当である、との思考が導かれる。

右の〝実体法的論拠〟に基づく、出訴期間制度の不適用は、この意味での前者の判断の選択を意味するものであることとなるのであって、〝実体法的論拠〟の果す、この意味での、私人の権利保護機能に注目されねばならぬであろう。

(2)　〝実体法的論拠〟の有する右のような権利保護機能は、無効の行政行為に執行力の存せぬことから、無効確認訴訟に執行不停止原則の適用を否定する見解において、より明らかである。

この見解の意味する実践的判断は、〝訴訟の結果、初めより無効であって執行力を持たぬ、とされた行政行為が、既に強制執行されてしまったというような事態が生ずるのは不合理〃との判断であるが、この場合も亦、経験的事実としては、当該行為が無効であるか否かは、裁判判決の確定するまでは定まらぬ以上、右の事態の可能性が完全に排除されねばならぬとすれば、私人の側の〃無効〃の主張がある限り、執行を停止せねばならぬこととなる。これに対し、私人の主張に信を置けぬとの判断に立てば、かかる執行停止原則に疑念が抱かれることとなろう。

私人の主張に信を置けぬか否かは、価値判断の問題であるが、しかし、現行の執行不停止制度にも例外的執行停止が認められているのと同様に(9)、無効確認訴訟に執行停止原則を定めたとしても、私人の主張の〃真実らしさ〃の程度に応じ、例外的執行不停止を認めることは、不可能なことではない。要するに、黒白不明確な段階での取扱いの仕方によって、明確になった段階で取返しのつかない結果を生ずるような制度の構築は許されない、という基本的な立場を確保するのが、右の〃実体法的論拠〃の、すぐれて実践的な意義と機能なのであって、無効確認訴訟をめぐる、先に見た様々の論議を評価するに際しても、この観点を見失ってはならぬであろう。

(1) 参照、本書二九三〜二九四頁。
(2) 参照、本書二九〇頁及び二九一頁。
(3) 本書二九二頁及び二九〇頁に引いた雄川教授の論述を参照。
(4) 本書三〇一頁註(21)参照。
(5) 本書二九三頁参照。
(6) 本書前出二八三頁参照。
(7) 本書前出二九〇頁参照。
(8) 本書前出二九一頁参照。
(9) 行政事件訴訟法二五条②項参照。

Ⅲ　行政法解釈論に対する二元的〃手続法的考察方法〃論の意義

――兼子仁教授よりの批判を中心として――

一

社会科学の方法四〇号における三ケ月章「私法の構造と民事裁判の論理――藤田宙靖氏「現代裁判本質論雑考」に答える――」、及び同誌四八号の兼子仁「行政法解釈学における「手続法」論の意義――藤田宙靖氏の提起をめぐって――」の二論稿は、その副題の示す通り、いずれも、かつて私が折々に発表して来た論稿に対して、批判的な反論を展開されたものである。一九七二年九月末より二年余に亘る西独留学の間に、私も亦この二篇に接する機会を得たが、在外生活に伴う様々の事情の為に、当時、これらに対して重ねて私の考えを述べることは困難であった。今やこのような外在的制約も解消されたので、当時果すべくして果し得なかった、右両論稿に対する私の立場の表明を、ここに行なうこととする。蓋し、右二論稿の主張自体には、一面で、私も亦種々教示を受ける点が存したと同時に、他面でしかし、私の前稿の趣旨に関する限りでは、そこにはかなり重大な誤解が存するように思われ、又、少なくも、私の思考についてのより良き理解を得る為には、なお多くの補足的な説明を加える必要があるように感ぜられたが故である。

右の三ケ月教授の論稿についてはしかし、その間発表されたいくつかの論稿において、既に取り上げられるところとなっており[1]、これらによって、私の先の問題提起に対し、三ケ月論稿においては何が回答され、何が未回答のままに残されたのか、又、私の思考と三ケ月論稿において展開された思考との間の違いは何に由来するのか、等につき、様々の視点よりの分析・整理がなされるに到っている。論争の現段階において、私は、差当り基本的には、これらの諸論稿において既に指摘された諸々の問題点を越えて、三ケ月論稿に対する反論を、ここで更に展開する必要を感じない。ただ、主として右の兼子論稿に対して向けられる、以下での、私の立場の補足的説明は、内容的に、同時に、三ケ月論稿が批判の対象とされた私の前稿とも密接に関連しており、従って三ケ月論稿に関しても、その限りでのみ、以下触れる機会があるであろうことを、ここにお断わりしておきたい。

(1)　参照、新堂幸司「民事訴訟制度の目的論の意義」『法学教室』第二期第一号六三頁以下、同『民事訴訟法』現代法学全集三〇巻二頁、広中俊雄「論争〝裁判本質論〟おぼえがき」社会科学の方法五七号一頁以下、小早川光郎「取消訴訟における実体法の観念(1)」国家学会雑誌八六巻三・四号九三頁以下、等。

二

兼子教授の右の論稿[1]（以下、兼子Iと略称）は差当り、教授がかねてより提唱される「行政法解釈学における〝手続法的観点〟乃至〝手続法的考察方法〟」なるものについて、かつて私が加えた一論評[2]（以下、藤田Iと略称）を取り上げ、これに対する反論を試みられるものである。この反論は、詳細には多数の論点に亘るが、基本的には、私が右論評に際し採用した「〝認識論上の手続法的考察方法〟と〝実践論上の手続法的考察方法〟との区別」という方法的基準（本稿ではこれを、二元的〝手続法的考察方法〟論と称する）自体に対する批判を基盤とするものである。そして、その際に展開されている教授の見解中、重要な論点は、結論的に言えば、次の三点に要約され得るもののように思われる。

その第一は、教授と私との間には、実定法学のあり方についての考えに、根本的な方法論的違いが存する、という主張である。すなわち教授の言葉を借りるならば、《〝実定法〟が現行の法規範すなわち現に行なわれるべきものとしての法を意味するとしたら、それについてそもそも一般に理論的認識が成り立つのであろうか》は疑問であって、教授自身は、《法学においてむしろ多く採られていると見られる、現行法規範の内容が何であるべきか、を決める法解釈は、一般には理論的な認識ではなく一種の実践にほかならない、という立場に立っている》。そしてこの立場は、私の《実定法についても認識と実践論の区別が厳密になされるべきだ》という立場とは《根本の前提において異なり、とても部分的な論争では済まない》ものとされる。(3)

第二に教授には、教授の提唱される〝手続法的観点〟なるものは、始めから明確に、右の意味での実践的な法解釈論として展開されたものである、という主張がある。(4)従って教授によれば、教授の〝手続法的観点〟における方法的未分離乃至不明確性を問題とする私の右論評は、いわば、そもそも始めから批判の対象を欠くものであって、それにも拘らず私が、今後とも右の〝手続法的考察方法〟についての方法的二元を主張し続けるならば、《それは、法解釈学説に対する客観的な学説史的位置付けや法論理的分析という域を越え出て、ケルゼニスト的立場に立つ主張の展開に帰してしまうように思われる[5]》ということになる。

第三に教授の反論には、右の第二とも関連して、私が提唱するような〃手続法的考察方法〃の方法的二元論は、行政法解釈論にとって有意味ではない、という主張も含まれているように思われる。例えば、《行政処分の無効をめぐる法解釈論を決着づけるためには、実証的認識か実践論かをふるいわけるよりも、いずれにせよ法論理的な分析・展開を一段と進めていくことのほうが有意味である、と法解釈的には言わなければならない[6]》という教授の論述は、このようなコンテクストの主張であると理解することが出来るであろう。

兼子教授の右の論稿中には、なお、例えば法解釈の〃わく〃の問題、又、基本的に実践的性質を持つとされる法解釈論の科学性の問題に関する発言等、方法論的には重要な問題が、他にいくつか含まれている。しかし、ここでこれらの論点の全てを取り上げることは徒らに議論を散漫ならしめるのみであり、又、教授と私との間に存在する真の問題点を明らかにする為に生産的であるとも思えない。従って、以下では対象を、右に整理した三つの論点にのみしぼり、これらの諸点に関する私の見解を、重ねて明確にすることに努めたい。

（1）　社会科学の方法四八号一頁。
（2）　藤田「行政行為の瑕疵論における所謂〃手続法的考察方法〃について」柳瀬博士東北大学退職記念『行政行為と憲法』一九三頁。なお参照、本書三三一～三三二頁。
（3）　以上兼子I二頁参照。
（4）　参照、兼子I三頁、八頁等。
（5）　同右八頁。　（6）　同右四頁。

三

右の第一の論点に関しては、まず、教授の論述が一面で、あたかも、私の主張が教授及び現在の法律学の通説と異なって、〝法解釈〟の実践的性格自体を否定する面を有するものであるかの如き感を抱かしめている点に対し異議を唱えざるを得ない。いうまでもなく、私はもとより、従来わが国において〝実定法の解釈〟と〝実定法の認識〟の方法的二元論の立場に立って来た者は、宮沢俊義博士以来、一度たりとも《現行法規範の内容が何であるべきかを決める法解釈》[1]が《一種の実践》ではなくして《理論的な認識》であるという主張など、したことはないのであって、寧ろ、法解釈の実践的性格の明確な強調こそが、この立場の重要な特色の一つであるに他ならないからである。私の提唱している方法的二元論の立場も、従って、決して、兼子教授が述べられる如く《現行法規範の内容が何であるべきかを決める》[2]ものとしての《法解釈学の内部において》[3]〝実践〟と〝認識〟の二通りの方法が論理的に成立し得ることを説くものではなく、本来実践的な〝実定法の解釈〟の他に（いわば、右の意味での解釈学の外に）これとは性格を異にする、いわば〝実定法規範の内容が何であるべきものとされているか〟という事実（いわゆる Sein des Sollens と はこのことに他ならない）の認識が、論理的に可能である、という方法的立場の主張を正しいものと認め、この意味での〝実定法の解釈〟と〝実定法の認識〟との混同を戒めるものであるに過ぎない。従って、教授と私との間に、実定法学の方法論に関する決定的な違いが存するとするならば、それは、法解釈が実践であるか否かの理解においてではなく、寧ろ、そのような性質を持った〝実定法の解釈〟作業の他に、これと並び、これと明確に論理的性格を異にする〝実定法の認識〟なる学問的作業が、論理的に成立し得るか否かの点についての見解の違いでのみあり得ることが、まず明確に確認されねばならない。

ところで、右の意味で〝実定法の解釈〟と論理的に性格の異なる〝実定法の認識〟という作業が理論的に可能であること、そして又、何故にそう言えるのか、ということについては、これまでに、右の意味での方法二元論者は、繰返しその論拠を示して来たし、私も亦、基本的に、これら先達の説くところに従って、既に幾度か（とりわけ、いわゆる〝法実証主義〟の二元的理解をめぐり）、明確にその説明を行なって来た。(4) 従って、現段階において兼子教授が、私の右の説明に何ら具体的な反論をされることなく、《〝実定法〟が現行の法規範すなわち現に行なわれるべきものとしての法を意味するとしたら、それについてそもそも一般に理論的認識が成り立つのであろうか》(5) といったレヴェルの議論で、私の方法論的立場を一般的に論駁しようとされる限りにおいては、私としてはただ当惑する以外にはない。いずれにせよしかし、この点について兼子教授は、《とても部分的な論争では済まない》とされるのであって、私としては、基本的に、教授が（私がこの点について従来既に書いたところを踏まえつつ）全面的な反論を展開されるのを待つ以外にはないように思われる。ただその際、この問題に関する教授の理解に資する為に、私の立場についての補足的説明として、以下になお若干のコメントを付け加えておくこととしたい。

第一に、〝現行の法規範についてそもそも一般に理論的な認識が成り立つのであろうか〟、との教授の問に対しては（前掲藤田Ⅱで既に説明したところに加えて）ここでは差当り次の反問が許されるであろう。例えば、フランス或いはドイツで通用する現行行政法、すなわちこれら諸外国における実定行政法が何であるか、を、我々が研究し、それを外国法についての情報としてわが国に紹介する作業を考えた時、この作業は一体、兼子教授のいわれる意味における実践的な法解釈と、同一性質を持った作業なのであろうか。同様のことは、右と逆に、これら諸外国の法学者が日本の現行行政法について行なう研究についても言えるであろう。私には、これらの作業は全て、歴史的・地理的に特定された一社会において如何なる法規範が現に妥当するものとされているかという事実を客観的に認識し、それについての客観的情報を与えようとする作業なのであって、何が現行法として通用せしめらるべきかを実践的に論じ提言する、いわゆる〝法解釈〟とは、論理的性格の基本的に異なるものであるように思われる。同じ性質の作業は、我々日本の法学者が、現在の日本における現行法について研究する場合にも当然行なえる筈であって、私が、〝実定法の解釈〟と区別された〝実定法の認識〟の論理的可能性を主張する時、それはいわば、この種の作業の論理的可能性を意味するに過ぎないのである。

ただ、このように〝実定法の解釈〟と区別された〝実定法の認識〟の可能性が論理的には肯定されるとしても、それでは、そのような〝実定法の認識〟を行なう作業とは現実にどのような作業であり得るのか、は、確かに問題となる。この点についても私は既に、柳瀬博士のとられる〝実定法の真の意味〟なるものの客観的認識、という思考との対比において、私の立場を明確に述べている。[6] 兼子教授は、《藤田氏は、柳瀬良幹博士の〝実証主義〟行政法学と多分に関連させながら（傍点は藤田――藤田註）実定法についても認識と実践論の区別が厳密になされるべきだと一貫して指摘されて来ている》[7]と述べられるが〝多分に関連させながら〟という如き曖昧な表現の下で、右のような私の明確な主張が等閑視されているとしたならば、遺憾という他はない。

第二にしかし、ここで特に教授の注意を喚起しておきたいことは、行政法解釈論に対する方法二元論の意義を問うに当り決定的に重要な論点は、右の意味において実定法の〝認識〟が可能であるということ自体であるというよりも寧ろ、このような方法の二元は何故要請されるのか、という問題である、ということである。私が実定法の〃解釈〃と並ぶ実定法の〃認識〃の論理的区別の必要を主張するのは、いうまでもなく、実定法に関する諸議論を〃認識〃・〃実践〃のいずれかに論理的にふりわけ整理すること自体に関心を持ち、かかる作業自体を自己目的としているからではない。法解釈という作業に関していうならば、私の関心は何よりも、実践的主張としての性格を持つ筈の法解釈学説が、果して、それにふさわしい論理によって根拠付けられているか否かを明らかにすること、すなわち諸々の法解釈学説の論拠の追及にこそ向けられているのである。それ故、私の指摘する方法的未分離とか方法的混同とかは、何よりもまず、論拠の不明確性乃至不適確性を意味する。そしてかかる意味での論拠の明・不明、適・不適の判断の基準として、私は、既にこれまで繰返し説明して来た(8)「〃実定法が何であるか〃についての認識は、決して論理必然的に、同時に、国家機関によって適用さるべき法が何であるかについての実践的提言を意味せねばならぬものではない」という視角を、最も重要なものの一つと考えているのである。

従って又、例えば、法解釈学の任務を、専ら、一定の実践的目的を結果的に実現する為の説得の技術の考案ということにのみ見出し、一定の結果を事実上説得し得るような主張でさえあるならば、その論拠のあり方如何には本質的な関心を抱かぬような者にとっては、確かに、私のような方法論的立場は、必ずしも不可欠なものとしての意味は持たぬに違いない。蓋し、説得が現実に成功するか否かは、本来、説得される側の資質等によって条件付けられる事柄であって、合理的思考に基づく論拠のみが常に説得力を有するという保障は、いうまでもなく何処にも存せぬが故である。

(1)　兼子I二頁——傍点は藤田。
(2)　同右二頁。　(3)　同右八頁。

（4）例えば参照、藤田「柳瀬良幹博士の行政法学」柳瀬博士東北大学退職記念『行政行為と憲法』――以下、藤田Ⅱと略称――六九〇頁、七〇五頁等（参照、本書二一九頁、二三六頁）。

（5）兼子Ⅰ二頁。傍点原文。

（6）参照、藤田Ⅱ六九七頁以下（本書二二七頁以下）。

但し、正確を期する為に補足するならば、藤田・同右においては、〝法律の文言〟、〝制定者の意思〟、〝国民の規範意識〟、〝判例等の有権的解釈〟等々の個別的「現象」がすなわち実定法であるかの如き表現を用いている部分も無いではないが（例えば、同右七〇四〜七〇五頁、本書二三五頁）、その際の「現象」とは、いうまでもなく、これらの諸現象に示された価値判断乃至規範命題のことを意味する。又、同所で述べたことは、実定法として経験的認識の対象たり得るのは、理論的に言ってこれらの諸「現象」のみに限られるということであって、これらの諸「現象」の全てが、同時に、一国の実定法を形成する、ということを主張しているわけではない。又、これらの諸「現象」の中のいずれを実定法と称すべきか、という問題についても、そこでは触れられていない。

（7）兼子Ⅰ二頁。

（8）例えば先にも示した、藤田Ⅱ六九〇頁、七〇五頁（本書二一九頁、二三六頁）を参照。

四

法解釈論の論拠の適確性を問うことより発する私の右の方法二元論的立場は、行政法解釈方法論史の上では、おおよそ次の如き意義を持っている。

わが国行政法解釈学の基礎となった、O・マイヤーの行政法理論体系は、周知の如く、方法的には、ドイツ公法学のいわゆる構成学派的法実証主義に立つものであったが、この方法はまさしく、〝実定法の客観的認識〟という建前から出発しつつ、同時に、法解釈論としての実践的提言をも行なうことを特色とした。その結果それはしばしば一方で実定法の認識としては極めて不誠実な、他方実践的な提言としては甚だ柔軟性を欠くものを提示することとなり、そのいわゆる〝理論構成〟の恣意性、無原則性は、とりわけワイマール期のドイツ公法学の内部において、両面からの方法的批判の対象となったのである。すなわち、法解釈の実践的性格の貫徹という要請から、主としてこの後の面を批判したのが、H・トリーペル、E・v・ヒッペル等の名で代表される、いわゆる目的論的解釈学であり、逆に、一九世紀以来の経験主義的認識論の伝統を継ぎ、実定法の認識の客観性の確保の要請から、主として前の面を批判したのが、H・ケルゼン、A・メルクル等の純粋法学であった。(1)この二様の方法的批判は、わが国の公法学にもそれぞれ大きな影響を与えているが、注目すべきであるのは、右の目的論的解釈学の場合には、反面、構成学派的法実証主義に一面で内在した、実定法の客観的認識への志向、ということとの積極的意味が、充分に理解されなかったこと、そして恐らくはそれ故に、例えばこの方法の影響を強く受けた、わが国の伝統的行政法学の場合にも、なお、いわば〝構成学派的法実証主義の目的論的修正〟とでも言った色彩が強い、ということである。(2)

第二次大戦後わが国において、様々の見地から批判されて来た伝統的行政法学の根本的問題性の一つが、この、(目的論的修正は受けているにせよ)構成学派的法実証主義の方法的前提が無批判的に継受・温存されている、という事実に存すること、多くの批判にも拘らず、伝統的な諸概念・諸理論の解釈論的な基本的妥当性が一方でなお主張され続けている一つの理由が、その一元論的な前提に由来するものであること、等について、私はこれまで既に幾度か指摘を行なって来た。(3)そして私のこのような指摘は決して根本的に私の独創になるものではない。例えば最近、ようやく明示化されるに到った、行政法学上の諸概念について《説明概念》としての機能と《道具概念》としての機能を区別する思考をとってみよう。(4) そこでいう〃説明概念〃とは、いわば、専ら既存の法制度の態様についての客観的情報を与える為の手段としての概念であり、〃道具概念〃とは、そこから法解釈論における実践的基準を導き出せるような性格の概念を意味するのであって、この両者の区別の提唱はすなわち、前者としての有効性は、直ちに後者としての有効性を意味するものではないことを主張するものであるに他ならない。

私が従来行政法学に対して行なって来た方法論的な提言は、基本的に、第二次大戦後における、これら行政法学内部での個別的な方法的問題提起を受け止め、そこに存する問題の根源は何か、それはドイツ公法学からわが国公法学に到る学説史的発展の上に、どのように位置付けられるのか、を検討し、これを一般化して、〃法の認識〃と〃法の解釈〃の別という、例えば憲法学・民法学・法哲学等、他の法分野ではかなり明確な問題意識を以てフォーミュレイトされている形に整理し直しているだけの作業に過ぎない。いわゆる〃手続法的考察方法〃についての私の方法論的提言も、基本的には右のような作業の延長線上にあるものであって、いわゆる〃手続法的考察方法〃乃至〃動態的考察方法〃の是非をめぐり、従来学説史上、一体何が問題にされて来たのか、を分析・検討し、この点を明確にする為には、二元的〃手続法的考察方法〃論なる方法的視角に立つことが有効である、との判断に立つものに他ならない。従って兼子教授が、私の右の方法論的発言を、《法解釈学説に対する客観的な学説史的位置づけや法論理的分析という域を越え出て、ケルゼニスト的立場に立つ主張の展開に帰してしまうように思われる》(5) と評される時、私としては、右に述べた如き解釈方法論史上の理由からしても既に、この評に対し、右の《ケルゼニスト的立場》の語を《アンティ・ケルゼニスト的立場》と置き代えた上で、そのまま返上することが許されようと考える。

(1)　このあたりの事情について、詳細には、藤田『公権力の行使と私的権利主張』二二一頁以下（国家学会雑誌八〇巻十一・

十二号三一頁以下）参照。

（2）この点につき参照、藤田「行政法学における法解釈方法論」ジュリスト基礎法学シリーズⅣ一七五頁（本書一三五頁以下）。

（3）参照、藤田Ⅱ七三七頁（本書三二頁）、藤田「行政法理論体系の成立とその論理構造」『日本近代法史講義』一六七頁以下（本書四五頁以下）等。

（4）参照、塩野宏「行政作用法論」公法研究三四号一九七頁、二〇一頁等。

（5）兼子Ⅰ八頁。

五

先にも整理した如く、[1]兼子教授は、私の論評に反論されるにあたり、行政法関係に関する教授の「手続法」論は、始めから法実践的性質を自覚した法解釈論として展開されているのであって、その中に方法の未分離乃至不明確を見る私の論評は、いわば的外れである、という趣旨の主張を行なわれている。これに対し私はまず、私の方法論的指摘は、ここでは何よりも、法解釈理論の論拠の明確性如何にこそかかわるものであって、ある〃理論〃が実践的法解釈論として唱えられるならば、まさに責任ある〃実践的な〃論拠をこそそこに要求するところに、その本来の意味があるのだ、ということを、[2]今一度確認して置きたい。このことを明らかにした上で、教授の〃手続法的考察方法〃なるものが、基本的に如何なる理論的構造を持ったものであるのかを、ここで改めて検討してみることとしよう。

教授の主張される「手続法的観点」なるものは、教授自身の明確な説明によれば、《民事訴訟法学が私法解釈学に対して提示したいわゆる「訴訟的考察」乃至私法を裁判規範として動態的に把える解釈方法に相応するものであり、具体的には、「権利関係の実在化による紛争の訴訟的解決」の過程に即してすべての解釈問題を考える、という兼子（一――藤田註）博士の見解に、大体において従ったものである》。[3] 然して、ここでその拠り処とされている兼子一博士のいわゆる〃訴訟的考察〃乃至〃動態的考察〃なるものが、法解釈論の実践性という見地からして重大な論理的難点を含んでいるのではないか、ということは、夙に三ケ月教授が、そのいわゆる〃機能的考察方法〃からの〃現象的考察方法〃への批判という形で、明確に指摘されたところであったし[4]又、私自身も既に（まさに兼子教授よりの反論の対象となっている前掲・藤田Ⅰにおいて）明確に分析したところであった。[5] そして、兼子〔一〕理論における右の方法的問題性は、私が先に、右の〃動態的考察方法〃の集約点たる、裁判本質論としての〃紛争解決説〃なるものについて提起した疑問[6]を契機として、例えば新堂教授の前掲諸論稿[7]においても、新たに明確な意識に上せられるに到っている。[8]

民事訴訟法学におけるいわゆる〃動態的考察方法〃自体に既にこのような方法的問題性が内在するとするならば、行政法解釈論、例えば行政行為論を、この点についての検討を経ぬまま性急に、かかる民事訴訟理論の上に構築することは、いうまでもなく、それ自体既に多大の問題を含む試みであることとなろう。私の先の論稿は、[9] いずれも（少なくも行政法解釈論に関する限りでは）基本的にこのような問題意識に立つものであったのであって、従って例えば三ケ月教授が前掲藤田Ⅲを反駁されるに当ってその大前提とされている、《藤田氏が、その予告されている本格的論文（藤田Ⅰ――藤田註）で、民事訴訟領域で発展せしめられてきた議論のパターンを行政救済の領域に取り込むことを志される》[10]といった類の先入見が、私の意図についての全く誤った理解であることはいうまでもない。蓋し、問題を取り上げる観点の相違は確かに存するにせよ、[11] 少なくも結果的には、私の説く所も亦、一面で三ケ月教授の主張と同じく、行政法解釈理論の、従来の民事訴訟理論への無批判的な依拠を戒めるものであるに他ならぬからである。従って又、このような状況の下において、兼子教授が、三ケ月教授よりの私への右の回答を引き合いに出すことによって、〝動態的考察方法〟に対する私の懐疑への論評を避け[12]、その提唱される「手続法的観点」の実践的性格をただ主張されるのみに終ったことは、教授自身の理論的立場の為にも残念なことであったと言わねばならない。

(1) 本書前出三三九頁参照。
(2) 本書前出三四三〜三四四頁参照。
(3) 兼子『行政行為の公定力の理論』(改訂版)――以下兼子Ⅱと略称――三一八〜三一九頁。
(4) この点につき差当り参照、後掲藤田Ⅲ四頁(本書二八一頁)。
(5) 同第一章第三節参照。
(6) 参照、藤田「現代裁判本質論雑考」社会科学の方法三四号――以下藤田Ⅲと略称――一頁以下(本書二七五頁以下)。
(7) 本書三三八頁前出註(1)を参照。
(8) ただ、前掲新堂『法学教室』第二期第一号六四頁には、この点についての、民事訴訟法学の立場からの《弁明》も亦行なわれている。すなわち教授によれば、従来の訴訟目的論において、《民事訴訟とはなにかという現実なり現象を認識する立場と、訴訟はいかにあるべきかという実践的な提言をおこなう立場との区別が、……充分に自覚されていたとはいえない》のは、《訴訟制度そのものが、法律によって設営される一つの巨大な法現象であるから、訴訟とはなにかを論じることは、訴訟法の内容を認識することと等置され易く、しかも実定訴訟法の認識作業は、現行法の認識がつねにその解釈を伴わざるをえないところから、いつしか、訴訟はいかにあるべきかという問いにもゆき着くという、法制度についての二つの立場が密接な関係にあることに原因がある》とされる。

訴訟目的論における二元的な考察が、従来徹底されて来なかったことの原因は、事実としては恐らく教授の右に指摘される通りであろう。しかし本稿の立場よりすれば、問題は、右に、《現行法の認識がつねにその解釈を伴わざるをえない》とされる場合の、《解釈》なる作業の性質を、どう把握するかにある。私は、この《解釈》の中に、やはり、本稿のいう、客観的な〝法の認識作業〟と実践的な、その意味での〝法の解釈作業〟とが論理的に区別され得るし、又、区別すべきである、と考えるのであって、《実定訴訟法の認識作業は……いつしか、訴訟はいかにあるべきかという問いにもゆき着く》という結果となるのは、まさにこの点の峻別が明確になされていないことにもその重大な一因があるのではないか、と思われる。従って、新堂教授の右の《弁明》が、仮に、従来の訴訟目的論の〝正当化〟をも内含するものであるとするならば、右に述べた限りで、私にはこれを肯認することが出来ないことを、お断りしておく。

(9)　藤田Ⅰ・Ⅲ。

(10)　社会科学の方法四〇号三頁。

(11)　三ケ月教授が主張されるところとは異なり、民事裁判理論の取り上げ方について、私の視点も亦決して不当なものではなく、寧ろ一面で当然に要請されるものであることについては、新堂・前掲、広中・前掲等によって既に明らかにされていると考える。

(12)　兼子Ⅰ一頁。

六

しかし正確に言えば、兼子教授も亦、兼子〔一〕博士の〝動態的考察方法〟を全く無批判のままに継受しておられるわけでは、もとより無い。本稿との関係ではまず、第一に、兼子教授が、既に兼子〔一〕理論に対する三ケ月教授よりの方法論的批判に対し、兼子〔一〕理論弁護の一環として、意識的に兼子博士の〝動態的考察方法〟の法解釈理論としての実践的機能を再評価しようと試みておられることが注目される。すなわち教授によれば、兼子博士の動態的な既判力本質論としての「権利実在説」は、《既判力の機能を、動態的な訴訟状態をへて「権利関係の実在性」という法理的形式によって「紛争の公権的解決」をはかるものであると捉えているように思われる》のであって、《係争法律関係の「実在性」なる概念は「紛争の公権的解決」ということの法理的意味を規定し公権力の作用を法理論的にコントロールする役割を果している》とされるのである。(1)

しかし私には、兼子〔一〕理論のこのような補強も亦、必ずしも成功しているとは思えない。前掲藤田Ⅲ(本書二七九頁)において既に指摘した如く、兼子〔一〕博士の〃動態的訴訟観〃において比較的素朴な形において語られる〃紛争の公権的解決〃なる概念も、実は、それ自体法的意味合いを持ってでなければ論理的に説明し得ぬ筈のものであり、その本来の意味は、〃当事者のいずれかの法的主張が、強制力の担保の下に法拘束的なものとして通用するようになる〃という意味において、それ自体いわば〃権利関係の実在〃ということと、殆ど同意義のものであるに他ならない。従って、〃権利関係の実在化〃という法的理論構成によって〃紛争の公権的解決〃を《実質的法治主義の要請からして》(2)法理論的にコントロールする、という右の思考は、それ自体ナンセンスであるように思われるからである。

しかし第二に、兼子教授の〃権利関係の実在性〃なる観点には、確かに、兼子博士の場合と異なり(3)、少なくも〃行政権の行使〃に関する限り、〃公権力作用の法治国的コントロール〃に資するような法解釈論的機能と結びつく側面が存することは、これを否定出来ない。すなわち教授は、その提唱される《係争法律関係の実在性》観念を、《法律効果(有効要件・有効性)のみの実在性》と、《法律要件(適法要件・適法性)の実在性》という、いわば〃実在性〃の高低二段階に分け、裁判判決には後者をも認めるのに対し、行政行為には前者のみを認めることにより、行政行為に裁判判決よりも法的に低い地位(本質的に私的当事者と同等の地位)を与えることによって、行政行為の法治国的コントロールをより充実しようという解釈論的操作を行なっておられるからである。(4)

このような操作の解釈論的(実践論的)意義は、私も亦充分に認めるものであり、その着想自体の解釈論的卓抜さには、私自身又多くの示唆を受けもしている。ただ同時に確認しておかねばならぬことは、右の理論構想においては、確かに〝公権力の法治国的コントロールの強化〟という実践的観点からする、兼子〔一〕理論の修正が行なわれてはいるものの、それはあくまでも、裁判権と行政権との間の相対的なものに止まり、裁判権をも含めた意味での執行権力一般の、抽象的法規範に対する解釈論上の位置付け、という問題については、なお兼子〔一〕博士の〝動態的考察方法〟乃至〝権利実在説〟の枠が維持されている、ということである。

又、本稿との関係で更に注目せねばならぬことは、右の兼子教授のいわゆる〝行政権の当事者的構成〟において、いわゆる〝手続法的観点〟なるものが真に果している機能は何か、ということである。私が理解する限りでは、兼子教授の右の構想は（合理的に再構成すれば）次の如き二段階の思考過程より成立っている。

i)　現行法上《行政庁が行政行為の適法性を主張している場合には、国民が「違法」の主張を現実にただちには対抗しえない》(5)こととされているのであって、この限りにおいては行政行為は、裁判判決と実定法上確かに共通性を持つ。然してこれは、従来の、専ら〝実体法的考察方法〟に立つ者が、明確には把握して来なかった冷厳なる事実である。

ii)　しかし、右の、〝現実にただちには対抗しえない〟という事実(6)には、法解釈論的に二様の意味を与え得るのであって（すなわち「法律関係の実在性」の高低の別）、従って右の〝現実〟から直ちには、法解釈論的にも行政行為を裁判判決と同等のものとして扱わねばならぬ、という要請は出て来ない。

私には、右のi)はすなわち、いわゆる〝実体法的考察方法〟に立つ思考が、行政の法律適合性という実践的要請に固執する余り、明確に認識し得なかった、実定法上の冷厳な事実を、いわば〝醒めた眼〟を以て明らかにするものであるところにこそ、その本来の意義があるものであるように思われる。そして兼子教授の〝手続法的考察方法〟の持つこのような〃現実曝露的〃（すなわち宮沢博士等のいわゆる〃イデオロギー批判的〃）機能、そして又、それが、明確に、〃被処分者たる国民にとって現実的な行動基準たり得る法解釈〃を立てる為の不可欠の前提条件として意識され、要請されているところにこそ、私はその思考の卓抜さを見ていたのである。(7)

兼子教授は、私への反論において、右のi)は、事実の認識論ではなくて、実践的な法解釈論として述べられたものであることを強調される。(8) 私も勿論、i)で語られたような〃実定法上の現実〃を実践的にも解釈論として積極的に承認することが可能であること自体を否定するものではない。ただ、その際明確にしておくべきことは、〃手続法的考察方法〃なるものが実践的な法解釈論として主張される場合には、それは、多かれ少なかれ、常に、立法権以外の国家機関に、一般的抽象的法規範から独立の法的権限を実践的に承認する、という機能を果すものであって、その意味において、〃法律による行政〃という近代法治行政の理念からは、多かれ少なかれ背馳する方向を有するものである、という事実である。(9)

もとより私は、このような意味での行政庁等の〃独立性〃の承認自体が、およそ解釈論として妥当ではない、ということを主張しているわけではないし、又差当り例えば、右の〃反法治主義的要素〃なる語も、倫理的・実践的批判の意味を込めて用いられているわけではない。私が指摘しているのはただ、手続法的考察方法の有している、右の現実曝露的（イデオロギー批判的）機能の卓越性は、決してそれだけでは、右の如き実践的帰結をもたらす〃法解釈論としての手続法的考察方法〃の妥当性を根拠付けるものではない、ということに過ぎないのである。

私のこのような指摘は、果して、行政法解釈論とりわけ行政行為の瑕疵論にとって、実践的に無意味であろうか？そこで最後にこの問題を、兼子教授の行なわれる第三の反論をめぐって検討することとしよう。

(1) 兼子Ⅱ三二三頁。傍点原文。
(2) 兼子同右。
(3) 参照、兼子一『実体法と訴訟法』一六〇頁。
(4) 参照、兼子Ⅱ三二二頁。
(5) 兼子Ⅱ三一九〜三二〇頁。
(6) 私がこの関係で〝事実〟と称するのは、いうまでもなく、先に(本書三四一頁)説明した意味での〝法規範の存在〟という意味での事実であって、兼子Ⅰ三頁が理解される如き《力関係の実状》等を意味するものではない。
(7) 参照、藤田Ⅰ一九二頁註(15)(本書三三一頁)。
(8) 兼子Ⅰ三頁。
(9) 右のii)における、〝行政権の本質を私的当事者と同じものと構成することによる行政権の法治国的コントロール〟という観点は、実はi)の〝手続法的観点〟を、法解釈論としても亦導入することに伴う右のいわば反法治主義的要素を、行政権の公権力行使に関する限りで相対化し、減少する為にこそ立てられているのであって、それ自体は、〝手続法的考察方法〟の必然的産物であるのではない。

七

兼子教授は、私が、柳瀬博士の指摘、すなわち「行政行為が無効となる為の要件を〝重大性〟にとるにせよ〝明白性〟にとるにせよ、およそかくの如き〝要件〟を想定する限りその認定権者如何が問題となり、要件それ自体から認定権者如何を見出すことは不可能である」旨の指摘を、経験的・実証的認識論として性格付けたことを[1]、法解釈学的には無意味であるとされる。[2] 私が同所で指摘したのは(同頁を今一段落読み進まれれば明らかである通り)、柳瀬博士のこの指摘は、実定法秩序の構造中における行政行為の法的機能についての、（先に述べた意味での）〃実定法の認識論〃としてならば成立し得るが、しかし、かかる認識はそれだけでは、実践的な法解釈論としての公定力無限界説の、充分な根拠とは、論理的になり得ない、ということであった。ところで、兼子教授自身も亦、《無効処分にも公定力を認める説と、重大な違法を明白にもつ無効処分には公定力を否認する説とで、どちらが手続法的観点を論理的に徹底させているかは恐らく語りうるだろうが、論理的徹底性は現行法解釈の正しさの決め手にはならない(3)》と主張される。私は同所で、まさしく、〃無効処分にも公定力を認める説〃における〃手続法的観点の論理的徹底〃が、一体如何なる意味での〃論理的徹底〃であり、又、かかる〃論理的徹底性〃が〃現行法解釈の正しさの決め手にならない〃のは、何故に、如何なる意味においてそうであるのか、こそを明らかにしようとしているのである。そしてこの点を明らかにする為には、〃実定法の認識〃と〃実定法の解釈〃との方法的二分の自覚が、可能且つ必要であることをこそ、私は、公法学・民事訴訟法学における〃動態的考察方法〃をめぐる論争史を素材にとりつつ、論証しようとしたのであった。

兼子教授のいわゆる〃手続法的観点〃の主張において、一体、右の点についての説明が、私以上に明確に行なわれているであろうか。私の見るところでは、そもそも右の如き方法の二元の可能性を認められず、又、私の分析した〃動態的考察方法〃をめぐる論争史の中にもその必要を見出されようとされぬ兼子教授の場合には、〃手続法的考察方法〃の立場を論理的に徹底する右の公定力無限界論の立場に対して、〃論理的徹底性のみが良いわけではない〃と言った如き主張以上のものを越え、論理的に明確な根拠を示しつつ反論することは、本来極めて困難であるように思われる。(4)

行政行為瑕疵論における二元的〃手続法的考察方法〃論の意義について、今一つ、行政行為の無効の要件として兼子教授が要請される〃明白性〃の問題を例にとって検討しよう。

兼子教授にとって行政行為瑕疵論における〃手続法的考察方法〃が不可欠であるのは、先に私の整理した通り(5)このような考察方法のみが、《被処分者たる国民》にとって《現実的な行動基準》を示し、《真に国民の権利の権利救済の法的筋道を明らかにする法解釈》を可能にするものとされるからである。そしてこのような観点から、公定力の全く否定される〃当然無効〃という法現象は、手続法的に〃国民の服従拒否権〃の存する場合、という法的構成がなされることとなり、かくて、問題が服従拒否権の有無にかかわるものである以上、〃当然無効〃の標準としては「明白性」の要件こそがその重要な地位を占める、という論理が出て来ることとなる。(6)ところが、兼子教授も結果的に承認される如く、現実を直視するならば、右の如き〃明白性〃の要件も亦、本来その充足は、裁判所によってのみ最終的に認定されるのであって、そうであるとすれば結局、《被処分者たる国民》に《現実的な行動基準》を提示する、という機能においては、それは、教授のいわゆる〃実体法的無効説〃すなわち〃法定要件に軽重の差を認め、重大な要件違背の行政行為のみを無効とする思考〃と、本質的に違いのないものであることとなる筈である。そして柳瀬博士等の公定力無限界論は、まさしく〃手続法的考察方法〃が本来有する〃現実の卒直な認識〃という機能を貫徹することによって、〃明白説〃に内在する、右のような〃建前〃と〃現実〃の齟齬を明確に指摘し、かくて〃明白説〃を斥けることによって到達されたものであったのである。

私も亦、〃真に国民に有効な権利救済の筋道を示す〃ことを最終的な目的とする、〃手続法的考察方法〃の意義を重視するならば、〃手続法的考察方法〃を論理的に徹底して、〃明白説〃に内在する右の限界を卒直に認識することが不可欠であると考える。(7)然して、〃手続法的考察方法の論理的徹底〃に基づくこのような認識が、論理必然的に又、実践的な法解釈論としての提言をも意味するものである、という方法一元論の立場に固執するとするならば、論理的可能性としては、㈠右の認識の必然的結果として法解釈論的にも公定力無限界論を唱えるか（柳瀬博士の場合）、㈡法解釈論として公定力無限界論を唱えねばならぬ羽目に陥ることを避ける為に、右の認識の意味自体を本質的に曖昧にするか（兼子教授の場合）、のいずれかを選択せざるを得なくなるであろう。私は、〃手続法的考察方法〃の二元、という理解に立つことによって、まさしく、このようなジレンマが明確に解決され得る、と考えているのである。

なお兼子教授は、〃明白性〃の要件を要求することの解釈論的意義付けとして、新たに、《公定力ある取消し得べき行政処分を争う場合とは異なり、取消訴訟の受訴裁判所に限らず、広く裁判所が処分の違法性の審査を、処分当時において客観的に違法の存在が明らかだったと見られる場合であるか否かの審査とともに行ないうるという手続法的意味合いがそこには在る》と主張される。(8) その限りにおいて、教授の主張される通りであろう。ただ同時に確認しておかねばならぬのは、そこでの〃手続法的観点〃は、既に、〃現実を直視することによって被処分者に現実的行動基準を与える〃という所期の観点ではなく、〃裁判所は、どのような要件の下で行政行為の違法性の判断を自己規制せねばならぬか、〃という、国家機関相互間のあるべき権限分配の観点に移行している、という事実である。そしてこのような観点こそ、私が、《実践論上の〃手続法的考察方法〃》として、右の柳瀬博士等の《認識論上の〃手続法的考察方法〃》と、区別したところのものの一例に他ならないのである。

兼子教授は《行政処分の無効をめぐる法解釈論を決着づけるためには、実証的認識か実践論かをふるいわけるよりも、いずれにせよ法論理的な分析・展開を一段と進めていくことのほうが有意味である、と法解釈学的には言わなければならない》と述べられる。(9) 私に言わせればしかし、行政処分の無効論において重要な機能を果している〃手続法的考察方法〟なるものが、一体どのような理論的性格を持ったものであるのか、について、まさしく《法論理的な分析・展開》を（兼子教授が行なわれているよりも）《一段と進め》た結果が、方法二元論への到達であったに他ならない。そして又、このように、同じく〝手続法的考察方法〟と称せられるものにも様々の理論的性格と機能が存する、ということを卒直に承認出来るような視野に立ってこそ、《「手続法的観点」を一応ふくんでいる法解釈論に対して……真の手続法的観点ではなく実体法論にとどまると決めつけ》(10)たかどうかというような、〝高水準でなく生産的でない〟反論が展開されるようなことも亦、無くなるのではないか、と思われるのである。

（1） 参照、藤田Ⅰ一八七頁（本書三二五頁）。
（2） 兼子Ⅰ四頁。
（3） 兼子Ⅰ四頁。
（4） 例えば、三ケ月・新堂教授等の民事訴訟法学者にあっても、この必要は多かれ少なかれ認められていることは、先に指摘した通りである。
（5） 藤田Ⅰ一九二〜一九三頁（本書三三一頁）。
（6） 兼子Ⅱ三四二〜三四三頁。
（7） そしてその場合には、〝国民に有効な権利救済の道を示す〟為に、いわゆる〝実体法的瑕疵論〟はどのような機能を果し得るか、を、今一度、右の〝明白説〟と対等の場において検討し直す必要が出てこよう。参照、藤田Ⅰ一八八頁、一九二頁註(12)（本書三二六頁、及び三三〇頁）。
（8） 兼子Ⅰ四頁。
（9） 兼子同右。 （10） 兼子同右。

Ⅳ　法現象の動態的考察の要請と現代公法学

——R・スメントについての覚え書き——

一　序

一　(1)　現在わが国行政法学の関心事の一つが、行政法理論に《法現象の動態的考察》乃至《行政法現象の動態的把握[1]》という視点を導入し、この見地から、多かれ少なかれ従来の行政法理論の思考枠組の転換を模索しようとするところにあることは、疑いを容れぬところである。

例えば〝全体としての行政過程〟を考察の出発点に据え、行政行為の効力等をめぐる諸理論は全てこの〝行政過程〟との関係においてのみ論じられるべきことを強調する、いわゆる〝行政過程論〟の立場[2]は、その端的な例であるが、更に又、このような名を以て称されずとも、例えば、土地所有権についての憲法上の財産権保障の内容を実体法的に確定することを放棄し、土地利用計画乃至総合的な計画による権利内容の〝創造〟を認め、これに対する手続的参加の権利を保障することを以て実体的財産権保障に代えようとする試み等々[3]も、その一環として位置付けることが出来よう[4]。

(2)　ところで今、ドイツ公法学説史を振り返る時、我々は、このような〝法現象の動態的考察〟という要請が、既に一世紀の以前から、繰返し様々の形で唱えられて来たことを看て取ることが出来る。

例えば夙に一九世紀中において、O・ビューロウの提唱した〝裁判官による法（richterliches Recht）〟なる思考は、近代民事訴訟法学の基礎を築いたのであったし、[5] 又、とりわけワイマール期に入ってからは、J・ゴルトシュミットの〝訴訟状態説〟、A・メルクル、H・ケルゼンの〝法段階説〟、F・ザンダーの〝法経験の理論（Theorie der Rechtserfahrung）〟等々の提唱が、いずれも〝法秩序の静態的把握〟に代る〝動態的考察〟という明確な問題意識の下に行なわれて来たのであった。[6] 又、例えばカール・シュミットの思考の、いわゆる〝決断主義への展開〟が、まず、〝法律の執行としての裁判判決〟という《フィクション》に対する疑問から始まっていること等も、[7] 注目さるべき事実である。

(3)　しかし、ワイマール期に輩出するこれら数多くの〝動態的考察方法〟の中で、現代公法学との関係で特に注目に値するのは、〝統合理論（Integrationslehre）〟の名を以て代表される、R・スメントのそれであろう。蓋し、スメントのこの理論自体は、ワイマール体制下の政治・社会状況の下で、当時の危機的な憲法状況に対処しようとの意図の下に提言されたものであったが、[8] しかしその思考枠組は、そのような時代の枠を越えて、スメントの後継者達の手によって西ドイツ公法学へと引継がれ、寧ろ、現代国家に適合的な思考として、現在西ドイツ公法学で支配的な地位を占めるに到っているからである。[9] 又、その影響が、最近、右に見たわが国行政法学の〝動態的考察方法〟にも影響を落し始めているということは、[10] 更に興味深い事実であると言えるであろう。

二　本稿はこのような見地から、従来わが国では、例えばH・ケルゼン、C・シュミット研究の隆勢に比して余りにも遅れて来たR・スメント研究を、現代公法学との関係を問う視点から行なう為の手掛りとして、スメント理論の

内容と意義とを、その〝法現象の動態的考察方法〟としての性格を中心として検討することを目的とするものである。(11)

（1）塩野宏「O・バッハオフ、W・ブローム『行政の現代的課題と行政法のドグマティーク』」法学協会雑誌九一巻二号一〇九頁。

（2）例えば遠藤博也教授によれば、このような意味での行政過程論とは、《行政行為そのものの諸効力や結果であるとして行政行為の中に包摂されているものの多くが、実は行政過程の問題であることを論証し、行政行為を行政行為として孤立して観察するのではなく、行政過程の只中において行政行為の諸効力等行政行為をめぐる問題を考察し、さらに私人の権利救済についても、ただ単に原告適格の承認に止まらず、行政過程の中においてそれがいかに考えられるべきであろうかを考察しようとするもの》であり、《行政行為を前提としてその上に多くのものが積み上げられているという見方ではなくて、全体の行政過程の方が先にあって、行政行為もその中に置かれて始めて相応の機能を果たしうるものとなっている、という物の見方》である。参照、遠藤博也「複数当事者の行政行為——行政過程論の試み——(3)」北大法学論集二〇巻三号四頁。

（3）参照、雄川一郎「公用負担法理の動向と土地利用計画」公法研究二九号一五四頁以下、遠藤博也「土地所有権の社会的制約」ジュリスト特集『土地問題』一〇三頁、等。

（4）例えば右のような意味での〝行政過程論〟の提唱を行なわれる遠藤教授は、同時に、〝現代行政法の構造的特色としての計画行政法〟（参照、遠藤『計画行政法』一五頁）について、《計画法の規定内容の非完結性ないし空白性》を指摘され（同右六五頁）、〝いわゆる「公共の福祉」乃至「公益」も法律によって既にその内容が与えられているのではなく、一連の計画行政過程を通じて絶えず創造されて行くのであり、又、このように権利の制約原理としての公共性が《計画》の中から生み出されてくるとするならば同様に権利も亦《計画》の中から生み出されてくる〟という思考を展開される。参照、遠藤・同右三六頁、四八頁、及び同五三頁。

（5）この辺の事情については、兼子一『実体法と訴訟法』（昭和三二年有斐閣）が最も好適の参考文献であるが、更に、ビューロウの所説の意義を中心として、参照、藤田宙靖「行政行為の瑕疵論における所謂〝手続法的考察方法〟について」柳瀬博士東北大学退職記念『行政行為と憲法』一四五頁以下（本書二八八頁以下）。

（6）これらの所説及びその意義については、参照、藤田・同右一五六頁及び一五七頁以下（参照本書三一〇頁以下）。

（7）《〔法〕実務は、己れの正しさについての固有の基準を自らの決定の中に有すべきである。それはすなわち、適用された法理論といったようなものではない。寧ろ実務は、法理論の成果を、全く独立して、独自に利用するのである。》Carl Schmitt, „Gesetz und Urteil" (1912) Vorwort, S. V.

C・シュミットの全体系の中でこの書が持つ意味について、vgl., M. Stolleis, „Carl Schmitt", im „*Staat und Recht*" (Hrsg. v. M. J. Sattler, 1972), S. 123 ff.

（8）《統合理論は、ワイマール憲法の次第に増大する危機的状況の中で、この憲法の固有の意味を規定しようと試みるものであった。それまで支配的であった実証主義的形式主義は、かかる意味について極めて重大な誤解をした為に、それは、一九三三年の〝授権法〟によるワイマール憲法の除去の正当化を提供し得たし、又、提供せざるを得なかったのである。……統合理論はそれ〔ワイマール憲法に予定された憲法生活の崩壊――藤田註〕を……憲法背反的な行動の結果として見、かかる行動に対し、憲法の統合的・統一化的理解と、総ての責任ある部分の、これに適合した行動とを要請したのである。》Rudolf Smend, „Integrationslehre" im Smend „*Staatsrechtliche Abhandlungen*", (2 Aufl.), S. 479. なお本稿では以下、スメントのこの論文集を *StRA II* と略記する。

（9）参照、栗城寿夫「西ドイツ公法理論の変遷」公法研究三八号七六頁以下。

栗城教授は、〝公的なもの（das Öffentliche）〟〝公共（die Öffentlichkeit）〟の概念を中心的素材としつつ、スメントの理論体系の後継者達の所論を中心とする、現代西ドイツ公法学上の一定の理論的動向を、〝新傾向〟と称され、かかる傾向の台頭を、西ドイツ公法理論の〝変遷〟として捉えられる。しかし、その栗城教授にあっても既に一九六〇年代において、西ドイツ公法学の基本的動向は、R・スメントシューレとC・シュミットシューレの対立抗争という図式で特徴付けられている。参照、栗城・書評、法学研究十巻三号一〇六頁。

またスメント理論と連邦憲法裁判所の展開する思考との近似性については、とりわけ基本権理論を中心として早くより指摘されていたところであった（Vgl., E. Forsthoff, „Die Umbildung des Verfassungsgesetzes" im Forsthoff „*Rechtsstaat im Wandel*", 1 Aufl., S. 154 ff.）。

（10）例えば、〝公益は法律上既に与えられているものではなく、公益の具体化に当って新たに形成されるものである〟という

P・ヘーベルレの思考（Vgl., Peter Häberle, „Öffentliches Interesse als juristisches Problem", (1970), S. 95ff., S. 253）について、遠藤博也『計画行政法』三六頁、九五頁、一六〇頁、等。又、〟伝統的な行政法ドグマティークは静態的（statisch）であり、その行政行為概念によって行政の決定過程の最終点のみを把握し、プロセス自体を捉えない〟こと、〟そこでは行政行為も亦、個々の私人に対する規律として孤立的に捉えられており、全体的な諸関連の中で捉えられていない〟ことを指摘するW・ブロームの思考（Winfried Brohm, „Die Dogmatik des Verwaltungsrechts vor den Gegenwartsaufgaben der Verwaltung" VVDStRL Heft 30, S. 255〜256）について、塩野・前掲八五頁以下、畠山武道「許認可の際の同意の性質」（四・完）民商法雑誌七〇巻五号一〇三頁以下、等。

P・ヘーベルレもW・ブロームも、スメントの三高弟と称されるK・ヘッセ、H・エームケ、R・ボイムリンの中、前二者の在職するフライブルク大学の公法研究室で学び、且つ Habilitieren していることに留意すべきである。

(11) 従って本稿はもとよりスメントの理論体系の総合的解明を意図するものではなく、本文に述べたような視点から、その一断面の照射を試みるものに過ぎない。

本稿は、私の一九七二年より七四年に亘る、西独フライブルク大学への留学中から暖めて来たテーマの一環を成すものであるが、本稿自体については、公私に亘る事情の為、意に満たぬ期間と準備の下で執筆せざるを得なかった。従ってここに限定したような視点から見ても、本稿には、不充分なところが少なくない。これらの点はいずれ機会を得て補足することとしたいが、いずれにせよ本稿に〟R・スメントについての覚え書き〟との副題を付したのは、かかる事情によるものである。

二　〟統合理論〟と動態的考察

一　スメントの統合理論は、《それまで支配的であったドイツ国法学及び国家学における実証主義・形式主義に対する反対運動》の一環を成すものであるが、国法理論・国家理論としてのその特徴は、まず、国家を、〟絶えざる更新・再生産のプロセスの中にのみ存在する、精神的な現実〃として考えるところにある。[1] すなわちスメントによれば、国家は、そこから法律・外交行為・裁判判決・行政活動等を生ぜしめる、静態的な完全体（ein ruhender Ganze）であるのではなく、寧ろ、これらの個々的な行為によって成る、恒常的な更新の過程(der Prozeß beständiger Erneuerung)の中にのみ存在するのである。[2]

そしてスメントは、このような過程すなわち統合（Integration）の過程に関する法（Integrationsrecht）が憲法である、とし、憲法上の諸制度・諸規範は全て、この統合過程との関係で位置付けらるべきで、たとえ他の法の解釈とはかけ離れるようなことになろうとも、統合目的を達成する方向へ解釈さるべきである、との見解を提出したのであった。[3]

二　国家についてのこのような基本的理解からは、様々な帰結が導かれて来る。

(1)　例えばスメントによれば、憲法自体、社会の現実的変化に対して閉された静態的・完結的な規範体系であるのではない。《統合理論は、規範を一方に、現実を他方に孤立化せしめるような全ての理解を拒否する》[4]のであって、《柔軟性を持ち、その体系はしばしば自ら補充され変遷するのだということは、成文憲法の内在的且つ自明の意味である》。[5]

(2)　又、国家がプロセスであって、既存の固定的な実体ではない、という思考は、いわゆる「国家」と「社会」の二元的対立という見解と、又、このような二元論的把握に基礎付けられた全ての理論の否定を根拠付けることとなる。すなわちまず一方で、流動的な創造のプロセスである以上、社会に超越してこれを規制する、ドイツ公法学に伝統的な“sittliche Autorität”としての「国家」ないし「国家公権力」の観念[6]は、存在しよう筈がない。又、スメントは他方で、ドイツ国法の歴史と現実においては、〝全体秩序とは無関係に各人が各人のもののみを求める〟ような、〝資本主義時代の計算ずくのエゴイストたるブルジョワ〟なるものは、イデオロギーとしても現実としても存在せず、ワイマール憲法の前提するのも亦、〝全体の枠内で、その職務（Beruf）に応じた Berufsrecht 乃至 Standesrecht を分け与えられている〟ような、《倫理的に拘束された Bürger》である、という。[7] これはすなわち、「国家」と二元的に対立し、その〝外〟に存在する「市民社会」の否定を意味する。

(3)　このような思考の表われとして特に注目すべきであるのは、基本権（Grundrecht）についての性格付けと[8]、憲法体系中におけるその位置付けであろう。

スメントは、一〇〇年来ドイツ国法学上の諸文献が、基本権を専ら〝国家よりの個人の解放、国家の外に留保された私的領域の、国家に対しての保全〟としてのみ理解して来たことを批判し[9]、ドイツでは、フランス等と異なり、初期立憲主義憲法よりワイマール憲法に到るまで、基本権は寧ろ、様々の国民層を、その Beruf の固有性に応じて国家へと結合する要素であったのであり、persönliches Berufsrecht であった、という。[10] 例えばワイマール憲法が労働者に団結権と一連の社会権・社会保障を与えている時、それは第一次的には社会政策的にではなく、憲法政策的に行なわれている。又、同様の意味で、財産権保障も、民法典上の一制度の憲法への投錨を意味するのではなく、狭い意味で〝市民的（bürgerlich）〟な国民部分の、国家公民としての地位（staatsbürgerliche Stellung）の社会的基盤を保障するものなのである。[11] ワイマール憲法は、その第二部（基本権部分）において、統合の事物的内容（sachliche Inhalte）を与えているのであって、第一部（組織部分）に規律された作用の働きと、この第二部に規律された内容の実現との中に、ドイツ国民は、その国家的統一を有すべきである。[12] このようなものとして、今日基本権は、《国家及び国家権力の制限（Schranken）ではなく、強化（Verstärkung）[13]》でこそあるべきなのである。

(4)　このような思考を支えるのが、先に見たような、憲法法規は〃統合〃を達成する方向へと解釈されねばならない、という法解釈方法論である。これはすなわち、法規範の解釈が、〃動態的〃であると同時に〃統一的〃であることとの要請を意味する。[14]

スメントによれば、形式主義的方法が行なうように、憲法を個別的ノルムと制度との単なる集合体としてしまうのは誤りであって、全ての国法上の個別事象は、それ自体孤立して理解さるべきではなく、統合の意味的全体・機能的全体の中の要素としてのみ理解されなければならない。[15] このような思考から例えば、憲法の組織部分と基本権部分とを統一的に理解しないような見解は批判され、[16]又、C・シュミットのように、一九世紀の諸憲法を、主権の所在をめぐる闘争の真の勝利者が誰であるかの問題を未解決のままに残した妥協の産物である、とする理解も亦斥けられる。[17]

三　では、このようなものとしてのスメントの〃動態的考察方法〃が、西ドイツ公法学に与えている影響とはどのようなものであろうか。以下、基本的な論点のいくつかを取り上げて、この点についての素描を行なってみることとしよう。[18]

（1）　Vgl., R. Smend, „Verfassung und Verfassungsrecht" *StRA II*, S. 136. なおスメントの統合理論の紹介としては、差当り、黒田覚「Integration の理論とファシズム」法学論叢二七巻二号二〇二頁以下が、今日でもなお、最も詳細である。

（2）　R. Smend, „Integrationslehre" *StRA II*, S. 475.

このような国家の動態的把握が、《社会科学の重大な欠陥の源としての静態的思考》に対立する限りにおいて、H・ケルゼン、J・ゴルトシュミット、ヘルヴィヒ、E・v・ヒッペル、C・シュミット等の思考と共通するものであることとの示唆は、

StRA II, S. 137 Anm. 4.

(3) R. Smend, „Verfassung und Verfassungsrecht" *StRA II*, S. 189〜190.

(4) R. Smend, „Integrationslehre" *StRA II*, S. 478.

(5) R. Smend, „Verfassung und Verfassungsrecht" *StRA II*, S. 191.

(6) この意味での「国家」ないし「国家公権力」の観念については、参照、藤田宙靖『公権力の行使と私的権利主張』一七六頁以下（国家学会雑誌八〇巻九・一〇号八八頁以下）。

(7) Vgl., R. Smend, „Bürger und Bourgeois im deutschen Staatsrecht" *StRA II*, S. 309 ff.

(8) スメントの基本権理論については、本稿で以下述べることの他、最近、手塚和男「基本権の基礎的検討――スメントの基本権理解について」三重大学教育学部研究紀要第二七巻第三部一三五頁以下、に、詳細な分析がなされているので参照されたい。

(9) R. Smend, a. a. O., S. 312 ff.

(10) A. a. O., S. 318.

この、persönliches Berufsrecht という観念の背後にある、ドイツにおける立憲主義の発展に関してのスメントの歴史認識については、参照、後述三八〇〜三八一頁。

(11) A. a. O., S. 319.

(12) R. Smend, „Das Recht der freien Meinungsäußerung", *StRA II*, S. 91.

(13) A. a. O., S. 93.

(14) このような解釈方法は、そのいわゆる〝精神科学的方法〞の法解釈学への適用の一例を成すものである。スメントの精神科学的方法一般については、重要ではあるが、本稿の関係では立入る余裕がない。差当り参照、黒田・前掲二〇六頁以下、五十嵐豊作「現代国家論の諸傾向（二・完）」国家学会雑誌四八巻三号九三頁以下、手塚・前掲一三五頁以下等。なお、スメントの Integration 概念の主たる徴表が〝統一〞と〝動態的過程〞であることについて、参照、黒田・前掲二一五頁。

(15) R. Smend, „Verfassung und Verfassungsrecht" *StRA II*, S. 239.

(16)　R. Smend, „Bürger und Bourgeois im deutschen Staatsrecht“ *StRA II*, S. 318.

(17)　A. a. O., S. 323.
すなわちスメントは、これらの憲法は寧ろ、様々の種類の Amt を併置したのであって、いわば、究極的に〃そのように考えられていた〃のだ、というのである。そしてスメントはこのような見地から、ワイマール憲法についても、それが〃多元主義的であり、究極的にはアナルヒッシュな政治的グループの併存であり、階級闘争における休戦状態である〃という思考を拒絶したのであった。

(18)　スメント理論の、現代西ドイツ公法学への様々の影響を知るのに差当り最も便利なのは、栗城・前掲公法研究三八号七六頁以下である。以下本稿で取り上げ切れぬ問題点及び文献等については、同稿を参照されたい。同稿で《新傾向》とされているところのものは、ほぼ、本稿で以下〃スメントシューレ〃乃至〃スメントの思考枠組を受継ぐ者〃と表現するところに該当し、《旧傾向》とされているところのものは、ほぼ、以下〃シュミットシューレ〃乃至〃C・シュミットの思考枠組を受継ぐ者〃と称するところのものに該当する。

三　スメント理論と現代西ドイツ公法学

一　現在西ドイツ公法学で支配的な思考の一つに、スメントと同様、国家を〃既成の静態的存在〃ではなく、〃絶えざる更新の過程〃と考え、このような国家観から又、いわゆる「国家」と「社会」の二元的対立を否定する立場が存在することは、注目すべき事実である。

例えば、スメントの高弟の一人であるK・ヘッセは、《現実の歴史的諸力の彼方に立ち、先在し、実在的—状態的な（wesenhaft-zuständliche）統一体としての国家の観念》(1)を批判して、次のように述べる。

《国家及び国家権力は、何か先在的なもの (Etwas Vorfindliches) として前提されてしまうことは出来ない。それらが現実性を得るのは、人間生活の現実の中に存在する多様な利益・志向・行動様式等を、統一的な行動と作用へと結合し、政治的な統一体を形成することに成功する限りにおいてである。この多様なるものの同一化 (Einswerden) は決して、無条件に所与のものとして前提され得るような形で究極的な終結を迎えることはないのであって、ある恒常的な過程 (ein ständiger Prozeß) なのであり、それ故に又、常に、課せられたるもの、として存続するのである》。(2)

二　国家というものをこのように動態的・流動的に理解する立場からは、公法学上の諸問題について、様々の重要な帰結が導き出されて来る。

(1)　例えばまず、抽象的・一般的立法作用以外の国家作用についても、„執行行為"としての性格でなく、„(法)創造行為"としての性格が強調される。

ヘッセと並びスメントのいわゆる三高弟の一人であり、同じく国家を《プロセスであり……課題 (Aufgabe) である》とするR・ボイムリン(3)にあっては、《全ての行政作用 (Verwaltungshandeln) は、„法律の執行 (Gesetzesvollziehung)" ではないが、法実現 (Rechtsverwirklichung) として理解されねばならない(4)》とされる。ボイムリンによれば、このことはいわゆる„法的行為 (Rechtshandlung)"のみでなく、„事実行為 (Tathandlung)"についても同様なのであって、従ってこの両者を区別することは許されない。後者も亦、例えば人間の他の人間との関係における行動といった意味で法の実現に関連しているのであって、このようにして、行政法において、法的に重要なるもの (das rechtliche Belangsvolle) は、決して、とりわけ行政行為 (Verwaltungsakt) を以て始まるというようなことはないのである。(5) 行政を単に法律の包括的執行（subsumierende Vollziehung）としたのでは、官僚の力に対し実効性ある制限を課することは出来ないし、又、そうしたからといって行政をその責任ある決定から解放することも出来ない。(6) ボイムリンのこのような行政観の中には、既に、先に見たW・ブロームの伝統的行政法学批判(7)とも共通する問題意識が、極めて一般的な形ながら登場していると見ることが出来よう。(8)

又、このように、全ての行政活動が、様々のグレイドの違いはあるにしても、法実現行為であり、法の具体化である、とする思考の下では、例えば自由裁量と不確定概念との区別は否定されることとなる。法律は行政を拘束し、同時に又自由の中にも置くことが出来るのであって、その場合、自由の中に置くとは、行政が個々の情況の中で行なわねばならぬところの法具体化の委託に他ならないからである。(9)

(2)　あらゆる国家行為が〝創造の過程〟である、という見解は、必然的に又、あらゆる法行為・法制度はそれ自体完結した、既に出来上がったものとして理解さるべきではなく、将来の創造に対して開かれた(offen)、その意味での草案（Entwurf）であるに過ぎない、という主張を産むこととなる。

(a)　このことはそもそも憲法そのものについてまず妥当するのであって、憲法は《開かれた過程を通じて動態的に現実化・具体化されるべき法》(10)であることが強調される。〝憲法の内容が変遷し得ることは成文法の内在的意味〟とするスメントの見解は基本的に受継がれ、憲法内容の変遷可能性は寧ろ議論の出発点となる。(11)

(b)　基本権についても、前国家的に存在する原子的な個人の先天的自由領域の防禦手段、という考え方は否定され、〝客観的な秩序の基本要素〟〝共同体の全体秩序の内容を決定する要素〟としての性格が強調される。(12) このような見地から、憲法の組織規定の部分と基本権部分とを分離して考察するC・シュミット的思考が排され、両者の不可分性、憲法の統一性が強調されると共に、[13] 基本権の、将来の民主的立法者に対する Offenheit が主張される。[14] このような思考が、現代西ドイツで、例えば土地所有権についての財産権保障の相対化の問題に対し、一つの重要な理論的拠り処となることは、自明と言って良いであろう。[15]

(3) 国家は〝創造の過程〟であり、法制度が offen である、という認識、又、法はあらゆる段階での法実現を通して統一にもたらさるべき課題（Aufgabe）である、という思考は又、法解釈に際しても一定の方法論の提出を行なうこととなる。すなわち、法規範は創造へ向けて解釈されねばならず、又、統一的に解釈されねばならぬ、という主張である。

(a) スメントの統合理論において既に示されていたこのような解釈方法は、戦後、〝体系的思考（Systemdenken）〟に代る〝問題的思考（Problemdenken od. Topik）〟という標語の下、[16] より鮮明な形で展開されることとなった。

例えばボイムリンの説くところによれば、法律が《行動の草案》であり《試み》に止まるものである以上、法律学にとって《体系的思考（Systemdenken）》は許されず、《問題的思考（Problemdenken）の Techne としての Topik》が、その思考様式となるのでなければならない。[17] 何故ならば、法律が《試み》である、ということは、未完結である、ということに他ならず、それはその内部で更に演繹したり包摂（subsumieren）しておれば済むような公理の体系（axiomatisches System）を形成するものではないからである。法律等々はいずれも、単に草案的な部分的解答（entwurfhafte Teilantwort）を示すに過ぎず、従って法の統一なるものは、その規範の論理的統一に存するのではなく、寧ろこれらの断片的な規定を以て答えらるべき問題の中にのみ存するのである。[18] かくて法学は、閉された体系より出発するのでなく《問題叙述の最も有用な補助手段》という意味での Topoi（T・フィーヴェーク）を用い、これらを問題と解答との構造体へと編成し、それぞれの状況の下で、事実関係とこれらの部分的解答（既存の法律等による）を、相互に接近せしめるよう努めねばならないのである。かくて法律学は、その諸々の基準を実践的な協和（Konsonanz）へともたらし、不一致なるものの一致を行なわねばならない。[19]

(b)　このような解釈方法が、西ドイツ公法学上実際に最も大きな意味を持った例としては、恐らく、ボン基本法の〃社会的法治国〃条項の解釈をめぐる論争を挙げることが出来るであろう。

周知の如く、C・シュミットの思考枠組を受継ぐE・フォルストホフは、一九五三年の国法学者大会において、〃社会国家〃と〃法治国家〃とは、同一の憲法規範レヴェルでは決して相容れず、両立し得ないものであり、ボン基本法の基本的な決定は、伝統的な市民的法治国である、との見解を主張したが、[20]〃社会的法治国〃条項をめぐるこのような解釈に対しては、スメントシューレの論者達より一斉に攻撃の火の手が挙がることとなった。[21]そしてこれらの論者の反論には、右のような意味での Topischesdenken が、大きな役割を果していたのである。そこでは例えば、法治国と政治形式、国家と社会、法治国家と社会国家、社会の自由と国家による強制、これらの憲法上の表現としての基本権部分と組織的部分、等々を、相互に本質的に相容れないものとして分離する二元的思考、そして、憲法がこれらの要素の中のいずれを優越するものとして〃決定〃しているかという決定思考（或いは〃原則―例外〃思考）等が、全て排斥される。[22]これらの諸要素は、いずれも憲法が採用した〃部分解答〃であり、その意味においていずれも対等な意味を持つ。[23]そしてこれらの要素が内的統一関係にもたらされるような法解釈こそがなされなければならないのである。

《基本法については、包括的な評価が必要なのであり、そこでは、法治国なる要素、社会国家なる要素、そして司法国家の要素が、意識的に憲法の平面で統合され(zusammengeordnet)、まさにそれらの緊張関係こそが意図されているのである。これらの要素が相互に働き尽すことのないように[24]》。

《……価値衡量は、〃調整と統合〃である。その中に、公法によって課せられた〃統合状態への同一化(Einigung zu einem Gesamtzustand)〃をもたらす、という課題が、その実を示すのである。そのことによって勿論、真の対立の可能性は、全く否定さるべきではない。ただ考えねばならぬのは、国法はアンティテーゼと不一致の確認に止まることは許されないのであって、それらを架橋しなければならないのだ、ということである[25]》。

（1）Konrad Hesse, „*Grundzüge des Verfassungsrechts der Bundesrepublik Deutschland*“, 7 Aufl., 1974. S. 7.
なお、本書は、現在更に版を重ね、西ドイツ憲法学の最も標準的な教科書の一としての地位を占めていることに留意さるべきである。

（2）K. Hesse, a. a. O., S. 5.

（3）Richard Bäumlin, „*Staat, Recht und Geschichte, Eine Studie zum Wesen des geschichtlichen Rechts, entwickelt an den Grundproblemen von Verfassung und Verwaltung*“, (1961), S. 19.
なお、本書及びR・ボイムリンの思考一般については、栗城寿夫教授の書評（法学雑誌一〇巻三号一〇五頁以下）を参照。

（4）R. Bäumlin, a. a. O., S. 35.

（5）Ebenda.

（6）A. a. O., S. 36.

（7）本書前出三六三頁註(10)参照。

（8）又、現在わが国の〃行政過程論〃の主張する一つのポイントが、行政作用の適法性コントロールにつき、個々の行政行為の実体行政法律適合性如何を問題とするよりも寧ろ、行政過程が全体として適正・正常に機能したか、のコントロールに重点が置かるべきことを主張するところにあることが、想起さるべきであろう。参照、原田尚彦「行政過程と司法審査」『訴の利

益』一八二頁、遠藤博也『計画行政法』四〇頁、等。

(9) R, Bäumlin, a. a. O., S. 35〜36.

又、同じくスメントの思考の影響の下に立ち、行政庁の自由裁量と不確定概念の別について、これと同様の考えを示すものとして、Horst Ehmke, „*Ermessen nud unbestimmter Rechtsbegriff im Verwaltungsrecht*", (1960), S. 42 ff.

(10) 栗城・前掲公法研究三八号八二頁。

(11) Vgl., R. Bäumlin, a. a. O., S. 15.; H. Ehmke, „*Grenzen der Verfassungsänderung*", (1953), S. 56 ff.; K. Hesse, „Grenzen der Verfassungswandlung", *Festgabe für U. Scheuner zum 70. Geburtstag*, S. 123 ff.

(12) Vgl., K. Hesse, „*Grundzüge des Verfassungsrechts der Bundesrepublik Deutschland*", 7. Aufl., S. 122.

(13) Vgl., K. Hesse, a. a. O., S. 125.

また、ここから《権限規定は……基本権にとって実体法的意味を持ち得る》という主張を行なうものとしては、P. Häberle, „*Die Wesensgehaltgarantien des Art. 19. Abs. 2 Grundgesetzes*", 2 Aufl., S. 6.

(14) Vgl., K. Hesse, „Der Rechtsstaat im Verfassungssystem des Grundgesetzes", (1962) im „*Rechtsstaatlichkeit und Sozialstaatlichkeit*", (Hrsg. v. E. Forsthoff) S. 557ff.; P. Häberle, a. a. O., S. 35.

(15) 参照、藤田宙靖「財産権の保障とその限界」公法研究三八号一一九頁以下。

(16) 参照、栗城・前掲八四頁。

(17) R. Bäumlin, a. a. O., S. 27.

(18) Ebenda.

(19) Ebenda.

(20) Vgl., E. Forsthoff, „Begriff und Wesen des sozialen Rechtsstaates" im „*Rechtsstaat im Wandel*", (1 Aufl.), S. 27 ff.

又、参照、藤田・前掲公法研究一二八頁。

なお、フォルストホフのこのような思考の背景を成す、その形式的法治国観、又、実質的法治国を拒否する論拠たる「価値」の論理について、参照、森田寛二「『形式的法治国』の論理と『実質的法治国』拒否の論理」法学三七巻三・四号一五〇頁、一五一頁。

(21) 例えば参照、K. Hesse, a. a. O., S. 557 ff.; Alexander Hollerbach, „Auflösung der rechtsstaatlichen Verfassung?", AöR 85 Heft 3, S. 241 ff. 等。又、参照 H. Ehmke, „Prinzipien der Verfassungsinterpretation" VVDStRL Heft 20. S. 64.

(22) Vgl., K. Hesse, a. a. O., S. 587〜588.

(23) Vgl., R. Bäumlin, a. a. O., S. 15, u. S. 26 ff.

(24) A. Hollerbach, a. a. O., S. 266.

(25) P. Häberle, a. a. O., S. 39.

四　スメント理論の現代的意義とその背景

一　西独公法学に対するスメント理論の影響についての右の素描より既に、それが、現代公法学としてどのような機能を果しているかは、ほぼ明らかであろう。それは、全ての国家現象を、〟動態的プロセス〃として捉えることにより、基本的に、静態的・超越的権力機構としての「国家」に対してその権力行使を制限することにより市民の先天的自由を保護するものとしての、〟市民的法治国〃の法構造を否定する。全ての法制度を、本質上将来に対してオープンである、として主張することにより、〟市民的法治国〃の法的諸技術の、静態的・形式的枠組を破って、社会国家的課題或いは現代的課題に、既存の法制度からの革命的断絶を経ることなく、対処し得ることとなる。こうして、スメント及びその後継者達の右のような基本的思考枠組は、現代西ドイツにおいて、政治的には、〟既成の社会、status quo よりの脱皮〃という、優れて革新的な思考を、しかも制度内在的な形を取りつつ、支え得るものとして機

能しているのである。(1)

二　ところで、スメントの〝動態的考察方法〟がこのような現代的意義を持っていることに関しては、その背景につきなお若干のコメントを加えておく必要がある。

(1)　まず第一に、かかる〝動態的考察〟が、ある意味で経験主義的思考の産物であり、又、経験主義的色彩を備えていることを看過することは出来ない。ドイツ公法学史上、〝動態的考察〟を説く論者が、全て、何らかの意味で〝静態的思考〟の形而上性の批判の上に立つものであったことは、既に別に指摘したところであるが、(2)スメントの場合にも、Integration 概念はもともと、この、本来社会学で自明のものとされている概念によって、(3)〝国法理論に固有の対象を与える〟ことこそが〝形式主義的概念法学〟が必然的に陥る〝形而上学的領域への逃避〟を避け得るもの、との主張の下に提唱されていたのであった。(4)

重要であることは、スメントのこの動態理論の影響が、西ドイツ公法学において、〝人間の意思に根拠付けられるのでなく、何らかの形での超越的存在〟としての「国家」概念、すなわち、観念的・非経験的な「国家」概念、の否定、として現われ、(5)これを通して、権威主義的な国家観・権力観を排し、民主主義的な国家観を根拠付ける要因となっている、ということである。(6)このような超越的・権威主義的国家観の克服がケルゼンを頂点とする経験主義・実証主義公法学の流れの上での一つの課題であったとするならば、(7)スメント理論は、実証主義公法学を否定しながらも、なおかつその成果の重要な部分をこの限りで我物として取入れるという側面を有していたことになるであろう。(8)

(2)　超越的・権威的な「国家」の観念の否定と関連して、スメントの統合理論にあっては〝上からの規律〟でなく

〟下からの創造〟というモメントが、その一つの重要な構成要素を成していることに注意せねばならない。夙に戦前よりスメントは〟憲法生活の意味適合的統合作用〟の前提の一として、〟全員の内的参加〟ということを挙げていた。[9] そして例えば、全面的統合の必要ということを明確に認識するものとして、ファシズム理論を一面で評価しながらも、[10] フューラー理論は、国家的 Führung の問題を Führer においてのみ見、Führen される側にも必要な自発性・生産性ということを看過した機械的思考に陥るもの、と指摘していたのであった。[11]

統合理論の意味としてスメントが一貫して主張しているのは、〟国家の生活現実が第一次的には絶えず個々人によって肯定され担われること、すなわちルナンの言葉の意味において日々更新される国民投票（Plebiszit）に存すること〟である。[12] そしてスメントは、〟国家は最終的には法に基づくものでもその事実上の力に基づくものでもなく、その構成員の、常に新たな自由意思的同意に基づく〟というのである。[13] 同様に又ボイムリンも、法及び法治国の現実化は超人によって行なわれるのでなく、〟下から〟行なわれねばならぬのであり、これに、良く知られた〟日々の国民投票（plébiscite de tous les jours）〟というテーゼをあてはめることが出来る、という。[14] このような〟下からの〟モメントの強調が、ナチスの体験を経た後の西ドイツ公法学で、伝統的公法学への反省という見地から共感を呼び易いところであることは自明である。

(3)　〟下からの創造〟という右の思考は、当然のことながら、かかる創造の担い手たる個人の主体性に対する一定の期待と結びつく。

統合理論の《倫理的帰結（etische Folgerungen）》としてスメントが述べる左の一文は、この関係で看過することの出来ぬものである。

《かくて同時に、国家における個人の、福音的倫理（evangelische Ethik）の為の実質的な手掛りが与えられる。それは、個人が、共同体とりわけ国家なる共同体から要請され、そしてこれに対し如何様にしてか応えるような生活過程（Lebensvorgang）より出発せねばならない。それは、次のようなことの上に、すなわち個人には、〝私無しに〟という態度（Ohne-mich Haltung）を取ることによって、全体への協働から自らを遠避けることは許されない、ということの上に存しなければならない。かくて個人は、己れの場所（Platz）を政治的世界の中に求め、自らをかかる世界の中に〝統合（integrieren）〟せねばならぬのであって、受動的に大衆の中におけるアトムとして、自然的に理解された、いわば生理学的な或いは機械的ですらあるような過程の中に埋没するのではなく、自由な努力（freie Bemühung）により、ここでも神の意志に従った勤め（Beruf）を果さねばならず、そして、自己を政治的共同体へと常に新しい意識を以て組入れることを通じて、この政治的共同体をますます神の意志にかなったものとして行かねばならないのである。[15]》

(4)　スメントの統合理論は、このような倫理的要請を帰結するというのみでなく、又、そもそもそれ自体が、右のような〝共同体に倫理的に拘束された人間像〟を前提として成立していたということが出来る。このことは、《Ich》の〝社会的性格〟についての強調からも、既にうかがえるところであろうが[16]、更にスメントは一九三三年、ベルリン大学のライヒ創立記念祝典において〝ドイツ国法における市民（Bürger）とブルジョワ（Bourgeois）〟と題する講演を行なっている[17]。この講演でスメントが主張したのは、一九世紀以来のドイツ国法学上の文献が前提として来たような、その本質上国家とは無関係で計算ずくのエゴイストたるブルジョワ（Bourgeois）としての市民像は、誤りである、ということであった。すなわちスメントは、C・シュミットの言うような非政治的市民的個人主義に基づいた〝市民的法治国〟の概念は、ドイツ憲法史上の現実にも又現行のワイマール憲法にも適合せぬのであって、ドイツ国法上の市民とは〃国家に倫理的に（sittlich）義務付けられた、その意味での市民（Bürger）〃である、との主張をしたのであった。[18]

(5)　ところで、このような《国民の人倫的任務という法思想（Rechtsgedanken eines sittlichen Berufs des Staatsbürgers）》[19]に基づいたスメントの市民像には、二つのモデルが存在することが注目される。その一は、いわば前近代的な身分秩序の思考枠組であり、他は、英米政治社会の市民観である。

(a)　先にも見た persönliches Berufsrecht としての基本権、という観念を根拠付けるに当り、スメントは夙に、〃近代立憲国家の諸制度とりわけ基本権は、ドイツではフランスとは異なった形で定着したのであって、フランスの場合のように革命より生じ、ラジカルな個人の世俗的解放の表現であったのではなく、単に既存の状態の修正を意味したのみであって、かかる状態の社会倫理的前提のラジカルな破壊を意味したのではない〃との歴史認識を展開している。[20]スメントは曰く、

〃プロイセンのALRは、伝統的な三等族制を維持したが、しかしそれを事実として保守したのではなく、国家における理性的な分業の職務義務の体系として合理化した。これらの規定は、既存の等族組織の合理化のみならず、同時に又、事実上妥当していた社会倫理をも合理化したものであった。そしてこれと同様に、当初の立憲主義的諸憲法の導入も理解されねばならないのであって、これらの憲法の文献上の唱道者のイデオロギーがどうであったにせよ、国民意識（Volksbewußtsein）の中に存したその妥当の前提は、同様になお、先在する社会倫理に結びついたものであった。すなわち、初期立憲主義の思考世界は、例えば、官憲（Obrigkeit）、聖職者、商工農業者、といった三身分説の如きものであったのであって、国民（Volk）ではなくただ諸文献のみが、これに対立し、これと全く違った思考世界に在ったのである。初期立憲主義は、実際には、フランスにおけるように革命的

な基盤の上におけるラジカルな新秩序の創立を意味したのではなく、今や政治的協働を任務とするに到った臣民の、既存の社会倫理体系への新たな組入れを意味したのみであった。そして臣民の新たな法的地位、とりわけ基本権は、丁度官吏の特別の権利と義務が、かかる職業身分の身分権（Standesrecht）であると同様に、いわば、かかる新たな職務（Beruf）の身分権ともいうべきものであった。これに対して当時のドイツ諸憲法中には、これらの基本権が、前国家的―国家外的に考えられていた、という形跡はない〟。[21]

そして、先にも見たように、スメントは、基本権のこのような性格は、ワイマール憲法の場合にも同様に当てはまる、というのである。

(b) 第二次大戦における敗戦の年、スメントは、第三帝国が何故生じたかを問い、それは決して偶然に到来したものではなく、その生成と通用の前提を、ドイツ政治思想の二世代にも亘る誤れる発展の中に有していた、と述べている。[22] スメントによればすなわち、J・ブルクハルト流の〝作品としての国家（der Staat als Kunstwerk）〟という国家像がそれである。すなわちその前提は、もはや中世的なもつれた法関係にもキリスト教的モラルにも縛られることのない、新たなる即物性としての個人であり国家であって、ブルクハルトはそこに《計算され、意識的な創造物たるところの、作品としての国家》が登場する、という。[23] これは、即物的な計算、理性的客観性に基づくものであって、中世的―封建的な偏見等非即物的である全てのもの、従って全ての伝統的な法的・倫理的拘束から解放された存在である。そしてそこでは、これに対し、同時代のドイツ的政治世界、すなわちレーエン制とか栄誉・忠誠といった封建的な概念によって未だ完全に支配された世界は、笑止な、封建的センチメンタリテートということになるのである。[24]
スメントによれば、これと基本的に同じ思考枠組にあるのは、マックス・ヴェーバーの、〝支配の為の手段としての国家″という観念であるが、スメントはこのように、国家と倫理、政治と倫理との関係についての、イギリス人には存在しない懐疑が、ドイツ人の不幸の根源であったのであり、この《政治的に、より幸せであった民族の歴史》を参照にしつつかかる懐疑を克服出来るか否かが、ドイツの政治的新生の基本問題である、と主張したのであった。(25)

(c)　右に見た思考においては、″合理的な市民の目的的創造物としての国家″という観念への対立物として、政治秩序・法秩序についての中世的な思考枠組と、イギリス的な思考枠組とが同時に積極的な評価を受け、思考モデルとされていることが明らかである。そしてこれは又、″近代ドイツ国法学の思考の産物であるところの「国家」と「社会」の区別″を排して、″中世秩序よりの連続的発展の上に立つ″英米の“civil society”及び“government”なるカテゴリーを導入せんとする、先にも触れたH・エームケの思考(26)ともその軌を一にするものが存することは明らかであろう。すなわちそこでは、″ドイツに本来固有のもの″と、″先進国英米の文化″とが、いわば前近代的な思考枠組を媒介として結合され、近代の自由主義的・個人主義的な″市民的法治国″への対抗要素となって機能せしめられているのである。

三　スメントの動態的考察方法を特色付けるのはこのように、法現象の動態性についての一種経験主義的な自覚であり、超越的・権威主義的な「国家」概念への批判であり、国家における″下からの″民主的モメントの重視であり、国民の主体的倫理性への要請であり、前近代的秩序への懐古であり、英米法秩序への憧憬等々、様々の要素である。それは要するに、ドイツ公法学で採用されて来た″市民的法治国″理念への対立的モメントの総結集であるということも出来るであろう。このような理論的基盤がまさに、″一九世紀的市民的法治国″の枠には収まらぬ″現代国家″

としての〃社会的法治国〃、或いは又〃現代公法学〃、の樹立へ、という要請と結びついて、現代西ドイツ公法学の支配的潮流の理論的基礎として機能するに到っているのである。

（1） 左翼の政治学者がこの意味において、スメントシューレの思考を高く評価する例として、例えば Hans-Hermann-Hartwich, „*Sozialstaatspostulat und gesellschaftlicher status quo*", (1970), S. 346 ff. におけるK・ヘッセの評価を参照。K・ヘッセへの同様の評価としてはなお、Vgl., Wolfgang Abendroth., „Zum Begriff des demokratischen und sozialen Rechtsstaates im GG der BRD" im Forsthoff (Hrsg.) „*Rechtsstaatlichkeit und Sozialstaatlichkeit*", S. 132.

又例えば〃スメント三高弟〃の一人であるH・エームケが、SPD・ブラント政権の閣僚であったことも、本文に述べたところと無関係ではあるまい。

（2） 参照、藤田宙靖「行政行為の瑕疵論における所謂〃手続法的考察方法〃について」『行政行為と憲法』一四五頁以下（本書三〇四頁以下）。

（3） Vgl., R. Smend, „Integration" *StRA II*, S. 483.

（4） Vgl., R. Smend, „Die politische Gewalt im Verfassungsstaat" *StRA II*, S. 84.

戦後になって、スメントは曰く、

《かつて一般国家学の統一的観点として、国家をその社会的又法的関係の全体性の中で経験的に認識し得るようにし、理解し得るようにすることが要求され（H・ヘラー）、それが〃概念を統御するのでなく己れの用いる概念によって支配されるような今日の国家学〃への対立において行なわれたのであるとするならば、統合理論は、このような要請に応える為の一つの試みである。》R. Smend, „Integrationslehre" *StRA II*, S. 480.

なおスメントが、未だ統合理論の提唱にまで到らぬその初期の著作において既に、憲法生活の歴史性の認識・憲法の変遷には社会の変遷が先立つということの認識、の必要という意識から、L・v・シュタインの国家学について高い評価を与えていたことは注目さるべきである。Vgl., R. Smend, „Maßstäbe des parlamentarischen Wahlrechts" *StRA II*, S. 25～26.

（5） 例えば参照、H. Ehmke, „"Staat"und "Gesellschaft" als verfassungstheoretisches Problem" im „*Staatsverfassung und Kirchenordnung*" *Festgabe für Rudolf Smend*, (1962), S. 36. 又先に本文前述三七〇頁で引いた、K・ヘッセの所論を参照。

なお、これらの論者の所論に関しては、参照、藤田宙靖「行政主体の概念について」田中二郎先生古稀記念論文集『公法の理論』(上)二一三頁（本書九二頁以下）。

（6）例えば右のエームケの論稿において、二元的に対立する「国家」と「社会」の概念が否定され、その代りに、英米の憲法理論に依りつつ „civil society" の „government" というカテゴリーが導入されていることが注目される。参照、藤田・同右二一一頁以下（本書九一頁以下）。

（7）この点に関しては参照、藤田宙靖『公権力の行使と私的権利主張』一七六頁（国家学会雑誌八〇巻九・一〇号八八頁）以下。

（8）なお、夙に、《単に理論的にのみ見ればスメントの学説とケルゼンのそれとの間には理論的な架橋が不可能なわけではない》との指摘をするものとして、宮沢俊義「公法学における政治」宮沢『公法の原理』六一頁、がある。

（9）R. Smend, „Verfassung und Verfassungsrecht" *StRA II*, S. 156.

（10）R. Smend, a. a. O., S. 175, u. S. 141.

（11）R. Smend, a. a. O., S. 143.

（12）Vgl., R. Smend, „Integration" *StRA II*, S. 483. ; u. vgl., Derselbe, „Verfassung und Verfassungsrecht" *StRA II*, S. 136; Derselbe, „Integrationslehre" *StRA II*, S. 475.

（13）R. Smend, „Integration" *StRA II*, S. 484〜485.

（14）R. Bäumlin, a. a. O., S. 46. なお参照、栗城・前掲書評・法学雑誌一〇巻三号一一三頁。

（15）R. Smend, „Integration" *StRA II*, S. 486.

（16）Vgl., R. Smend, „Verfassung und Verfassungsrecht" *StRA II*, S. 125.

（17）R. Smend, „Bürger und Bourgeois im deutschen Staatsrecht" *StRA II*, S. 309 ff.

（18）Vgl., R. Smend, a. a. O., S. 314 ff., S. 320 ff.

（19）A. a. O., S. 315 ff.

(20)　A. a. O., S. 315.

(21)　A. a. O., S. 315〜316.

スメントの語るところによれば、

〝これらの諸憲法において、私的領域の保障とりわけ財産権の保障は、政治的解放の一部として導入されたのであったが、しかし、このように消極的な側面を越えて、当時は寧ろより積極的なことが、すなわち、国民の人格的・社会的状態（persönliche und soziale Umstände）の中にこそその国民としての資格（staatsbürgerliche Qualifikation）は存するのだ、ということが感じられていた。例えばFrhr. v. Steinが、土地所有権を、それは所有者を祖国に結びつけるものであるから、という観点から評価し、又、土地所有者を、市民的営業、及び知識団体と並べて、国家への結合、とし、それ故に又、代表への権利の基盤としているのは、決して教義的なものでも彼独自のものでもなかったのである。これらの一見私的基本権に見えるところの領域は、国家に対して分離し留保されたものではなく、いずれにあっても寧ろ、国家への結合要素として登場した。例えば思想の自由も亦、C・シュミットのいうような、国家よりのブルジョワ的解放ではなく、国家の市民的な根拠付け（bürgerliche Grundlegung des Staates）に他ならなかったのである〟。A. a. O., S. 317〜318.

(22)　R. Smend, „Staat und Politik" *StRA II*, S. 364.

(23)　A. a. O., S. 365.

(24)　Ebenda.

(25)　A. a. O., S. 376〜377, S. 378.

(26)　参照、藤田宙靖「E・W・ベッケンフェルデの国家と社会の二元的対立論(一)」法学四〇巻三号五八頁、六三頁、及び前述三八四頁註(6)。

五　スメント理論の問題点

スメント理論のこのような性格と機能に対しては、様々の観点から、様々の問題点が指摘されることとなるのは当然である。

一　例えば右に見たところに明らかなように、その理論体系はまず、様々な方法的次元の問題の総合によって成っており、かつてH・ケルゼンによって、《類例無き方法的混乱》、《理論》ではなく、単なる《一般的雰囲気》との批判[1]がなされた所以でもある。

スメントの思考の特徴は一般に、先に見た〃統一的法解釈〃の主張[2]にも表われている如く、又、更に、事実と規範、政治と道徳、等の峻別に対する批判にも表われている如く、およそ国家現象・法現象についての峻別的考察、分析的な考察に対する敵対的な態度にある。[3]このような態度は、H・ケルゼン、M・ヴェーバー等に代表される新カント主義の立場の否定、不可知論的懐疑主義への批判、C・シュミットの二元的類型思考への対立を通して、一貫して維持されている。そしてこのことは、スメントの公法理論が、現実の峻厳な認識と論理分析とによるイデオロギークリティークよりも寧ろ、[4]統一的秩序の形成・維持へ向けてのドグマティークの建設を国家学・法律学の任務とすることによるものと言えるであろう。[5]

二　しかし、〝統一的秩序の形成・維持へ向けての実践的ドグマティーク〟という観点からスメント理論を見る場合にも、そこにはなお、様々の問題点が存在する。

(1)　例えば、〝統一的秩序〟を志向し、各個人の法的地位・諸々の法制度（例えば基本権）等、全てこの全体秩序との関係においてのみ解釈さるべきことが強調されるならば、それはすなわち全体主義に途を拓くものではないか、との懸念が生じて来るのは当然であろう。[6] 実際、スメント自身も亦、ファシズム理論の、統合理論としての一面での優勝性は、明確にこれを認めていたところであった。[7] 又、例えば、H・エームケに代表されるような、国家と社会の二元を否定する立場に対し、E・W・ベッケンフェルデが、それは〝個人それ自体を total に共同体組織の中に引き込もうとするもの〟という観点から批判を行なっていることは、既に別に見た通りである。[8] 一般に、スメントシューレの、包括的・全体的・統一的思考の提示に対して、戦後西ドイツのC・シュミットシューレの論者からは、その〝自由〟に与える脅威が懸念され、個人の自由の保護の為に、〝相互の限界付け（Ausgrenzung）〟乃至〝法治国的配分原理（rechtsstaatlicher Verteilungsprinzip）〟という観点の必要が強調されるのが常である。[9]

(2)　しかし、スメント理論と〝自由の保障〟との関係に関しては、更に、スメント理論の次のような側面が看過されてはならぬであろう。

一九三三年にスメントが〝国家に倫理的に拘束された Bürger の Berufsrecht としての基本権〟なる基本権観を提唱した時、そこで意図されていたのは明らかに、当時の状況の下で、〝個人主義的であるとの理由の下に、基本権に向けられた憎悪〟から、基本権を、そして市民的カテゴリー一般を救おう、ということであった。[10] 例えばスメントは、〝現代の若者達が、父祖の遺産を引継ごうとせず、余りにも厳しくその弱点を指摘する〟ことを戒めつつ、次のようにこの講演を締めくくる。

《市民的世界 (bürgerliche Welt) を嘲笑し、そこから、その欠陥と業績とを、その全精神的・人道的・倫理的豊饒さを、その運命と、又その、余りにも多い失望や迂路や一見希望のない忍耐の試練等に対面しての静かなる力 (stille Kraft) とを、畏敬を以て学ぼうとせぬならば、それは決して賢明なことではなく、正しいことではないであろう》。(12)

すなわちスメント流の思考の、〝自由〟の、そして〝市民的カテゴリー〟に対する基本的態度は、必ずしもその抹殺にあるのではなく、〝前進的防禦(Vorwärtsverteidigung)〟(13)であり、〝外からの枠に保障を求めるのでなく、法実現化の過程の中に保障を置くことにより、より多くの保障を〟(14)というところにあるのである。従って少なくとも、スメント理論自体の中にファシズム招来への意図を見ることは公平ではなく、(15)その評価は、自由の保障の効果的な前提をどのように考えるか、によって異なることとなる。また、スメント理論が現実に〝自由の保障〟にとってどのような機能を果すかも、現実の政治的・社会的状況の如何によって大きく異なることとなるであろう。スメント自身の言によれば、そもそも、《統合理論は、保守的な側からは超民主主義的とされ、他方、自由主義的な、又、社会主義的な側からは、ファシスティッシュとして告発された》(16)のであった。

三　右のことと関連し、スメントの動態的考察方法については最後に、スメントシューレ内部よりの自己批判の存在に注目しておかなければならない。

第二次大戦後スメントは、《統合理論の一定の一面性と欠陥》(17)を自認して、次のように述べている。

《それ〔統合理論――藤田註〕は、その対象の固有性と、その固有な基本的傾向に対応して、出来るだけ広範な、規範と事実の同一化に達するよう努力した。そのことによって、この両者の間の緊張と法の固有性とが損なわれることとなり、又、憲法の固有性も、そこで組織と意思形成のモメントが余りにも後退せしめられたことにより、その限りで損なわれることとなった。それは――C・シュミットが限界状況（Grenzfall）を志向したのと反対に――正常な国家の現実性を志向したのであって、かかる現実性を……殆ど自動的に達成される全体性（Totalität）と調和させようと、余りにも意図され過ぎた。そのことによって歴史と事実とは損なわれ――又他方で、国家的な統一構造が過大評価され……個人の組込みが余りにも問題無きものとみなされ過ぎた》。[18]

(1)　この自己批判に関しては、まず第一に、ボイムリンがいうように、《スメントの学徒達は、この指摘を受容れて、国家は単に過程としてのみ理解されてしまって良いのではなく、同時に、再び（比較的に）静態的な制度（statische Institution）として観念されねばならぬということを明らかにした》[19]ということが注目されよう。国家現象の動態性を説き法制度の Offenheit を基本的に前提とするスメント流の〝動態的考察方法〟において、現代西ドイツ公法学においては既に、このような動態性乃至 Offenheit の主張そのものよりも、それと同時に寧ろ、これにどのような歯止めをかけるかの問題にこそ関心を向けつつある向きがあるということを看過してはならない。[20]

(2)　スメントの右の自己批判に関しては更に、様々の観点からの考察が可能であろう。[21]しかし、ここで注目したいのは、それが、スメント理論が基本的に、国家生活の正常性・日常性を期待し又前提とし、その意味で一種のオプティミズムに基づいたものであることを自認するものであることである。

共同体の全構成員が〝己れの分〟をわきまえ、且つ共同体の全生活に主体的積極的に参与し、相互間の衝突もなく統一的な意思の形成を行なうような〝正常な日常生活〟が、国家理論・公法理論の前提となるべきであるとするならば、そこでは本来〝権力〟とか〝自由〟とか〝全体と個の関係〟とかの問題は、そもそも不要となると言わねばならない。[22]

近代ドイツ公法学の諸カテゴリーは、もともと、このようなものとしての〝共同生活の正常性〟は、人間の本性に基づいては期待され得ない、というペシミズムを前提としてこそ成立しているのであり、[23] スメントの右の自己批判は、恐らくは、かかる近代法的ペシミズムを、現代公法学も亦捨て去ることができないことを、端なくも自認するものであるということが出来よう。

現代公法学に対するスメントの〝動態的考察方法〟の影響と機能とをどのように評価するかの問題は、かくて一面で、現代公法学にとってこのようなオプティミズムとペシミズムが、それぞれどのような意義を持つかについての評価にかかわる。スメントシューレの公法学の基本的な枠組に戦後一貫して反論の陣を張り、法治国概念の形式性・技術性、ボン基本法の市民的法治国性、権力機構としての国家、国家権力の制限としての基本権、国家と社会の二元、憲法解釈への精神科学的方法の導入の拒否、等々を頑なに唱え続けて来たフォルストホフが、その論文集の最後を次のように締めくくっているのは、この意味においてまさに注目に値する事実と言わねばならない。

《今世紀における憲法の諸動向、すなわち、諸革命、諸変革、内戦、独裁制等々について熟知する者は、今日の国法学が、専ら正常状態の中でのみ考察し、権力と政治との終焉を信ずることは、従来にも増して出来ない、ということを疑うことはできないであろう。このことは、基本法の下における広範な脱政治化の幾歳月によっても、見誤られてはならない。将来正常状態に何らかの障害が生じた際に……内向した（introvertierter）法治国へと引きこもった国法学が、精神科学的なレトリックか或いは又、容認（Eingeständnis）の宿命的な繰返し以上のものを提供することが出来ぬとしたならば、悲劇的なことであろう。国法はここでは終焉を迎えるのである》。[24][25]

(1) Hans Kelsen, „*Der Staat als Integration*," (1930) S. 29, u. S. 76. ケルゼンによるスメント批判については参照、宮

沢・前掲『公法の原理』六二頁～六三頁。

（2）　本書前出三六七頁参照。

（3）　従って先に見た統合理論の経験主義的側面ということについても、批判的・分析的経験主義ではなく、寧ろ直観主義的であることを看過してはならない。この点、スメント理論への現象学の影響（Vgl., R. Smend, „Verfassung und Verfassungsrecht“ *StRA II*, S. 119 ff.）についての分析が必要となるが、ここでは今後の課題としておく。

（4）　スメント理論が一面で果しているイデオロギークリティークとしての機能はもとより否定出来ない。とりわけ伝統的な〝市民的法治国〟の概念に対する関係では、その理論の多くの部分が、かかる概念によって国家現象・法現象を説明しようとすることに対するイデオロギークリティークの体系を成すものと観ることも出来よう。しかし他方で、一般的には、懐疑的態度そのものが例えば第三帝国のような悪をもたらす、という思考のパターンが存することは、本文で先に見た通りである。

（5）　P・ヘーベルレと同様フライブルク大学においてK・ヘッセ、H・エームケ等の下で学び、同様にスメントの思考枠組を基本的に受継ぐA・ホラーバッハが、フォルストホフの法治国家論を批判するに当って、そこにM・ヴェーバー、そして一般に新カント主義の強い影響を見、次のように述べていることは、この意味において注目に値するであろう。

《これら〔新カント主義的思考方法の一般的特徴――藤田註〕に関して言えば、このような態度に存する積極的な面（das Positive）を看過することはできない。何故ならば、ここではまさに、倫理的厳格主義によって、脱イデオロギー的・脱神学的な客観性の獲得が意図されているからである。〝知的廉直性〟への要請の中に、この、真面目に対すべき、〝自己批判的真実性なるエトス〟が表現されている。

このことを想起させ、このような態度へと注意を促すことに、フォルストホフの……関心は恐らく存するのであろう。その限りにおいてそれは積極的に評価すべきであるし又、……それは、憲法理論の基盤に関する議論におけるその鋭い分析と批判とによって、有益である、ということができるかも知れない。しかしそれは、〝憲法の規範力（normative Kraft der Verfassung）〟の強化の為の正しい道を歩むものではないのである。》A. Hollerbach, a. a. O., S. 270.

（6）　例えば参照、宮沢・前掲五五～五六頁、六三頁、黒田・前掲法学論叢二七巻二号三二頁以下。

（7）　参照、本書前出三七八頁。

（8）参照、藤田宙靖「行政主体の概念について」『公法の理論㊤』二一七頁（本書九五頁）、同「E・W・ベッケンフェルデの国家と社会の二元的対立論㈠」法学四〇巻三号五一頁。なお参照、森田寛二「『社会的法治国』の論理と『実質的法治国』拒否の論理」法学三七巻三・四号一四八頁。

（9）参照、藤田・前掲『公法の理論㊤』二一七頁本書九四頁、同・前掲法学四〇巻三号六二頁。Vgl., E. Forsthoff, „Begriff und Wesen des sozialen Rechtsstaates" im „*Rechtsstaat im Wandel*", (1 Aufl.), S. 37.

栗城教授は、現代西ドイツ公法学の動向として、C・シュミットの思考枠組を受継ぐ公法学者を中心とする《旧傾向》を、《いわば峻別の論理をふまえて形式的な、静態的な理論を展開している》と性格付けられ、これに対しスメントシューレの公法学者を中心とする《新傾向》を、《いわば統合の論理をふまえて実質的な、動態的な理論を展開している》とされる。栗城・前掲公法研究三八号一〇九頁。

（10）このこと自体は、例えばスメント流の基本権理解を厳しく批判するE・フォルストホフも亦、認めているところである。Vgl., E. Forsthoff, „Der introvertierte Rechtsstaat und seine Verortung" im „*Rechtsstaat im Wandel*", (1 Aufl.), S. 217.

（11）R. Smend, „Bürger und Bourgeois im deutschen Staatsrecht" *StRA II*, S. 324.

（12）A. a. O., S. 325.

（13）K. Hesse, Aussprache in VVDStRL Heft 30, S. 146. なお、参照、栗城・前掲公法研究三八号一〇九頁。

（14）R. Bäumlin, a. a. O., S. 44.

（15）H・エームケの „civil society の government" という思考は、一つの新たな Totalität の選択である、とするベッケンフェルデも亦、エームケの思考そのものが、主観的には自由を志向しているものであることを否定するわけではない。参照、藤田・前掲法学四〇巻三号五二頁。

（16）R. Smend, „Integrationslehre" *StRA II*, S. 481.

（17）A. a. O., S. 480. なお、スメントのこの自己批判の全体については、手塚・前掲一四二〜一四四頁に、詳細な紹介がなされている。

（18）Ebenda.

(19) R. Bämlin, a. a. O., S. 37.

(20) 参照、栗城・前掲公法研究三八号一一〇頁、藤田・前掲公法研究三八号一三五頁。

(21) 例えば手塚・前掲一五五～一五六頁は、これを、《国家の過大評価・個人の安易な理解》に対する自己批判と見て、論評する。

(22) 《自由は、個人の国家に対する距離 (Distanz) を意味する。》 E. Forsthoff, „*Der Staat der Industrie-Gesellschaft*", (1971), S. 78.
　手塚・同右は、《スメントの基本権理論からは、自由主義・個人主義の帰結としての両者（個人と国家——藤田註）の対立的把握……が欠落する》と指摘するが、論理的には寧ろ、個人と国家の対立的把握は、自由主義・個人主義の前提というべきであろう。

(23) 《国家はどのように定義しようとも、支配の機構であり、国家は服従に基づいている》という、有名なフォルストホフの言 (E. Forsthoff, „Verfassungsproblem des Sozialstaats" im „*Rechtsstaatlichkeit und Sozialstaatlichkeit*", S. 146)は、このような見地から理解さるべきである。

(24) E. Forsthoff, „Der introvertierte Rechtsstaat und seine Verortung", im „*Rechtsstaat im Wandel*", (1 Aufl.), S. 227.

(25) 尤も、フォルストホフの法治国論自体にも一種のオプティミズムが内在せぬか、は、一つの問題となり得る。すなわち、憲法上の諸制度の形式的・技術的な理解、憲法の文言の厳密な解釈によって始めて、その担い手の如何に拘らず常に国家権力を制約することが出来る、というのが、フォルストホフの形式的法治国論の基本構想であるが(Vgl., E. Forsthoff, „*Rechtsstaat im Wandel*", (1 Aufl.), S. 7 ff.) これに対しては、スメントシューレの側より、いわば、その形式性・技術性・実証性への過信が批判されるからである（例えば vgl., A. Hollerbach, a. a. O., S. 265.）。このような観点は、現代西ドイツの法律解釈方法論としての、いわゆる〝法律学的ヘルメノイティーク〟の問題提起（参照、青井秀夫「現代西ドイツ法律学的方法論の一断面——「法律学的ヘルメノイティーク」の紹介と検討」法学三九巻一号九九頁以下、三・四号五九頁以下）へとつながって行くのであるが、フォルストホフに対するこのような批判の当否の問題も含め、ここではこの点には立入らない。

五　スメント理論とわが国現代行政法学

一　わが国行政法学で近時強調されている〝動態的考察方法〟には、冒頭に掲げた論点以外にも、しばしば、スメントシューレの〝動態的考察方法〟との間の奇妙な類似点が見出される。例えばいわゆる〝行政過程論〟は、〝法現象の孤立化した把握でなく、包括的な全体としての行政過程の中の一要素として、全体との関係においてのみ考察すること〟の必要性を説くものであるが、それは、更に、《体系的思考》に代る《問題的思考》の必要の主張となることもあり、(1)又、法律を含めて、あらゆる法形式を利用して行なわれる現代行政の、《永続的な変動のプロセス》としての性格の強調と結びつくこともある。(2)このような見解の下では、《法律それ自体が政策のための一つの道具であって、問題に対して全部の解答を与えているといった性格のものではない》(3)とされ、私人の権利及びその制約原理としての〝公共の福祉〟の Offenheit が強調される。(4)又、このように〝開かれた決定の過程〟に対する〝下からの参加〟の重要性が強調され《まさにそのことによって社会統合が不断に変転する過程の上において実現される》(5)と説かれる。かかる前提として、行政と私人の二元的対立という思考が否定され、公共の福祉の創造過程における両者のパートナーシップが唱えられることとなる。(6)

二　これらわが国行政法学上の理論的動向と、スメント理論とを、その一見した類似性の故に直結することはもとより許されぬし、(7)国法理論・憲法理論を中心とするスメントの理論体系について本稿で検討したところが、わが国現代行政法学の〝動態的考察方法〟にそのまま当てはまるものでもない。しかし少なくとも、スメント理論と西ドイツ公法学との関係に見られる例は、〝動態的考察方法〟なる要請が現代公法学において果し得る機能の、可能な一例を示すものとして、わが国行政法学の立場から見ても極めて注目に値するものを有することは、疑いを容れぬところであろう。

本稿で見たようなスメントシューレの思考枠組が、Planung, 私人の権利救済、裁量問題等々をめぐる現代西ドイツ行政法学の中で、どのように機能しているか、又、それらとの対比の上で、わが国行政法学上の右のような動向はどのように位置付けられ又評価され得るか、の検討は、しかし、もはや本稿の直接の意図を越え、他日に譲らるべき課題である。ここではそのような作業の為の覚え書きとして、専ら本稿と関連する限りにおいて、これらの動向に内在する若干の問題点を指摘するに止め、以て本稿の結びに代えることとする。

(1)　第一に、法現象の動態性ということについて、スメント自身が自省しているような、〝事実と規範の緊張関係〟、〝法の固有性〟の問題を、わが国行政法学上の〝動態的考察方法〟は、どう処理しているか、の問題があろう。この点については既に兼子仁教授より、いわゆる〝行政過程論〟に対する批判として、《事実として行政の全体的過程が実在することはたしかであるが、法解釈学としての行政法学はあくまで現行法の法論理を究明すべきものであるから、そこでは、行政の過程がいかなる法論理構成を成しているかが問題であるはずで、法論理構成が不明なままに全体的な「行政過程」を語るべきではなかろう》との指摘があるが、(8) かかる指摘の当否をも含めて、(9) 改めて検討の対象とさるべき問題である。

(2)　第二に、〝法現象の個別的考察ではなく包括的・全体的考察を〟という要請について、本稿との関係で言えば、

C・シュミットの思考枠組を受継ぐフォルストホフ、ベッケンフェルデが、„rechtsstaatlicher Verteilungsprinzip“の語の下に主張しているところの〝限界付け（Ausgrenzung）〟の要請に、わが国の右の動向は、どう対処するのか、の問題がある。例えば、〝個々の法行為についての法解釈は、全体としての過程との関連においてのみ行なわるべきである〟という論理は、確かに一方では、行政過程を全体として法的コントロールの下に置くべく機能し得ると同時に、他方で、〝全体としての過程〟の名において、個々の行為の適法性コントロールを否定する論理としても亦用いられ得ることを看過してはならない。[10] 従って〝全体的過程〟を考察の対象とするならば先ず、伝統的な法制度・法理論の枠組について、これらを単に〝体系的思考〟の産物として、その故を以て排斥するのではなく、これらの法制度がまさに全体的過程の中で果していた抑制的機能、いわば〝体系的思考〟の機能そのものを再検討する作業が先行せねばならぬであろう。[11]

(3)　第三に、〝動態的考察方法〟に共通する〝下からの創造〟、〝行政過程への市民参加〟或いは、〝対立関係にではなく協調関係にある行政と市民〟という観点については、創造の担い手に対して存在する、本稿で見たような意味でのペシミズムの存在を、これらの動向はどう評価するのか、という問題があるであろう。

(a)　すなわち第一には、例えば住民参加という場合の〝住民〟が、現実に何を意味するかの問題があり、エームケ流の国家と社会の一元論に対してベッケンフェルデが強調している、〝単に「民主的決定手続の中での協働の自由」に止まらぬ、「民主的決定手続・集団的決定権力にすらも対抗する自由」[12]〟の確保が如何に行なわれ得るか、の問題が残る。

(b)　第二はそもそも、担い手たり得る〝市民〟の質の問題であって、例えば、《今日では国民の文化水準がたかまりはじめ市民的自発性も成熟しはじめた》のであって《ゴネ得も市民参加による合意手続の不在による》[13]というような認識を、我々が広く一般に、法制度・法理論の前提として持ち得るか、が問題となるであろう。この点に関しここでは、覚え書きとして、《われわれの国では、まだうつくしい「共和」の標語を掲げるよりも、どろどろとしたエゴイズム……の激突のなかで「共和」をさがしあててゆく生みの苦しみを経験してゆく必要があるのではなかろうか》[14]と指摘される樋口陽一教授の立場と並び、E・フォルストホフの次の言を書き留めておくこととしよう。

《伝統的な国家性の終焉を主張する声は確かに強い。そして実際、この意味において引合いに出し得るような発展傾向と具体的な諸事実にも欠けるところはない。……〔しかし〕国家の終焉を、ある日付を持った出来事として想定することは出来る筈がない。四〇〇年にも亘る時期において政治的形式を与えて来たような秩序概念の解体は、ただ継続したプロセスとしてのみ行なわれ得るのである。このプロセスのどの段階に我々が現在居るのかについては、我々には見出す術が無い。いずれにせよ、国家と共に政治乃至は政治的なるもの (das Politische) が、世界から消え失せることはないし、又、政治的なるもののどのような新しい形式が国家を解体するであろうかということも、未だ明らかではない。このような状況に鑑みるならば、国家概念を放棄するのは、自殺行為ともいうべきであろう。何故ならば、今日の現実は、国家志向的なるものに代り得る論理的な関連システムの発展可能性に対し、如何なる可能性をも示していないからである。[15]》

（1）参照、遠藤博也「複数当事者の行政行為――行政過程論の試み――(3)」北大法学論集二〇巻三号一頁以下。
（2）参照、遠藤博也『計画行政法』三四頁以下。
（3）同右六五頁。
（4）本書前出三六二頁註（4）参照。
（5）遠藤『計画行政法』二八〇頁。

（6）参照、畠山武道「許認可の際の同意の性質（四・完）」民商法雑誌七〇巻五号一〇三頁以下。

（7）但し、間接的には、両者の間は全く無縁とも言えぬことについて、参照本書前出三六一頁。

（8）兼子仁「現代行政法における行政行為の三区分」田中二郎先生古稀記念論文集『公法の理論㊤』三〇二頁。

（9）兼子教授は別に、《法解釈論において事実としての「行政過程」を語る余地が全くないわけではなかろうが、それはあくまでも行政処分などをめぐる現行法論理を解釈上明らかにしていくための契機としての一観点にすぎないはずで、そのような事実概念たる行政過程は、法概念たる行政処分などとは厳に区別し、行政法制の法論理的構成からは除いておかなければならないと考えられる》と述べられる（兼子、同右三〇三頁）。ところで例えば遠藤教授の場合、その行政過程論の試みは、もともと、法解釈には常に利益衡量が不可避である、との前提に立ち（参照、遠藤・北大法学論集二〇巻一号三～四頁）、この利益衡量を体系化したものとする為に、〝行政行為の法的効力をめぐる類型的紛争場面の諸相を体系全体の中に位置づけるという作業〟として提唱されたものであった（参照、遠藤・北大法学論集二〇巻三号四頁）。その限りでは〝行政過程〟とは要するに、従来〝法解釈の法社会学的基礎付け〟とか〝社会の実態にマッチした法解釈〟とかの要請が行なわれて来た際の、〝社会学的事実〟とか〝社会の実態〟と同様、それ自体が解釈さるべき実定法理の内容であるのではなく、まさに、兼子教授のいわれる《行政処分などをめぐる現行法論理を解釈上明らかにして行くための契機としての一観点》たる《事実概念》に止まることとなると思われる。ただ、遠藤教授の場合〝行政過程〟概念は、その全説明からすると、これだけに止まらぬものを有することになるように思われ、なお、詳細な分析を必要とするところである。

（10）このことは例えば、行政処分の理由付記の必要と程度について、これをでき得る限り最小限に抑えようとする行政庁側の論理が常に〝全体としての行政過程を考慮することの必要〟にあることに、端的に示されている。例えば、青色申告書提出承認取消処分に関して、参照、最高裁民事裁判例集二八巻三号四二一頁以下、四二六頁以下等。

（11）因みに、行政行為概念及び行政行為論の創始者たるO・マイヤーにあっても、行政行為は決して単なる〝静態的な体系的思考〟の下に〝法律の執行〟として考察されていたわけではなく、国家権力の発動過程における、一般的抽象的法律と強制行為との間の Zwischenbau とされ、そこにその法治国的意味が見出されていたことが想起さるべきである。Vgl., O. Mayer, „*Deutsches Verwaltungsrecht*", 1 Aufl., S. 64～65.

(12)　参照、藤田・前掲法学四〇巻三号五三頁。
(13)　松下圭一「市民参加と法学的思考」世界一九七三年七月号五三頁、五一頁。
(14)　樋口陽一「「法学的思考」の任務はなにか——松下圭一氏の憲法学批判に触発されて——」社会科学の方法六五号一一頁。
これは、《従来日本の憲法学それに行政法学の主流は、個人権利の擁護のために、国家統治の正統原理としての『公共の福祉』を制約ないし対決するという視座を中心に構成されてきた》が、《今日状況は一変》し、《従来こころみられたような〈統治〉を中心とする公法観念の排除ではなくして、〈共和〉を指向する公法観念の再編こそが憲法学・行政法学の中心論点となった》とされる、松下・前掲五六〜五七頁の主張に対する反論として述べられたものである。
(15)　E. Forsthoff, „Der introvertierte Rechtsstaat und seine Verortung", „*Rechtsstaat im Wandel*", (1 Aufl.), S. 223.

附篇　柳瀬行政法学の背景

柳瀬行政法学の背景

東北大学名誉教授　柳瀬良幹
東京大学教授　塩野宏
東北大学教授　樋口陽一
東北大学助教授　藤田宙靖

はじめに

藤田　柳瀬先生は昨年古希をお迎えになりまして、本日、十一月十七日は先生の七十一回目のお誕生日であります。言うまでもなく柳瀬先生は、わが国の行政法学界で田中二郎先生と相並びまして、田中行政法学とはかなり趣を異にする固有の行政法学というものを築き上げてこられたわけで、私どもいま拝見いたしましても、いろいろとお教えを受けるところが多いわけであります。

そこで、前々から、柳瀬先生の行政法学というものにつきまして、一度先生ご自身の口からもいろいろなことをおうかがいする機会がもてればと思っていたわけですが、幸いこのたび「自治研究」のお世話で、柳瀬先生を囲んでわれわれ後進が柳瀬先生の行政法学というものについての研究会を開く機会を設けることができましたので、大変遅まきながら、先生の古希のお祝いということも兼ねる意味で、今日は少し話し合いをしてみたいと思っているわけであります。

■ **藤田論文の限界**

藤田　柳瀬先生の行政法学につきましては、私以前、もう八年くらい前になりますか、柳瀬先生が東北大学をご退職になりますときに、それを総合的に解釈する研究というものを、「法学」に発表したわけですが、この論文は、柳瀬行政法学研究としてはいろいろな意味で限界がございまして、何とかこれを補足したいと前々から思っていたわけであります。その限界と申しますのは、まず一つには、それがいわば柳瀬行政法学についてのもっぱら静態的な、スタティッシュな論理分析にとどまっているということであります。つまりあの論文は、柳瀬先生が四十年間にわたりいろいろ学問的な思索を重ねられてきた、その結果を現在の時点に立って体系的に、いわば平面的に論理分析しているだけでありまして、先生のいろいろな学説だとか著作だとかがどういう背景をもち、どういう動機でもって成立してきたかというような、つまり柳瀬行政法学の成立過程に即して、その背景とか動機等に照らしつつこれを分析・検討するという形のものではなかったわけであります。

そして第二に、このことも関係いたしますけれども、あの論文は、柳瀬行政法学をいわば学問内在的に論理分析したにとどまるということができるわけでありまして、柳瀬先生という一人の人間の思索活動のすべてを総合的に分析して、その上で柳瀬法学とは何であるかということを明らかにしたものではないわけであります。

■ 柳瀬行政法学の「背景」の重要性

藤田　ところが、これは一般的に何も柳瀬先生に限らず、すべての学術的な著作について言えることだと思いますけれども、とりわけ先生の場合にはその行政法学を本当に理解するためには、そういうような静態的な、或いは学問内在的な論理分析だけでは十分に理解できない面がある。真に理解するためには、もっとその背景にあるものを探ることが重要であるように思われます。柳瀬先生にはいろいろな著作がございますけれども、憲法・行政法に関する著作と並んで、それと同時に、それ以外の多くは随筆という形で書かれておりますけれども、文学、歴史、政治等々についての著作が、非常に多いのであります。そして、それらを全部通して読んでみますと、先生はもしかしたら行政法学を専攻なさったのは間違いで、むしろ文学部へ行かれるべきであったのではないかとすら思われるような、非常に広い教養と思索をそこに示しておられるのでありまして、少なくとも行政法学というものは、先生の場合、その全思索活動の中でごく一部に止まるものにすぎないような気がするわけであります。そして、そういう全思索活動の中で、法学というものは明確な方法的な問題意識をもって全体系の中に位置づけられている、つまり柳瀬先生の場合、法律学というものは、意識的に、その役割りをきわめて限定した形で展開されているような気がするわけです。

それからもう一つ、これは柳瀬先生ご自身がある随筆の中でお書きになっていることなんですけれども、学問的な命題は、遡っていくと最後には第一命題というものに突き当たるのであって、この第一命題というものは論理的にどこからも導き出せるものではない、むしろそれは学問をする者の本能と申しますか、全人格的なものによって規定されているものなんであって、したがって、そういう第一命題がでてきた過程を因果的に分析したりすることはできても、論理的にこれをつかまえることはできない、そういうことを述べておられる文章がございます。これはまた後で取り上げてみたいところですけれども、そうだとしますと、柳瀬行政法学の場合にも、仮に学問内在的にこれを分析していくにしても、最後は内在的な論理の分析では辿りつけないところがあることになるわけで、それをつかむためには、まさに先生ご自身がおっしゃっているように、その成立の過程等々に照らしてみなければならない、ということになると思われます。

そこで、以上のような理由から、本日は柳瀬行政法学の研究と申しましても、いわばさきの私の論文を補っていただく意味で、柳瀬行政法学の成立の過程とその背景というようなものを中心に検討していこうと考えるわけであります。もちろん、その過程で先生の行政法学の内容自体についてもいろいろ立ち入ることがあると思いますし、またさきの私の論文につきましても、実は未だ柳瀬先生ご自身から明確な形で論評をいただいたことがないものでございますから、この席でもし先生にいろいろお教えいただくことができればというふうにも考えているわけであります。

そこで、そういうわけで、きょうは柳瀬行政法学がどういうふうにしてでき上がってきたかということを、先生の生い立ちに即して、追跡していくことができればと考えておりますけれども、その際、先ほども申しましたように、柳瀬先生には二、三随筆集がございますのできょうはむしろこれらの随筆集を中心としていろいろと先生におうかがいしていきたいと思っております。

一　少年時代

■ 文学的関心と数学的関心

藤田　そこで、まずそもそも先生がどうして行政法学なんぞというものをお始めになったかという問題が出てくるわけですが、先生の随筆集を読んでみますと、まず大学にお入りになる以前、すなわち少年時代に感じたことについての幾つかの想い出が述べられているところがあります。これらを拝見しますと、先生の場合かなり早い時期から、一方で文芸についての非常に強い関心がおありになったように思われる。むしろ、柳瀬先生はもともとかなりの程度文学少年、文学青年だったのではないかと感じさせられる面があります。と同時に、また、かなり早い時期から他方で数学的な論理というようなことに関心をおもちになっていたようにもお見受けするわけですけれども、このことは、柳瀬先生のその後の行政法学というものができていく上で何らかの意味をもっていたのではないか。いうまでもなく、文学的な関心というものと数学的な論理についての関心というものはある意味で非常に対照的なものがあるわけで、そして柳瀬先生の場合には、先ほどもちょっと申しましたけれども、法律学の論理というものと文学的な思索というものと、これが非常に明確に分かれて展開されているような気がしますので、まずその辺のことからおうかがいできればと思います。

まず先生がご郷里の和歌山におられましたころ、かなりお若いころから俳句とか或いは邦楽とかに非常に関心をもたれるようになってきた、そういうような過程から、先生の回想ということで結構ですから、お話をうかがえればと思いますけれども……。

柳瀬　いまのお話だと大変偉い人間のように見えて恐れ入るのですが、そして私の行政法の意見は、どなたもそうですけれども、その人間の性格がやはり自然反映するということはあると思います。ただ考えてみますと、私はいろいろなものをかじるのですけれども、そういうことをかじったことと専門の学問の上の考え方と現実にどのくらい結びついておるかというとよくわからないわけです。それで、そんなに論評していただくほどのものとは思いませんけれども、とにかくこんな人間がいることは事実ですから、これは認めていただいて、どんなやつか知っていただくということは私としても大変本懐の至りなんで、その意味で今日は話をいたし、また聞かしていただきたいと思います。

いまお話にでました文芸なんですが、これは私は生まれつきの好みだと思います。私の家にはどういうわけか、だれが読んだのか知りませんけれども、博文館で出しておった明治時代の最高級の文学雑誌と言われておった「文芸倶楽部」が大分ありまして、小学校時代はそれを持ち出してきて読んでおったわけです。ですから、泉鏡花とか岡鬼太郎とか後藤宙外とか石橋思案とかなんとかいう人の名前もそこで覚えたようなわけです。ただ、ご存知と思いますが、いまと違いまして、当時は小説家とかいうようなものは人間のくずのように普通世間では思われておったわけです。つまり雑誌もろくにありませんし、本もそう簡単に出せませんから、文芸家で成功した人は偉いですけれども、中途半端の人間は食うや食わずで、親兄弟に迷惑をかけるというような時代だったわけです。それが第一次大戦で少し直って、そして菊池寛という人が出てきて雑誌社を説得したりしてだんだんよくしていったわけです。だから、大抵の家では子供がそういう方に進むことは余り喜ばなかったので、私の親などは、ことに私が文芸なんかに進むことを嫌って、そんなものを読んでいると叱られたことがあるのです。こっそり隠れて読むようなことをしておりました。

それから琴とか三味線ですが、どこの家でもその時分は皆古いものは一通り心得ておりましたから、そういうものを聞き覚えたようなものです。関西ですから義太夫がはやっておりまして、そういうことで、そんなことも少しかじったようなわけです。

それから数学の方は、私は演算は嫌いなんです。計算が下手だし、嫌いです。それで数を言われても、ちょっと具体的にイメージがでてこない。例えば「6」と言われても、どんなものか数は見当がつかないのです。初めは代数なんか嫌いだったのです。ところが幾何をやってみますと、これは目に見えますからはっきりわかるので、これは面白いという気がして、一時大分幾何を勉強したことがあります。そういう程度のものです。それで、高等学校を卒業してから、後で高等学校の数学の先生に会ってその話をしたのです。「高等学校で教わった時分はオペレーションばかりやらされて困ったので、それよりももっと数学の考え方そのもの、いわば数理哲学というようなことを教えてもらえるとありがたかったのに」と言って先生を大分怒らせたことがあるのですけれども、そんなことで暮らしてきました。

■ 法律学選択の動機

柳瀬 それで、実は私は怠け者なんで、進んで働く気は余りなかったのです。できれば、大学を出たら遊んでいたかったのですけれども、そうもいかないものですから、その時分はやはり明治の続きで、官尊民卑だったものですから、官吏は偉いということになっていたのと、それから法律の知識がいまよりずっと幅をきかしておったわけです。そういうことで、親たちも法学部にいくことを、いくと言えば喜びますし、何の気なしに、何とかなるだろうということで法学部にいったのです。そうしたら、ちょうど政党政治の時代で、非常に例のスポイルスが行われたので、内閣が一遍かわると、地方長官なんかも片っ端から馘になってしまう。浮き草の地方官と言われた時代で、そんなことから私も官吏になることはいやになって、今度は会社員になろうとしたのです。とても学問なんかするだけの才能がないし、肩がこるし、こんなことを言うと会社員の人が怒るでしょうけれども、会社員なら何とかその日の仕事だけしておれば一生送れるので、気楽でいいから、そっちにいきたいと思ったら、例の金融恐慌の後の不景気で、どこでも人減らしばかりしてとってくれないので、窮余の策として大学に舞い戻ったような、まことにどうも申しわけないのですが、そういう経過です。

藤田　大学にお入りになって、それからまた研究室に入られたころのことについてはまた後でいろいろおうかがいすることにしまして、先生の随筆の中に、幾何学というものの論理性に非常に興味を覚えて、後に高等学校で法律学とか経済学をかじったけれども、経済学の方は何が何やらちょっとつかみどころのないところがあったけれども、法律の理論は非常に明快そうに見えた。それがどうも自分の性格に合っているような気がした。法律学へ進んだのはそういうことがあったのかも知れないというようなことをたしかに何か書いておられたと思いますけれども。

柳瀬　そのとおりに思っております。ですから、私の法律学は非常に形式論理にこだわって融通がきかない、これはどなたもそう思うでしょうけれども。

■ 政治・社会への関心

藤田　法律学なんぞというものを始めようという場合には、人によりそれぞれいろいろ動機があると思いますけれども、先生が少年時代、大学に入る前のことについてところどころお書きになっていることを拝見しますと、今でましたように文芸的なものに対する関心ということと、数学的な論理に対する強い関心というものがうかがえる一方、当時の政治とか社会とかいう問題についてどういうふうにお考えになったかということが余りでてこないのですが、そういうところから考えると、先生の場合、もともと政治とか社会というような非常に血なまぐさい、日常の生活に密接したような、どろの中を這い回るようなことには余り関心がなく、文芸とか数学とか、つまり昔ギリシャの哲人が興味をもってやっていたようなこと、いわばそういう意味での貴族的な精神活動の方が出発点だったのではないかというような感じがいたしますけれども……。

柳瀬　多少そうかも知れませんね。というのは、つまりぼくの家はいまの言葉で言えば寄生地主で、みんな遊んでおりましたからね。直接社会に接触するということは余りなかったわけです。それともう一つ、私が子供の頃はまだ明治以来の「井戸塀」の考えが残っていて政治は引き合わない、政治に関心をもつことは先祖伝来の財産をなくする始まりだという考えが殊に田舎には強かったので、私の親父なども努めてそれを避けようとしていましたから、そんな関係もあったのかも知れません。

■ 文芸的関心と幾何学的関心の相関関係——対立面

塩野　先程藤田さんがあげられた数学的論理の点ですが、大分前に聞いた話なんですけれども、数学の中にも幾何屋さんと代数屋さんとがいて、両方はかなり質が違うのだということです。そして、実は柳瀬先生は数字にはそうお強くないのだろうという感じを持っておりまして、そうだとすると、柳瀬先生の場合は、むしろ幾何屋さん的な傾向ではないかというふうに感じていたものですから、いまのお話をうかがっていてなるほどと思いました。そのことがずっと後まで尾を引いているところがあるわけで、幾何というのは、私が中学生のころ習ったことを思い出しますと、まず第一に直観がなければいけませんね。直観とあと論理ですね。たとえば、図形のどこに線を引くかで決まってくる。その線を引いた後は今度は論理で答えが出てくる。るというわけですが、補助線を見出すのが一番むずかしいことなんですね。それがあとの方ででてくる学問の学問たるゆえんとまた結びついてくるところだろうと思うのです。

それはともかくとして、そういった論理的なものとそれから文芸というのは、一つの人格の中では必ずしも排斥するものではないようですね。これはいままでもずいぶん例のあることで、例えば森鷗外なんというのもその最たるものだと思いますね。非常に論理的な自然科学の途と、それから文芸的なものとが一つの人格の中に入っていて、それがそれぞれの活動の対象によって現われてくるという点があるわけですね。ただ柳瀬先生の場合の違うのは、非常にその二つが分かれているというところじゃないかという感じがするんですね。

というのは、少なくとも先生の行政法の専門的な論文の中には「情」はないですね。これに対して随筆の方には確かにいろいろな論理的なものもありますけれども、どっちかというと、私の感じでは「情」が少しあふれ過ぎているところがあると思います。少なくとも、かなりストレートな形で心情が表われているところがある。柳瀬先生の場合には、そういった二つのものがかなり前から分かれていて、それが人格の中では統一されているでしょうけれども、表にはかなり分かれて出てきているというふうに私は思ったのですが、この第三者の評価が当たっているかどうか、きょうは柳瀬先生がいらっしゃるからついでにおうかがいしてみたいと思ったのですがね。

柳瀬　当たっていると思います。鷗外先生を譬えに出されたのでは、私は身の置き所がありませんけれども。そしてその原因を私が反省しているのは、文芸をどうながめるかというながめ方だと思うのです。人間いかに生くべきかというようなことは私は注目しないのです、小説読んでも。いかにあるかというところを読んで、いわば情緒を楽しむものですから、だから理屈の方へ響いてこないのだろうと思うのです。

■ 文芸的関心と幾何学的関心の相関関係——共通面

樋口　いまの塩野さんがおっしゃったこと、そして先生がお答えになったこと、その点は私も全くそういうふうな感想を持っていて、先生におうかがいしたいと思っていたところなんですが、ちょっと見方を変えて言いますと、先生の法律学観と文芸観との間にはまさに共通するものがあるのじゃないか。こういう機会ですから先生ご本人にお聞きしたいのです。こういう言葉は私の勝手な言葉で、大変恐縮な言い方になるかも知れませんけれども、先生の学問観からすると、学問というのはしょせん仮構の世界を自分でつくることなんだ。仮構の世界をつくることで、いわば壮大な遊びである。もちろん血のにじむような遊びだというふうに言わなければいけないでしょうけれども、しかしそういうふうに仮構の世界をつくるものなんだ。そういう見方の点で、先生が文芸というものをごらんになるとき、先生の中で統一されているものがあるのじゃないかという感じを、日頃もっているのですが、その点はどうでしょうか。

柳瀬　その点もそうだと自分でも思っています。ただし、遊びというのは、私はよく言うのですけれどもいろいろな意味があるので、私が言う一つの意味は、いつかも言いましたけれども、それ自身が目的である。あることのためにそれをするのではない。それは芸術も学問も同じだ、そういう意味で遊びだと思っているわけです。

■学術論文と世直し論

塩野　先ほど言ったことにこだわるわけではないのですが、随筆も一応柳瀬先生の文芸的な側面の一つというふうに見ますと、奥底ではどこか統一されているところがあると思うのですけれども、現われてきたところは非常に違う。というのは、随筆の中では柳瀬先生は世の中に非常に関心を持っていて、改革論者としての先生がでてきているわけですね。改革論者という意味は、慨嘆しているところがあるということでその証拠は幾らでもありますけれども……。(笑)

だけれども、片方行政法の場面では、要するに、日本の行政制度なり行政法はいけないからこれを直すとか、そういうことは一切禁欲的に警戒をしておられるところがこれまた随所に見られるところだと思うのですね。そうすると、一体、柳瀬先生は本質的には、これは田中先生あるいは鵜飼先生と同じような意味でのリベラリストと名づけるかどうかは別として、世の中の改革論者の一人であって、ただ学問ということからして一方ああいうふうな厳格な態度をとられたということなのか、むしろ学問の方が主であって、しかし、人間である以上どうしてもたまには発散しなければいかぬということで、多少ああいう改革論者といいますか世の中を慨嘆するようなことをお書きになったのか。その辺はどうなんでしょうね。

柳瀬　それは結局、学術論文のつもりで書くときは非常に責任を感じているのに、雑文を書くときには多少気が緩んで、そう確信のないことでもそのとき思ったことは言ってみる、それが原因じゃないかと思います。学術論文を書くときは、改造論をやろうとすれば、人間の社会の究極の理想は何か、それが客観的にはっきり論証できない限り言えないという気がするものですからね。

樋口　しかし先生、随筆の方がはるかに大ぜいの読者を揺り動かしますよ。(笑)

■ 学問的世界からの統一

藤田　先生の少年時代の複眼的な関心ということから、先生の場合に、学術論文で展開されている世界と随筆集で展開されている世界とでかなり違ったものがありそうだという問題になってきたわけで、これは柳瀬行政法学の基本を理解するためにも重要だと思いますので、もう少しいまの話を続けていきたいと思います。

さっき塩野さんが言われたように、先生の場合に確かに学問と文芸と非常に違うところがあるわけですね。そして先生の場合、かたくななまでに違うのだと言おうとしておられるところは確かにあると思うのです。たとえば先生の「法書片言」という随筆集ですが、「心の影」という副題がついておりますね。さっき塩野さんが何とおっしゃったか、ちょっと覚えておりませんけれども、非常に詩情あふるるといいますか、そういう題だと思います。先生は、最初この随筆集をお出しになるときに、これは随筆集だから「心の影」という本題をつけたかったのだ、ところが、良書普及会がそれでは売れない、何とか「法」という字を入れてくれというので副題になってしまったと、かなり不満を言っておられました。(笑)

そういうことから見てもわかるように両者を非常にはっきり区別しようとされておられるようです。しかし、私、ちょっと共通したところがあるような気がするのは、一つは、先生は何でしたかにちょっと書いておられるのですが、学問というのはどういうことかというと、あるものを一つの観点から徹底的に追求したものが学問であるということを言っておられるのですね。先生の行政法学というのは確かにそうだと思うので、ほかのあらゆるものを振り捨てて、先生のお考えになる法律学という観点から徹底していこうという意図が非常にはっきりしているわけです。ところが先生の場合、学問以外の分野についても例えば文芸とはこういうものだ、それから政治とはこういうものだ、教育とはこういうものだというようにいろいろな分野についての観点というものが非常に明確に決まっている。

だから例えば教育者に教育以外のことを要求してはいけない。たしか先生に、英雄について書かれた随筆があったと思いますけれども(注・〝英雄について〟「法書片言」所収)、相撲取りは相撲の世界の英雄なんで、政治家になろうというのは間違いだとか、そういうようなお話がございましたね。これは私から見ると、つまり先生の言われる学問という世界から全てのものをごらんになっている結果ではないか、と思われるのです。例えば文学者が考えるとすると政治とはこういうものであり、文学はこうであり、学問はこうだというふうに全て明確に分かれるものなのかどうか、先生の場合には、いわば非常にかたくなに分けよう分けようとされているところが、むしろどちらかというと学問の方から全体を見ようとされていることになるのじゃないかという感じがするのです。

■ 柳瀬美学？

藤田　それからこれはちょっと今申したこととは反対のようにもなりますが、先生の場合に、文芸の世界と、それから学問の世界と両方に通じての何か一つの柳瀬美学的なものがあるような感じがするのですけれどもね。例えば与謝野晶子の「君死にたまふことなかれ」と、大塚楠緒子の「お百度詣で」について書かれている「反戦の詩」という随筆があるのですが（「法書片言」所収）、そこで言っておられるのは要するに、「君死にたまふことなかれ」などとストレートにいうのはただ動物と同じように感じたことをわめき立てているだけだ。ところが「お百度詣で」の方は、そういう反戦的なものをもちながらも、他方でお国のためということも無視できないでいて、その結果いわば非常にリストレインされた形で反戦の気持を表現しようとしている。そこに美学を感ずる、というようなことだったと思います。

先生の学問そのものもまさにそうなので、言いたいことがいっぱいあっても、学問と関係ないことは言わないで学問としてできるだけのことを言うのだというように一生懸命セルフ・リストレインしようとしておられるんですね。つまり人間というのは本能のままに行動すべきではないので、本能のままに行動しないで、何らかの形でセルフ・コントロールしているところに人間的な価値があるというのか意味があるというのか、そういうような思想があちこちに見られるような感じがするのです。私はそれを柳瀬美学といま呼んでみたのですけれども、その点はいかがでしょうか。

柳瀬　おっしゃるとおりで、私は学問というのは何処までも普遍的な理性の世界だと思っているのです。それで論文を書くときでも内容と表現に半分半分くらい気を使うのです、書き方に。それでいつも言うのですけれども、学術論文では主格を使わないのです、「私」という言葉は。「私は思う」というときは受け身の形で「こう思われる」という形にする。それからもう一つ気をつけているのは、学術論文では反語を使わない。「そうではないか」というようなそういう感情に訴える言い方はすべきじゃないと思うので、そういう言い方は避けているわけです。そこらはやはり文芸を鑑賞する場合のくせが出てきたのじゃないかと思うんですね。

■生まれなければ一番よかった

柳瀬 それともう一つは、こんなことはおこがましい言い方ですけれども、その本にも書いたのですが、私の根本の考え方は、生まれなかったら一番よかった。それに比べれば、この世がわが世になろうが、やはり生まれなかったことに比べればそれより悪いという考え方ですから、だから、学問でも文芸でも何でも、これは生まれた因果でやむを得ずしていることだ、そういうニヒリスティックな考えが根本にあるのです。ありながら、しかしやるとなるとやはりむきにならざるを得ないのでむきになりますけれども、そのときでもその根本にはそういう否定的な考えがどうも抜けないわけです。自分でそんなことを考えて言ってみたのです。

ところが後になって知ったのは、ギリシャの悲劇にそういう言葉があるそうですね。「一番よいのは生まれないことだ。生まれたからには早く死ぬことだ」、しかし、後の方は死んでみても生まれたことは取り返しがつかぬからどうかと思うけれども、ギリシャ人でもそんなことを考えておったということを知って不思議に思ったのですけれども。

二 東京帝国大学時代

藤田 話が大分発展してきて、柳瀬行政法学のみならず、柳瀬良幹それ自体の問題に入ってきたようなところもございますけれども、話を多少戻しまして、先生の場合に、結局いろいろな背景がありましたが、法律学を専攻されたのは、一つには、その時代における要請ということもあったけれども、幾何学的な論理に対する興味というものも非常に影響があったというようなことであったかと思います。

■法学部の感想

藤田 そこで先生、東京帝国大学の法学部にお入りになって、考えておられた法律学と、現に大学でやっている法律学というものと比べてどうであったかということですが、この辺について、学生時代の思い出を中心としていろいろなお話をいただければと思います。

柳瀬 さっき言いましたように、私は法律を勉強したくて法学部にいったわけではないので、経済はわけがわからないし、文学も、学問として文学をやるという自信も何もなかったので、法学部へいけば一番つぶしがきくだろうというようなことでいったわけです。いって何をしたいとか何になりたいというような気は余りもっていなかったのです。ですから、期待を満たされたとか期待外れであったとかという感じは余り受けなかったのです。こんなものかということで。しかし、随筆の中でも言いましたように、鳩山先生の民法の本は非常に感激して読んだわけです。

樋口　そういう入学時のご印象というのは先生だけではなくて、法学部の学生にはいまも昔も大体共通しているのじゃないでしょうか。

柳瀬　ええ。多いでしょう。本当に法律を勉強する気で来た学生というのは幾らもいないのじゃないですか。

■ **諸先生の講義**

塩野　先生は鳩山先生の講義はもちろん……。

柳瀬　やめられた後ですから。

塩野　ですから本を通じてということですね。

柳瀬　ええ。我妻先生が鳩山先生の本を使って教えてくれたのです。

塩野　最初から先生は政治学科にお入りになったのですか。

柳瀬　いいえ、私は初めは法律学科におったのです。

塩野　法律学科から政治学科にかわられたというのは何か……。

柳瀬　それはまことに恥ずかしい動機なんです。高柳賢三先生に英法を教わったのです。ゲルダートの、「エレメンツ・オフ・イングリッシュ・ロー」（“Elements of English Law”）という本を使って教えてくれたのですけれども、こっちは一年生で法律は知らぬでしょう。ところが、高柳先生は、それについてことは日本で言えば民法第何条第何条だというようなことだけしか教えてくれないのでのみ込めないわけです。それで、試験のときにわかったところだけ山をかけていったのです。外れたら白紙を出す気で。そうしたらまんまと外れて、それで白紙を出して転科したわけです。

塩野　政治学科に第二学年からお移りになった頃の古い授業の時間表がありますが、それを見ますと、いまわれわれの世代から見ると大変な大先生が綺羅星のごとく並んでいる時代でございますね。昔話で、いろいろだれだれ先生の講義はつまらなかったとかこれは面白いとかというのがあると思うのですけれども、例えば美濃部行政法、立国際公法とか我妻民法、田中商法、小野塚政治学なんというのがあるのですが、この中でこれは面白かったというのは何かご記憶にございますか。

柳瀬　講義というのは先生の話のことですか。

塩野　はい。

柳瀬　話で面白いと思ったのは、私は変なことに財政学に興味をもって、一年繰り上げて二年生のときに大内兵衛先生の財政学を聞いたのです。これは話が面白いと思いましたね。内容は先生の「財政学大綱」の上巻・中巻に当たるものでした。従って私が面白いと感じたのは、或いは内容が経済学的よりも政治学的だったためかも知れません。しかし、そのほかの先生のは、話を面白いと思って聞いたのは余りなかったのです。本は、読んで面白いのは、美濃部先生の本だって鳩山先生の本だってありましたけれどもね。

塩野　美濃部先生の行政法の講義というのはどんなものだったのですか。

柳瀬　ほとんど「行政法撮要」を読むだけでしたね。あの「行政法撮要」はちょっととっつきにくいんです。初めの方がいきなり抽象的な話から始まっているので。ですから、初めは行政行為のあたりは具体的にどんなことを指しているのか、何のことかわからなかったのです。

塩野　美濃部先生の場合は、片方で判例研究がありましたけれども、新しい判例が講義の中にぼんぼんでてくるということはなかったでしょうか。

柳瀬　判決はよく引かれましたけれども、結論だけです。具体的な事案は言われない。我妻先生は、具体的な事案から結論はこうなっておると詳しく説明してくれました。先生はあの時分判例を一生懸命勉強しておられたときで……。

塩野　我妻民法は、聞いていてもそれほど感銘を受けるほどのことはなかったのですか。

柳瀬　いや面白かったですよ。ただ遠慮なく言えば、先生は論理よりもその場その場の具体的な便宜か妥当の見地から結論をだしておられるところが鳩山先生の本と違う感じで、したがって私には鳩山先生の本の方が性に合う気がしましたが。それから私は我妻先生の年に当たったのですが、隠れて末弘先生の講義を二、三回傍聴したのです。これは上手でしたね。末弘先生は、「おれの講義はこの場で肚に入るように、おまえら帰って勉強しなくてもいいように教えているつもりだ」と言っておられたですけれどもね。また、吉野先生から政治史を聞いたのです。ちょうど日本政治史を教えてくれたのですが、先生もなかなか上手で、同じことを先生も言っておられた。「倍時間くれたら、この場で肚に入るように教える」。

■ 柳瀬先生の講義話

藤田　これは多少脱線するかも知れませんが、先生ご自身が後に大学の先生になられていろいろ講義をなさったわけですけれども、教科書としては有斐閣の「行政法教科書」ですか、あれをお使いになったらしいですが、先生の講義というのは何かあの教科書からは想像もできないような面白い講義であったということをちょっとうかがったことがありますけれども、樋口さんそのあたりは……。

樋口　私が学生のころは、先生は角川全書の「行政法」、漢字が非常に多くて、行間の詰まった本で、それもあの本からはまさに想像もつかないような、お話自体が面白い講義ですね。そして先生がお書きになっていらっしゃる、良書普及会で出している口述式の「行政法講義」……。

藤田　「行政法講義」のような調子の講義ですか。

樋口　そうですね。ああいうような調子でもちろん話すわけですから、あれがさらに何倍か面白くなるという……。

藤田　何か落語のような講義だったという話ですけれども、私は柳瀬先生の講義は残念ながら拝聴したことがなくて、仙台に赴任したときにぜひ一度聴かしてくれとお願いしたのですけれども、だめだと断わられまして、聴かしていただけなかったのです。

私が柳瀬行政法学というものについて非常に関心を持った一つは、有斐閣の「行政法講義」と良書普及会の「行政法教科書」と書き方がまるで違う。同じ教科書でありながら、一つも面白くない教科書――面白くない教科書というのはちょっと語弊がありますが――素人受けのしないであろうような教科書と、それからそうではなくて非常に面白い教科書と、そういう二つをこうもみごとに書き分けられるというところに非常に感心したわけです。先ほどの先生の学生時代の思い出に、大体先生方の講義はつまらなかったということが共通したご感想のようですけれども、これは柳瀬先生の後の講義の仕方に何か影響を与えておりますでしょうか。

柳瀬　関係ないと思います。つまらぬことを言うのは生まれつきのくせで教師になっても抜けないのです。実際一度学生に落語の稽古をしたことがあるのか問われたことがありました。

それから「行政法講義」は、かねて、法律が改正になっても書きかえなくてもいいような、理屈だけの本を書きたいと思ったときに、ちょうど河中社長に出会ったものですから頼んだわけです。それでも、どこか法律が変わるとやはり書きかえなければならぬところが出てきますね。

■学生生活

塩野　つかぬことをうかがいますが、先生は出席率はいかがでしたか。

柳瀬　悪かったです。

藤田　何をやっておられたのですか。

柳瀬　マージャンをやっておったんです。(笑)　それで、あるとき二人友達が呼びに来たのです、これから下宿に行ってやろうといって、一人足りないというので探しに行ったのです。どの先生かの講義で、高等学校の同窓の者を一人呼びに行った。そうしたらもう講義が始まろうとしている。外から呼んだらそいつは煩悶して、出たものかやめたものか、五分間くらいまごまごしていた。(笑)

塩野　マージャン屋というのは当時から正門前あたりにあったのですか。

柳瀬　いや、自分の家で。まだあんなものはできてなかった。あれは私が卒業する頃からでき始めました。

藤田　しかし、この頃の学生は煩悶することはないのじゃないですかね。

塩野　いやいやそうでもない、いろいろ煩悶していると思いますけれども。もっとも、対象は昔と違うかもしれませんが……。しかし、試験のときなんというのは、昔からよく伝説が法学部に残っておりますけれども、「イチョウの葉が黄色い」とかそういうようなことは当時も……。

柳瀬　それは、「菊は優等、松は合格、蓮は落第」という格言のことじゃないでしょうか。それならそれは九月が新学年であった明治から大正前期の時で、私どもの頃は今と同じ四月が新学年でしたから、もうなくなっていました。

塩野　あの頃はちょうど震災の後ですから、いまの二五番、三一番教室ができてないころですね。

柳瀬　皆バラックでした。まだ研究室もいまのところではなくて、工学部の本館があるでしょう、安田講堂の左。あそこに先生たちがおったのです。ぼくが卒業する年にいまの研究室に移ったのです。

塩野　先生はゼミナールは何かとっておられましたか。

柳瀬　その時分はゼミナールというものはなかったのです、ときどき先生が思いついたように臨時にやられるだけで。

塩野　田中先生のお話をうかがうと、美濃部先生のゼミナールにでておられたというようなことだったのですが、先生は美濃部先生のゼミには……。

柳瀬　でませんでした。先生が注意書きをつけて、ドイツ語の力を要するのでそのつもりで来いと書いてあったから恐ろしくなって行かなかったのです。(笑)

藤田　そうすると、個人的に学生時代に先生方と接触されたというようなことは……。

柳瀬　ありません。全くなかったわけです。それというのは、私の見たところでは、先生たちはただの先生だけではなかったわけです。みんな社会的に活動しておられた、ずっと別の世界におられる人のような感じでした。それが大学にときどき来て講義をしておられる、私の印象ではそうでした。だからちょっと近寄れない。しかし、いまの学生はどう思っておりますかね。

塩野　だけれども、先生は美濃部先生のところに行かれたわけでしょう。

柳瀬　それは卒業してから。それは窮余の策で、先生に頼るより仕方がなくなったので、かねがね先生を尊敬しておりましたしね。

■ 美濃部先生を選んだ理由

塩野　美濃部先生を訪ねられたということがかなり後の一生

ましたから、もう少しプラグマティックというのかそういうふうだったですね。だから判決をしきりに研究されて……。

樋口　私法ではなくて、公法に特にご関心をおもちになったということはないのですか。

柳瀬　それもあります。どういう動機からかわかりませんけれども、ちょっと民法は手が出せない。そういうことはいつかも言ったのですけれども、大学に入ったときに歓迎会で田中耕太郎先生から聞かされたのです。「おまえら法律学はわかるはずがない。まして興味を持つことはないと思う。なぜなら、おまえらちっとも法律上の経験はないじゃないか。物の売り買いだって、まとまった売り買いをしたことがないし、いわんや親族関係とかそんなことはまるで経験してないから、法律の話を聞いておって何のことか具体的にわからぬだろう。だから同情する」と先生が言ったのです。面白くないに決まっている。しかし、もう入ってきて取り返しがつかないのだから、がまんして勉強しろ、そういうことじゃないかと思うのです。憲法となるとこれは空論ですからね。(笑)

塩野　しかし、国法学もかなりの空論だと思いますが、野村先生のところに行かれなかったというのはそれなりの評価があったわけですか。先生の目から見た。

柳瀬　露骨に言えば、そうかも知れませんね。しかし野村先生の講義も面白かったですよ。たとえばアナーキズムの話なんを支配してしまったわけですけれども、数ある社会的にこういう地位を持たれて、また業績も上げておられる先生方の中から美濃部先生を特に選ばれたというのは……。

柳瀬　それは本を読んで先生一番偉いと思っておったからです。殊に第一回の機関説事件です。私は在学中に星島二郎編のあれを何度も読んで、これは学問と学問の争いじゃないと感じたのです。そして先生が学問の立場を堅持しておられるのに惹きつけられたのです。そして先生こそ本当の学者だと思っていたので、そういうことも先生にお願いに行った原因の一つだろうと思います。

塩野　学問的にですか、それとも人格的にということですか。

柳瀬　学問です。いまから思うと偉いというのと同時に好みに合っていたんでしょうね。ほかの先生も偉かったんでしょうけれども、やはり先生も論理を非常に厳密にやられますから、その点が……。

藤田　先生、何かに書いておられましたね。非常に論理明晰であったのが鳩山先生と美濃部先生……。

柳瀬　そう思ったですね。

藤田　当時は鳩山先生はもうおられないから、残るは美濃部先生しかなかった……。

柳瀬　そうです。我妻先生の民法学は美濃部先生と大分違いか聞かしてくれましたがね。先生は何しろその時分まだ著書を持っておられなかった。それと、野村先生の助手にならないかと美濃部先生に言われたんですよ、おれのところはもう詰まっているから、憲法だったものですから。それでいよいよ助手になるときに、「先生はああおっしゃいましたが、どうしましょう」と言ったら、「やはりおれのところにおれ」ということで美濃部先生のところにおったのです。

■〝七人の侍〟の当時

塩野　先生と同級生は、田上先生はそうですか。

柳瀬　いやいや、田中、兼子。

塩野　学生時代は、そのころは……。

柳瀬　全然……。

藤田　鵜飼先生は。

柳瀬　鵜飼君は一回後です。

藤田　田上先生もそうですか。

柳瀬　そうです。

塩野　そのころいまの要するに七人組の何人かは本郷におられたわけですけれども、学生時代はいまの〝七人の侍〟たちは全然別の世界に住んでいたということですか。

柳瀬　ええ。いまはどうか知りませんけれども、その時分は東大の法学部はマンモスだったものですから、高等学校の同窓以外になかなか友人ができなかった。同窓の友人を仲介にしてほかの高等学校の卒業生と若干つき合いますけれども、それ以外は全然。研究室に行って初めてお互いに知ったわけです。

三　東大研究室時代

■人的環境

藤田　話がだんだんと研究室に入るころのお話になってきたのですけれども、研究室へ入る際に美濃部先生のところを訪ねられた事情等についてはいま大体うかがったわけですが、研究室にお入りになってみて、美濃部先生の感じとか指導の方法とかについていろいろお感じになったことがおありじゃないかと思います。

私個人の場合で申しますと、私は学生のころは雄川一郎先生のかなり初期のころの講義を聞いたわけですけれども、学生のところに講義を聞いていた感じと研究室に入ってから直接にご指導を受けるようになってからの感じでは、何か非常にイメージが違ったようなところがありまして、研究室へ入ってみたら、何というか非常に恐ろしい存在に思えたわけですけれども、そういうような学生時代の印象と研究室時代の印象というようなもので違いがあったかどうかということについて……。

柳瀬　私のときは美濃部先生は既に一代の巨匠で、仰ぎ見る大家でしたから、恐ろしくて弟子にしてもらってもそう接触はありませんでした。それに先生は余り干渉されない人でしたから、相談に行けば教えてくれますけれども、何してこいとか一切言われなかった。

藤田　一番最初にはこういうものをやれとかというような指示のようなものはありましたでしょうか。

柳瀬　助手論文に何を書こうかと思って相談に行ったのです。最初に書いたものは「ブリティッシュ・エンパイヤー」の、あれは先生に言われたのです。「このごろそれが問題になっているから調べてみないか」と。

藤田　美濃部先生直接のご指導が研究室に入って必ずしもなかったとしますと、その当時研究室の先輩としておられた宮沢先生は……。

柳瀬　宮沢先生は留学中で留守だったのです。

藤田　そうすると、実質的にはどういうような研究室生活だったことになりましょうか。

柳瀬　田中君と同室におりまして、田中君はぼくより一年経験が深いので、ぼくは一年おくれて入ったのです。だから田中君といろいろ話し合ったわけです。

■ 判例研究会

塩野　判例研究会は、そのときは……。

柳瀬　公法ですか。あれはその翌年です。

塩野　翌年というのは、先生がおやめになって……。

柳瀬　いや私が助手の二年目のときです。

塩野　先生は判例研究にはかなり積極的に……。

柳瀬　余り関心はなかったです。研究会ができたから仲間入りしたようなことで……。

藤田　先生の著作リストを見ますと、判例研究というのは東大研究室時代にずらりとあるだけで、あとはほとんどないようですね。

柳瀬　それは、判決をどう扱ったらいいかわからないんですよ、私。一つの扱い方は社会的事実としてそのまま認めて、因果関係を法社会学みたいなやり方で追求する、それは意味があると思うのですね。しかし、法律の解釈としてはどうだろうかという気が大変するのです。

樋口　これは先生の法学論に非常に関係が深いところで、先生も何かに、自分が判例批評が大嫌いなのはこういうような意味だということをお書きになっていらっしゃいますね。

柳瀬　ええ。

藤田　判例についてそういうようにお考えになるようになったというのは、どういうことからでしょうか。美濃部先生の行政法学は非常に論理的であるといっても、しかし、美濃部先生は判例というものを非常に重視される方で、田中先生もまたそうだと思うのです。指導教官としての美濃部先生、そして実質上いろいろ議論の相手になってやってこられたのが田中先生だとすると、柳瀬先生だけがそれと違うというのはどこに原因があるかということなんですけれども。

柳瀬　美濃部先生の判例研究も具体的にケースを一々見ておられないですね。結論だけ見て、こういう解釈を出しておるが、これは法律から見て間違いだ。間のケースを飛ばして、事件の具体的な要素を飛ばして法律から批評しておられる。それで、今月の「自治研究」（五二巻一二号）にもそういうことをちょっと言ったんですけれども、判決の本来の使命は何であるか、実質的に妥当な解決をつけることか、実質的に妥当であろうがなかろうが正しい法律の解釈を当てはめてすることか、どっちだろうという気がいつもしておるわけです。

藤田　当時東大研究室で末弘先生を中心として民事判例研究会もあったはずだと思います。これは川島先生がおっしゃっていたのですけれども、そこで末弘先生が考えておられた判例研究というのは、柳瀬先生がお考えになるような判例批評ということではなくて、むしろ現にどういう事案についてどういう判決がなされたかというような、先生さっきおっしゃった言葉で言えば、法社会学的なものであったと思うのです。つまり生きた法を探るための研究会だということをうかがっていたのですけれども、末弘先生のそういうお考えというようなものは当時先生はご存知でしたか。

柳瀬　ぼくは直接には先生からうかがったことはないのですけれども、どなたから聞いたのか、末弘先生がああいうことをおっしゃったのは、アメリカへ行ってこられて、アメリカのケース・メソッドを見てこられて、それで法学の勉強というのはこういうふうにすべきものだと思って帰られたらしいが、先生実際日本でそのやり方で講義をしようとされたのだが、西欧流の法の下ではとてもできないということが後におわかりになった、そういう話を聞いたことがある。

塩野　先生も判例評釈を書いておられるわけですから、判例研究会には出ることはお出になったのですね。

柳瀬　はい、出ました。

塩野　そこで議論が一向にかみ合わないということだったんでしょうか。柳瀬先生のアプローチとたとえば田中先生のアプローチが全然違うのでどうしようもないということはございませんでしたか。

柳瀬　いやそこまでいかないのです。美濃部先生のツルの一声で。（笑）

塩野　そのツルの一声というのは結論の部分についてポンとおっしゃるわけですか。

柳瀬　そうです。「君が言うとおりだ」とか、「ぼくはそう思わない」とか、そうするとだれも口を出せないわけです。

藤田　その当時の判例研究会の運営というのはどういうふうだったか、もうちょっとお話しいただけませんか。

柳瀬　それは予め行政裁判所と大審院の判決を割り当てられたのです。そして月に一回か二回でしたね。

藤田　そのレポートをされる……。

柳瀬　報告をするわけです。そうすると先生は、ほかの者が物を言う暇もなく先生が批評をされるのです、「君の意見のとおりだ」とか。(笑)

塩野　われわれよく判例研究会なんかで議論する場合には、議論のための議論もしますが、そういうときには結論はそれでいいとして、論理構成がどうかとか、そういうことを根掘り葉掘り聞いたりあるいは議論したりすることがあるのですが、そういうことも余りないのですか。

柳瀬　ほとんど議論らしい議論はなかったのです。すんでから、部屋に帰って、先生のいないところで田中君と議論したのです。(笑)

私もときどき個々の判決については気がつくと意見を言いますけれども、判例研究というのはそんなものではなくて、ずっと系統的に見渡すべきものでしょう。

■ 判例研究とは何か

藤田　ところがこの頃は――この頃と申しましても、私が学生の頃から研究室におりましたころは、川島先生を中心として、判例研究というものは判例批評ではない、末弘先生の昔に返ってというか、あれを生かして、もっと判例の法社会学的な研究というものをしなければいかぬというようなことが盛んに言われていたのですが、柳瀬先生はそういうような判例研究についてはどういうふうにお考えなんですか。

柳瀬　それは日本では不可能ではないかと思いますよ。判例即法源の国ならばできるでしょうけれども、上にもう一つ上位の法が成文としてあるはずだから。

藤田　しかし、上位の法があるにしても、下位の段階でどういう法が展開しているかということについての分析というようなことは……。

柳瀬　ああ、上位の法を離れて……。

藤田　はい。そういうことは余り価値がない……。

柳瀬　それはあると思いますよ。しかし、それは判決をそのまま事実として認めた、一種の社会学みたいな研究になるのじゃないでしょうか。

樋口　先生のおっしゃる手続法の世界というあの論点からしますと、まさに法学の問題として一つの大きな問題になるはずなので、いきなり社会学までいかないところで、判例に法律学的な先生のご関心があってもよさそうな気がするのですけれども、そういかないというところがおうかがいしたい点なんです。

柳瀬　それはやはり怠惰のためじゃないかしら。判決を一々読むのはとても耐えられない。それと同時に、今も言いましたように、私は判決の前に既に法がある、判決は単にそれの個別的な適用だと思うものですから、その法から離して判決だけを扱うのは、学問的にどれ位意味があるか、疑問に思うのです。もう法がわかっていれば判決など扱う必要はない。牧野先生が言われた、判決を批評するだけの学識があればもう批評などしなくてもよいという考えが抜けないのです。

塩野　怠惰のためというのはご謙遜だと思いますね。そういうことを必要だと言いながら、実はいまの行政法学でも本当にやられていないことなんですね。ですから常に問題提起にとどまっておるわけで、それはひとり柳瀬先生の怠惰というだけではなくて、われわれとしても同じことだと思いますね。

柳瀬　それと、樋口君が言われた判決を系統的に認識するということの効用はむしろ実用の上からじゃないでしょうか。対処していくためにはどうすればいいかと策を考える上で、このときは裁判官は何と言うであろうという予測をする。それから言えば、法律を解釈するのでも同じことでしょうけれども、私の感じでは、法律の解釈のときはもう少し実用を離れた意味があるのじゃないか、そういう感じはもっておるのです。

藤田　これはまた後で法学方法論の問題になると思いますけれども……。

■ 田中先生との関係

藤田　そこで先生の場合、研究室時代の実質的な議論の相手というのは田中先生だったということなんですけれども、田中先生とのその当時の議論というのは、どういうような議論をなさったのでしょうか。

柳瀬　いまと大体同じですね。（笑）

藤田　その当時からやっておられたわけですね。

柳瀬　だんだんお互いに救いがたしという気になったのです。（笑）

■ 佐々木先生との関係

塩野　いまのように学会というものが成立してなかったから大変事情は違うと思うのですけれども、例えば佐々木先生と書物を通じて以外に何かお話し合いがあったというようなことはございますか。

柳瀬　いやありません。先生に初めてお目にかかったのは仙台へ行った後です。一遍お顔を見たいと思って、くにへ帰るついでに京都で下車してちょっとおじゃましました。ちょうど先生還暦になられるちょっと前でした。

塩野　美濃部先生の論理性と佐々木先生の論理性という点に

ども、行政法の場面だけで辿ってみますと、どうも佐々木先生の方がもっと徹底しているという感じがしますね。ですから、その意味では先生は独自の立場でご自身の途を開かれたと思うのですけれども、しかし、先輩としてより影響の強かったということになると、文献の上からは美濃部先生と佐々木先生とどちらでしょうか。

柳瀬　佐々木先生かも知れません。影響を受けるというより同感したわけです。自分で考えを決めてから先生の本を読んでみると、先生もそう言っておられる。私の印象では、佐々木先生は、私も同じですけれども、実際的結果を余り考えられないわけです。筋がこうだからこれでいいじゃないか。美濃部先生は具体的に妥当かどうかということにも考慮を払われる。だから、失礼なことを言うようですけれども、そのために筋の辿り方がちょっと先生厳密でないところがある。自由裁量論なんかそういう印象を受けますね。

塩野　自由裁量論はいろいろ議論があるところですが、方法論について、もう一点おうかがいしますと、先生が警察に関するご論文をお書きになって、それに対して佐々木先生がその実証性をかなりついておられますね。あれはいまから見るといろいろ評価もあると思うのですが、ああいう評価を佐々木先生から加えられたということについて、先生はその当時どういうふうに率直にお感じになりましたか。

柳瀬　私は承服しなかったのです。

塩野　実証の場面で承服しなかったということですか。

柳瀬　いま詳しく覚えておりませんけれども、私が言ったのは、警察の概念を決める立場に二つあって、実定法を離れて現在ある作用の中の分類としてどれを指すのが行政法学の編別の上で合理的であるかという話と、それから実際法律がどれを警察と呼んでいるか、この二つを一緒にしてはいけないということと、もう一つ、一般に警察の概念を決めるもとにされていた太政官達の行政警察規則、あれに当る西洋の法規を調べてみて、自然法の表現で、警察の定義ではない、いろいろある中のこれを警察と呼ぶというのではなく、これ以外の作用はあってはならないという意味であることがわかったのです。だから、そんな思想も制度もなくなった今日、それをもとにして警察の概念を決めるのはそれ自身も間違いだということだったのですが、どうも佐々木先生は後の方の立場から概念を決めておられるので、それが先生のお気に入らなかったのだと思います。実定法を離れてそんなことをしても間違いだということで……。

塩野　そうですね。二つを区別する——ただ、佐々木先生も法上の概念と学問上の概念と区別しておられて、法上の概念についての警察はこうであるということをそれこそ実証的に説明しておられるような気がするんですね。ですから、私もいまよく覚えておりませんので正確には申し上げられないのですけれども、いわゆる実証性を最も追求される柳瀬先生が、佐々木先生に注文つけられているというのは学説史的に見て非常に面白いと思って読んでいたんですけれどもね。(笑)

柳瀬　佐々木先生と違うことを言ったから叱られたのです。(笑)

■ 美濃部先生との関係

藤田　美濃部先生と佐々木先生とについて、柳瀬先生がおっしゃっているのは一つは今お話があったように、美濃部先生の方がある学説を述べたとき、実際の結果ということを気になさる。その点で少し論理がゆがむことがある。佐々木先生の方は比較的それがないということだったと思います。もう一つ先生が言っておられるのに、美濃部先生の場合非常に論理明解であるけれども、それはつまり一番最初の第一命題というか前提が決まっていて、それを承認すればあとはもう論駁の余地もないような見事なものだ、しかし、学問というのはそういうものであっていいだろうか、美濃部先生が疑いもなく前提とされているようなところを分析していくのが学問の仕事ではなかろうかということを何かにお書きになっていたと思います。そういうようなことをお感じになったということは、ある意味で美濃部先生というのは先生にとって非常に影響を与えられた、と同時にやはり反面教師としての意味もあったということになりましょうか。

柳瀬　それはぼくの感じでは、ある命題を承認して、それから結論を出す仕事は先生はもうしてしまっておられる。

藤田　先生が全部なさった……。

柳瀬　ええ。これ以上われわれは割り込める余地がない。ゼネレーションということを考えると、先生が疑わなかった命題をもう一遍疑ってみる。それで学問がちょっと進む。実際はどこまでいってもきりがないのだが、とにかく一歩づつそれを追っていけば、それだけ基礎のはっきりした、しっかりした学問の体系ができる。ぼくの考えでは、学問上の議論は必ず暗黙のうちにもうある前提を置いている、無証明の前提。だから、議論する者はいつもそれを意識していなければいけないということですね。一番普遍的で明瞭な例は論理だと思います。論理に合わなければいけないことはわかっているけれども、その論理がなぜ妥当するのかということになるとなかなかわからない。もっとも論理は思考の形式(正誤)に関するものですが、その内容(真偽)に関するものにもそれがあると思うのです。

藤田　美濃部先生がもうすべて後の仕事をなさってしまったから自分のやることはむしろその前提の検討だということだとすると、柳瀬行政法学というものの基礎づくりになったのは、やはり佐々木行政法学よりも美濃部行政法学だったということになる。そういうふうに考えてやっていったら、たまたまそれが佐々木先生の方法と合致していた面が非常に多かったということなんでしょうか。

柳瀬　そうでしょうね。

塩野　ちょっとその辺よくわからないのですけれども、美濃部先生の論理性について柳瀬先生はかなり……。

柳瀬　惹かれた。

塩野　惹かれているけれども、それで終わりとしないで、第一命題だけではなくて、論理性の問題もかなりついておられるのじゃないかという感じもするのですけれどもね。

柳瀬　それもあるかも知れませんね、問題によっては。

■美濃部先生との関係――自由裁量論の例

塩野　例えば自由裁量の問題でいきますと、柳瀬先生が言っておられるのは、ドイツ語で言いますと wie の問題でしたね。要するに要件認定については法があるという命題が美濃部先生で、佐々木先生の場合は公益目的の場合には法がないというのが佐々木先生で、柳瀬先生はそれについていろいろ批評を加えておられるのですが、その法があるというのを第一命題だというふうにすれば、議論の争点は第一命題の存否ということになるかも知れません。しかし、その第一命題がどういう論理で導き出されているかという側面で議論するとすれば、それは美濃部先生の論理性の問題の議論だということにも説明できるような気がするんですね。ですから、そこで確かに論理的な説明は美濃部先生の場合には余りなされていないことは事実だと思いますが、ただ同じようなことで私もちょっと疑問に思ったのですが、それでは ob の問題については裁量がないというのが佐々木先生の主張であり、それから柳瀬先生の主張するところですけれども、それがどうしてそうなのかという証明が柳瀬先生の論文の中にないものですから……。

柳瀬　そうですか。

塩野　どうも私の読み方が悪いのかも知れませんが、ただ法治主義によればということなんですね。そこでむしろ問題は、法治主義とは何かというところに発展していくことですから、その論文だけでもって議論するのは問題があるかという感じがいたしますけれどもね。

柳瀬　細かい話で恐縮ですけれども、私が考えているのは、法治主義から言うと行政法は二面の性質をもっていると思うのです。一つは法律の留保、それがあって初めて行政機関が行動できる。もう一つは法律の優位で、そのとおりの行動をしなければならぬ。ところが、それは一つの法律のもっている二面の意味ですから、法律で表現するときはどっちかの言葉を使うより仕方がないので、だから、「できる」と言うたときは法律の留保の立場から言っているので、「すべきである」と言ったときは法律の優位の立場から言っている。しかし、それは物の言い方だけで、どっちの言い方をしても裏には別の意味がもう一つくっついているはずだ。だから例えば事情判決の場合のように、法自身が明示している場合は別ですが、単に「できる」と「しなければならない」という言葉だけで、「できる」のときはしてもしなくてもいいのだという解釈をしてはならない、そういう考えです。

塩野 そこは恐らく美濃部先生の場合でもそうだと思うのですね。ただ自由裁量の場合にはいろいろな場面があるので、それぞれ分けて考えなければいけないと思うのですけれども、ただ柳瀬先生の場合だと、卑近な例をとりますと、公務員の免職処分について要件があって、こうこうこういう要件があって免職することができるという法律がある。そうすると、その要件に該当している限りにおいては免職しなければならないのかどうかという点が私自身はよくわからないのですね。その場合にはいわゆるオポルテュニーテート・プリンツプが妥当するのではないかということを漠然と考えているのですけれども、その点はちょっと細かな議論ですが、いかがでしょうか。

柳瀬 というのは、そこが法律の解釈の仕方の違いじゃないでしょうか。私の考えから言うと、要件がある限りは免職しなければならない。

塩野 逆な意味で言うと、そこに法治主義をかけることによって、むしろしない自由があるという面もでてくると思うのですけれどもね。というのは、例えば営業免許の撤回の例でも同じなんですが、美濃部先生流の法治主義で言うと、権利を侵害するときには必ず要件を備えていなければいかぬ、そういったたぐいのことで、それも法治主義ということになると、たまたま免許撤回しない、警察下命をしないということについては、別に法治主義の原理とは美濃部先生流の考え方でいくと反しないことになるのですね。

柳瀬 その見解は自由主義からくるのじゃないでしょうか。法治主義とは別だと思います、法治主義と自由主義の二本立てですから。

塩野 そこでまた法治主義と自由主義ということの関係のところにどんどん発展してきてしまうので問題はあると思うのですが、私の場合は美濃部先生の言っておられる法治主義というのはやはり自由主義を基礎としたものではないか。それが法ではないと恐らく柳瀬先生はおっしゃるだろうと思うのですけれども、その辺がちょっと私のみるところと違うんですね。

柳瀬 そうなんです。そこに私は不満を感じたわけです。つまり、法治主義は自由主義を含んでいるのではなく、二つは相並んで存在しているものだ。だから、われわれは先ず法治主義に従って裁量行為か覊束行為か判断し、その上で自由主義に従ってその行為にどんな制約が課せられているかを見るべきで、さもないと、国家作用の形式に関する原理と内容に関する原理とが一緒にされることになるというのが私の考えなんです。ただあの論文では自由主義の点は言わなかったため、お話のような感じをもたれるのではないかと思います。

■ドイツ公法学との関係

藤田　いままで柳瀬先生が東大の研究室時代にどういう方々と接触があって、どういう影響を受けられたか、あるいは受けられなかったかというようなことを議論してきたわけですが、最後に一つその関係でおうかがいしたいのは、当時東大の研究室では当然ドイツ法が中心で、ドイツのいろいろな著作をお読みになっていたのだろうと思われるのですけれども、ドイツの法学者の影響はどうであったかということです。先生の著作を読んでみますと、いろいろなところでラーバントとかケルゼンとか、いわゆる法実証主義者と言われている人たちに対する論及が出てくるわけですけれども、こういうような学者の考え方の影響ということについては先生の場合いかがだったでしょうか。

柳瀬　ドイツの本を読んだのですけれども、主にドイツの本を読んだのは、フランス語が下手で、余り読めないし、イギリスの本は読んでももう一つよくつかめない感じがするので、ドイツ人の言うことは一番よくわかるということからです。初めて先生の弟子になったときに先生に読めと言われて、「ダス・エフェントリッヘ・レヒト・デア・ゲーゲンヴァルト」(Das öffentliche Recht der Gegenwart) の中のラーバントの「憲法」(Deutsches Staatsrecht)、あれを貸して下さったのです。「これを貸すから読んでおけ」。その次にイエリネクのシュタツレーレ(「一般国家学」)を読めといわれるので読んだわけです。読んだけれども、イエリネクはほとんどわからない。先生年末になって「読んだか」といわれるから「大体読みました」と言ったら、「わからぬところがあったら教えてやるから来い」と言われるのでありがたいと思って行ったのです。フレッヘンシュタート(Flächenstaat)とか、何のことやら、「テクニックを教えてください」と言って教えてもらって、先生が「中身がわかったのか」と言われたわけです。ほとんどわからないのだけれども、そう言えないから「大体わかりました」と言ったら、先生本当にされたのか、よい加減なことを言うと思われたのか、そこは知りませんが、「それは大分偉いな」と言われたのです。その後行政法ということになったのでマイヤーとフライナーを読んだわけです。しかし、一番興味があってアイディアが豊かだと思ったのはエリッヒ・カウフマン。カール・シュミットもアイディアマンと思いますが、余り論理は精密でないような気がするのです。カウフマンはぼくの印象ではどうもずるいような気がするので、土は人に掘らしておいて、そしてうまいこと後からその土に解釈を加える、その解釈の加え方が非常に上手だという、面白い気がした。ことにカウフマンのオットー・マイヤーの追悼文「フェアヴァルトンクスアルヒーフ」(Verwaltungsarchiv) にでているあれを読んで、オットー・マイヤーはそうだったのかという印象を受けたことを覚えておる。そのほかかじり読みでどうこう言う資格はそうないんですがね。

■ナチス公法学

樋口 時期は少し後になりますけれども、外国の公法学者という話題なものですからここでおうかがいしたいのですが、イエリネクというものが日本の公法学者一般の共通財産としてよく読まれたというその次の段階で、特にドイツ本国での公法学の風向きが変わってきて、いわゆる新派のものがいろいろ出てきた。そういう新しい傾向に、日本の学界というものはいつも外国の現象に非常に過敏過ぎるくらい反応いたしますから、一定の反応があったわけですけれども、そういうものを先生はどういうふうにごらんになったのですか。

柳瀬 具体的には、ナチの時代ですか。

樋口 はい。

柳瀬 ナチの時代はね、受売りする人はする人、しない者はしない者と分れていて、中にはナチの特派員と綽名された人もあったけれど、全体としてそちらへ行ったということはなかったように思います。そしてナチが潰れたら、そういう人も熱がさめたようにケロリとしているでしょう。それから一度、ケルロイターが東北大学に来たことがあるのです。それでぼくは言いつけられて、ケルロイターの公法関係の文献の紹介を書いたのです。ぼくはやりたくなかったのだけれども、「法学」に必要だというので書いたが、感じたことは、あれは全くナチの太鼓たたきだという感じがしたのです。「アルゲマイネ・シュターツレーレ」(Allgemeine Staatslehre) を読んでみると、肝心の急所のところにいくとヒットラー・ザークト、ムッソリーニ・ザークト、それで終わりなんで、これは一種の宗教書みたいな感じがしたのです。よくもあんなことを平気で彼は言ったものだという気がした。日本でもあそこまでいかなかったでしょう。

塩野 当時の日本の学者とドイツの学者と比べた場合に、一般的に言うとドイツではナチにそのまま乗っかった。日本ではそれをかなり批判的に見るか、あるいは見て見ぬふりをしていて実証的な研究を進められるというような傾向がありますね。そこが非常に面白いところだと思うのですけれども、これはまた柳瀬先生にしかられるかも知れませんが、それが大ざっぱに言ってしまえば美濃部、佐々木の自由主義的なイデオロギーのしんの強さということで説明できるでしょうか。

柳瀬 その影響か伝統かは大きいでしょうね。と同時に、あれを覆すというか、両先生の筋の立った議論をひっくり返すだけの理論家が日本のファッショの方にいなかったという気がする。ドイツにはいましたから。根本は無論無証明の神話ですけれども、流石に一応の筋は立っている感じがします。われわれが読むと何言っているかと思うけれども、ドイツ人が読むとフォルク（Volk 民族）とかブルート（Blut 血）とか言われるとそうかという気になったのでしょう。

塩野　そこのところが非常に違うのでしょうね。私、最近感じていることなのですが、ドイツの本を読んでいて、論理的だけれども、しかし彼らにしかわからない言葉で語感に訴えるようなところがあるのじゃないかと思いますね。その限りでは、ぼくもドイツ語を読んでいて、果たしてわかっているのかどうかというのが心配になってきているところです。ですから、その意味ではナチスのああいったようなものも日本人は活字を通してしか、そして活字も、字引きでわかる活字と、いま言われた先生のようなフューラー（Führer）というような言葉も、これは活字でなくて語感で直接入ってくるところはずいぶん違うだろうと思いますね。

柳瀬　あの時分は法治国論がナチで盛んでして、レヒツシュタート（Rechtsstaat）、そのレヒト（Recht）はヒットラーの意思だ、というのです。われわれから見ると何言っているんだ、全くの太鼓をたたいているのじゃないかという気がするのだけれども、そのヒットラーにあんなにドイツ人がついて行ったところを見ると、何か共鳴するところが心情的にあったのじゃないですかね。

藤田　ヒットラー・ザークトまで来るのには、ドイツでもいろいろな過程があるわけですね。たとえばカール・シュミットなんかはナチスの太鼓たたきだということを言われますけれども、あれだって初期のころに書いているものから後の方のもので結果的に太鼓をたたくようなことになるまでは、それなりの連続した発展過程があるわけです。ドイツの場合には前からのつながりがずっとあって、何か自然にでてきた。ナチスというのは、言ってみれば近代法思想に対する反対勢力のある意味での総決算みたいなところがあるわけですから、そういう前提としての、近代法思想というものについて、いいところも悪いところも、ある意味ではとことんまで理解が進んでいたというところがあるのじゃないか。日本の場合はまだそれを十分にこなさないうちにそういう時期になってしまったということはないでしょうか。これは全く個人的な感想ですけれども。

柳瀬　ぼくはちょっとヨーロッパをのぞいただけですが、感じたことは、はっきり言えないけれども、風土なんかを見ると、ここにこんなふうにして暮らしておればあんな考えが浮かんでくるのだろうな、そういう意味で納得した気持ちはありましたね。それと、この頃の新しいナチ関係の本を読んでみるとドイツ人も同罪だと書いてあるでしょう。ヒットラーだけ悪いのじゃないと。

■ケルゼン

藤田　先生の場合、ケルゼンはどういう意味があったのでしょうか。

柳瀬　戦前ですか。

藤田　はい。これはまた後で取り上げたいと思うのですが、先生が東北大学をおやめになるときに「法律学の現状と将来」という講演をなさって、これは「法書片言」にも載っておりますですけれども、その中で、何が一番すぐれた学問かというと、常識からかけ離れているほど進んだ学問だということを書いておられるところがあります。あそこで国家という概念の例を取り上げて説明しておられますけれども、現在のところ最も進んだレベルの国家論というのは国家は形のないものから成立っている形のないものだという考えだということを言っておられる。あれは名前を出しておられませんけれども、やはりケルゼンのことをお考えになっていると思いますが、この伝でいくと、つまり非常識なことをいう学問が一番すぐれた学問だということになると、まさにケルゼンの法律学というのは、法律学の中では最先端を行く法律学だということになりそうなんですけれども、いかがですか。

柳瀬　そう思っておるんですけれどもね。そこで法律学は何をするものかという反省をもう一遍してみなければならないので、日常の問題を解決するという上からいくと、ケルゼンなんかの言うことは何の足しにもならないので、そこはどうでしょうかね。

藤田　これはまた後で法学方法論の問題として取り上げることにいたしますけれども……。

■英米行政法

塩野　外国公法学者の点でもう一つおうかがいしたいのですが、先生の初期の論文といいますか助手論文はイギリス関係のものでございますね。

柳瀬　ええ。

塩野　先生のご興味が当時は主として憲法にあったということもあると思うのですけれども、戦後盛んに日本で英米法、あるいは英米行政法の紹介として自然的正義とかデュー・プロセス・オブ・ローとか、そういう言葉が言われているのですが、文献上、そういうことの概念自体は先生が勉強しておられた一九三〇年代にはあったわけですね。

柳瀬　ありました。

塩野　またダイシーの本ももちろんありましたし、そういうものは余り興味をおもちにならなかったのでございますか。

柳瀬　興味をもったのはダイシーだけでしたね。あれはハッキリしたいい本だと思ったですよ。

塩野　それから進んで、もう少し判例とか何かを当たって、要するに別に英米流の手続法的な考え方を勉強しようという気持ちは余り……。

柳瀬　起こりませんでした。言うことがちょっとわからない気がしたのです。そこへ行ってみればわかるのかも知れませんけれども、そういう気がしたわけです。ただ私はイギリスのキングの制度に興味をもちましてね、prerogative（大権）のことを少し調べたことがありました。今はもう忘れましたが。それから英帝国の助手論文を書いたときも、ドイツ人のものの方がよくわかるのです。しかし同時にこれが本当にイギリス人の考えなのだろうか知らんという疑問が起って、結局イギリス人の考えはわれわれにはなかなか呑込めないものだという印象でした。

塩野　戦後になって、別にいかない者でも適当に紹介して、みんなわかったようなつもりになって、手続的整備の必要性なんということをいまの行政法学者ならばだれでも言うのですけれども、当時諸先生方が余りそっちにいかれなかったというのは論理的な理由なのか、たまたま美濃部、佐々木両先生がドイツ行政法をずっとやってこられて、その次のゼネレーションということでそれをもっと完成させるといいますか、あるいはお二人の先生のやり方をこの段階でまず引き継いでいくという、論理的な要請というよりはむしろ非常に世俗的な、学問という中での世俗的な結果だったのか、という両方の見方があるのですけれども、いかがですか。

柳瀬　一つは、日本の法律自身がドイツ法の継受だったから、ドイツ人の言うことを聞いておれば一番よく理解できるという事情があったのじゃないかと思いますね。ところが、いまのぼくの見たところでは憲法でも何でもあいのこですものね。占領中は英米へいってしまうかと思ったけれども、いくだろうという論文を書いたこともあるのですけれども、何かまた後戻りして……。

藤田　それでは、外国の公法学者についてはそんなところで……。

四　東北帝国大学時代

■ 行政法講座の担当

藤田　それで先生、東大の研究室を終わられて、東北大学に赴任されたわけですけれども、東大の研究室時代には憲法ご専攻だったということですね。

柳瀬　そうです。

藤田　ところが東北大学では行政法という講座を担当された。

柳瀬　事実を言いますと、ちょうど助手になった年か前年に鈴木義男さんが東北大学で行政法をやっていて退職したわけです。憲法の方は佐藤先生がやっておられた。ですから、美濃部先生に話してもらったら、行政法なら余地があるから考えるということでして、それで前の英帝国の論文（「国家結合として見たる英帝国」国家学会雑誌四五巻一二号〜四六巻三号）では行政法の論文としてとても通らないから行政法の論文を書いてみせろという話が出たわけです。それで公所有権の論文（「公物の所有権」国家学会雑誌四七巻二号）を書いた。今でいえば就職論文にあれを書いたのです。

■ 仙台の印象

樋口　当時の東北帝国大学にご赴任になったのが昭和八年でしたね。

柳瀬　ええ。八年の九月です。赴任したのは。

樋口　先生にとっては仙台というのはそれまでは全く縁もゆかりもない土地であったわけで、特に関西生まれの関西の独自の風土でお育ちになった先生としては、東大の学生として箱根を越えただけでも東国の夷狄の住んでいるところに来たという感じだったでしょうが……。（笑）

柳瀬　夷狄とは思わないけれども……。（笑）

樋口　まして、箱根だけでなくて、白河の関を越えて仙台にいらっしゃったということは、学問以前の問題として非常に大きな環境の変化でいらっしゃったと思いますが、その第一印象はいかがなものだったでしょうか。

柳瀬　仙台は土地そのものは足を入れるのは初めてでしたけれども、中学校の時分に「中学世界」という雑誌があって、そこに二高の生徒の恋物語みたいなことを書いた小説が出ておったのです。だから頭では、そう見たこともない土地という気もしなかったわけで、そして、こんなことを言っていいかどうか知らぬけれども、その時分は東大と京大とちゃんと縄張りが分かれていて、東大から関西に就職しようとしても受け付けてくれないわけです。行けば東京以北より仕方がない。それで——そこでということもないけれども行ったわけです。

■ 法文学部

樋口　そのころは東北大学は法文学部で、非常に独自の——法文学部という形でしか学部が実際上できなかったということもあるでしょうけれども、いろいろな説明を読みますと、独自の抱負を持った——人文社会科学を包括した学部だったわけですね。いろいろな専門の学者たちが集まって、一種独自な文化的サークルをつくっていたような気がするわけですけれども、そういう世界の中で先生はどういうふうな……。

柳瀬　ぼくが行った時分は実体はもう分かれていたのです。

あれが作られたのは原内閣のときで、そのときに貴族院でああいう意見がでたらしいのです。つまり法律だけしか知らぬ、そういう専門バカは困る。もっと広く教養のある人間をつくらなければいかぬというので、政府は心ならずも妙な学部だと思いながら法文学部をつくった。ところがやってみると、学問の性質がまるで違うから教育の仕方も違えなければいけないというので、ぼくが行ったところはほとんど法、経、文は独立していたのです。それで、実質上は学科によってそれぞれ教授会を持っていたといってよい、そういう時期でした。

樋口　教授会そのものはもちろん普通ですね……。

柳瀬　それはあったのだけれども、議院の本会議みたいなもので、委員会で決めたことをイエスとかノーというだけくらいでしたね。

樋口　学校行政以外の対人的な関係では……。

柳瀬　非常にありがたかったです。ぼくは何でもかじる性だから、何といっても同じ学部の同僚で顔も見知るし、閾も高くなく、大先生とでも割合心やすく話ができる。文学の先生やら経済の先生がそろっていたということは非常によかった。ちょっとわからぬことがあると気楽に聞きに行けたりするので、その点はよかった、ありがたいと思いました。

■ 地理的・人的環境と柳瀬行政法学

藤田　仙台という地理的な環境と、それから今お話しに出た法文学部でのいろいろな人的環境とが柳瀬行政法学というものをつくっていく上でも何らかの影響があったのではないかというふうに、はたから見ると思われるのですけれども、いかがですか。

柳瀬　あったかもしれませんね、ぼくは自覚はしませんけれども。あの時分はことに文科関係に偉い先生がたくさんいたでしょう。だから知らず知らずそういう感化を受けたかも知れませんね、学問一筋の先生がおられたから。

藤田　私は東大の研究室を終わって東北大に参りますときに、田中先生のところにごあいさつに行ったのですが、「学者の中には大体二通りあって、一つのタイプは、東京などにいて日常いろいろな起きてくる問題に即座に対応してアイディアなどをだしてやっていったりするタイプ、もう一つは、柳瀬君のように実際問題におよそ関係なく途方もないことを考え出すタイプだ。おまえはどっちかまだわからぬけれども、どっちかというと柳瀬の方にタイプが似ているようだ。それで仙台あたりに行くのがおまえの学問のためにもいいのじゃないか」ということを言われたことがございますけれども、柳瀬先生の場合、仙台というのはご自身にとって学問的な環境が非常によかった……。

柳瀬　ええ。特に私が嬉しく思ったのは、名前は遠慮しますが、世間に名の売れている先生が案外学内では尊敬されていない。世間的には無名でも本当の仕事をしている人が重んぜられていたことで、私はこれはよいところへ来たと思いました。

藤田 ただ先生の場合は、一方では、絶えず東京から北は人間の住むところではない、関西の方へいつも目が向いているというようなところがあったわけですが……。

柳瀬 土地はね。初めてぼくが行ったころは駅の前なんか、こんな間口の店でしょう。東京で言えば郊外のごく外れのところくらいですね。行った当座はやはりさびしい気はしたですよ。ぼくが行った頃はちょうど東京で「東京音頭」がはやっていた時分で、仙台へ行ってもそれをやっているので聞いていたが、非常にさびしい気がして、ちょっとノスタルジアみたいになって、辛抱しきれなくなって一週間目に東京へ二、三日遊びに来たことがあるわけです、本当言うと。そして佐藤春夫の「都会の憂鬱」を身に沁みて何度も読んでいました。しかしそのうちだんだん慣れてきて、いまから振り返ってみると、これは人によるのだろうけれども、東京ではどうも社会の出来事の刺激が強過ぎる。仙台はちょうどいいのじゃないか。ちょうど途中で蒸発するものは蒸発して伝わってくる。

ぼくはいつか話しましたけれども、それを感じたのは浅間山荘事件のときです。あのときに選挙制度審議会の小委員会があったのです。警察の元老がたくさん来てあの話が出て、その元老たちの言うことは、「あれは普通の自動車で行ったから失敗したのだ。キャタピラをつけたタンクのようなもので行けば、そばまで行ってとっつかまえられたのだ」、それはそのとおりでしょう。ですから、それだけ聞いているとそれでもう事件がわかったという気になるんですね。しかしよく考えてみるとそれは事件の本質とは何の関係もないことですね。末端の話なんで、そういうところは東京では気をつけなければ危険があるという感じを受けたのです。

塩野 つまらない話ですけれども、当時は上野から仙台まで何時間くらいかかったのですか。

柳瀬 夜行だったですね。昼の汽車もあったのですが、専ら夜行で。夜行は調節して走るからですけれども、上野を十時ごろに出て仙台に六時か七時ごろでしたね。

樋口 これは昭和十六年の仙台駅発車時間表です。昭和十六年ですから、先生がいらっしゃってから八年たっておりますから大分文明開化した後だと思いますけれどもね。昭和十六年時点で申しますと、仙台駅を通ってともかく上野に来る急行列車というのが東北本線と常磐線を合わせて四本だったんですね。そのうち一本は真夜中に通りますから、これを除きますと実質三本ですね。

柳瀬 そんなものでしょう。

樋口 そうであっただけに、当時の仙台としては第二師団と東北帝国大学というのが市の存在理由だったわけで、どこに行っても東北大学の先生方というのは封建領主の後継者みたいに歓待されていたようなことはなかったですか。（笑）

柳瀬　いやそんなことはなかったです。大学にいると言うと信用はされましたけれども、尊敬するとかそんなことはもうなかった。偉い先生は尊敬されたでしょうけれどもね。

樋口　先ほどの話にちょっと戻りますけれども、そのころの法文学部の、特に他の領域の学者の方々で先生のご記憶に残っていらっしゃるような方、どなたかいらっしゃいますか。

柳瀬　名前だけですけれども、漢学の武内義雄さん、この先生は私が行ったとき法文学部長でした。それからインド学の宇井伯寿、この先生は間もなく転任されました。文科では外に日本思想史の村岡典嗣さん、それから阿部次郎さん、小宮豊隆さん、そこらはポピュラーだったですけれどもね。その外に国語学の山田孝雄さん、先生は私と入れ違いに辞められたのですが、その送別会と一緒に私は歓迎会をしてもらったのです。

藤田　そういうような地理的な環境ですと、いまならば、たとえば東京で研究会とかなんとかありますと、行こうと思えばすぐ日帰りでも行ってこられるわけですけれども、東京におられる例えば美濃部先生初め宮沢先生、田中先生といったような方々と直接に接していろいろ議論なさるというような機会は、当時はもちろん学会はないことですし、そうするとほとんどなかったということなんでしょうか。当時田中先生と盛んに論文の上でやり合っておられるわけですけれども、あれはもっぱら活字の上での議論ということなんでしょうか。

柳瀬　ええ。ただこっちの方は東京へ用事があるからときどき行くでしょう。そうすると、ついでに寄って先生のところにごきげんうかがいに行きますし、会うことは会ったのです。しかし、向こうから仙台へ出てきてくれるということはほとんどなかった。

藤田　それはいまでも変わらないかもしれない。（笑）

柳瀬　一遍田中君が来たのは、美濃部先生の論文目録をつくるというので二人で分担したわけです。その打ち合わせで一遍来ましたけれども。それからその後テニスの試合をやりだしたものですから、これは年に一回行ったり来たり。

塩野　私どもの方から見ておりますと、東北帝大及び東北大学法学部あるいは法文学部でも、柳瀬先生のような学風の方がかなりおられると同時に、実用法学に傾斜しておられる方がいまでもおられますね。当時にも後の部類に属する方がおられたとすると、柳瀬先生が東北に行かれていまのような学風をとられたというのはもともと先生ご自身の中に根があったわけですね。

柳瀬　そうだったと思いますね。

塩野　その根がどこから出てきたのかということは、これは

後からつけた理屈になってしまうかも知れませんが、やはり幾何が好きだったという、その辺から出てきましょうか……。（笑）

柳瀬　そんなことでしょうね。理屈一点張りでいきたいという好みでしょうね。（笑）

藤田　柳瀬先生の場合は、一番最初に申しましたように、政治的、社会的な現象そのものについては、昔から直接の興味とか関心とかは余りおありにならなかったのじゃないかという感じがするのですけれどもね。

柳瀬　それだから経済学もやる気がなかったのかもしれませんね。

■ 柳瀬行政法学の確立

藤田　当時東北大に移られて一番最初の論文集「行政法の基礎理論」というのを一、二と二冊おまとめになったわけですけれども、あの序文に先生がお書きになっていらっしゃるのですが、この論文集というのは、要するに奥へ奥へとさかのぼっていくことを目的としたものだ、一定の前提を決めて、そこから導くことではなくて、さかのぼってそのよってくるところを考えるのが学問だと自分は考える。これはまさに初めての論文集にして、柳瀬先生のその後の行政法学のすべてを象徴しているわけですけれども、あの論文集をおまとめになった前後の事情などについて……。

柳瀬　あれは偶然のことです。弘文堂の八坂社長が訪ねてきまして、「たまっていたら出すから」、「それじゃ出してもらおう」それだけです。そこで仕事が一段落とかなんとかそんなことは全然なかったのです。

塩野　何年ですか。

柳瀬　昭和十五年と十六年です。それから無駄話ですが、私はあの序文で「要約」という字を使ったのです。フォルアウスゼッツンク（Voraussetzung）の意味で、鷗外が「雁」の終でそう使っているのを拝借したのですが、それをレジュメの意味にとった人が多かったようで、弘文堂も新聞の広告でそう書いているのを見て吹き出したことがありました。

塩野　任官されてから八年目ですね。それで、少なくとも私の経験から言うと、当時の先生方と申しますか、柳瀬先生、田上先生もそうなんですけれども、わりあい早く立場が確立しているという感じがするんですね。こちらの至らないせいかも知れませんけれども、私などいまもってあっちへふらふらこっちへふらふらするところがあるのです。それからまた、この問題についてはこういう方法でやってみようとか、こういう問題についてはちょっと柳瀬風にやってみようとか、そういうようにふらふらするのですけれども、柳瀬先生は一貫して決まってしまっている。もちろん、柳瀬先生の場合はそれについて常にこうであっていいのだろうかとか何かぼやきはありますけれども、それはどうも私の目から見ると多少三味線みたいなものなので、もう決まっているという点があるのですが、（笑）　そこがどうしてそうなのかという気がするのですけれどもね。

柳瀬　それは迷いながらも迷いが解けない。それで結局根拠に疑をもちながら生まれつきの型でやってしまったということかと思います。それとやはり世の中が安定か固定かしておって、今のように後から後からと行政の新しい現象が出て来なかったということが影響しているのじゃないでしょうか。

塩野　田中先生も助手論文からいままで方法論は全然変わってないですね。

藤田　柳瀬先生の場合に一つ考えられますのは、先ほどもちょっとでた話ですけれども、先生は学問というのは、一つの立場に立って、一つの観点から見て徹底的に物を見たというのが学問である。その後につけ加えて、ああも考えてみられる、こうも考えてみられるというのは学問としてはまだ未熟なんだというようなことを書いておられますね。

柳瀬　ええ。

■社会の激動

樋口　いま先生は、世の中が落ちついていたからとおっしゃいましたが、私たちがながめますと、先生が学問活動なすってきた時代というのは日本史の中でも最大の激動期でして、そういう時期に一貫して一つの学問観というものをおもちになっていたという、むしろ非常な激動期にもかかわらずの強靱さを感ずるのです。いま先生がおっしゃったのとちょっと逆の面から見ていることになりますが、私なんかは、世の中のあれだけの、先生が生きていらっしゃった時代のようなああいう激動の中で、自分の小さなものでもそれをきちんと何十年も発展的に守っていけるかどうか、とても心もとないという自覚がするのです。世の中のことに関連してですけれども、先生が昭和八年に仙台に赴任されてちょうど直後ですね、いわゆる天皇機関説は。

柳瀬　翌年です。

樋口　先生の場合には美濃部先生の直弟子でいらっしゃって、仙台と東京というふうに空間的には離れていらっしゃっても、身近なところであああいう非常に大きな出来事に遭遇されたわけですけれども、あの前後についての先生のご感想はいかがでしょうか。

柳瀬　ぼくはあのときも感じておりましたけれども、学問の問題ではないという気がしましたよ、機関説事件は。攻撃している側も理論として間違っているというのじゃなくて、社会的にけしからぬ、むしろ道徳論みたいな形で言っていたから、学問的考え方に影響を受けるということはなかったですね。

樋口 天皇機関説自体は昭和九年で、東北大学はあの激動期の中でも、波紋は、受け方は比較的小さかったと思いますが、それでも、昭和十三年でしょうか、宇野事件が起こりましたね。

柳瀬 人民戦線でしたか。昭和十三年の暮と思います。

樋口 ああいう時期の大学の雰囲気というものはどういうものだったでしょうか。

柳瀬 宇野さんのときは別に動きはなかったですよ、抗議するとかなんとかということは。こういう時世なら気の毒だけれども止むを得ないという空気じゃなかったか。

樋口 あの事件は、無罪になってから復職を決議したのじゃなかったですか。

柳瀬 そうです、終戦後に。

樋口 法文学部の教授会としては。

柳瀬 そうでしょうね。しかし、帰ってこなかったですね。服部さんは帰られたが。

■天皇機関説事件の意味

藤田 天皇機関説事件のことなんですが、先生はあれは学問の問題ではないとおっしゃって、そういうことを書いてもおられます。つまり問題とされたのは学問の内容ではなくて、それを言うことによってどういう政治的な効果があるか、というそっちの方の問題だということを、何でしたかに書いておられたように思いましたけれども、それはあの当時の美濃部先生のお弟子さんを含めて、公法学者が一般にとっていた考えだったのでしょうか。そうでなくて、先生の場合には学問はこう、政治はこうということが非常にはっきりしているから……。

柳瀬 直接口にはだれもださなかったけれども、皆そういうふうに受け取っていたのじゃないでしょうか。だから、説を変えなければならぬなどとはだれも思わなくて、言うたら危ないから言うのをよけておこうという程度だったですね。

樋口 宮沢先生が「法律学における学説」という論説をお書きになって、解釈学説は公権的な決定によってその都度公権的にオーソライズされていく、しかしながら、科学学説というものについては、およそそういうことはあり得べきはずもないのだということをお書きになっておられますね。あれは、あの時代的な背景の上に乗せて私たちが読みますと、天皇機関説というのは科学学説であるのに、それを政府が口だしをしようとしておるのはけしからぬという趣旨に読めるのですが……。

柳瀬 そうでしょう。論文集の序文には相当はっきり書いてありますよ、機関説事件に刺激されて書いたのだと。長谷川正安君の「昭和憲法史」を見ると、ちゃんとそれを読み取って、そういうふうに解釈して紹介しておりますね。

樋口 そうしますと、宮沢先生の受け取り方は柳瀬先生の受け取り方とは違っていたということになりますか。

柳瀬　いや同じだったと思います。私が言うのは、あれは機関説は学問的に間違っているという攻撃じゃなくて、有害だから言うなという弾圧であった。だから、学問の立場からは敗北感はなかったということです。ちょうど地動説や進化論がキリスト教の教義に反するという全く別の立場から攻撃されたのと同じだったと思います。

樋口　柳瀬先生の先ほどのお話は、天皇機関説というのは宮沢先生流に言えば科学学説ではなくて……。

柳瀬　いや科学学説だけれども、それを論破されたとは思わなかったから。

樋口　そういう意味ですか。

柳瀬　そうです。だから影響はない、学問的には。説を変える義務はない。ただ、言うと危ないから言わない方が安全だ、天皇主体だと言う必要は少しも感じなかった。機関だと言うとやっつけられるから恐ろしいから言わない方がいい……。

藤田　必要を感じないのは何故かというと、同じ次元の議論なのだが論破されてはいないからだ、という場合もあり得るわけですけれども、柳瀬先生の場合には、全然違う論理的次元の問題だから全然論破されたとは思わなかったということですね。公法学の先生方はどなたも論破されたとは恐らくお思いにならなかったでしょうけれども、それは同じ次元の問題ですが、美濃部先生の方が筋が通っているということなのか、やはり柳瀬先生がお考えになるみたいにそもそも次元が違うのだから……。

柳瀬　筋が通っているかいないかでなくて、攻撃側の言うことはそもそも筋と関係のない話だということです。だから、向こうの言うことは同時に当然こちらから見れば筋も何も通ってない、理論としては。だから、あれは理論と理論のけんかではなくて、力と理論のけんかだと思ったわけです。

藤田　柳瀬先生はそういうふうにお思いになったんですね。

柳瀬　そうです。宮沢さんもそうでしょう、力で押さえつけられた。

藤田　宮沢先生の場合もそうだと私も思いますが……。

柳瀬　ただし、ぼくがそんな気楽なことを思っておれたのは一つはチンピラだったからでしょう。世間で、いるかいないかわからない、探せば美濃部さんの弟子だということはわかったでしょうけれどもね。

樋口　そのころ世間的な反応が、美濃部先生の弟子ということで何か先生の身辺にもありましたか。

柳瀬　何もなかった。ただ、中田先生が「あいつも危ないかもしれぬ」と言っておられたということをぼくに言ってくれた人がいる、高柳先生だったかな。それでちょっと気味が悪かったけれども、しかし、いま言ったように、あるかないかわからぬ若造だから、そこまでくるにはまだ時間があるだろうし、われわれのところまではこないだろうと思ったからそうこわくなかった。それでも毎日貴族院の新聞記事を見たりして、名前をだれかだしやせぬかと思ってひやひやはしておった。あのときは美濃部先生に手紙を出して、「相手にしないようにしてください」と言ったのです。「相手は聞く気のないやつらだから、目的は別だから」と。

樋口　いま話題になっておりますように、理論的な論争で論破されたのではなくて、たまたま腕っ節が強いやつが真理の口を封じているのだ。その場合に、腕っ節はいまは強いけれども、やがて力ではなくて理性の方が勝つのだというふうな信念はおもちだったのでしょうか。

柳瀬　いやなかったです。私が接触した世間の人の中には先生に同情している人はあったが、それだけで、機関説の内容や性格を理解している人はなかった。また、権力が学問に干渉するのは悪いというような考えも普通の人にはなかったようでしたから、今の力を打倒するような力が社会にでてこようとは思われなかったのです。

樋口　このまま抑えられっぱなしになる……。

柳瀬　かも知れない。ぼくは幸か不幸か行政法でしょう。だからその上からいくと、なったらなったでいいわと思った。（笑）自分は説を変える必要はないから……。

樋口　そうすると、当時の雰囲気というのは、理論に対してそれとは別次元の力で押しまくってきているだけではあるけれども、何か理論にひっかけてついてくるということであって、理論的なとっかかりもなしに、美濃部先生の弟子だからみんな大学からほうりだせとか、それから行政法でも、行政法上の理論の中の何かささいな点をほじくりだしてプレッシャーをかけてくるというふうな危険を、身辺に感ずるほどではなかったわけですか。

柳瀬　ぼくはなかった。ぼくをやっつけて何かになるほどのものじゃなかったから。それというのも機関説事件は政治活動でしょう。先生だってただ当て馬に使われただけです。だからぼくは手紙をあげたのです、「相手にしないでください」と。先生が貴族院議員になる前からあんな攻撃は貴族院であったのです。先生の文集を見るとその反駁がでているでしょう。先生が不運だったのは、たまたま貴族院におられたから、目の前でそんなことを言われて、黙っているわけにいかぬので弁明をされたんですね。これは当然のことですが、その結果はかえって敵にえさを与えたようなことになったのです。

五　第二次大戦後

■ 敗戦と柳瀬行政法学

藤田　それでは大体そんなところで、次に移りましょう。

柳瀬先生の東北大学時代は東北帝大時代と戦後の東北大学時代と二つあるわけで、そして第二次大戦における敗戦ということが、わが国の法律制度そのもののみならず法律学にもいろいろな影響を与えているように思うのですが、先生の場合にはどうだったかということから入っていきたいと思います。

柳瀬　行政法では、ぼくのやり方だと考え方には余り影響を受けてないと思います。はめ込む材料が違ってきたというだけで、それは角川の序文にも書いたんですけれどもね。

藤田　まさに憲法は滅びるが行政法は存続する。

柳瀬　ええ。また、憲法そのものも、大筋は、美濃部先生が多少遠慮しながら旧憲法の内容だとされていたところが明確に明文化されただけで、エンダート（ändert）ぐらいで、フェアゲート（vergeht）という程ではないというのが大体の印象です。

樋口　研究対象としての問題のほかに、研究者としての研究条件あるいは研究発表を取り巻く条件という点からいっても、戦前と戦後ではもちろんずいぶん変わったと思いますけれども、いかがですか。

柳瀬　それは自由になったと思いますよ、気を使わなくてすみますからね。

樋口　そういう意味で、日本国憲法というものが忽然と提示されたときの先生の第一印象は、どういうご感想をおもちだったでしょう、昭和二十一年の初め頃ということになりますけれども。

柳瀬　いい憲法だとは思いましたね、民主主義は。それだけに国民の責任が重くなった、自分でしなければいかぬから、そういう気はした。できるか知らんという気はしたです。それは、農林省で農地改革も憲法違反ではないという理屈を考えてくれと言ってきて考えたら、庄内の方に行って、地主を集めるから話してくれというので行ったのです。そういう話をしたって、地主は聞こうとしない。質問は何をするかというと、おれの土地が助かる方法はないかということです。まるで自分が法律をつくるという意識はまだもっていなかったので、そういうところへ徹底した民主主義をやって、これはどうなるのか知らんという気はしたですね。

■ 天皇制の問題

樋口　日本国憲法の問題に関連して、天皇制の意味がもちろん戦前戦後で非常に変わったわけですね。先生のいろいろ書いたものを拝見しますと、日本人にしてはまれなほど天皇制というものに対してクールな見方を戦前戦後一貫しておもちのようだと思うのですけれども、先生ご自身というよりは、日本国の規模で考えまして、天皇制というものがなくなって日本はどうなるのだろうかということについてどういうふうにお感じになりましたでしょうか。

柳瀬　いまでも思っておりますが、ぼくの考えは別として、日本全体から見るとやはり必要ではないか、ぼくは一種の宗教だと思っているのですよ。この間もあるところで話したら、「終戦してもらってありがたい」と言うんですね。「それでは君は天皇が宣戦布告したこと、あれはどう考えるのか」と言ったら黙っている。ちょうどわれわれが神様を見るときそうでしょう。神様に祈って病気が癒ったときは助けてもらったと思う、癒らなかったときは自分に過失があるから神様は助けてくれなかったと考える、それと同じ考え方だ。恐らく大多数の日本人はいまでもそうだと思う。だから客観的に言ってシンボルとして必要だろう、そう思っているわけです。

樋口　具体的事実の問題としてみると、確かに、明治初期に伊藤博文が「西洋人には宗教というものがあるけれども、日本にはないから、かわりに天皇制をつくるのだ」ということを言っておりますね。事実としてはあれがそのまま当てはまっているのでしょうか。

柳瀬　そうでしょう。「玉」と言っておるでしょう。大久保でも木戸でも「玉」を手に入れなければいかぬといっている。そういう意味での一種の神様じゃないですか。そしてそれは、日本だけじゃない。私は何時も、当っているかどうか知らんが、ロベスピエルのエートル・シュプレーム（最高尊者）の祭典を連想するのです。

藤田　似たようなことを穂積八束先生がちょっと言われております。要するに日本のようなところで国民を統合していくためには、天皇制というものが不可欠だ。で、穂積先生の場合、それは祖先教に結びつくことになるのですが、いずれにしても、天皇制というものは結局、いわば、その宗教としての効用というような側面でとらえられているわけです。柳瀬先生の場合にも似たようなことになるのでしょうか。

柳瀬　そう思いますね。それは「ジュリスト」で一遍そういうことを言ったことがあるのです。それで、現実の天皇はそれを体現しているアイドルだ。だから、山県有朋は現実の天皇が自分の理想に合わないと遠慮なしにたしなめておるでしょう。

■ 行政法制度は変革したか

藤田　先生の場合には行政法学が戦前と戦後とでほとんど変わらなかった、変える必要はなかったとおっしゃるわけですけれども、一般的には行政法学の前提も日本国憲法の施行によって非常に変わったということが言われているわけですね。最近では、戦前からの行政法のいろいろな理論が基本的な転換を余儀なくされた理由として、一つには日本国憲法の成立ということと、それから行政が複雑多岐化したことという二つが大体挙げられるようになっているわけですが、先生の場合にはその点はどうなんでしょうか。つまり先生の場合でも、出発点は法律というものについての実証主義的な観察というところから始まるとすると、法律あるいは法制度そのものがいろいろ変わってくるとすれば、当然それに応じた変化がでてくるだろうと思うわけですけれども、制度そのものの変更が余りなかったというお考えなのか……。

柳瀬　そう思うのですね。明治の憲法にあった傾向が徹底しただけだ。

塩野　法治主義が柳瀬先生の場合には戦前と戦後変わらないわけですね。

柳瀬　そうです。

塩野　その点で、美濃部先生なり田中先生の場合には多少変わるところがでてくるのが違っているように思われます。少なくとも田中先生の場合には、戦前の場合の法治主義とそれから日本国憲法における法治主義というものは多少違いがある。

柳瀬　ぼくは同時に法律学の仕事は法律形態、法律上の形式の探求だと思っているんです。いつかあなたも公法学会で話しておられましたけれどもね。それはぼくはマイヤーとラーバントに教わったわけで、二人の言うことはもっともだと思って……。ですから、新しい行政対象が出てきても、それに対する扱い方の形式が変わらない限り新しい法律現象ではないと思っているわけです。だから公害、公害と言うけれども、ぼくらから見ると、それの法律形態だけ見るとあれは警察の一種だと思う。

樋口　先生の場合には社会統制の有用な手段としての法学、それは一応括弧をつけなければいかぬ法学でしょうけれども、そういうようなものはさしあたり考えないというお立場だから、戦前と戦後の枠組みがつながっているということになるので、いま言った社会統制の手段としての括弧づき法学というものを主なものとして考えれば、社会統制の目的自体が、これは戦前、戦後によって変わっていると思うのですが……。

柳瀬　それは変わっているでしょう。

樋口　ですから、それは法学というものをどう考えるかという問題と結局結びつくのじゃないでしょうか。

柳瀬　それを扱う法律の形式が変わらない限りは、法律学としては対象は同じものだと思うわけですよ。

藤田　法形式自体の問題としても、例えば行政裁判制度というものが廃止されて、通常裁判所がすべての事件について管轄権を持つようになったということがあります。また公法と私法の二元論に対する批判にはそれが一つの非常に大きな理由になっているわけですね。それからまた、戦後英米法系の制度とか考え方が入ってきたということもありますね。これは先ほど先生ご自身もちょっとおっしゃったと思うのですけれども、戦後になると要するにドイツ法系とアメリカ法系の混合形態になった。その結果、例えば行政委員会制度の導入とか、それからいわゆる行政手続法の拡充とかが行われることになる。こうしてみると、やはり行政法上の制度も必ずしもそう全面的にということはないにしても、少なくとも量的には相当違っている面があるのじゃなかろうか。こういうような違いというものはやはり法形式の違いでもあるのじゃないかという気がするのですけれども、いかがですか。

柳瀬 どうでしょうかね。裁判管轄の違いなんかはただそれだけではないですか。

藤田 ただそれだけ……。

柳瀬 ええ。行政裁判官が裁判したのと、司法裁判官が裁判したのとでは、実体的な結果は違うかも知れないけれども、裁判という形式は変わりはないのじゃないかという気がするんですがね。

■ 変わった点と変わらぬ点

塩野 それはそうなんですね。ですから、どこが変わっているかあるいは変わっていないかというのをもう少し細かに議論しないとなかなかうまくいかないのでは……。少なくとも柳瀬先生の場合には方法論は変わっていない、これは事実なんですね。それでけしからぬと言うか言わないか、これはまた全然違った次元の問題ですね。しかし、今度は実定制度を叙述されるわけですから、その限りでは変わらざるを得ないところがある。

柳瀬 それはあるでしょう、いま藤田君が言われたような。

塩野 ただ、実定制度が明確でないところについて、戦前に立てられた学説をそのままおっしゃるのか、それとも少し変えるのかというところなんですね。その場合、柳瀬先生の場合にはわりあい変わっていないところが多い。田中先生の場合には変わっているところがかなりある。しかし、それでも別の見方からすれば、田中先生だって基本的には美濃部先生といまだって同じじゃないかという議論もあるわけで、そこは、だから質的なものか量的なものかぼくもよくわからないところがあるのですけれども……。

■ 行政代執行の例

塩野 一つ例を出しますと、例えば行政強制のところで、柳瀬先生は、戦前から一貫して、代替的作為義務に関する代執行には法律の根拠がいらないという見解をとってこられたわけですね。これに対して田中先生は、下命行為の法的根拠と行政強制の法的根拠は異なるという考え方を戦後とられておりますね。

柳瀬 その説の方が多いでしょう。

塩野 いまはそちらの方が通説になっておりますね。これをどういうふうに見るかという点があるわけですけれども、その場合、恐らく田中先生の場合ですと、法治主義の観念というのが日本国憲法のもとではより徹底したということと、それから下命行為ということと、それから直接物理的に実力を使うということは必ずしも同一性質のものではない、そういうところから出発していると思うのですね。そこで、柳瀬先生はそこがなぜ変わらなかったかということを一遍おうかがいしてみたいと思ったのです。

柳瀬　それは、義務を命ぜられたということと代執行をやられたということはぼくは同じことだと思うのですよ。義務を命ぜられたということは、直接には「観念上すべきだと思え」ということであるけれども、決してそれだけではないので、「実際そうしろ」という意味を含んでいる。だから、下命行為の効果の中には、家を移転するならば移転すべきだと観念しろというほかに、実際移転しろということまで、その意味まで含んでいるのだ。言い換えれば、行政庁の側には下命行為に依って事実上家を動かさせる権利まで生じている。そして代執行はそれを本人がするのと同じ仕方でそのまま実現するだけだから、下命の権限を授与した法律には既に代執行権の授与が含まれている、そう考えるわけです。

塩野　そうすると、先ほどの「そう考えろ」というのはどこから出てくるかということです。「そう考えろ」という第一命題ですね。

柳瀬　それは下命効果の内容がそうだからです。「税金は納めなければならぬと思え」と言うだけでは下命の意味がないので、「実際金を届けてこい」ということまで言っているのだと解釈すべきだ、下命という制度がある限りは。

塩野　ですから、そこが「そう思え」と言われれば思わざるを得ないところがありますけれども、別な考え方で、「金を持ってこい」というのと、「それじゃ今度こちらで取りにいくよというのとは別だと思え」と言われれば、そこもやはり思えるような気がしてくるんですね。たとえばドイツの場合ですけれども、税金の場合でも不動産執行はもともと民事訴訟でいくわけですね。

柳瀬　それは明文でそういう制度になっているからでしょう。

塩野　それからまた、代執行の場合でもアメリカなんかの例ですともう少し違ったシステム、すなわち、ジューディシャルなシステムをとるということになると、下命ということから論理必然的にある制度までいくかどうかですね。行政代執行というのは一つの制度だと思うのですけれども、そういう制度が論理的に導かれるものかどうかという点が、私かねがね疑問に思っているところで、ただこの点は、私ども「ジュリスト」で座談会をやったときにそういう問題が話題になって、雄川先生が言われたことなんですけれども、「現在の通説は、むしろ下命行為と代執行とは別だというのが通説だが、柳瀬先生はそうではないという説を言っておられる」。直接強制か代執行かは忘れましたけれども、「美濃部先生もそのまま実行の場合には法律の関係ではないと言われておる。これを論理的にといいますか、実証的に美濃部、柳瀬説を破るのはなかなか困難だよ」というふうなことを言われまして、それもそうだということになって、そうすると、じゃ下命行為というものを、日本でとっている法治主義をどう理解するか、あるいは行政権の作用というものをどう理解するかという一番上のところまで、要するに第一命題までいかなければいけないのじゃないかということに一応話は落ちついたのです。だけれども、挙証責任の問題から考えますと、その二つが別だということに対してそれは一つだということを説明するのもぼくはやはり多少困難なところがあると思うのですね。そこで最初の問題に返りますと、柳瀬先生の場合には戦後それが変わらなかったという理屈が論理的に説明できておるのかどうかちょっとよくわからないところがあるのですが。

柳瀬 それは代執行法の批評を書いたときにパラドクシカルな言い方で言ったんです。もし代執行が法律の規定がないとできないならば、なかった場合を考えてみたらいい。そのときは、先ほど言ったとおり、義務を命ぜられたということは事実上そういう状態をつくれと言われたことだから自発的に履行する者があるだろう。そうしたら、それはもうすべきことをしたのだから補償も何ももらえない。横着で何もせずにおったやつは、代執行は規定がないとできないということになるとそのままですんでしまうじゃないか。正直者が損をする、そんなことはあるべきはずがないという考えですよ。

塩野 先生の場合、そうすると民事上の強制執行は使えないという前提ですか。

柳瀬 そうです。公法上の義務には民事は親しまない。

塩野 ですから、そこがまたもう一つひっかかるところで、なぜ使えないのだろうかという疑問がでてくるわけですね。同じ法律上の義務、民事の場合だって要するに権利義務の関係ですから、そうすると行政代執行が使えない、制度がないということになれば、それでは民事にいくということにはならないですか。

柳瀬 民事にいくならばいく機関をつくらなければならぬでしょう。執行官は民事の執行しか権限はないわけです。

塩野 その場合、ですから柳瀬先生の場合に実体法上、公法上の義務と私法上の義務ということが明確に区分されて、民事のいわゆる強制執行官は行政上の義務ですか、公法上の義務は遂行できないという前提がまたあるわけですね。その前提を疑ってみるということにはなりませんか。

柳瀬　しかし、それはもう法律で決められているのじゃないでしょうか。裁判所付属の執行官は行政上の強制執行の権限はいまの法律ではない。

塩野　ですから、行政上の強制執行権限はないですけれども、債務名義の実現の権限はもっているわけですね。

柳瀬　その債務名義も、私法上の債務名義、すなわち私法法規から生じた債務名義のことだと思うのですけれどもね。

■ 柳瀬先生の法律学観

樋口　先生の法律学観からしますと、いま話題になっているような問題というのは、学者がそこまで面倒を見て答えを出してやるべきものではなくて、本来はやらなくてもいいことなんだけれども、裁判官や弁護士たちが困っているようだから、ちょっと横から知恵を出してやればこうなんだ、しかし、これは他人に学問の名において説得できるような権限根拠のある議論ではないのだということになりそうだと思いますが、そこまで先生は自覚的に割り切ってやられますか。

柳瀬　ぼくはそうは言いません。学問論理から当然出てくる。

藤田　そこで私、かねがね疑問に思っているのですが、柳瀬行政法学というのは、まず法実証主義ですね。要するに、法律学というのは現にある法律を認識するだけであって、立法することではない、政策論をすることではないと言われるのですけれども、一つには、形式が問題だとおっしゃる場合、その形式というものを本当に実体というものと無関係にそれだけ認識できるのかという問題、それからもう一つ、先生が法律の意味を認識するのだといわれるとき一体何をもって法律の意味だとされるのかということがどうもいつもはっきりしないような気がするのです。先生のものをいろいろ読んでみますと、法律の意味を認識しようという場合、あるところでは条文の文言に忠実に、文言にこう書いてあるからこうだと言われるかと思うと、別のところでは何か制度の根本みたいなところに、基本理念みたいなものに遡って議論をされたり、この辺がどうも統一されていないところがあるような気がするので……。

柳瀬　最初は、「行政法における公法と私法」という論文を書いたときに木村亀二さんに言われたんですよ、藤田君も引いておられたけれども。「おまえは自然科学的な考え方ばかりする。つまり一つ一つの要素の意味だけ考えて全体の意味をつかもうとしないじゃないか」とよく映画の例を引いて言われた。「一つ一つのフィルムを見たってわからぬ。連続して映していると、全体からまた一つ一つの意味が決まってくる」。そういうことを言われたことがあるので、いま言われた制度の本質などというものはその後の方を意味しているのです。全く条文を離れて考えたものではなくて、条文を総合して考えたときにでてくる。そうするとまた循環論みたいになるように思うんですよ。それがわからなければ一々の条文がわからず、一々の条文がわからなければそれはわからないという。これは全体と部分との関係の一つの場合だと思うので、そこらはぼくもとても割り切れないので煩悶しておるわけです。

いつか「自治研究」に「法の解釈についての覚書」（四五巻一号）というものを書いたが、目的論的解釈についてそういうことを言ったのです。この条文は何を言っているかわからずに、どういう目的を持った条文かわかるはずがないじゃないか。そしてわかったら、もう目的なんぞ言う必要はない。だから実際見ていると、解釈する人の言っている目的は条文から認識した目的ではなくて、自分の理想の目的だ。それを条文にほうり込んで条文の目的としている。だから単純な認識ではなくて、一種の立法、クリエーションをやっている。だから、そのときぼくは結論としては法律の認識、解釈というものは科学として成り立たないのじゃないかという結論になったわけです。

■ 法律の認識ができない場合

塩野　しかし先生の場合、そうすると認識できない場合があり得るわけですね。

柳瀬　そうです。

塩野　そのあり得ないということですが、例えばラーバントになりますと、自然科学と同じように、あるいは自然の法則と同じように、法則がないはずはないというのが前提になりますね。すべて法は埋まっている。その埋めたところを論理で導き出してくるということになるわけですけれども、しかし、論理をいかにひねくり回してもでてこない場合があるのじゃないかという気がしますが……。

柳瀬　あるでしょうね。

塩野　その場合には先生はどうなさいますか。

柳瀬　解釈としてはそこで放棄するわけです。

塩野　それにしては行政法の教科書全部とにかくわかったものとして書いてあるような感じがするんですけれどもね。

柳瀬　だから、そこを乗り越えるために、藤田君が言われた、そのときはわれわれは立法するのだ。しかし、われわれが立法するのじゃなくて、立法する人ならばこうすべきだという議論、そしてその議論が正しい限り、立法、裁判する人はそれに従わなければならぬ。そういう場合にわれわれの言うこと自身は実定法じゃない、拘束力をもったものではない。しかし、拘束力を持ったものになる権利はある。

樋口　それは学問的に権利があるのですか。

柳瀬　そうですよ。

樋口　どうもそこのところが……。

柳瀬　実定法になるというのは、自分の言ったことそのものが実定法になるのじゃなくて、それと同じことを立法者なり裁判官が言うことによって、裁判官や立法者が言ったところが実定法になる。しかし正しい限り彼等はそう言わざるを得ないから、その意味で立法者や裁判官を通じて実定法になることを主張する権利はもっている。

藤田　権利というのは根拠規定は何になるわけですか。

柳瀬　それは日本で言うと、裁判官の場合には、いまも効力があるのだろうと思うけれども、例の太政官達しか何かの、明文も慣習もないときは条理によって判決する、あのコード・シビル以来の……。

樋口　しかし先生、その筆法でいきますと、確かに公権的に拘束できる規範を学者がつくれるわけではなく、それにはそれなりの形式というか、外皮をかぶせられなければいけないわけだけれども、内容は学者が提示できるということになる、先生のいまのお話だと。

柳瀬　そうですね。いわば一種の立法論と言われても仕方がない。

樋口　先生の法学体系を勉強して、いつも残る最大の疑問がそこなんです。そうなると、先生の法学とは、もっぱら認識をこととするものだという、さっきから話題になっているマニエストとどうも整合しないのじゃないでしょうか。

柳瀬　だから別の仕事だと思うのですよ。法文の意味を認識する仕事と、ない場合に立法者なりせばかくのごとくつくるべきだという仕事とは、原理が違うと思うんですよ。

塩野　後者の方は、言葉の問題かも知れませんけれども、学問になるのでしょうか。

柳瀬　やはり学問になると思いますね。しかしそのためには、そのときは主観的な価値観がいるわけだから、その価値観が客観的な妥当性をもったものだという立証がいるわけです、立法論をやるときは。ぼくはそこに不満があるんです。普通はその反省をちっともしないで、自分の直観的にこれが妥当だと感じただけでやっているから。

樋口　先生、その場合価値の客観的妥当性というのは論証できるという哲学的な前提をおもちになっていらっしゃるわけですか。

柳瀬　いやありません。この頃、価値相対論を少し勉強して聞いてみると、最終の価値は証明しようがないということでしょう。幾つもある。しかし若しそれが証明できればこれは論理的に導き出せると思います。

塩野　先生もやはり基本的にはレヒツドグマティークというものを承認はされるわけですね。

柳瀬　ある条件つきでね。

藤田　先生の論法でいくと、普通一般にいうレヒツドグマティークの中に、いわゆる認識としての学問とそれから先の部分と性格上分かれるわけですね。先生がそのことを非常にはっきりと言っておられるのは、「行政行為の瑕疵論」のところで、無効と取り消しの区別の問題ですね。あそこで先生は、この問題は立法の問題であって、認識ではないと言っておられる。それでケルゼンを批判しておられるんですね。つまり、瑕疵ある行政行為の効果の問題は、本当に文字どおりの法律の欠缺の場合であって、それをケルゼンは論理から一方的に解決してしまっている。これは実は論理によって立法をやっていることで間違いだというようなことを書いておられますね。ただ、私がその場合にちょっと疑問なのは、どこから先が立法になって、どこまでが現に法律があるということになるのか、一体何の基準で決まるのだろうかということですね。先生の場合その辺がどうもちょっとはっきりしない……。

柳瀬　その規準は、結局、解釈の方法論がきまればきまるのでしょうが、先刻もちょっと言った通り、ぼくはそれをきめることができないのです。これは笑い話みたいですが、一度それを高橋里美先生に尋ねたことがあるんです。カントの認識論は自然科学と数学の認識論ですが、私どものしている命題の意味の認識の原理を論じたものがありましょうかと。そしたら先生、そんなものは見たことがないと言われたので、それなら、われわれわからないのは当り前だと、大いに安心したことがあった。それからケルゼンについての批判は、長尾君がつくった「ハンス・ケルゼン」という本でも白状したんですけれども、困りきったあげくあんなことを言ったのです。ケルゼンの言うとおりにすると皆無効だと言わなければならぬが、それではどうも困るし、日本でそんなことを言ったって論争にならないから。

樋口　しかし、先生の立場から言えば、みんな困ったって構わぬというのが本来の……。(笑)

柳瀬　本当はそうですが、実際は勇気がないし、またそれでは話がそこですんでしまうので。何とかケルゼンの言うことは間違っていると言わなければ……。

■「法律学の現状と将来」

藤田　そこで、柳瀬先生の法学方法論についての問題になってきたわけですけれども、先ほどもちょっと触れたのですが、先生が東北大学をお辞めになるときに学生向けに講演をしていただいたわけで、これは「法律学の現状と将来」という題で「法書片言」にも載っております。これは柳瀬先生の法律学というものを理解するために非常に興味深い論稿なんですが、私の読んだところではその中で、三つくらいのことを言っておられると思います。

一つは、先ほど来でておりますけれども、学問的命題というものはあるところまで、もとへもとへと論理的に遡っていくと、最終的には論理的にもう説明できない命題に突き当たってしまう。この命題がどこからでてくるかということは、もはや論理的に説明することはできない。それぞれ考える者の本能というか直観というか、そんなようなところからでてくるのだ。そこで、西洋人の考えた理屈というものは必ずそういう、西洋人でなければわからない――西洋人のみが持っている前提というものからでているのだから、われわれには本来的にはとても追っていける筈がない。西洋風の学問をしている限りは、絶えず西洋の学問の後を追っかけているにとどまるであろうということですね。

それからもう一つは、先ほどこれもでましたけれども、常識から離れている結論を出すものほど進んだ学問だということで、これは物理学の法則の例を出されまして、これほど常識と離れたものはないのだけれども、それは物理学が学問として進んでいるゆえんである。それを当てはめると、法律学の場合もおよそ非常識であるものほど進んだ学問のはずだというので、先ほどでましたケルゼンの国家論の例が出されるわけです。

ところで最後にちょっと面白いことを言っておられまして、しかし法律学では、永遠にそういう非常識な結論というものは受け入れられるようにはならないのではないか。なぜかと言うと、法律学というのは裁判に役立つことをしなければいけないという任務があるからだということを言っておられるわけですね。そうすると、その裁判に役立つということと、非常識であればあるほどいいのだという結論とどうつなげるのかという問題がでてきて、そこには何かもう一つ別な学問が必要であるということを言っておられるわけですね。

■ 法律学における工学

藤田　そこで、先生におうかがいしたいのは、このもう一つの学問というのは、何かということなのですが、これは、先ほどの法の認識の先の立法としての提言、法ドグマティークの中で立法としての提言があるという部分、この部分のことだということになるのでしょうか。

柳瀬　いやそうではなくて、ぼくの考えているのは、その非常識というか、非常識という言葉は面白がらせるために使ったようなものですけれども、そういうところから少し戻ってきて、それが具体的な場合に常識でいうと何を指しているかということを教える学問という意味です。だから、そこでは物理学と工学の例えを出したのですけれどもね。

藤田　そうすると……。

柳瀬　だから、一人で二役できるとぼくは思うのですよ。常識から上がっていったのだから。ある程度までまた常識におりてくる仕事もできるだろうと思ったのです。

藤田　そうすると、それはいままでてきた法律の欠缺のところを埋める作業になるのじゃないでしょうか。これも法律学だ、学問だとおっしゃるわけですけれども、先生の場合にも実際の提言をする以上は、そんなに非常識なものであってはならないことになるのだと思うのですが……。

柳瀬　ぼくが非常識と言ったのは理論物理学を例にしたのでもわかってもらえると思うのですが、理論の方を言ったんですよ。ぼくの考えで言うと法律の条文の意味はこうだ、そう言う以上は、われわれの本能としてそれを導き出し得るような共通の命題を一つつくりたい、これは本能だと思うのですよ。ちょうど地動説みたいなもの。で、第何条の意味はこう、第何条の意味はこう、それを導き出し得るような命題を一つつくりたいという本能がある。ここから先がぼくは理論だと思うのです。ここまでは理論じゃない、いわば事実、そう思うものですから、ぼくは非常識と言ったのはこの理論を指しているのです。それが常識から離れた理論ほど発達した学問だ、そういう意味で言ったんですがね。

藤田　そうすると、この非常識というのは、法律学の場合で言うとすでに法律がはっきりしている場合で、それを認識してそれを一つの体系につくっていく、それが非常識なものになるということですね。非常に非常識な結果がでてきたときに、それでもやはり裁判官はそれを適用しなければならないものでしょうか。その辺はどうなんでしょう。

柳瀬　ぼくが非常識といいますのは、先程も言いましたように、荒唐無稽の意味ではなく、常識的経験或いは認識に方法の反省を加えて純化したものの意味なのです。だから、元へ帰れば常識に戻って来る。機関論の論文でも書きましたが、ケルゼンの機関理論は外見は非常に違うが、実質はギールケあたりの常識論と全く変らない、それなんです。だから、ここでもそれは実質は法そのものなので、従って裁判官は当然それを適用しなければならない。なぜなら、それからおりてくると当然常識の法に戻るのだから。

樋口　だから、先生の場合にはそこの肝心のところで予定調和みたいなものがあるんですね。非常識に遡っても、非常識からまた戻れば常識に返るのだということですが、返らなかった場合にどうするか。

柳瀬　いや返るはずですよ。常識から出発しているんですからね。返らなかったら途中のプロセスが間違っている。

塩野　先生の場合、そうすると理論から認識といいますか、もっと具体的に言えば、具体的な規範が生まれる場合があり得るかどうかということなんですね。

柳瀬　あり得ないと思います。それは間違いだ。そんなことをしてはいけない。概念法学の間違いはそこにあると思う。

塩野　だからその意味では、理論はいわば実用法学の人から言わせれば少なくとも有害ではない。それが有益か無益であるかは人によって違っているわけで……。

柳瀬　恐らく無益でしょう。

塩野　そういうものをするのは無益だという人がいるのに対して、宮沢先生はそれは別に有益とか無益の問題ではないということで整理しておられるわけですね。

柳瀬　ぼくもそう思います。智慧の果実のたたりですね、ぼくから言わせれば。ただ神がそういうことをわれわれに命じているから有益無益に拘わらずやらずにおられない。

塩野　ところが、宮沢先生が最初から問題にされていたのは、認識が事実として把握できない場合がある。それを、では何の力によって認識するかという場合、あるいは法を発見するかというのについて田中先生は、当初はやや不用意にそれは理論によって認識されるという言い方をしておられたので、宮沢先生との間に若干の応答があったと思うのです。ただ、先生も工学に類似したものが広い意味での法学の分野の中にあってもよろしかろうというようなことをちょっと書いておられます。工学に当たるような法学といいますか、個々具体的な法規を認識する場合に、論理とかあるいは手でつかめないような場合に何かないかというのが、そういった法律学における工学系統の人の最初からの、そしていまだに解けない問題なんですね。そこで非常に困っているので、ですから、そういう局面に立たされている者からすると、宮沢先生のは非常に無責任な言い方なんですね。

ある意味では、先生も書いておられますけれども、カウフマン的なところがありまして、おまえたち何をやっているのだ、概念混淆しているじゃないかということで整理されたのですけれども、それで一番困っていることに答えてくれているかと言うと答えてくれてないということなんですね。そこでその場合、柳瀬先生も多少工学的なことには足を踏み込んでおられると思うんですよ。そうすると柳瀬先生の場合、工学に対応するようなもので、なかなか見つからないものを見つける場合の技術は何なんでしょうかね。

柳瀬　見つからないものを見つける前に、見つからないという証明をしなければならぬと思うのですよ。欠缺論ですがね。

藤田　本当に欠缺なのかどうかということですね。

柳瀬　そうです。欠缺があるという証明をまずしなければならない。それはぼくはできないんですよ。ケルゼンを批評したときは批評したような顔をしたけれども、よくよく反省してみると藤田君の言われるとおりで、完全な証明になっていないような気がする、当時から。

藤田　今先生のお話を聞いていますと、欠缺の場合になにかを探すというのは、どうも先生が言われるここで言う意味での工学ではないのじゃないですか。

塩野　それがまさに工学なんじゃないですか。

柳瀬　そのときも工学がでてくるのですよ。ただし、それは法律解釈学に対する工学ではなくて、法創造学に対する工学、クリエーションの工学です。クリエーションそのものは実際の応用を考えないで、どこまでも理論的にやらなければならない。それを実際に使うときにどう使えばいいかということを考える学問が必要だ。ぼくもそのあれはそう精密に考えたわけではないので、いろいろ言われるとわからないことだらけですけれどもね。

塩野　ただ確かに、先生のおっしゃることが何かわかったような気がするのは、実用法学を一応括弧書きにせよ学問ということに考え得たとしても、そして実用法学をやる場合に、法というものが一種の社会統制の技術であるというふうに割り切っていった場合でも、その技術性をとことんまで追求するという努力が割合いなくて、割合い当初の段階で立てた命題で満足してしまうというところが従来あったように思うのですね。ですから、例えば公定力という言葉の点についても先生が丁寧に分析しておられるように、システムとして一体どういうものかということを突き詰めないでおいて、そもそも公定力があるとかないとか、あるいは適法性の推定があるのだというところまで単純にいってしまうわけですね。

ところが、公定力というものを私なりに突き詰めていくと、それほど大きな効力でも何でもないわけで、要するに争いになっている場合には現在の法律関係ではなくて、その法律関係を生み出した、もとの行為をたたけというだけの話であって、別に大した効力もないじゃないかというふうに最近説明するのですが、そういう技術的な説明をとことんまでやることに多少手抜かりがあったわけで、そういうことをとことんまで詰めていくというのが工学であるというふうに言えば、先生のおっしゃることはよくわかるような気が私はするのです。ただ、私の理解と先生のおっしゃった工学という意味にはかなり質的に違いがあるかも知れませんね。

柳瀬　そういう点で本当によく話し合いたいですね。

■法律学者の任務とは何か

樋口　いまの工学的なものとそれから非常識な本当の学問と、実際上は多くの人たちは一人で二役をやる、あるいは少なくともやろうとしておるわけですね、法律学者というのは。しかし、これは二役を兼ねておるものだから、どっちもなかなか吹っ切れなくて苦労するという側面も非常に大きいので、例えば政治学者ならば、非常識なことを言うと同時に政治家に助言するというようないき方を必ずしも期待されないですむ。経済学者であるならば、非常識なことを言う傍ら会社のトップ・マネージメントに金もうけの方法を教えてやるというふうなことは期待されない。ところが、法律学の人間だけは非常識なことを言うと同時に裁判官或いは弁護士の役にも立つことを言うことを期待されている。これは全く偶然なのか、それとも学問内在的な違いが政治学や経済学と法律学との間にあるのだろうか、先生どういうふうにお考えでしょうか。

柳瀬　ぼくは期待する方が間違いだと思っておるんですよ。

藤田　期待するというのは、つまり……。

樋口　一人二役を……。

柳瀬　すべきではないというのではなく、するなら二つは違った仕事だということを自覚してすべきだと思うのです。だからまた、他の者も、一方の仕事をしている者に他方の答を求めて、それがでてこないから駄目だなどと言ってはいけない。

藤田　法律学の場合も、本来ならば要するに突っ放して非常識なことを言うにとどめるべきで、法律学者にそれ以上のことを期待するのは間違いだ……。

柳瀬　ええ。だからいつかも言ったように、法律学は裁判と手を切らない限り駄目だ。それで、私それの最後で言った法律学は裁判の手伝いだというのはぼくの考えじゃないのです。一般にそう思っているから、だからそういう非常識な理論には永久に必ずしも賛成が得られないだろう、そういう意味です。だから反語を言ったわけです。

塩野　しかし、柳瀬先生はそう非常識なことを言っておられるとは思わないのです、（笑）　それはちょっと比喩ですけれども。行政法の文献を拝見している限りはどうも解釈学をやっておられるのじゃないか。宮沢先生が言われたような理論だけではない。むしろ主要な点はまさに工学的なことじゃなかったかという気がする。

樋口　ですから、先生は本来はいまおっしゃったように思っていらっしゃるけれども、その傍ら世間の連中もかわいそうだから少し教えてやろうというので、本来の領域以外のこともサービスなすっているのじゃないでしょうか。（笑）

柳瀬　それはいま言われたとおり非常識という言葉が悪いのです。常識ではないというだけの意味です。常識外れとか、素朴な認識とかいう外にそれ以外言葉を知らなかったものだから。

藤田　それは私もよく理解しているつもりです。

樋口　内容は理解できておりますから、言葉の問題はいいのですけれども。

藤田　いずれにしても、非常識であればあるほど学問であって、そこで一応学問というものは終わる。それから後は工学と言ってもいいわけですけれども、そうすると、要するに従来の法律学がやってきたことというのはむしろ工学の方だ、先生の論法でいくと法律認識論ではない。

柳瀬　そう思うのですね。「国家論」の例で言いますと、ケルゼンの考えでは、領土と言っても土地を指すのじゃなくて、法規の中に含まれておる概念としての土地を指すのだ。だからザインの世界にあるものではなくて、ゾルレンの世界にあるものだと言うわけでしょう。これはケルゼンが国家という概念の認識方法の反省から常識をそこまでもっていったものですが、それを実際に裁判で使うとなれば工学がでてきて、それはこの場合で言えば、実はこの足の下にある土だぞと言ってやる学問が必要ではないか。学問という意味に値するかどうかわからないけれども、そういう手続が必要じゃないかと思うのですよ。それを仮に工学という例えを使って言ったのです。

■ 法律理論と工学理論——民主主義と地方自治との関係

塩野　そうすると、例えば具体的な例を取り上げて申しますと、民主主義と地方自治との関係で先生は説を立てておられますけれども、あれはいまの分類学で言うとどこに入るのですか。理論に入るのですか。要するに、民主主義と地方自治というのを通常ときどき一緒にして、地方自治を拡充することが民主主義の理念に合うとかという議論があるのに対して、先生はその関係を断ち切るといいますか、民主主義が十全であれば別に地方自治がなくたって関係はないというふうなことをおっしゃいましたね。たしか宮沢先生もそういうことをおっしゃっているいると思いますけれども、あの理論というのはいまの学問の分類学で言うとどこに入るのでしょうか。

柳瀬　さあどうでしょう。理屈であって、理論じゃないのじゃないでしょうか。事実を述べただけだと思います。それから何もそれ以外の事実はでてこない。それをほかの似たような事実と二つ並べて、さらにそれをどっちも導き出せるような命題をつくったときに、その命題が理論あるいは仮説という名に当たるのじゃないか、そう思うんですよ。

塩野　ですから、その場合に先生は実定法を論理で把握できた、事実として叙述できたということになるわけですね。

柳瀬　ええ。

塩野　片方はしかし地方自治と民主主義というものは密接に結びついているという議論で、あるいはそういう認識をするわけですね。その場合の論争というのは、事実の認識の仕方の論争になるわけですね。

柳瀬　そう思いますね。

塩野　ただ、そのどちらに優劣があるかというのは、いまの分類学で言えばむしろ工学というか或いは基礎工学的なレベルでの対応ではないかという感じがするんですね。そうすると、先生が主としてやってこられたのはいわば基礎工学であって、理論そのものではないではないかという感じがするのですけれどもね。

柳瀬　理論を必要とする類似の現象がないからだと思うのです。天皇機関説の場合もそういうことを言ったのです。天皇についてのいろいろな規定がある。それはそれぞれだけなら機関説を持ってこなくても理解説明できる。しかしそれを統一して理解するために機関概念を使った。そして機関だからこういう規定になっているのだといって現にある規定を理解説明する。ところがそれが脱線して、機関だからこうならなければならぬと、事実がないところへ事実を作る。しかしそれは間違いで、事実と理論とは事実から理論への一方通行でなければならぬ、そう思うんですね。

藤田　こういうふうな性質を持っているものを機関と名づけておいて、後は今度は機関という概念を持ってきて……。

柳瀬　機関だからこの場合こうでなければならぬ……。事実上の根拠がないのにそういうことを言ってはいかぬ。

樋口　そのアナロジーでいきますと、地方自治という概念に機関なら機関という概念と同じ意味を持たせれば、同じ理論が組み立てられるのじゃないでしょうか。

柳瀬　そうそう。だから国は監督しない、一定の仕事をさせる、公共団体がある、その二つの事実を導くためには自治という概念が必要である。自治だから自分の仕事をもつ、自治だから国は干渉しない、その場合には自治というのが理論の形をとるわけでしょう。

樋口　そうしますと、そういう自治と民主主義の関係という問題は、すぐれて理論命題になるのじゃないでしょうか。

柳瀬　いや、それはならぬのじゃないですか。地方自治と民主主義とは相並んだ二つの制度ですから、一方から他方を演繹することはできない。そしてそれを演繹できる概念が理論なのですから、それはこの二つより一段上位のものでなければならない。そしてぼくはそれは当事者自治の概念だと思うのです。これからは地方自治も民主主義も引出せる。ただ普通は民主主義はイクオール当事者自治だと思われているようですがね。

塩野　民主主義と地方自治は形式的には繋らないでしょうね。そこで、実用法学になった場合に、形式だけでいくと、先生の言葉を使えば常識から外れることはでてくる。

柳瀬　実用の役に立たないだろう。「法律学全集」の再版を出したときに序文に書いたわけです。公用負担の範囲はだんだん広がっていく。しかし公用負担という制度の形式には別に新しいものはでてこなかった。だから、その形式を観察するために書いた本だから、それが変わらない限り書き直す必要はない。ところが土地収用法の改正で大分形式まで変わってきたように思ったので書き直したのです。

■ 特別権力関係論

柳瀬　それから、ぼくはよくわからぬのですけれども、特別権力関係についてのこの頃の議論もそれを言っているのじゃないですか。こういう事実を演繹するためには、それは特別権力関係だという命題をつくったら皆説明できる。そして今度は何もないところへこれは特別権力関係だからこうでなければならないということを言いだすのはやめろ、そういう議論のような気がするのですがね。しかし、そこはよく勉強していないので、若い先生たちの言うことはわからないのだけれども。

塩野　ですから、その場合にぼくの言葉で言うと、説明概念もいらないということになってきたと思います。個々的に当たればわかってしまうので、あえてそれを説明して、一つの包括概念をつくる必要がないというのが最近の言い方でしょうね。というのは、それをつくるとその概念が一人歩きして、先生が警戒されておられるような、もとのないところに結論を導き出すおそれがあったし、過去の解釈学説にそういう傾向があったからということですね。

柳瀬　これは塩野君にちょっと教えてほしいのですが、オットー・マイヤーがあれを言い出したときは、ドイツの事実からあんなものをつくったんでしょう、ああいう概念を。マイヤーはそれからまた事実を引っ張り出すということはしてないように思うのですがね。どうだったですか。

塩野　ただ事実を全部洗いざらい突き詰めていって、一般論を立てて、そしてそこから——ということは、結局全部材料がそろってしまったわけですから——演繹する必要はないわけですね。そこまでの作業をやったかどうかというようなことは私はちょっとわかりません。そこまではやってないで、ある途中のところまで来て、特に官吏関係の辺、或いは営造物権力というところを見て、そこから拾い出してつくり上げて、それから特許企業のところまで引きおろしたというふうにも見られるのじゃないかという感じがするのですけれども、そこのところはちょっと私もよくわかりません。

藤田　その辺はラーバントなんかと一緒なんで、見えないところにも何かあるのだという前提なんじゃないかと思うのですけれども、それがドイツ行政法学のドグマティークの大前提にあるので、見えないけれども何かあるのだ、それがところどころ見えているのだ。そうすると、目に見えているのはこれだけだけれども、それから推しはかって、見えないところでもこれだけのものがあるはずだ、そういうものを特別権力関係なり公定力なりというもので決める。だから、それはないものを引き出しているという感覚じゃないと思うのですね。

■ 実定法体系と法の欠缺

塩野　先ほども申しましたように、全部埋まっているというのが前提ですからね。埋まっているものを発見する方法がレヒツドグマティークであるということになりますから、先ほど先生も欠缺を証明するのが大変むずかしいとおっしゃいましたけれども、先生の場合も埋まっているというのが本心じゃないかという感じもするのですが、そこはどうなんでしょうか。

柳瀬　そこはどうも言える知識がないんですよ。一度具体的にそれを考えたことはあるので、憲法の例のデュー・プロセスの規定、あの条文そのものは刑罰について言ったものですけれども、刑罰についてあんなことを言う底には、権力作用一般についてのそういう考えがあると認めなければならぬ。その意味であの条文は氷山の一角であることは事実だと思う。ただ問題は、それだからといって、その海水に隠れている部分まで、これも氷山である、実定の法であるとして扱うことは、法の解釈認識としてしてよいことかどうか、そこへ行くと迷うばかりなんです。そしてそれだからケルゼンやベルクボーム、チーテルマン、その三人の人が言っている理屈もぼくはちょっと納得いかないのです。どっちも、法律のある場合に得た理屈でない場合について同じことがあると言っているのじゃないかという感じがするが、あのとき苦し紛れにそういうことを言ってみたのですけれども、実際はどうか。法の欠缺とぼくが言うのは、条文の解釈で埋まらないという場合じゃなくて、条文がない、法源がないという場合です。

藤田　先生の場合には、法の欠缺というのは条文がない場合がそうなんであって条文があるけれども意味が不明確という場合は、欠缺ではないということになるわけですけれども、問題は、条文があるかないかというのをどうやって見分けるか……。

柳瀬　それは目で見ればわかるのじゃないか。条文、一般に法源ですね、レヒツクエレ（Rechtsquelle）があるかないかは……。

藤田　ところが、私、以前にも書いたのですけれども、先生の場合、例えば、法律の留保の原則等々について、法治国の原理については日本国憲法四一条「国会は、……国の唯一の立法機関である」という条文によって規範があるとされる。ところが、例えば、無名抗告訴訟の場合には条文がないと言われるわけですね。しかし、この場合も条文は一般的に『抗告訴訟』とは、行政庁の公権力の行使に関する不服の訴訟をいう」としており、あとは個々の訴訟類型についての説明だけなんですね。だから、見ようによっては通説のように、二項以下は例示であって、限定ではなく、一項の中にそれ以上のものも入っているのだ、だからやはり無名抗告訴訟についても条文の根拠はあるのだという解釈もできるじゃないか、と思われるわけです。そうだとすると、条文がある場合とない場合というのは、先生の場合、どうやって見分けられるか……。

柳瀬　その点はぼくは論理的にはっきり言えないのですけれども、そういう意見を聞いていると、訴訟はなるべく許すべきだという一つの要請が先に立っている。それを先に決めて、それに合わせてそういう解釈をやっているのじゃないか。だから、そういう要請を離れて解釈するとやはり列挙だ、それが本当じゃないですか。

樋口　先生、さっきの代執行の話題と引き合わせて申しますと、そういう要請そのものに基づいて何か物を言うことも学問の名においてできるということになるのじゃないでしょうか、先ほどの先生のお考えから言うと。

柳瀬　しかし、解釈論としてはぼくはそう言えないと思うのですよ。そういうふうに直せという議論ならばいいだろうけれども、これでは救済が不完全だ、救済が不完全だからそう読もうというのはちょっと解釈の権限を外れているという気がするのです。

塩野　ただ普通の場合は、その前にもう一つ——そこがまたどの条文かと言われると困るのですけれども——リユッケンロス (lückenlos) な救済、レヒツシュッツ (Rechtsschutz) ということを一種の規範として見るわけですね。それが憲法にあるのだ。ある人は日本は裁判国家になったとかいろいろな理屈をつけますけれども……。

ですから、解釈学説も直ちには自己の主観を押し出すことをせずに、できるだけ憲法の中に見つけようという努力、それが工学的努力だと言ってもいいと思うのですけれども、それはやっていると思うのですね。その場合にその工学的な努力というものが、人に説得力といいますか客観的なものとして説得性が果たしてあるものかどうかというのが勝負のしどころだという感じがするのですが、いまの無名抗告訴訟の点だけをとりますと、先生が「公法と私法」でおやりになったような立法事実の探求みたいなものをやってきますと、行政事件訴訟法が列挙にするという立法過程よりも、むしろそうではなくて、そこのところはオープンにしておこうという事実が実証的にでてくるわけですね。そういう立法過程における実証的な事実というものは、先生の場合には解釈論の中にといいますか認識の中に入れていいのかどうかという点はいかがでしょう。

柳瀬　立法過程を離れて読んだときに、そういう意味が読み取れる、或いはそういう意味を容れる余地があるならばそれでいいと思います。法律の文言では読み取れないときは、法律は立法者の意思だから、そのときは立法者の意思がわかればそれを法の意味とすべきだ、そう思っているのですよ。その例は例の地方自治法の「行政事務」で、あれははっきり法律の客観的な読み取れる意味と、自治省の立法者の、立案者の考えていたことと全く食い違っている。その点、食い違っていることがわかれば、それは条文から客観的に読み取れる意味がその意味だとする。しかし、藤田君が批評してくれた中で挙げておられる裁判所構成法、民事事件と行政事件、あれは条文からはどうしても民事事件、行政事件というのは何を指しているのか読み取れない。読み取れないときは立法者が考えていたことをその意味とすべきじゃないか、そういう意味で言ったのです。

塩野　無名抗告訴訟の場合は条文からはどうしても読み取れ

ないという理屈が何かでてきそうな気もしますけれどもね。列挙であるという論証と列挙ではない論証と両方ともむずかしいと思うのですね。

柳瀬　ぼくの考えは、ケルゼンについて言ったこととちょっと矛盾するようですけれども、権利は法が認めて初めてあるものだ。訴権だって同じ。だから、法律が明示に認めていない限りは、ないと解釈すべきだ、訴訟する権利は。明示に認めていないじゃないか、含むのだという意味もでていないじゃないかというのです。

藤田　権利というものは特にまた別の要件が必要だということですね。

柳瀬　ええ。そうすると、さっき言ったケルゼンの考えに近くなってくるのだけれども、欠缺がないという……。そこらは矛盾して、どうもわれながらよくわからない。(笑)

まとめ——柳瀬先生の行政法学

■ 柳瀬法律学の三内容

藤田　いろいろと柳瀬先生の法学方法論について論じてまいりましてはっきりしてきたことは、柳瀬先生の場合には、先生の考えておられる法律学という中にもどうも幾つかのものが分かれそうである。一つは、先生の言葉で言えば法律の解釈、これは認識ということになるでしょうか、それと出た結果をどう事実上運用していくかという工学というのがもう一つ。それからもう一つは、これも工学の一種と言えば言えるけれども、法律がない場合の立法作業というものと、大体この三つくらいのものがある。そうして先生のお考えでは、法律学者に本来要求されるのはその一番最初のものだけであるはずなんだけれども、世の中はそういうことを許さないでより多くのものを期待する。それでやむを得ずというかある程度はサービス精神を持って先生もつき合ってこられたのだと、大体そういうようなことになろうかと思いますが……。

柳瀬　そこは、それらはそれぞれ性質が全く違うということをいつも意識してほしいと思うのです、認識とつくり出す場合と。どちらも学問として成り立つとは思いますけれども……。

藤田　先生の場合は少くともご自身では、常にそれが明確に分かれている。

柳瀬　分かれさせたいと思っているのです。

■ 宮沢公法学との異同

塩野　そこが宮沢先生の場合とちょっと違うのでしょうか。宮沢先生のは、解釈学説は立法だというふうに、解釈学説全部を割り切っておられますね。

柳瀬　科学じゃないと。

塩野 だから、そこはどうなんでしょうかしら。宮沢先生の場合は、認識の中に、法律の解釈という場合にはすでに認識者の客観性というものについて非常な悲観的な見方があるわけですね。それに対して柳瀬先生の場合には、認識或いは客観性ということについてある意味での楽観論があると思うのですね。

柳瀬 できると思っているわけです。また、そう思わなければ仕事の張合いないから。

塩野 ずいぶん違うような感じですね。

藤田 私は、その点は法解釈という言葉の定義が宮沢先生の場合と柳瀬先生の場合と違うと思うので、宮沢先生が法解釈と言っておられるのは、柳瀬先生の場合には工学だろうという気がするのですけれどもね。

柳瀬 そうでしょうね。純粋の認識じゃないでしょう。

藤田 柳瀬先生のおっしゃっている法律学の認識の方は、宮沢先生の場合には法律科学の一つになるのだと思うのです。

柳瀬 そうですね。

藤田 そうして、宮沢先生もこのような意味での法律の認識は現実に試みておられる例もあると思うのです。例の公法人に関する論稿で、わが実定法上公法人と私法人の別は存在するかどうかという問題を提起されて、これこれこういう理由があるから法律科学としては公法人と私法人の別というものは我が国法上存在しないと言わざるを得ないというようなことをおっしゃっていたように思います。だから、私は柳瀬先生と宮沢先生とやはり共通の土俵にあると思うんですけれどもね。

塩野 土俵にはあるんですけれどもね。要するに解釈学というものに対する見方が多少違いがあるのじゃないかという感じはあるのです。

柳瀬 恐らく宮沢さんは、さっきぼくが言ったような意味の目的論的解釈を暗黙に念頭に置いておられたのじゃないですか、実際の結果を考えて。それを法律に持ち込んで、それで法律の意味を決めよう、そういう場合を頭に浮かべておられたのじゃないかと思いますがね。

■ 価値判断は何故学問か

樋口 柳瀬先生の場合、解釈法学的ないし法創造法学的なものと、それから先生の言葉で言う解釈学、イコール認識の学とは違うのだということをはっきりさせるということ、これは先生のまさに強調なさる点なんだけれども、そうだとすると、それだけ違うものを学問という同じ言葉で呼ぶことにどうして先生がこだわられるのか。工学的なものが本来の学問と違うのであれば、学問でないというふうに宮沢先生流に言ってしまったっていいんじゃなかろうか。どうしてそこで学問という言葉にこだわられるのか、ちょっとお聞きしたいと思うのですけれども、どうでしょう。

柳瀬　ぼくは、二つはすることの中身は違うけれど、仕方はどちらも学問的、つまり主観的でなく、客観的にやるべきだと思うから……。

樋口　「的」にというのは、結局、法廷に立った弁護士ならば、自分の訴訟依頼人を勝たせるためにいろいろな苦し紛れの議論も言うけれども、学者はそういうことを言ってはいかぬという程度の意味でしょうか。

柳瀬　そうです。つまりそのときは価値を前提に置くわけでしょう、自分の考え方を。その価値が普遍妥当なものであるという証明がいる。非常に証明はむずかしいけれども、それをいつも念頭に置いてほしい。

樋口　むずかしいけれども価値の普遍妥当性は証明可能なものだ、という前提がないと、いまの先生の命題は矛盾がでてきますね。

柳瀬　その通りです。そしてそれは実はぼくはわからぬのですよ。それがわかるためには、見当外れているかも知れないが、人間生存の本旨は何かという答えがいるのだろうが、そこまでいけばこれはもうエルケントニス (Erkenntnis) じゃなくてベケントニス (Bekenntnis) じゃないかという気もするんです。

樋口　客観的な価値として自由とか生存とか、そういうふうなものをお認めになりますか、先生。

柳瀬　一応は認めます。認めますが、それが価値であることの根拠を突きつめて行けば、その根拠は、結局、非合理的な、盲目的な人間の本能以外にないのじゃないかという気がするのです。つまり、何故自由であるべきか、生存すべきかといえば、それは自由でありたいからだ、生きていたいからだ、という外には答がないような気がするのです。そしてそれは神が命じ給うたからだというキリスト教以下の教は、この後の方の事実を前の方の当為に引直すための仮説じゃないかと空想しています。その意味で人間は、やっぱり動物なのだと思って、人間を徹底的に動物扱いしている丘浅次郎先生に惹きつけられるのです。

それから余談ですが、ぼくはこの頃疑問に思っているのですよ。価値相対主義のことを少し勉強して。価値相対主義じゃやはり国家というものを説明できない。

藤田　それはこの前の「自治研究」の四先生の座談会の中でも柳瀬先生しきりにおっしゃっておられたところですね。

柳瀬　ぼくはどうもアナーキーにいくより仕方がないのじゃないかという気がしているのですがね。

■ 今考えること

藤田　今日はいろいろ先生のお考えをお聞きして非常に有益だったと思うのですが、時間も参りましたのでそろそろ終わりにしたいと思うのですけれども、私どもきょうずいぶん勝手なことをいろいろ申しましたが、柳瀬先生から最後に一言……。

先生のお考えは、先ほど来の話のように、先生が東北大学をお辞めになるときに講演なさった「法律学の現状と将来」の中に非常にコンパクトな形でまとめられているように思いますが、その後またいろいろお考えになったこともあるだろうと思いますので、この際何かおっしゃっていただければと思います。

柳瀬　ひとつお礼を言わなければならないのですが、私のような者の話を聞いてやろうということでお忙しいところを、ことに遠方からお見えいただいてまことに光栄に思います。何かご参考になることがありましたかどうか、多分なかったろうと思いますけれども、こういうことですからご了解いただきたいと思います。

その後考えていることは、いよいよ懐疑論です。一層懐疑論になるばかりで、昔のことを考えてみると、そうだと思って言ったことも、いま考え直してみるとまたほかの考えと矛盾したりして、結局、暗中彷徨みたいな状態です。そしてもう一遍やり直そうにももう時間がないし、このまま終わるより仕方がないという気持ちがしております。

樋口　前に仙台でいろいろな雑談を申し上げていたときに、「先生、生まれ変わられたら何におなりになりますか」とおうかがいしたら、「やはり行政法学者になる」というようにおっしゃったような気がするのですけれども、どうだったでしょうか。

藤田　私も確かにそういうふうにおっしゃったように記憶しております。

柳瀬　それは、生活の上から言えば、いままで言うたことを覚えていればそのまま講義できるからいいじゃないかという意味だったのでしょう。（笑）

塩野　いま先生暗中模索とおっしゃいましたけれども、或いはいままでやってきたことについていろいろ疑問をもつということを片方でおっしゃるのですが、しかし、おやりになることは変わらない。そこが非常に強いと思うのですね。先ほどもちょっとでましたけれども、別なことをそれではちょっとやってみようかという誘惑にとらわれるのですが、先生はそういう誘惑に私なんかはとらわれずに、何かぼそぼそ言いながら、結局は同じ方法論に立って一貫してこられたというのは、これは明治生まれの強さというのですかね。（笑）

柳瀬　その方法論を変えるだけの勉強もしないし知識もないわけでしょう。いわゆる回心という現象はないわけですから、初めから同じ考え方ばかりしているので……。

塩野　その場合一種の信仰がないと変えられないのじゃないでしょうか。変えられないということの強さというのがどこからでてくるかですね。

柳瀬　強さかどうかわからぬですがね。

藤田　柳瀬先生が美濃部先生について美濃部先生は根っからの自由主義者で、自由主義は何であるかというようなことを、その意味というようなことをそもそも考えることができないような人だった。そしてまた、そういう人によってこそ本当の自由主義というものは守られるのだということを書いていらっしゃるんですけれども、柳瀬先生の場合ますます懐疑に陥ると言われながら、結局、学問というのはこうだということをこれ以上変えようがない。柳瀬先生の先ほど流に言えば、そういう人によってこそまさに学問は進歩する……。

柳瀬　いやいやとんでもない。

塩野　その強さというのは年代的なものもあるんですかね。田中先生にも別な意味での強さがありますね。柳瀬先生とあれだけやりながら、ついに両方とも変えなかったというのは大変に面白い現象じゃないかと思うんですね。

藤田　それでは先生、今日は遅くまでどうもありがとうございました。

（昭和五十二年十一月十七日）

◎柳瀬良幹博士主要著書

▽単　行　本

行政法の基礎理論㈠（昭一五・弘文堂）
行政法の基礎理論㈡（昭一六・弘文堂）
行政法に於ける公法と私法（昭一八・有斐閣）
行政行為の瑕疵（昭一八・河出書房）
人権の歴史（昭二四・明治書院）
憲法と地方自治（昭二九・有信堂）
地方団体に対する国の権力（昭二九・日本評論社）
公用負担法（昭三五、四六・有斐閣）
元首と機関（昭四四・有斐閣）
自治と土地（昭四四・有信堂）

▽教　科　書

行政法（昭二五、二九・角川書店）
行政法講義（昭二六、三二、三八・良書普及会）
行政法教科書（昭三三、三八、四四・有斐閣）

▽随　筆　集

ヨーロッパところどころ（昭三二・有信堂）
法書片言――心の影（昭四四・良書普及会）

〔参　考〕

藤田宙靖著・柳瀬教授の行政法学㈠㈡㈢
（昭四四・「法学」三二巻一、四号、三四巻三号・良書普及会）
藤田宙靖著・柳瀬良幹博士の行政法学
（昭四七・『行政行為と憲法』柳瀬良幹博士東北大学退職記念〔前記論文補訂収録〕・有斐閣）

あとがきに代えて――行政法学と私

昭和三四年春、東京大学教養学部文科一類に入学した時の私は、むしろ、言い知れぬ挫折感に襲われていたように思われる。

人類初の人工衛星スプートニクの打上げに象徴される私の高校時代は、科学技術ブームに湧いていた。仲間達の多くと同様、私にとっても、学問とは即ち自然科学以外の何物でもなかった。理科系進学コースに属していた私にとって、文科系への転向は、明確な目的意識より出たものではなく、自信の無さより来た敗北でしかなかった。

無目的の裡に典型的なノンポリ学生として過していた私の眼を、いささかなりとも政治・社会現象へと向けさせるに到ったのは、やはり、二年生の初めに体験した安保騒動であったのかも知れない。

安保改定が良いことなのか悪いことなのか、私にはさっぱり解らなかった。新聞などで読む賛否の両論には、いずれにもそれなりの理屈があるように思えた。ただ、広汎な国会解散・辞職要求を一顧だにせぬ、政府・与党の高圧的な態度にのみは、純粋な憤りを感じた。この憤りは、次第に、反対陣営の叫ぶ危機意識の中に吸収されて行ったようであった。

〃日米独占資本による人民の抑圧と搾取〃・〃形骸化されたブルジョワ民主主義の偽瞞性〃ｅｔｃ……。改めて私の眼に映る政治・社会現象は、全てこのような解釈図式を裏付けるものであるように見えた。このような問題に対する〃大人〃達の〃無関心暴力〃には、激しい憤りと憔躁とを感じた。

余りにも自明と思われる右の図式を、必ずしも誰もが是認しているわけでないのは、この図式のどこかに欠陥があるからなのだろうか、という疑問を抱くようになったのは、私の持前の臆病な性格と、それまで余りにも社会科学に関し不勉強であったという自信の無さに基づくものであったのであろう。自分の立場をしっかりと固めるために右の図式に揺ぎの無い自信を得るために、まず反対者の言うこと考えることを、良く知りたいと思った。確信を持って行なった言動の基盤が、短慮に基づく認識不足から、後になって崩れ去ることが、何よりも恐ろしかった。

公益とは何か、公益と私益との調整は如何にあるべきか、という漠然とした問題意識が、研究室に残って公法学を勉強しようという明確な意欲となったのは、明らかに、辻清明教授の行政学の講義に由来する。法律を全国民の意思と擬制して、単に行政の形式的法律適合性のみを問題として来たことを理由に、伝統的な日独公法学の無批判性を糾弾される教授の熱弁は、当時の私に何程かの満足と勇気とを与えるものであった。と同時に、教授の指摘を自分の確信とするために、まず、公法学者が何故そのような態度をとって来たのか、公法学者の主張には、どのような理由があるのかを、自分自身で正確に理解したいと思った。

行政法学を抜きにした公法学は語り得ない。それはつまり、行政法が、公益と私益の調整を最も技術的なレヴェルにおいて図るものであり、それ故に問題が最もヴィヴィッドな形で現われるからである。かくて私は、差当ってはさして面白いとも思われぬ行政法学の素養を身に着けた上でなければ、私の本来の問題について、真に自信を持った主張は出来ない、と考えた。

行政法の研究者としての私の生い立ちは、右のように、根本的には全て、私の自信の無さに由来するものである。西も東も解らなかった私が、どう行動したら良いのかを決めるため、如何なる結果が出るにせよ、ともかく社会の真実、とりわけ〝公益〟・〝公権力〟とは何かについて、真に確実なことを知りたいと思った。その意味において、私の行政法学は、本来誰のためでもなく、自分のための行政法学なのである。

多くの行政法研究者の強靱なる精神は、私にとって全くの驚異である。何が現社会の真実であり、何が現に存する法であるか、について、どうすれば真に確実な認識が得られるのか、というような迂遠な問題に悩まされることなく、あるべき〝公益と私益の調和〟につき次々と積極的な提言をされるその勇敢さは、私のような者には到底及びもつかぬことである。これらの勇猛な精神に対しては、心からの感服と羨望とを禁じ得ぬと共に、ただ、もし私にそのような強靱さがあったならば、私は恐らくは研究者に非ずして、政治家か行政官か、あるいは法曹になっていたであろうと思うのである。

著者略歴

藤田宙靖（ふじた　ときやす）

1940年　東京に生る

1963年　東京大学法学部卒業，東京大学法学部助手

1966年　東北大学法学部助教授

1977年　東北大学法学部教授

2001年　東北大学大学院法学研究科教授

2002年　最高裁判所判事

専　攻　行政法学

現住所　東京都世田谷区代沢２－３－14

著　書　『公権力の行使と私的権利主張――オットー・ベール『法治国』の立場とドイツ行政法学』1978年（有斐閣）

『西ドイツの土地法と日本の土地法』1988年（創文社）

『行政法入門』（第２版補訂）2001年（有斐閣）

『行政組織法（新版）』2001年（良書普及会）

『行政法Ｉ総論（第四版）』2002年（青林書院）

行政法学の思考形式〔増補版〕

2003年９月20日 増補版第二刷印刷発行 ©

著者との了解により検印省略

著　者　藤　田　宙　靖

発行者　坂　口　節　子

発行所　有限会社　木《ぼく》　鐸《たく》　社《しゃ》

印刷　㈱アテネ社　製本　関山製本社

〒112－0002 東京都文京区小石川５－11－15－302

電話（03）3814－4195番　郵便振替　00100－5－126746

ファクス（03）3814－4196番　http://www.bokutakusha.com/

ISBN4-8332-2332-5　C3032　（乱丁・落丁本はお取替致します）